大学通识书系

周国宝 王　环　张慎霞◎编著

普通高等教育『十一五』国家级规划教材

MODERN INTERNATIONAL ETIQUETTE

现代国际礼仪

第3版

北京师范大学出版集团
BEIJING NORMAL UNIVERSITY PUBLISHING GROUP
北京师范大学出版社

图书在版编目（CIP）数据

现代国际礼仪/周国宝，王环，张慎霞编著. —3 版. —北京：
北京师范大学出版社，2016.3（2023.6 重印）
　（大学通识书系）
　ISBN 978-7-303-20051-1

　Ⅰ. ①现…　Ⅱ. ①周…　②王…　③张…　Ⅲ. ①礼仪-世界
Ⅳ. ①K891.26

中国版本图书馆 CIP 数据核字（2016）第 020193 号

图 书 意 见 反 馈　gaozhifk@bnupg.com　010-58805079
营 销 中 心 电 话　010-58807651
北师大出版社高等教育分社微信公众号　新外大街拾玖号

出版发行：北京师范大学出版社　www.bnup.com
　　　　　北京市西城区新街口外大街 12-3 号
　　　　　邮政编码：100088
印　　刷：北京虎彩文化传播有限公司
经　　销：全国新华书店
开　　本：787 mm×1092 mm　1/16
印　　张：23.5
字　　数：430 千字
版　　次：2016 年 3 月第 3 版
印　　次：2023 年 6 月第 12 次印刷
定　　价：39.80 元

策划编辑：周劲含　　　　　责任编辑：王　蕊
美术编辑：焦　丽　　　　　装帧设计：焦　丽
责任校对：陈　民　　　　　责任印制：马　洁

目　录

1 第一章
现代国际礼仪概述

礼仪是人们在社会交往活动中形成并共同遵守的行为规范和准则，是以一定的约定俗成的程序、方式来表现的律己、敬人的过程，具体表现为礼貌、礼节、仪表、仪式、器物、服饰、标志、象征等形式。宽泛地讲，一切表示尊重对方的过程和手段都可以看作属于"礼仪"这一道德范畴。

人具有社会性，这是人类与动物的重要区别。人类活动不仅受到自然规律的影响和制约，同时还要受到社会规律以及由社会规律所决定的各种社会规范的影响和制约。在这些社会规范中，除了法律规范以外，还有道德规范——其中包括一个非常重要的方面，就是礼仪规范。作为人类发展历史中逐渐形成并积淀下来的一种文化，礼仪始终以某种精神的约束力支配着每个人的行为，所以说，礼仪是人类文明进步的重要标志。

当今世界，国际交往活动日益频繁，国际交往规模日益扩大，国际交往的内容和形式日益丰富多彩，这都促进了国际礼仪的空前发展。在全球化和世界经济一体化趋势不断加强的今天，熟练掌握并运用国际礼仪知识、技巧，不但是一个现代人文明与教养程度的标志，也是一个能够全面参与国际合作与国际竞争的国际化人才所必须具备的道德修养和文化素质。

第一节　礼仪的起源及其基本内涵

礼仪的起源是早期人类的一个社会问题，就像其他文化现象一样，人类社会早期能够留给我们的有关其精神生活方面的实证材料非常之少，所以要对礼仪溯源，绝非易事。古往今来有许多人努力探寻礼仪的起源，提出了各自的见解，并形成了关于礼仪起源的许多学说。

"起于祭祀说"认为，原始社会生产力低下，原始人类仅仅凭借简单的石器从事生产劳动，变幻莫测的自然力对他们构成了莫大的威胁，于是他们幻想有超自然力量——神灵的存在，来帮助他们认识自然、征服自然，并由此产生了神话、原始巫术、原始宗教。人们为了向神灵祈求保佑，就需要祭祀，它是早期人类普遍使用而且一直沿袭至今的一种行为方式。考古学成果为我们提供了这方面的实证，历代史书的礼仪志也不厌其烦地记述了国家祀典的仪式规范，这些说明历代帝王都把相当一部分精力花在祭祀上。即使在民间礼俗中，凡遇生产、生活中的重要时刻，或人生历程中的重要关口等，都要进行祭祀活动。祭祀与先民的关系如此密切，足以说明礼仪起源于祭祀。

"起于人的欲望与环境矛盾说"认为，在原始社会，人类不断增长的主观欲求与十分恶劣的客观环境之间存在着巨大矛盾，人类在饮食男女等一系列问题上都要受到客观环境的种种限制，不可能让每个人都随心所欲。为了解决这些矛盾，就必须把人们分别开来，按照男女、长幼、强弱、尊卑等标准加以区分，让人们按照不同的"名分"各就各位，各行其是，而不至于因为纷争而带来灾难。这是原始社会每个部落群体中都存在的风俗习惯，而礼仪也就是从这种风俗习惯中孕育出来的。

"起于饮食男女说"认为，礼仪起源于人的本性，而饮食男女是人类最基本的本性，所以说礼仪起于饮食男女。

此外，前人还提出了其他一些观点，分别从不同的角度试图解释礼仪的起源，包括"天神生礼说""天经地义说""礼生于理说""礼从民俗说"等，可谓众说纷纭。

一、礼仪的起源

我们认为，礼仪是社会历史的产物，是人类脱离动物界并组成人类社会以后在长期的社会实践中逐步形成的，体现的是人与人之间的关系。礼仪是人类对个人与他人之间关系的自觉认识和行为选择的结果，它只能存在于一定的社会交往关系中，并通过一定的社会交往关系表现出来。而动物，包括类人猿，只能依靠自身的器官从自然界取得现成的东西维持生存，只能作为个体消极地适应自然环境，却不能进行有意识、有目的的改造自然的活动，不可能自觉地意识到这种关系，相互之间更不可能存在这种社会关系。

历史学的大量研究证明，礼仪这种文化现象最早产生于人与人的交往过程。在原始社会，同一氏族的成员在共同的采集、狩猎、饮食生活中所形成的习惯性语言、动作，是构成礼仪的最初萌芽。比如他们在遇到森林大火或猛兽侵袭而奔逃时，会通过相互呼唤来彼此关照。原始人类为了交际的需要，一方面，开始注意和重视自己的仪容仪态，比如围上遮羞"布"，穿上草裙，在服饰上加上装饰、美化物品，并且还出现了文身、文面，戴上了骨饰等；另一方面，他们也开始注意并重视自己的礼貌、礼节，在集体狩猎时，狩猎者相互之间必须保持适当的距离，而且即使一无所获，也要讲一番有关野味的趣闻，使同伴们不至于扫兴而归。

而在不同氏族、部落的成员之间，为求得彼此的信任、谅解与协作而使用的一些被普遍承认、普遍采用的语言、表情、姿势，可以看作礼仪的最初形态。人类的祖先以狩猎为生，世界对他们来说充满着各种危机，因而原始先民们个人格斗不息、部落战争不断。为了避免流血的格斗和战争，人们"发明了"举手礼、握手礼、脱帽礼、鞠躬礼等动态礼仪。举手礼——向对方高举一只手，表明手里没有武器，以此证明自己并无恶意；握手礼——当不同部落的人相遇时，如果双方都怀有善意，便伸出一只手，手心朝前，以向对方表示手中没有武器，走近后两人相互摸摸右手，以示友好；脱帽礼——为了表示对对方的友好和尊重，愿意在对方面前"丢盔卸甲"；鞠躬礼——为表示对对方的畏惧、惶恐以及自己的虚弱，于是以低头俯身的姿态面向对方。显然，这些动态礼仪是人类最早的礼仪，并且一直沿袭至今，成为今天人们表示友好的常用礼节了。

原始社会的人类礼仪，虽然简单、原始，却很自然，没有约束。当然，由于原始社会的生产力十分落后，文化知识水平也很低下，人们生活在愚昧之中，对大自然的许多现象不能做出科学的解释，严酷的大自然使他们产生无边的恐惧、神秘的信仰和无数的禁忌，由此出现了无数的祭祀活动，并通过严格的礼仪程式来表达他们的敬畏之情。

在母系氏族和父系氏族社会，随着社会分工的出现，人们在共同劳动、共同生活的过程中，逐步形成了一些在原始群体的内部关系中应当如何、不应当如何的观念，并产生了反映等级权威、协调社会关系的礼制和礼俗。这种不成文的礼制和礼俗虽然还很粗糙而且极不完备，但具有其自身的功能，并在某种程度上预示了文明时代礼仪的实质。

阶级的出现和国家的产生，标志着人类进入了文明时代，礼仪也发展到了一个新的阶段，达到了新的高度，礼仪已不仅是个人之间交往的"私人礼节"，而已经成为国家统治的一种手段、一种工具。统治阶级为了巩固自己的统治地位，建立并稳固自己的统治秩序，建立了一系列的礼、礼节和仪式，完全意义上的礼仪也随之形成，并从意识形态的角度维护现存的等级秩序，成为礼治的内容和德治、法治的必要补充，组织日常的社会生活，协调社会的人际关系。

在中国历史上，周朝的国家礼仪已高度发达。周公为周朝制定了种种典章制度，即所谓的"周礼",要求诸侯遵行,若有不遵者,天子可施以法制。其后的历代封建王朝,都尊崇儒家主张的"礼治",沿袭周礼,并根据自己的统治需要,不断加以修改、补充和完善,要求人们以"礼"为准绳,恪守本分,不得逾越。这种"以礼治国"的思想,对稳定当时的社会秩序起到了重要作用,"礼"也成为中国文化传统的一项重要内容,使中国成为享誉世界的"礼仪之邦"。当然,封建礼仪的繁文缛节在很大程度上束缚了人们的思想,阻碍了社会的发展和进步。

在阶级社会中,礼仪的中心内容和基本原则,是充分承认存在于各个阶层的亲疏、尊卑、贵贱、长幼差异和区别的合理性,宣扬这种区分是理想的社会秩序,是天生的固有规律。统治阶级制定出名目繁多的礼节、礼仪,首先要求本阶级的成员严格遵守,而对广大被压迫、被剥削的劳动人民,一方面,认为对他们无须讲"礼",他们只有遵守法律、心甘情愿地供统治阶级奴役驱使的本分,故而提出了"刑不上大夫,礼不下庶人"的准则;另一方面,又要求人民依照自己的社会地位去选择相应的礼仪,而不允许贱用贵礼、卑用尊礼,尊卑贵贱、上下长幼之界限绝对不能混淆和僭越,其目的是要养成被压迫阶级的自卑自贱和对上诚惶诚恐的敬畏心理,以达到巩固其统治地位、维护社会秩序和社会统治的目的。

二、礼仪的基本内涵

从礼仪的含义及起源中我们可以看出:第一,礼仪作为社会秩序的一个组成部分,受到各国先贤哲人的广泛重视和提倡。第二,礼仪是为维系和发展人际关系而产生并随着人际关系和其他社会关系的发展变化而不断发展变化的。第三,礼仪是施礼者与受礼者的情感互动过程,正如《礼记·曲礼上》所云:"礼尚往来,往而不来非礼也;来而不往,亦非礼也。"第四,礼仪是一种程序,有一定的规则,不是毫无联系的某些行为的堆积组合。第五,礼仪规范、程序是一定社会的人们约定俗成、共同认可的。第六,遵从礼仪是现代人文明修养的重要组成部分,是人际交往的重要手段和途径。

(一)礼仪的表现形态

礼仪是人们在社会交往中共同遵守的行为准则和规范。它既可以指在较隆重的场合为表示礼貌和尊重而举行的礼宾仪式,也可以泛指人们相互交往中的礼节、礼貌。

礼貌一般是指在人际交往中通过言语、动作等向交往对象表示谦虚和恭敬，它侧重于表现人的品质与素养。礼节通常是指人们在交际场合，相互表示尊重、友好的惯用形式，它实际上是礼貌的具体表现方式。礼节与礼貌之间的相互关系为：没有礼节，就无所谓礼貌；有了礼貌，就必然伴有具体的礼节。礼仪是指在人际交往中自始至终地以一定的、约定俗成的程序、方式来表现的律己、敬人的完整行为，是对礼貌、礼节和仪式的统称。显而易见，礼貌是礼仪的基础，礼节是礼仪的基本组成部分，但礼仪在层次上要高于礼貌、礼节，内涵更深、更广。

礼仪在不同层面上具有不同的表现形态。从个人修养的角度来看，礼仪可以说是一个人修养和素质的外在表现；从交际的角度来看，礼仪可以说是人际交往中适用的一种艺术、一种交际方式或交际方法，是人际交往中必须遵循的律己敬人的习惯形式，也可以说是人际交往中约定俗成的待人以尊重、友好的习惯做法；从传播的角度来看，礼仪可以说是人际交往中进行相互沟通的技巧；从审美的角度来看，礼仪是一种形式美，是人心灵美的必然外化。

从内容上讲，礼仪由礼仪的主体、礼仪的客体、礼仪的媒体、礼仪的环境四要素构成。礼仪的主体，指的是礼仪活动的操作者和实施者，它既可以是个人，也可以是组织。当礼仪活动规模较小、较为简单时，其主体通常是个人；当礼仪活动规模较大、较为复杂时，其主体则是组织。礼仪的客体，又叫作礼仪的对象，指的是礼仪活动的指向者和承受者，它既可以是人，也可以是物；可以是物质的，也可以是精神的；可以是具体的，也可以是抽象的；可以是有形的，也可以是无形的。礼仪的媒体，指的是礼仪活动所依托的特定媒介，具体是由人体礼仪媒体、物体礼仪媒体、事体礼仪媒体等构成。在具体操作时，这些不同的礼仪媒体往往是交叉、配合使用的。礼仪的环境，指的是礼仪活动得以进行的特定的时空条件，大体上可以分为礼仪的自然环境、礼仪的社会环境。礼仪环境经常制约着礼仪的实施，它不仅决定实施何种礼仪，而且还决定实施礼仪的具体方法。

(二)礼仪的本质及其基本特征

依据适用对象、适用范围的不同，可把礼仪大致分为政务礼仪、商务礼仪、服务礼仪、社交礼仪、国际礼仪等。政务礼仪，又称国家公务员礼仪，是指国家公务员在执行国家公务时应当遵守的礼仪；商务礼仪，主要指公司、企业的从业人员以及其他一切从事经济活动的人士,在经济往来中所应当遵守的礼仪;服务礼仪,指的是各类服务行业的从业人员在自己的工作岗位上所应当遵守的礼仪;社交礼仪,也称交际礼仪,指的是社会各界人士,在一般性的交际活动中所应当遵守的礼仪;国际礼仪,是人们在国际交往活动中应当共同遵守的礼仪规范。

1. 礼仪的本质

无论礼仪如何分门别类,其本质是永恒不变的。礼仪实质上就是一种处理人际交往关系的方法和手段,它由一系列具体表现礼貌的礼节构成,是一个表示礼貌的系统、完整的过程。

在社会生活和人际交往中,礼仪是用于沟通思想、交流感情、表达意愿、促进了解的一种有效形式,是人际交往中不可缺少的润滑剂和联系纽带。对于个人来说,礼仪是一个人思想文化素质、道德素质和交际能力的外在表现;对于社会来讲,礼仪是精神文明的重要组成部分,是一个社会文明程度、道德风尚和生活习惯的反映。礼仪作为一种社会规范,属于伦理道德范畴,是人类为维护正常社会秩序所必须遵循的道德行为规范。礼仪作为一种文化现象,是人们在长期的共同生活和相互交往中逐渐形成的,它以风俗、习惯和传统等形式固定下来,并随着人类文明的进步而不断发展和完善。

2. 礼仪的基本特征

同一历史时期的不同国家、不同民族,或在不同的历史发展阶段,礼仪的内容是大不相同的,但礼仪所具有的规范性、继承性、限定性和差异性等基本特征却不会改变。

(1)礼仪具有规范性。礼仪是在人类共同生活的基础上形成的,是调节同一社会全体成员相互关系的一种行为规范,并逐步发展成为每个社会成员都必须共同遵守的准则。礼仪的规范性,不仅约束着人们在一切交际场合的言谈举止,使之合乎礼仪,而且也是人们在一切交际场合必须采用的一种"通用语言",是衡量他人、判断自己是否自律、敬人的一种尺度,任何人要想在交际场所表现得合乎规范,就必须对礼仪无条件地遵守。若想另起炉灶、自搞一套,或是只遵守个人适应的部分而不遵守不适应自己的部分,都难以得到交往对象的理解和接受。

(2)礼仪具有继承性。礼仪作为一种民族文化的积淀和精神财富的积累,本身就具有世代相传的继承性。任何国家的礼仪都具有鲜明的民族特色,任何国家的当代礼仪都是在本国古代礼仪的基础上继承、发展起来的，离开了对本国、本民族既往礼仪成果的传承就不可能形成当代礼仪。当然，礼仪也不是一成不变的，随着社会的发展和进步，礼仪文化的内涵与外延都在不断地变化发展着，对既往的礼仪遗产，不应当照单全收、全盘沿用，而应该有扬弃、有继承，更要有发展。

（3）礼仪具有限定性。具体的礼仪规范是特定礼仪环境下的一种特有的表现形式，必须与特定的礼仪时空条件相适应。在某一特定的范围内，某种礼仪是行之有效的，但离开了这个特定的范围，却未必适用。因此，不能把某一特定的礼仪当作是放之四海而皆准的标准，更不要把它作为以不变应万变的挡箭牌。必须明确，不同场合、不同身份，适用不同的礼仪。

（4）礼仪具有差异性。礼仪规范会因时间、空间或对象的不同而有所不同，存在着明显的差异性。古代的某些礼仪规范在今天就不再适用，一个国家和民族的礼仪也不一定适合另一个国家和民族，因此，在对外交往中，要了解和熟悉各个国家、民族和地区的礼仪习俗以及在各种场合、面对各类对象的不同礼仪要求，规范自己在对外交往中的行为。

（三）礼仪的基本原则

在日常生活中，学习、应用礼仪还必须要在宏观上掌握一些具有普遍性、共同性、指导性的礼仪规律，这些礼仪规律就是礼仪的基本原则。

（1）遵守的原则。在交际活动中，每一位参与者都必须自觉、自愿地遵守礼仪，用礼仪去规范自己的一言一行，一举一动。对礼仪，不仅要学习、了解，更重要的是学以致用，要将其付诸个人的社会活动实践。任何人，不论身份高低、职位大小、财富多少，都有自觉遵守、应用礼仪的义务，否则就会受到公众的指责，阻碍交往活动的正常进行。

（2）自律的原则。从总体上看，礼仪规范由对自身的要求与对他人的做法两大部分所构成。对自身的要求是礼仪的基础和出发点，学习、应用礼仪，最重要的就是要自我要求、自我约束、自我控制、自我对照、自我反省、自我检点，这就是所谓自律的原则。

（3）敬人的原则。孔子曾对礼仪的核心思想做出了高度概括——"礼者，敬人也"。所谓敬人的原则，就是要求人们在交际活动中，交往双方不但要互谦互让、互尊互敬、友好相待、和睦共处，更应当把对交往对象的尊重、恭敬、友好放在第一位。在礼仪的两大构成部分中，对待他人的做法比对自我的要求更为重要，是礼仪的重点与核心。而在对他人诸多做法之中最重要的一条，则是要常存敬人之心，处处不可失敬于人，不可伤害他人的尊严，更不能侮辱对方的人格，掌握了这一点就等于掌握了礼仪的灵魂。

（4）宽容的原则。宽容的原则是要求人们在交际活动中，既要严于律己，更要宽以待人，要体谅他人、理解他人，千万不要求全责备，过分苛求。在人际交往中，要容许其他人有个人行动和独立进行自我判断的自由，对不同于己、不同于众的行为要耐心容忍，不必要求他人处处效法自身，与自己完全保持一致。这实际上也是尊重对方的一个重要表现。

（5）平等的原则。在具体运用礼仪时，允许因人而异，根据不同的交往对象，采取不同的方法。但在礼仪的核心问题上，即在尊重交往对象、以礼相待这一点上，对任何交往对象都必须一视同仁，给予同等程度的礼遇，不允许因为交往对象年龄、性别、种族、文化、职业、身份、地位、财富以及与自己的关系亲疏远近等方面有所不同，就厚此薄彼、区别对待。

（6）从俗的原则。在社会交往活动中，由于交际各方国情、民族、文化背景的不同，存在着"十里不同风，百里不同俗"的实际问题。对这一客观现实要有正确的认识，不要自高自大、唯我独尊、以我画线，简单否定其他人不同于己的做法。必要时必须坚持入乡随俗的原则，与当时当地绝大多数人的习惯做法保持一致，切勿目中无人、自以为是、随意批评、否定其他人的风俗习惯。

（7）真诚的原则。真诚的原则就是要求在人际交往中运用礼仪时，务必待人以诚，言行一致，表里如一。只有如此，自己在运用礼仪时所表达的对交往对象的尊敬与友好，才会更好地被对方理解和接受。与此相反，倘若把礼仪仅仅作为一种道具和伪装，在具体操作礼仪规范时口是心非、投机取巧，或是人前一个样、人后一个样，事前一个样、事后一个样，将礼仪等同于"厚黑学"，则完全有悖礼仪的基本宗旨，而且注定是行不通的。

（8）适度的原则。适度的原则，要求在应用礼仪时，为了保证取得成效，必须注意技巧、合乎规范，特别要注意做到把握分寸、认真得体。这是因为凡事过犹不及，若在运用礼仪时做得过火，或是做得不到位，都不能正确地表达自己的自律、敬人之意。只有勤学多练、积极实践，才能把礼仪运用得恰到好处。

（四）礼仪的功能

在现代社会中，礼仪无时不在、无处不在，已渗透到日常生活的各个方面，发挥着越来越大的作用。礼仪之所以被广泛提倡，是因为它对社会和个人都具有多方面的重要功能。

1. 教育导向功能

在社会生活中，加强礼仪教育，提高全体国民的道德素质，能够巩固社会的安定、和谐，促进社会的进步和发展。学习礼仪，可以提高每个公民的个人道德修养和文明程度，更好地展示个人的优雅风度和良好形象。礼仪教育是培养和造就社会新人的重要内容，其教育导向作用是不可或缺的，也是其他形式无法取代的。

2. 沟通协调功能

在社会交往中，人与人之间的相互了解一般都是从礼仪开始的，只有讲究礼仪，才能更好地表达对他人的尊重之情，唤起人们的沟通欲望，增进相互间的了解和友谊，进而形成和谐、良好的人际关系，促进交际的成功。由于每个人的政治、经济、文化背景不同，在性别、年龄、职业、性格等方面存在差异，人们往往在交往中存在不同的价值取向；同时，由于思想观念、价值观念不同，有时为了维护自身利益，在交流中难免会发生不同程度的矛盾甚至冲突。礼仪作为社会交往的规范和准则，可以很好地协调人们之间的关系，使人们相互尊重、相互理解，起到"润滑剂"的作用。学习和应用礼仪有利于建立新型的人际关系，使人们在交往中严于律己、宽以待人，互谅互让、和睦相处，形成良好的社会环境和社会风尚。

3. 规范维护功能

礼仪约束人们的态度和动机，规范人们的行为方式，协调人与人之间的关系，维护社会的正常秩序，在社会交往中发挥着巨大作用。可以说，社会的良好运行、社会秩序的安定、人际关系的协调融洽、家庭邻里的和睦安宁，都要依赖于人们共同遵守的礼仪规范和要求。人人遵守礼仪规范，并逐步形成良好的道德习惯和社会风尚，就能够保证社会正常的生产和生活秩序。

4. 推动发展功能

学习礼仪、遵守礼仪，可以净化社会风气，提升个人和社会的精神品位，从而促进社会的和谐、进步，推动社会的全方位发展。

第二节　国际礼仪的形成与发展

礼仪是随着人类的交际活动产生并发展起来的。人类在自身的发展过程中，为了维系和发展各种关系而出现了交际，也就出现了礼仪。一般说来，人类最初的交际和礼仪，是在夫妻、父母、子女、祖孙、兄弟姐妹、叔伯子侄之间产生的，目的是协调和解决家庭之间的各种关系。后来，人类的交际和礼仪逐渐扩大，扩大到亲戚关系、朋友关系、邻里关系、师生关系、工作关系之中，扩大到社会组织与公共关系之中，最后扩大到国家与国家之间。这是礼仪形成和发展的一般规律。

一、国际礼仪的形成和发展

礼仪是文化不可分割的组成部分，不同国家和民族拥有不同的文化礼仪传统。人类历史上并无"国际性"国家和民族存在，当然也就不存在所谓的"国际礼仪"。但在国际交往的现实活动中，毕竟存在着某种"国际性"的礼仪规范指导和制约着交往各方的言行，我们就把这种在国际交往活动中为国际社会普遍接受并遵循的礼仪规范和准则，称为"国际礼仪"。

原始社会的生产力水平低下，人们的经济关系非常简单，上层建筑的各个方面也很不完备，这些都在很大程度上限制了人们的交际和礼仪。尽管如此，原始社会也产生了交际、产生了礼仪，虽然这种礼仪极其简单，也极其原始，但却很自然，没有约束。

到了奴隶社会，出现了阶级，建立了阶级统治工具——国家，产生了等级制度，礼仪也就成了统治阶级实现国家统治的一种手段。随着国家的产生，出现了国家与国家之间的交往。在古代，国家与国家之间充满着矛盾、争斗和战争，同时也有诸如谈判、议和、结盟、遣使、通商、缔约等国际行为，而且无论是战争期间的对抗，还是和平时期的友好往来，都需要有一定的规范和准则对这些国际交往加以约束，国际礼仪便应运而生。国际礼仪就是在国际交往中所形成的行为规范，它较之以往一国之内的礼仪规范又发展了一步，并随着国际交往的日益频繁而逐步为大多数国家所公认和接受。

　　无论东方还是西方，都有着悠久的国际交往历史，并在长期的国际交往过程中形成了许多在国际上通行的礼仪。早在春秋战国时期，中国境内小国林立，诸侯争霸，朝聘修好，会盟结信，俨然一个现代国际社会，并初步确立了以礼、信、敬、义为核心的国际交往规则，创造了诸如国家和政府的承认、朝聘、质、会盟等许多至今仍有意义的外交方式，形成了较为完善的国际礼仪规范。

　　西方礼仪是构成现代国际礼仪的主体。西方礼仪起源于古希腊和古罗马。在古希腊、古罗马的诗歌中，有大量古代礼仪的描述。产生于斯堪的纳维亚地区的古代史诗《伊达》，对社交场合的礼宾次序、餐桌上的用餐规矩、酒席中的持杯祝酒、交谈中的辞令修辞等，都有详尽的说明；同时，对不能遵守各种礼仪规范者，还规定了相应的处罚规则。在处理国际交往方面，古希腊有"优遇外侨"的制度和职司礼宾的"外侨官"；古罗马则有"礼待客卿法"。当然，古希腊、古罗马的这些古代礼仪绝大部分属于宫廷礼仪以及官方生活中的公认准则，是封建社会宫廷生活的产物，它以国王为中心，向社会上的高阶层人士传播。那时的礼仪，实际上是专属于贵族阶层的，一般平民百姓并不时兴这些规矩。

　　古希腊、古罗马的宫廷礼仪传入英国之后，由英国官方加以整合并向民间推广，使之成为平民大众所普遍接受和遵从的礼仪规范。随着英国在全球的殖民开拓，英国式的宫廷礼仪迅速传播，成为殖民地人民重要的人际关系的行为标准。"五月花"号把欧洲大陆的礼仪传播到美洲新大陆，经过美国的社会化，形成了美国社会生活所遵循的基本礼仪原则。17世纪后，随着商品经济的发展和国际交往的迅速增多，欧洲各国纷纷制定相应的礼仪、礼节，对现代国际礼仪的形成产生了重大影响，而其中的主要部分也成为现代国际礼仪中一些重要内容的依据。近代工业的迅速兴起，促进了商品经济的空前发展和交通、通信事业的日益发达，人际交往日趋频繁，国际联系更加紧密。在现代社会，人们比以往任何时候都更加需要用礼仪来调节和增进彼此之间的关系，促进国际关系的发展，国际礼仪成了人们社会生活中不可或缺的内容，讲究礼节、注意礼貌、遵守一定的礼仪规范，已成为现代文明社会的一项重要标志。旧时狭隘的礼仪观念已被历史发展和现实生活所冲破，封建礼教的繁文缛节也已被现代人所抛弃，国际礼仪也随着现代社会的发展而发生了巨大的变化。

　　由此可见，现代国际礼仪是以封建时期欧洲的繁文缛节的宫廷式贵族礼仪为基础，经过英国宫廷修正再造，由务实的美国社会将其合理化、生活化之后，逐步发展成为当今世界公认的行为举止范本的。随着近代西方的殖民统治和对外扩张，西方的文化、传统，包括礼仪，也传播到世界各地。

礼仪，最早起源于世界的东方，而中国古代灿烂的礼仪文化无疑是东方礼仪皇冠上一颗最璀璨的明珠。但由于历史原因，东方礼仪特别是中国的传统礼仪，没能走向世界，而原本源于欧洲一隅的西方礼仪，却随着殖民统治和对外扩张而传播到世界各地，并随着时代的发展，逐步成为现代国际礼仪规范的主体。

但是，我们也不能因此把现代国际礼仪等同于西方礼仪。现代国际礼仪是对历史上所有具有生命力的国际交往准则和规范的继承与发展，世界各国、各民族都对现代国际礼仪的形成和发展做出了自己的贡献，它是全人类集体智慧的结晶，是人类宝贵的历史、文化财富。现代国际礼仪是在长期国际交往中所形成的以相互尊重、主权平等原则为基础的一系列规范和准则，是世界各国家、各民族友好关系发展到今天所形成的通行的交际准则，也就是目前在国际交往中所通行的共同礼仪。它起源于习惯和惯例，根植于许多国家丰厚的礼仪传统，包括国际交往中的日常交际礼节、典礼仪式、外交礼遇、外交特权与豁免等多方面的内容，有的已形成国际公约，如《维也纳外交关系公约》所涉及的有关内容，已具有法律效力，在国际上有约束力；而其余大部分则是国际交往中约定俗成、逐步成为国际惯例，为各国所普遍承认和接受，起着一定规范作用的。同时，现代国际礼仪是互惠、平等的，各国外交部门都设有专门的礼宾机构，掌握和执行对外交往的礼仪礼节。随着世界各国交往的日益扩大和各国相互依存的加深，国际礼仪无论在官方还是民间涉外活动中都更加重要。各国在遵循国际礼仪规则的同时，也往往会结合本国的实际情况，努力使之更具民族特色，从这个意义上讲，国际礼仪可以说是一个国家文明、文化发展水平的标志。

二、现代国际礼仪的特点

现代国际关系较之以往，有了惊人的发展变化。首先，国际社会得到空前扩展，国际交往的规模不断扩大。20世纪初，全世界只有50个左右的独立国家，到第二次世界大战前，增加到大约75个，而现在联合国的会员国已经达到190多个。其次，随着现代交通和通信技术越来越发达，国际交往也变得日益频繁。最后，参与国际交往的人员越来越多，国际交往的内容丰富多彩，从政治、经济、军事、贸易等方面的合作，到科技、文化、艺术、体育、教育等领域的交流，构成了一幅盛况空前的现代国际关系画卷。

现代礼仪习惯的演变和现代国际关系的迅猛发展，促进了国际礼仪的发展，致使国际通用的礼仪程式也随之发生相应的变化，从而形成了一套现代的国际礼仪。现代国际礼仪较之过去国际上通行的礼仪规范，具有以下几个特点。

1. 以相互尊重、主权平等为基础。现代国际关系应当是完整的主权国家之间的关系，这与过去封建割据、闭关自守的封建国家之间的关系不同，也与宗主国同殖民地附属国之间的关系不一样，现代国家不论大小强弱，主权应当一律平等，如果在相互交往中损及他国主权，也就根本谈不上什么遵守国际礼仪。因此，现代国际礼仪也应当能体现这种主权国家间的相互关系。

2. 多边往来大量增加。由于国际环境、条件的变化，国家之间除了双边关系的发展外，多边往来急剧增加的趋势十分明显，从而在礼仪做法上也提出了许多新问题，出现了许多新形式。

3. 国际礼仪的内涵更加丰富。政治外交、经济贸易、文化教育、军事国防以及民间往来等各方面、多层次的国际往来，都需要通过一定的礼仪形式来进行活动。为适应国际经济贸易迅速发展的要求，许多公司、企业还都设有专职礼仪人员或公关部门，负责国际交往中具体礼仪活动的安排。

4. 国际礼仪活动更加讲求实效。现代国际交往中的礼仪活动，形式更加多样化，具体安排更加灵活，"礼仪从简"已成为当今国际礼仪活动的一大趋势。由于国际交往的急剧增多，繁文缛节过多地占用人们的时间与精力，势必成为一种令人难以忍受的负担，特别是第二次世界大战以后，为适应日益频繁的国际交往的需要，国际礼仪呈现出了逐步简化、更加灵活、注重实效的趋势，简化礼仪已成为现代国际交往中普遍采用和普遍接受的做法。

随着历史的发展和时代的前进，现代国际礼仪也在不断地变化更新。我们应当注意研究和积累，并在日益频繁的国际交往中加以实践和运用，不断提高我们的文化素质和礼仪修养，迎接国际化、全球化时代的挑战。

三、现代国际礼仪的指导原则

现代国际礼仪的指导原则是指在运用现代国际礼仪时所必须共同遵守的规则，

即对运用现代国际礼仪所提出的最基本也是最重要的要求，它是对现代国际礼仪一般规律的高度概括，对在国际交往中如何运用现代国际礼仪具有普遍的指导意义。如果将现代国际礼仪的可操作性技巧称为具体做法的话，那么现代国际礼仪的指导原则则可称为宏观的指导方针。在任何情况下，了解并遵守现代国际礼仪的指导原则，既有助于深刻地理解现代国际礼仪，又有助于更好地运用现代国际礼仪。

1. 维护形象

维护形象的原则主要是要求每一个人在国际交往过程中都要注意维护个人形象。个人形象在构成上主要包括六个方面，亦称"个人形象六要素"：一是仪容，是指个人形体的基本外观；二是表情，通常主要是指一个人的面部表情；三是举止，指的是人们的肢体动作；四是服饰，是对人们穿着的服装和佩戴的首饰的统称；五是谈吐，即一个人的言谈话语；六是待人接物，具体是指与他人相处时的表现，亦即为人处世的态度。

个人形象在国际交往中之所以备受重视，主要有下列五个方面的原因：第一，每个人的个人形象都真实地体现了他个人的教养和品位。第二，每个人的个人形象都客观地反映了他个人的精神风貌与生活态度。第三，每个人的个人形象都如实地展现了他对交往对象的重视程度。第四，每个人的个人形象都是其所在单位整体形象的有机组成部分，是其单位整体形象的直接反映。第五，每个人的个人形象在国际交往中还往往代表着其所属国家、所属民族的形象。

在国际交往中，个人形象自始至终都会受到其交往对象的高度关注，并在一定程度上影响国际交往的开展。因此，在国际交往中务必要重视个人形象，规范个人形象，维护个人形象。

2. 不卑不亢

不卑不亢的原则要求每一个人在国际交往活动中，都必须意识到自己在外国人的眼里是代表着自己的国家、民族、所在单位，因此言行应当从容得体、堂堂正正，在外国人面前既不能表现得畏惧自卑，也不该表现得自大狂傲。

忠于祖国、忠于人民，是每个人在国际交往活动中都必须做到的。要热爱自己的祖国，时刻不忘祖国的利益高于一切，心中时刻装着祖国和人民，坚决维护国家的主权和民族的尊严，不说不利于祖国的话，不做有损国格、人格的事。要在国际交往中真正做到不卑不亢，不仅要在思想上提高认识，端正态度，而且要在工作中认真体会，积极实践。要坚持"不卑"与"不亢"的辩证统一，防止片面极端，过犹不及。一方面，我们要虚心向外国学习，在尊重他们风俗习惯的同时，坚决反对一切崇洋媚外、自卑自贱思想，以自尊、自重、自爱、自信为基础；另一方面，也要在体现我们自强不息的精神风貌的同时，反对一切盲目的排外思想，充分体现我们谦虚谨慎、戒骄戒躁的优良品质。在对外交往中，既无须妄自菲薄，也不可目空一切。

同时，在国际交往中还应当注意，对任何交往对象都要一视同仁、一律平等，要给予同等的尊重与友好，绝不能对大国小国、强国弱国、富国穷国区别对待，厚此薄彼。

3. 求同存异

国际交往中，往往同样一件事情，在不同国家、不同地区、不同民族，存在着各不相同的处理方式；面对同一问题，来自不同国家、不同地区、不同民族的人们，常常会给出截然不同的答案。这是由于人们的思维方式与风俗习惯的不同而产生的必然结果。那么，在国际交往过程中，面对这些不同国家、不同地区、不同民族千差万别的风俗习惯，就必须坚持"求同存异，遵守惯例"的原则。

一方面，要坚持求同存异。所谓存异，就是要发现差别、注意差别、重视差别，对中外礼仪习俗的差异性予以承认，同时应当明确，它们是在各自的适用范围之内才有对错之分的，它们都有自己存在的必要性和合理性，谈不上孰优孰劣。世界各国的礼仪习俗存在着一定程度的差异性，国际交往中，对礼仪习俗的差异性，尤其是我国与交往对象所在国之间的礼仪习俗的差异性，重要的是了解，而不是评判是非，鉴定优劣。所谓求同，则是要求我们在国际交往中，要善于回避差异，寻求双方的共同点。

既然世界各国的礼仪习俗存在着一定的差异性，那么在国际交往中，究竟遵守哪一种礼仪好呢？目前大体有三种主要的可行方法：一是以我为主，即在对外交往中基本上采用本国礼仪。二是兼及他方，即在国际交往中，在基本采用本国礼仪的同时，适当采用一些交往对象所在国的现行礼仪。三是求同存异，这是对外交往中减少麻烦、避免误会的最为可行的做法，就是既对交往对象所在国的礼仪与习俗有所了解并予以尊重，更要认真遵守国际上所通行的礼仪惯例。

从宏观上看，礼仪的共性寓于礼仪的个性之中，礼仪的个性是礼仪共性存在的基础，没有个性，共性也就无从存在。不过，礼仪的共性不但来自于礼仪的个性，而且也是对其所进行的概括和升华，故其适用范围应更为广阔。所以，国际交往中在礼仪方面"求同"，遵守礼仪的共性，或者说在礼仪应用上"遵守惯例"，是更为重要的。一般而言，在国际交往中遵循"遵守惯例"的原则，其实就是要求我们遵守国际礼仪。与各国各自礼仪习俗不同的是，国际礼仪的基本内容，就是有关礼仪的国际惯例。

4. 入乡随俗

入乡随俗的原则，是指在对外交往中，要真正做到尊重交往对象，首先就必须尊重对方所独有的风俗习惯。

在国际交往中之所以必须认真遵守入乡随俗的原则，主要是出于以下两个方面的原因：第一，因为世界上各个国家、各个地区、各个民族在其历史发展的具体进程中，形成了各自的宗教、语言、文化、风俗和习惯，并且存在着不同程度的差异，这种"十里不同风，百里不同俗"的局面是不以人的主观意志为转移的，也是难以强求统一的。第二，在国际交往中注意尊重对方特有的习俗，有利于增进双方之间的理解和沟通，有助于更好地、恰如其分地向对方表达亲善友好之意。

要在国际交往中真正做到入乡随俗，就必须注意以下两个方面的问题：第一，必须充分了解与交往对象相关的礼仪习俗。古人要求正人君子要做到"入境而问禁，入国而问俗，入门而问讳"，了解对方的礼仪习俗，是入乡随俗的前提，否则就无从谈起。第二，对交往对象所特有的习俗必须无条件地加以尊重。一方面，对本国的优秀传统习俗要加以发扬光大，而对其他国家特有的习俗则没有必要照抄照搬、生吞活剥；另一方面，我们对别国特有的习俗也不能妄加非议、刻意贬低，而应当无条件地予以尊重。总之，对别国特有的习俗，既要了解，又要尊重；没有了解，就无所谓尊重；了解的目的，是为了更好地尊重，而尊重则是建立在了解的基础上。

5. 遵时守约

遵时守约的主旨，是要求人们在人际交往中必须认真地信守约定，基本含义是：在国际交往中每一个人都必须遵守自己对他人的各项正式承诺，在与他人打交道时，说话务必算数，许诺一定兑现，约会必须如约而至，对一切与时间相关的正式约定，必须严格加以遵守。在各种人际交往特别是跨国家、跨地区、跨民族的国际交往中，取信于人早已被公认为是建立良好人际关系的基本条件之一，同时也是生活在文明社会的现代人应具备的一种优良品德。在对外交往中遵时守约，实际上就是为了更好地取信于人。

在现代社会，信誉就是效率、形象、生命，无论是对个人、组织，还是对民族、国家而言，都是如此。言行如一、信守承诺，不仅是对交往对象的尊重，也是对自己的极大尊重；而言而无信、出尔反尔，则是公认的自毁形象的行为。

在国际交往中，要真正做到遵时守约，就必须在以下三个方面严格要求自己。第一，在国际交往中，许诺必须谨慎。无论是答应对方所提出的要求，还是自己主动提出建议，或者是给予对方承诺，都必须深思熟虑、量力而行，切忌草率从事、漫天允诺。对那些必须做出的承诺和约定，也要慎重对待，考虑周全，既不能含混不清、模棱两可，也不要大而化之、信口开河。第二，对已经做出的承诺和约定，务必严格履行，认真遵守。"言必信，行必果"，承诺一定兑现，约定必须履行，同时还应尽可能避免对已有约定做任意修改和变动，更不能擅自取消、随意否认，惟其如此，才能赢得对方的好感和信任。第三，若因不可抗拒的因素导致自己单方面失约或难以履约，应尽早通知对方，如实做出解释并向对方郑重致歉，必要时还应按照规定和惯例，主动承担由此而给对方造成的某些物质方面的损失。

6. 热情有度

作为国际礼仪的一项基本守则，热情有度就是要求在国际交往中既要注意待人热情、以示友善之意，更要充分把握好为人热情的具体分寸，否则就有可能事与愿违。这一具体分寸，指的就是所谓"热情有度"之中的"度"。如果要对"热情有度"做更准确的描述，就是要在待人热情的同时，一定要铭记自己的一切所作所为，均应以不影响对方、不妨碍对方、不给对方平添麻烦、不令对方感到不快或不便、不干涉对方的私人生活、不损害对方的个人尊严为限。若掌握不好这个限度，过"度"热情，就有可能使自己不适当地"越位"，导致好心办坏事。

在国际交往中要合理把握热情有度这一基本原则，关键要掌握好以下四个方面具体的"度"。一要做到关心有度，就是说在国际交往中不宜对外国友人太过关心，免得让他们觉得我们管得太宽、碍手碍脚。我们一向提倡关心他人、照顾他人，但西方人却追求独立、崇尚个性、爱好自由，对别人过分的关心有一种本能的抗拒，甚至很反感。也不要随意对他们进行规劝，那有可能会伤害对方的自尊；即使在万不得已的情况下，也要尽量使用委婉的语气，采用商量和建议的方式，使他们觉得易于接受。二要做到批评有度，注意内外有别。外国友人的言行，只要不触犯我国的法律法规，不违背我们的伦理道德，不辱没我方的国格人格，不危及他人及其自身的人身安全，一般就没有必要评判其是非曲直，更不宜对其当面批评或横加干涉。在西方人的心目中，法律明文禁止之外的任何事情，个人都有权力去做，别人无权干涉。同时，由于中外文化传统、风俗习惯等方面的诸多差异，双方会在对事物的评判标准方面存在许多差别，把自己的标准强加于人，这在国际交往中显然是不合适的。三要做到距离有度。在国际交往中，根据具体情况与对方保持适当距离，不但能给对方安全感和舒适感，同时也不至于使双方关系显得过于狎昵。四要做到举止有度。在国际交往中要注意不要随便做某些意在显示热情的动作，也不要做出一些不文明、不礼貌的举动。

7. 不必过谦

中国人一向讲究含蓄、委婉，主张自谦、自抑甚至自贬，反对自我肯定、自我表现，对在他人面前自我张扬的表现颇为反感。但凡事过犹不及，我们在强调为人谦虚之时，往往又走到了另外一个极端，将谦虚片面地理解为自我否定、自我贬低。因此，在对外交往中需要进行自我评价时，既不要自吹自擂、自我标榜、骄傲自大，也没有必要妄自菲薄、自我贬低、自我否定，过分的谦虚、客套易给人留下缺乏自信、虚情假意之感，在坚持客观、公正、实事求是的前提下，应善于从正面对自己进行评价或肯定。

在国际交往中坚持不必过谦的原则，可以在以下四个方面获益。首先，这样做可以使对方感到自己做人诚实，因为过分的谦虚、客套，会给人虚伪、做作的感觉。肯定自己，也是对自己的一种尊重。其次，这样做可以使对方感到自己充满自信，不敢正面评价自己，肯定会给人留下缺乏自信的印象。再次，这样做可以使对方感到自己光明正大。与对方坦诚相见，实言相告，正是接纳对方、信任对方的表现。最后，这一原则也是国际交往中通行的一种做法，坚持这一原则，就是以实际行动遵守国际惯例。

8. 不宜先为

由于世界各国的礼仪风俗千差万别，而国际礼仪在各方面的规范也很烦琐，这就要求我们在参加任何国际交往活动之前，都要做好充分的准备。即便如此，也还难免会遇到种种预想不到的新问题，要面对各种临场突发事件。但只要认真领会不宜先为原则的真谛并能在国际交往的实践中加以灵活运用，就能够应付各种令人措手不及的难题，从而表现得胸有成竹、临阵不慌。

不宜先为原则也被称作"不为先原则"，要求在国际交往中面对自己一时难以应付或者不知道如何是好的情况时，尽量不要急于采取行动，尤其是不宜急于抢先、冒昧行事。换句话说，在面对上述情况时，不妨先按兵不动，在静观周围其他人的所作所为之后，再效仿他们，采取与他们一致的行动，这样才能表现得得体而不失礼。

不宜先为原则具有双重的含义。一方面，它要求人们在难以确定如何行动为好时，尽量避免采取任何行动；另一方面，它又要求人们在不知如何是好而又必须采取行动时，最好先观察其他人的正确做法，然后加以模仿，或者与绝大多数在场者在行动上保持一致。当然，这一原则也不宜多用，应当见机行事、适可而止，更不要明知故犯、矫枉过正。

9. 尊重隐私

所谓个人隐私，一般是指某人出于个人尊严或者其他方面的特殊考虑，而不愿意对外公开、不希望外人了解的私人事宜或个人秘密。在国际交往中尊重个人隐私，就是要求我们尊重对方的个人隐私权，不得无故涉及对方的个人隐私问题，养成莫问隐私、保护隐私的良好习惯。

莫问隐私，要求我们不主动打探对方的个人隐私，包括收入支出，年龄大小，恋爱婚姻，健康状况，家庭住址，个人经历，政治信仰，所忙何事。这八项通常被称为"个人隐私八不问"。

第一，莫问收入支出。经济收入被认为是与个人能力和实际地位直接相关的因素，收入的多寡关乎尊严和颜面，因而忌讳别人直接询问或间接打听。另外，其他一些反映个人经济状况的问题，如纳税数额、银行存款、股票收益、住宅面积、汽车型号、服饰品牌等，因与个人收入相关也应避免涉及。

第二，莫问年龄大小。中国人尊老敬老，"老先生""老人家""老专家"等称谓蕴含尊重、崇敬之意，但对西方人而言，却是不礼貌的称谓。西方人希望自己永远年轻，对"老"字讳莫如深，并普遍把自己的年龄当作秘密，不轻易告之于人。西方妇女对年龄问题尤其敏感，故要求绅士永远"记住女士的生日，忘却女士的年龄"。

第三，莫问恋爱婚姻。中国人习惯关心亲友、晚辈的恋爱、婚姻、家庭状况，外国人对此却不以为然。在他们看来，与交往不深的人谈论此类私事是十分不快和令人尴尬的。

第四，莫问健康状况。中国人彼此关心对方的身体健康，若一方身体有恙，对方可能还会推荐医院、医生甚至药品。但与外国人交往，却一定要"讳疾忌医"，他们把自己的身体看作重要的"资本"，讨厌别人对自己身体状况不必要的关注。

第五，莫问家庭住址。中国人交往，对家庭住址、私人电话等信息是不去保密的，一般会有问必答，有时还会主动告诉对方，以期保持联系，甚至邀请对方上门做客。外国人把私人居所视为私生活领地，忌讳别人的无端打扰，非知己至交，一般不会邀请别人到家里做客，也不喜欢把家庭住址、私人电话等信息告诉别人。

第六，莫问个人经历。外国人一般会把个人经历看作"商业秘密"，反对询问交往对象的既往经历，更讨厌随便查别人的"户口"。

第七，莫问政治信仰。当今世界，不同的国家在社会制度、政治体制和意识形态等方面往往有所不同，而人们的政治信仰也会有很大的区别，但只要交往顺利、合作成功，就应当超越社会制度、意识形态和政治见解的差异，以友谊为重，以信任为重，避免对对方的宗教信仰、政治见解等品头论足，更不能横加责难、妄加非议。把自己的观点、见解强加于人，也是对交往对象不友好、不尊重的表现。

第八，莫问所忙何事。外国人一般也会把这类事情看作个人私事，若提出类似问题，不是被认为是别有用心，就会被看作粗鲁之举。

在保护隐私方面，需要兼顾保护自己的个人隐私、保护本方人员的隐私、保护外方人士的隐私与保护其他人士的隐私这四方面的内容。在对外交往中应尽力不传播、不泄露隐私问题，也要主动采取必要的措施维护个人隐私。

10. 女士优先

作为国际礼仪的一项重要的基本原则，女士优先的主旨是指每一名成年男子都有义务主动而自觉地用自己的实际行动尊重、照顾、体谅、保护妇女，并且想方设法、尽心尽力地为妇女排忧解难。倘若因为男士的不慎而使妇女陷于尴尬、困难的处境，则意味着男士的失职。讲究女士优先，并非说明妇女属于弱者，值得怜悯、同情，也不是为了讨好女士而别有用心。从根本上来说，之所以提出女士优先的要求，是因为妇女乃是"人类的母亲"，在人际交往中给予妇女适当的、必要的优待，实际上就是要表达对"人类的母亲"所特有的感恩之意。

女士优先原则还要求，在尊重、照顾、体谅、关心、保护妇女方面，男士们对所有的妇女都要一视同仁，不仅是对某一国家的女士如此，对其他国家的女士也要如此；不仅对某一种族的女士如此，对其他种族的女士也要如此；不仅对熟悉的女士如此，对陌生的女士也要如此；不仅对年轻的女士如此，对年长的女士也要如此；不仅对有权有势的女士如此，对贫贱困苦的女士也要如此。

11. 爱护环境

在国际交往中，之所以要特别强调爱护环境的问题，除了因为它是作为现代人所应具备的基本的社会公德之外，还在于它已成为当今国际舞台上倍加关注的焦点问题之一。在国际交往中，在爱护环境的问题上要严于自律，尤其要注意以下八个方面的问题：不可毁损自然环境；不可虐待动物；不可损坏公物；不可乱堆乱挂私人物品；不可乱扔乱丢废弃物品；不可随地吐痰；不可到处随意吸烟；不可任意制造噪声。

12. 以右为尊

在国际交往中，人们将左右做了主次之分，即以右为尊、以左为卑，以右为上、以左为下。在并排站立或行走、就座的时候，右高左低，这条规则已为人们所普遍接受。因此，国际交往中，主人应主动居左而让客人居右；男士主动居左请女士居右；晚辈居左而请长辈居右；职位较低者居左，职位较高者居右。以右为尊的原则不仅应用于座次，只要有必要排列位次的尊卑时，都可以适用。如并列悬挂两国国旗时，以右为上，应悬挂来访国国旗；以左为下，应悬挂东道国国旗。

无论是政治磋商、商务往来、文化交流，还是私人接触、社交应酬，凡有必要确定并排列出具体位置的主次尊卑时，以右为尊都是普遍适用的。

四、中西礼仪比较

礼仪是最直观的文化现象之一。现代国际礼仪与中国传统礼仪在形式上的差异是显而易见的，但不同的形式往往包含着不同的内容，反映不同的价值认识、道德规范和情感趋向。现代国际礼仪与中国礼仪，尤其是中国传统礼仪相比，具有显著的区别，而最大的不同在于现代国际礼仪主要起源于西方，因而深受西方文化的影响。只要我们弄清楚中西礼仪之间的差异，也就把握住了中国礼仪与现代国际礼仪的基本区别。

1. 家族本位与个人本位

中国人有着很强的家族观念。在中国古代社会，人们以家族为本位，每个人作为家族中的一员，视家族利益为根本，可以说除了家族的利益外并无个人独立的利益。在他们看来，"国"只不过是"家"的放大，所有的人际关系都是家族关系或是这种关系的延伸，因此，在家"孝"父母，出外"忠"君主，这二者是一致的。了解了这个特点，也就掌握了中国古代礼仪的基本道理。时至今日，中国人仍然十分看重家庭的作用，家庭、家族观念在中国人的心目中仍占有重要的地位。

在西方社会，个人本位的观念则占据着主导地位。他们信奉每个人都是独立的、不依靠任何人而存在以及个人权利不得侵犯的信条，即使是夫妻关系，也只不过是男女双方订立契约的结果，当事人双方各自为个体，保持着各自的独立性，一般都不干涉对方的社交自由；父子关系的界限也划分明确，儿子帮父母干活，父母照样付给儿子报酬的事例并不鲜见。

可以说，中西价值、道德观念以及与此相适应的礼仪规范的主要区别就在于此，其他的许多差异都是由此派生出来的，即中国人比较重视整体关系，而西方人比较重视个人的独立性。

2. 重人情与求功利

由于上述原因，中国人十分看重人伦亲情，正如许多学者所指出的，中国是一个人情社会。中国人一向把情义摆在利益之上，"君子喻于义，小人喻于利"成了中国人妇孺皆知、代代相传的道德信条。每逢四时节庆，亲朋好友之间总要相互走动，致意问候；遭遇天灾人祸，亲朋好友之间也常常相互扶持和周济。

西方人注重功利和实际效益，各人在法律允许的范围内追求各自的利益，绝不会认为不道德，但对别人侵害自己利益的行为也绝不姑息。该归我的，即使一个便士也不能少；该给你的，再多也要算给你。这种"费厄泼赖"的务实精神，一方面激发了人们自我奋斗的激情；但另一方面也导致人们内心的孤独。

3. 重视身份与追求平等

中国的礼仪历来都强调一个"分"字，名位、职责、权利的限度因人而异。"贵贱有等，长幼有序，贫富轻重皆有称"曾是中国古人追求的一种理想的社会境界；即使到了现代，许多人仍习惯以身份为据来区分不同人的高低贵贱。

西方社会的阶级、阶层的差异和对立是客观存在的，不同身份的人往往有着不同的社交圈子。在日常交往活动中，每个人都很重视自己的尊严，不喜欢打听对方的身份，一些带有浓重等级色彩的礼仪形式已经被逐步淘汰，而像自助餐、鸡尾酒会这样一些不讲究等级身份的交际形式却日益流行起来。

4. 谦恭自制与情感外露

中国人一向视谦虚为一种美德，因此，在社会交往活动中，中国人很少夸夸其谈。同时，中国人还很善于控制自己的情感，"动于心，发于情，止于礼"被视为良好道德修养的体现，所以在交际生活中，中国的夫妻、恋人一般不会在他人面前表现得过于亲昵，即便是老友重逢，热烈拥抱的举动也是少见的。

绝大多数的西方人则与此相反，他们不喜欢过分的谦虚，不害怕锋芒毕露。他们大都性格豪爽、感情炽烈，拥抱礼、亲吻礼、吻手礼等礼仪形式，都淋漓尽致地表现了他们民族的性格特征和文化心理。

5. 崇尚礼仪与法律至上

中国历史上，礼仪的政治作用往往被提到了无以复加的高度，儒家的德主刑辅、先德后刑的礼治主义，长期受到统治阶级的青睐，把礼仪置于法律之上，或者说礼仪已经包含了法的成分。

相反，西方人虽然也重视礼仪的社会功能，但更强调法律的作用，特别是在资本主义社会，资产阶级在其革命时期就把建立法制社会作为自己政治活动的重要目标。所谓法律至上，就是说在一国范围内居于最高地位、享有最高权威、具有最高效力的是法律、任何社会主体都应遵守法律、依法办事。在西方国家，法制观念远较礼仪观念更深入人心，这是西方文明的一个重要特点。

造成中西礼仪文化观念差异的原因是极为复杂的。礼仪与社会历史诸因素之间有着密切的关系，自然环境、民俗习惯、宗教信仰、经济状况、科学水平、政治制度等都对这种差异性有着重要的影响，其中社会生产方式特别是经济关系对各种社会文化观念的形成和变迁有着决定性的影响。但中西礼仪文化观念各有长短，其中许多方面都有着两重性，二者之间存在着明显的互补关系。

在对待礼仪的一些具体形式上，我们应坚持科学的态度，具体问题具体分析。

第一，中国的一些传统礼仪形式具有明显的封建性和落后性，应当予以更新和改造。跪拜礼就比较典型。跪拜礼在封建社会是一种表示臣服的礼节，起着维护封建等级制度的作用。早在 1912 年，孙中山就明令宣布取消跪拜礼。现在中国的一些乡村中还残留着这种礼仪形式，但它必然会随着人们文明程度的提高而逐渐消失。类似的一些落后礼俗还有不少，以餐饮礼仪为例，若遇喜庆活动或节日，中国人习惯于大摆宴席、铺张浪费，酒宴之上对客人强行劝酒以表敬意，喜欢为客人布菜以示热情等，这些都是应当逐步加以革除的。

第二，中国的一些传统礼仪形式较之西方的某些礼仪形式更具有合理性。在 20世纪 30 年代，林语堂先生在其《生活的艺术》一书中就从卫生的角度反对握手礼，而倡导中国传统的拱手礼。事实上，拱手礼不仅合乎卫生标准，而且也简便省时，在面对众人时若一一握手，不仅费时费力，还可能把人搞得肩酸手痛；若只是抱拳施礼，却也同样能够充分表达恭敬之意。再如中国人对父母的称呼礼仪也是值得提倡的。西方社会许多子女往往对父母直呼其名，这即使从西方正统的家教观念来看，也是很不可取的。中国传统礼仪中的优秀成分理应得到继承和发扬，并融于现代国际礼仪。

第三，在现实生活中，礼仪形式本身并无高下优劣之分，在许多情况下仅仅是因为民族习惯的不同，世界各国大部分的礼仪形式都属于这种情况。这些礼仪形式的形成原因是非常复杂的，往往与一个国家的地理环境、风俗习惯有着极为密切的关系。比如，在日常生活中，中国人喜欢红色，美国人喜爱蓝色，欧洲人崇尚白色，这其中又如何能分得出高低优劣？追根溯源，许多礼仪习俗与历史上的宗教或迷信有关，但经过漫长的历史进程，人们已经淡忘或说不清它的原始含义，到现在只是人们的一种心理偏好而已。礼仪本来就是一种符号，只要一定范围的人们认为其具有某种意义就可以了，这也正是各民族都能在其内部交往中把一些具有浓郁民族气息的礼仪形式继承下来的重要原因。因此，在对待不同国家、不同民族的不同礼仪习俗的问题上，都应当保持理解的态度和宽容的胸襟。

第三节　学习现代国际礼仪的意义和方法

社会关系是人们相互作用的产物，是人们在生产、生活中形成的不以其意志转移的关系。这种关系只有通过社会交往才能建立起来，而每个人如果要与他人建立某种关系，就必须遵循一定的规矩、规范。礼仪是人与人之间联系的纽带，它维护社会秩序的安定，使人们和平共处。

在人际交往过程中，礼仪的重要作用表现为沟通和调节交往双方的感情，缓解或避免不必要的感情对立与障碍，促使人际关系的和谐发展，并通过教育作用纠正人们不正确的行为习惯，引导人们按礼仪规范的要求去维护社会的正常生活。

礼仪是自我完善的基础。从个人角度讲，遵从礼仪对提升自我修养，培养庄重、谨慎、谦恭、和顺的品格和高尚的道德情操有着重要意义。社会是人与人之间各种关系的总和，人们只有遵从礼仪，才能认识、把握、利用和改造人际关系的手段和工具，获得良好的人际关系，保证正常的社会交往，从而为自己创造一个良好的学习、工作、生活环境，增强自信心和自尊心，从而充分发挥自己的才能，在社会中找到自己的位置。

礼仪是组织形象的根本保证。礼仪是影响社会组织得失成败的重要因素。一个人的言谈举止、仪表仪态，不仅能反映他的个人修养，而且能代表他所在的集体，是其组织形象的重要窗口，违反礼仪规范就会损伤组织形象，为集体、为国家带来不良影响。

礼仪是文明程度的标志。礼仪规范是一定社会的人们约定俗成、共同认可的，是人类历史发展的产物。不同社会的礼仪内容是不同的，社会越发展，礼仪知识就越普及。礼仪对个人来说，是自身思想道德修养在社会交往中的外在表现，而对整个社会来说，则是文明程度的重要标志。一个社会的文明程度越高就越重视礼仪，人民的礼仪水准也就越高。一个人如果不懂得尊重别人，也就不会懂得尊重自己，更不可能得到他人的尊重。如果人们在社会生活中不讲道德、不讲礼仪，那将直接影响人们的正常劳动与创造，影响社会的安定团结，这个社会就很难进步与发展。如果每一个人都能讲道德、讲礼仪，谦恭友善，妥善处理个人之间、个人与社会之间的各种关系，营造温馨和谐的氛围，就能大大增强凝聚力，促进社会的稳定与发展。可以说，一个不讲道德和礼仪的民族或国家，是一个不文明的民族或国家，其内部也不可能安定团结、稳步发展。

现代国际礼仪是在各国相互交往中，各个国家道德标准、价值判断相互交流、相互碰撞、相互妥协的产物，它包含了世界上大多数国家所共同认同的、基本的国与国之间、人与人之间交往的准则。随着中国改革开放的不断深入，中国融入国际社会步伐的加快以及经济全球化的影响，中国的对外交流与合作必将更加频繁，中国的社会生活，尤其是经济生活也将越来越具有外向型的特点。这就要求我们不仅要使经济活动与国际"游戏规则"接轨，而且也要把交际往来与现代国际礼仪接轨，这不但体现个人的修养素质，还关系到国家经济发展软环境的优劣。更深层地讲，只有充分掌握现代国际礼仪，才能充分了解各个民族和各种文化意识的差异，才能获得开阔的心胸，才能以全球的眼光审视整个世界，以世界的、发展的眼光去开拓国家和社会的各项事业。学习、掌握现代国际礼仪的程序、方式、方法，并在对外交往中熟练地运用，对结交朋友、增进友谊、交换信息、开阔视野、开展业务、发展事业，都是十分必要的。

第一，现代国际礼仪作为"礼"的一种形式，表面上看表现为具体的行为举止方面的要求，但更深层次上则包含着人类基本道德准则和行为处理原则，而这些原则、准则也是德育教育的主要内容之一。第二，现代国际礼仪所具有的实践性、具体性使其易于传授，也易于在实践中得以施行，从而达到陶冶情操、提高修养的目的。第三，现代国际礼仪包含了社会对人们的道德要求，对处于世界观、人生观、价值观形成和趋于成熟阶段的年轻人来说，更具吸引力，也更实用、更直接。第四，现代国际礼仪具有可操作性，使青年人易于接受，并利于其自我约束和自我监督。从以上几点可以看出，现代国际礼仪能弥补以往思想道德教育的不足，并发挥指导作用。目前，我们国家正在大力加强社会主义精神文明建设，着力提高人们的总体素质，这无疑是一个重大的战略举措。这种精神文明建设，是继承发扬优良传统而又充分体现实践精神、立足本国而又面向世界的精神文明建设，它包括思想道德建设和教育科学文化建设两大方面，而礼仪建设是精神文明建设的一个重要组成部分，是思想道德建设的一个具体内容。

由于现代国际礼仪教育具有自身的特性，在现代国际礼仪的学习和实践过程中，应把握以下几方面的问题。第一，既要重视现代国际礼仪理论知识的学习，也要掌握现代国际礼仪所包含的人文精神。现代国际礼仪所包含的人文精神是最具代表性、普遍性的道德准则，要充分认识到礼仪、礼节不仅仅是程式化的东西，国际礼仪也不仅仅只适用于对外交往之中。第二，要坚持学以致用的原则。要结合各自的专业方向和工作实际，在实际工作中运用现代国际礼仪，使所学的现代国际礼仪知识切实可用。第三，要坚持灵活的原则。礼仪的内容是相当丰富的，了解礼仪知识容易，运用礼仪则要困难得多。礼仪规范是具体的、严肃的，但又是不断发展变化的，它不是条条框框，更不是教条，不能照搬照抄，否则会适得其反。运用礼仪应该根据时间、地点、对象的不同而不同。坚持灵活的原则，不仅表现在该不该运用礼，更表现在运用什么礼，因为不同国家、不同民族、不同地域、不同的人对行为规范都有不同的理解，不能生搬硬套、毫无区别地运用礼仪。第四，要坚持理论和实践相结合的原则。学习礼仪不能一蹴而就，更不会立竿见影，必须经过长期实践才能达到运用自如、得心应手的境界。只有在实践中不断丰富礼仪知识，在礼仪知识的基础上持之以恒地实践，才能不断丰富和完善现代国际礼仪知识。

当今世界正在发生深刻复杂的变化，但和平与发展仍是时代主题，党的二十大报告指出，"和平、发展、合作、共赢的历史潮流不可阻挡"。对外开放是我国的基本国策，习近平总书记多次指出，发展依然是当代中国的第一要务，中国发展的根本出路在于改革，中国开放的大门永远不会关上。今天的年轻人，将逐步成为21世纪国内、国际舞台上的主角，他们的道德修养和交际能力，将影响到21世纪中国在世界上的形象，而现代国际礼仪教育能拓宽他们的视野，丰富他们的文化知识，增强他们对世界各国的了解。掌握国际惯例的通行做法，帮助他们构筑规范的道德基础，完善品德修养，使他们具有全球性的发展眼光，在今后的各项事业中能抓住发展的趋势动向，在互相尊重的原则指导下，以礼待人，广交朋友，发展同世界各国人民的平等互利、友好合作关系，充分展现我们礼仪之邦和泱泱大国的风范。

2 | 第二章
个人礼仪

心理学家认为，一个人对交往对象的印象和评价大体是在见面之初的那一刹那形成的，在见面后很短的时间里就有了对对方的独特看法，并且这种瞬间形成的看法不但在此后难以改变，而且左右着双方交往的密切程度。这在心理学上叫作"首因效应"。根据首因效应，讲究个人礼仪，注意维护个人形象，是保证国际交往正常进行的基础。个人礼仪，不仅体现个人的精神面貌，反映个人的道德修养、文化素质和审美情趣，更重要的是，国际交往中它还在某种程度上代表组织形象甚至国家形象。

个人礼仪是国际交往活动中个人行为的具体规范，一般包括仪容仪表、服饰穿戴、仪态举止、言语谈吐等几方面的内容。

第一节　仪容仪表

仪容即人的容貌，是由发型、面貌以及人体所有未被服饰遮掩的部分（如颈部、手部）等组成。仪容是个人仪表的重要组成部分，在人的仪表美中占有举足轻重的地位，修饰仪容也就成为仪表礼仪的核心内容，是个人礼仪的基础规范。

仪表是指人的外表，主要包括仪容、仪态、服饰三个方面，是一个人精神面貌的外在表现。仪表是构成交际第一印象的基本因素，在人际交往的最初阶段，仪表往往最能引人注意，对交往对象所产生的第一印象，多半来自对方的仪表。

一、"从头做起"

头发是每个人身体的制高点，是别人注意的焦点部位之一。修饰头发，要注意保持头发干净整齐、长短适当和发型简单大方、朴素典雅，平时注意勤洗头、勤理发，保持头发的清洁卫生，也要勤梳理，避免头发蓬松凌乱；发型应当传统、保守、规范一些，而不应当过分追求新潮、怪异、个性化。

1. 洗发

洗发对于保持头发洁净和健康非常重要。应至少隔天洗发一次，这样能够有效地保持头发良好的健康状态。如果洗发过于频繁，容易导致头发脆弱而且毛燥；若洗发周期过长，头发将变得油腻、粘连，同样使个人的外在形象大打折扣。

洗发过于频繁，还会导致头发生长所必要的营养元素的流失。适当使用护发、养发用品，有助于留存、补充头发健康生长所必需的营养元素，是保养头发的主要手段。

2. 理发

经常理发也是保证头发健康的重要手段。头发越长就越脆弱，容易折断、开叉。理发周期取决于自己的发型。男士和留短发的女士，每六周理发一次，就能很好地保持头发的洁净、健康和美观。即使留长发，理发周期也不要超过十个星期，因为长时间不理发，会导致头发生长缓慢，末端干枯，发型走样。

3. 发型

虽说发型本身并无所谓美丑，但在选择发型时一定要与自己的脸型、体型、肤色相匹配，与自己的年龄、气质、职业、身份相吻合，才能扬长避短，充分展现自身之美。

一是发型与脸型相协调。发型对人的容貌有很强的修饰作用，甚至可以"改变"人的容貌。每一种脸型都有其独特的发型要求，应当根据自己的脸型选择合适的发型，这是发型修饰的关键。例如，圆形脸可以选择将头发向顶部梳高，避免遮挡额头，两侧头发适当遮住双颊，视觉上就会产生脸部"拉长"的效果；长脸形适宜选择"刘海儿"遮住额头，加大两侧头发的厚度，面部就会显得丰满起来。（图 2.1）

图 2.1　各种不同的脸型

二是发型与体型相协调。发型选择是否得当，会对体型的整体美感产生很大的影响。比如，颈部粗短的人宜选择高而短的发型；颈部细长者宜选择齐颈搭肩舒展或外翘的发型；瘦高的人宜留长发，能弥补身体细长、单薄之不足；矮胖的人宜选择有层次的短发，给人以体型更加协调的感觉。

三是发型与年龄、职业、身份相协调。发型是一个人文化修养、社会地位、精神状态的集中体现。国际交往是一种庄重而严肃的场合，对发型的整体要求应当是以整齐、简单、明快、少装饰、少花样的短发型为主。短发型能够体现男士的阳刚之美和潇洒之气，如青年式可把人衬托得精力充沛，板寸式能表现坚强刚毅的气质，背头式使人显得儒雅大气，西装式让人看起来气度不凡，分头式体现潇洒帅气，平头式展示出朴实无华……大花型短发或盘发适合年长的女士，能给人精神、温婉可亲的印象；年轻女士宜选择活泼、简单、富有青春活力的发型，如齐耳短发、自然式束发等，能给人以清新自然、轻便大方的感觉；中年女士可以选择长一些的发型，但也不宜长过肩部。在国际交往场合，男士不宜留长发，女士不宜佩戴过分花哨的发饰。

四是发型与服饰相协调。头发为人体之冠，根据服饰的变化而适当改变发型能够充分体现服饰的整体美感。如女士穿着礼服或制服时，可以选择盘发或短发，以显得端庄秀丽、文雅大方；而在穿着轻便服装时，则可以选择各式适合自己脸型的轻盈发式。

二、美化仪容

面容是人的礼仪之首，是人体暴露在外时间最长的部位，也是人际交往中为他人所注意的焦点。美化仪容并不仅仅意味着美化面容，对身体其他裸露部分（如颈部、双手等）的清洁和保养，同样十分重要。

（一）美化面容

首先，美化面容必须保持面部的清洁卫生。要勤洗脸，且要洗得完全彻底、面面俱到，不让面部留存汗渍、泪痕以及不洁之物。若面部生有痤疮、疱疹、疖子，应及时治疗，不要盲目自行处理，导致面部疙疙瘩瘩，影响美观。面部有伤，或在涂药、包扎之后，应避免出席重大国际交往活动，免得有碍观瞻。

其次，要修剪、遮掩不雅观的体毛。在国际交往活动中经常要近距离地面对他人，若有鼻毛从鼻孔里伸出来，或有耳毛突出于耳眼之外，都会令人厌恶，应当定期检查，及时去除。虽然国际上并无禁止男士蓄须的明文规定，但除了宗教信仰与民族习惯的特殊情况之外，男士最好不要蓄须，并且要养成每天修面剃须的良好习惯，否则胡子拉碴、蓬头垢面，既有失体统，也是对交往对象的极不尊重。女性的眉毛也需要经常修饰，但最好不要文眉。文眉虽然可以省去许多修眉的时间，但看上去呆滞刻板、不够自然。由于男士在国际交往场合是不允许穿短袖衬衣和 T 恤衫的，所以腋毛不能外露的问题是特别针对女士而言的。女士在正式场合不宜穿背带裙、马夹裙、太阳裙、露背裙以及宽松肥大的上衣，以避免在举手投足之间出现腋毛"走光"。若确有必要穿着无袖装，必须得剃去腋毛。女士在穿裙装时，还要顾及自己腿毛的问题。若腿毛较密较黑，则不宜光腿，即使穿长筒丝袜，也应有意选择深色丝袜。

再次，要注意眼部的保养和修饰。第一，做好眼部保洁，及时清除眼角的分泌物。第二，若眼部患有沙眼、"红眼病"等传染性疾病，应自觉避免在公共场所露面，免得让交往对象陷入进退两难的尴尬处境。第三，不要戴太阳镜参加国际交往活动。进入室内或与人交谈时应摘下太阳镜，否则会给人以缺乏坦诚、难以捉摸的感觉。第四，戴眼镜的人要保持眼镜的清洁，对镜架、镜片都要经常擦拭、清洗，清除污垢、积尘或油渍。

最后，要保持口部清洁。一要保持双唇干净卫生，不积存异物或白沫，避免开裂或生疮。二要清洁牙齿，仔细刷牙，节制饮食，定期洗牙，保持牙齿洁白。三要清除口腔异味，除运用正确的刷牙方法、坚持餐后刷牙外，还要注意少吃或不吃葱、蒜、韭菜、虾酱、腐乳之类有异味的食物。若餐后一时没有刷牙机会，也要使用爽口液处理口腔卫生，最好不要当众咀嚼口香糖，一是它并不十分管用；二是这种处理口腔卫生的举动很不雅观。

（二）保养双手

双手同面部、颈部一样，常常暴露在服饰之外，成为别人注意的焦点之一，是国际交往活动中的"第二枚名片"。因此，适时适度地保养和美化双手是十分必要的，不容忽视。干净清洁、保养良好的双手，会给人以美感并能博得交往对象的好感，而肮脏不堪的双手则会令人心生厌恶，甚至会影响交往对象对你的总体评价。

第一，要勤洗双手。与洗脸相比，双手应该洗得更勤一些，因为在人体的各个部位中，双手接触的物品最多，也最容易受到污染，用餐之前、"方便"之后、取用过不洁之物以后，都要及时洗净双手。

第二，要保养双手。手部不仅需要勤洗，也需要精心养护，避免出现红肿粗糙、长疮生癣、发皴皲裂等现象，影响美观和卫生。

第三，要定期修剪指甲。要养成平日定期修剪指甲的良好习惯，至少三天修剪一次，而且多多益善。经常参加国际交往的人士，一般不准留过长的指甲，主要是因为长指甲让人觉得不洁净，不仅容易积存污垢、有碍美观，而且容易滋生细菌、影响卫生。修剪后的指甲以不超过手指顶端为宜。

第四，要慎重美甲。在现代社会中，不论男女，对手部的美化主要侧重于指甲的美化，而涂抹指甲油又是其中最主要、最常见的方法。虽然指甲油的色彩应有尽有，但在选择使用时一定要慎重，最好选择无色透明或自然肉色的指甲油，能增加指甲的光洁度和色泽感，充分体现你认真细致的生活态度。涂抹过于鲜亮或过于凝重的指甲油则有损形象，有失身份，在国际交往场合应避免使用。此外，也要考虑指甲油的色彩应同自己的衣着服饰、化妆风格相协调的问题。

(三)控制体味

现代人认为，身体散发体味在社交活动中是件令人尴尬的事情。有体味也并非完全是件坏事。身体的气味是我们性别特征的一个组成部分，许多女士觉得男性气味非常有吸引力，但过于浓烈的体味会令双方尴尬。

消除体味最容易也是最廉价的方法是经常洗澡，保持身体卫生、干燥。一般情况下，每天洗澡就能有效地消除体味，但有些体味较重者，可能需要每天洗澡两次，甚至三次。经常洗换内衣也是消除体味的有效方法，如果使用香味洗涤剂或软化剂，还能使洗后的内衣上保留宜人的香气。对汗腺发达、出汗较多的人来说，止汗剂或除臭剂是他们的必备用品。如果常规方法不起作用，可以考虑手术治疗，通过破坏汗腺达到减少出汗量的目的。

体味是一个非常隐私的问题，当事人及其周围的人在处理这类问题时都要十分小心谨慎。

三、精心化妆

为充分体现自己的精神风貌，更好地维护个人形象、单位形象乃至国家形象，同时也是为了对交往对象表现出应有的友好和敬重之意，无论男女老幼，在参加国际交往活动时都应当美容化妆。在许多西方国家，未经化妆就参加重要活动或出入重要场所，会被视为对交往对象的蔑视甚至侮辱。

化妆，是一种通过使用美容用品来修饰自己的仪容、美化自我形象的行为。简单地说，化妆就是有意识、有步骤地为自己美容。化妆是生活中的一门艺术，它一般包括护肤、美发、修眉、画眼睛、修饰唇形、保养手部等内容，并有一套完整、全面的程序和步骤，分晨妆、晚妆、工作妆、舞会妆、结婚妆等多种形式。我们不赘述化妆的步骤与技巧，仅提示一下参加国际交往活动时对化妆的原则要求。

第一，以淡妆为主。自然、清丽、素雅的淡妆，既能给人以深刻的印象，清新而又传神，又不会因浓妆艳抹而显得俗不可耐。在国际交往活动中强调以淡妆为主，是为了避免过分突出性别特征，不过分惹人注目。特别是对女士来说，如果化妆过于浓艳，就会显得招摇和庸俗，甚至会引起别人对其身份和职业的误解。

第二，避免当众化妆、补妆。在众目睽睽之下化妆、补妆是非常失礼的，这样做既有碍于人，也不尊重自己。如果确有必要化妆、补妆，也要到卧室或化妆间等隐蔽场所进行，切莫当众表演。在许多西方国家，只有"应召女郎"才会在酒吧、舞厅、饭店、街头等公共场所当众化妆、补妆。

第三，女士不要在异性面前化妆。在一般关系的异性面前化妆，实在是一种缺乏自尊、缺乏自爱的举动，因为那样容易被人视为卖弄姿色、讨好异性。

第四，不要非议他人的妆容。由于民族、文化、个人条件和修养等方面的差异，每个人的妆容都可能与其他人有所不同，尤其是在国际交往活动中，这种差异会更加明显。要正确对待通过化妆所表达出来的审美差异，对别人的妆容既不要少见多怪，更不能指指点点，也没必要在社交场合同别人交流化妆技术问题。

第五，使用香水有讲究。香水属芳香型化妆品，具有溢香去臭、芬芳宜人的功效。香水种类繁多，根据其自身的香型，可分为五大系列：植物香型气味爽朗、清新、自然，适合早晨使用；花香型气味浓郁、温馨、甜美，适合白天使用；西普莱香型气味优雅、甜蜜、幽深，女性气息十足，适合成年女性在正式场合使用；东方香型气味馥郁独特，香气经久不散，适用于社交场合；合成香型气味浪漫、温柔、迷人，适合女性在晚上使用。若根据其中香精的含量与香气持续的时间来划分，可把香水分为四个类型：一是浓香型香水，又称香精，香精含量达 15％到 25％，香气可持续 5 小时到 7 小时，适合出席宴会、舞会时使用；二是清香型香水，香精含量约为 10％到 15％，香气可持续 5 小时左右，适用于晚间社交应酬；三是淡香型香水，香精含量约为 5％到 10％，香气可持续 3 小时到 4 小时，适合日常上班时使用；四是微香型香水，香精含量仅为 3％到 5％，香气持续时间约 1 小时到 2 小时，主要用于浴后或健身运动之时。使用香水时，一要根据不同的场合选择不同类型的香水，不能乱用；二要适量，以自己身上的香气在 1 米以内能被闻到为最佳。若过量使用，会显得过于招摇，还会刺激别人的嗅觉，引来不快，并可能会引起别人的误解，认为你是在利用香水来扬长避短，想用浓郁的香气来遮掩自己身体不雅的气味；三要注意喷洒的部位，可以直接喷洒在脉搏浅藏的皮肤上，如手腕、耳根、颈侧、踝部等处，也可以喷洒到既无损面料、又容易扩散的衣服的某些部位，如衣领、口袋、裙摆内侧等，不宜喷洒在身体腋窝、脊背、膝弯等容易出汗的地方，避免香味、汗味相混合，产生一种难闻的气味。

第二节　服饰穿戴

服饰穿戴是仪容仪表的一项重要内容。在现代社会，服饰除了御寒、遮羞以外，还具有审美价值，被称为人的"第二肌肤"。在国际交往活动中，服饰是促进人际交流的一种无声语言，它不仅能够体现着装者的性别、职业、身份、地位，同时还能反映他的道德修养、文化素养和审美情趣。

服装具有六大基本功能。一是保护身体：人类借助衣服能使身体与外界隔离，减少伤害，如登山装、滑雪装、防火装等。二是保暖御寒：衣服能够满足人类最基本的生理需要，服装形式会随着季节的变化而更改，以调节体温。三是代表身份地位：服装能表现着装者的生活背景、社会地位，如军服、制服、校服等。四是体现个性：由于个人喜好、生活品位、性格等方面的不同，对服装质地、颜色、款式、搭配的选择也会千差万别。五是美化人体：服装除了保暖御寒的实用功能之外，还具有美化功能,可以借助人类对线条、色彩、质料的错觉,达到扬长避短的遮丑作用。六是自我满足:穿着自己喜爱的衣服,会感到愉快、自信、有满足感,借助服装能达到自我实现的目的。

一、着装的基本礼仪规则

20世纪60年代,日本人提出了社交场合着装的"TOP"原则(时间:Time;场合:Object;地点:Place),其基本含义就是穿衣打扮要有章法,弄清着装的时间、地点及目的,着装要因这些因素的不同而有所变化,使自己的形象与周围的环境、气氛相协调,达到整体美和协调美的效果。也有人把"TOP"原则称为"魔力原则",虽然它对着装原则的总结并不全面,但直到今天,它仍是各国人士在着装时遵循的基本规则。

概括地说,在国际交往活动中,应遵循以下基本的着装规则。

第一,穿着整洁。在国际交往中的着装不必过于高档华贵,但必须要保持清洁,熨烫平整,这样才能给人衣冠整洁、庄重大方的感觉。整洁并不完全为了自己,更是尊重他人的需要,这是着装礼仪的基本要求。

第二,着装要与年龄、身份相符。国际交往活动中,如果忽略自己的社会角色而着装不当,很容易造成别人对你的错误判断,甚至会引来误解。比如艺术家和作家,即使在正式场合,其穿衣着装也可以尽显自己独特的风格,在选择衬衫和领带的色彩时可以不拘一格,而官方人员代表国家出席某些正规场合时,就应该穿得传统或保守些,以示庄重。

第三,着装要适应场合。无论穿戴多么亮丽,如果不考虑场合,也会被人耻笑。国际交往的各种具体场合,大体可以分为三类,即公务场合、社交场合和休闲场合。公务场合指上班处理公务的时间,公务场合的着装应当重点突出庄重保守的风格,主要是深色毛料的套装、套裙或制服。具体而言,男士最好是身着藏蓝色、灰色的西装套装或中山装,内穿白色衬衫,脚穿深色袜子、黑色皮鞋;穿西装套装时,务必要系领带。女士的最佳衣着是单一色彩的西服套裙,内穿白色衬衫,脚穿肉色长筒丝袜和黑色高跟皮鞋;有时穿单一色彩的连衣裙亦可,但是尽量不要选择以长裤为下装的套装。社交场合是指公务活动之余的交往应酬的时间,社交场合的着装应当重点突出时尚个性的风格，既不必过于保守从众，也不宜过分随便。男士宜穿黑色的中山套装或西装套装，女士则可穿着单色旗袍或下摆长于膝部的连衣裙，其中黑色中山装套装与单色旗袍最具中国特色，穿着也最为广泛。在社交场合最好不要穿制服或便装。休闲场合泛指公务活动之余的个人自由活动时间，如居家、健身、游览、逛街、购物等。休闲场合的穿着打扮，应以舒适、自然为总体风格，往往可以由人们自行其是，运动装、牛仔装、夹克衫、T恤衫等，都是适当的选择。

第四，根据不同时段，应景着装。这一点对女士而言尤其重要。男士出席各类活动，只要有一套质地上乘的深色西装或中山装就足够了，而女士的着装则要随一天时间的变化而变换。出席白天的活动，女士可着职业正装；而出席晚上5点到7点的鸡尾酒会，就须多加一些修饰，如换一双高跟鞋，戴上有光泽的佩饰，围一条漂亮的丝巾；出席晚7点以后的正式晚宴或晚会，则应穿中国的传统旗袍或西方的晚礼服——长裙。

第五，入室更衣。参加各种国际交往活动，进入室内均应摘帽，脱掉大衣、风衣等，并送存衣处。男士在室内任何时候都不得戴帽子、手套；女士的纱手套、纱面罩、帽子、披肩、短外套等，可作为服装的一部分允许在室内穿戴。在家中或旅馆房间内接待来客，如来不及更衣，应请客人稍坐，立即换上服装、穿上鞋袜，不得赤脚或只穿着内衣、睡衣、短裤接待客人。

二、中西礼服

在国际交往场合，人们穿着的服装大致可以分为三类：便装、正装、礼服。人们在日常生活中经常穿着的各式衬衣、外衣、T恤衫和各式休闲服装均为便装；公务、社交场合所穿的西式套装为正装；但在出席隆重、正式的礼仪性活动时则应当穿着礼服。

西方传统的男礼服有常礼服、小礼服和大礼服。常礼服亦称晨礼服，上装为灰、黑色，后摆为圆尾形，下装为深灰色底、黑条子裤，配灰领带、黑皮鞋、黑礼帽等，用于参加隆重典礼、就职仪式、教堂礼拜和婚礼等场合。小礼服也称晚餐礼服或便礼服，为全白色或全黑色西装上衣，衣领镶有缎面，腰间仅一纽扣，下衣为配有缎带或丝腰带的黑裤，系黑色领结，穿黑皮鞋，一般在参加晚6时以后举行的晚宴、音乐会、剧院演出等活动时穿用。大礼服又叫燕尾服，为黑色或深蓝色上装，前摆齐腰剪平，后摆剪成燕尾样子，翻领上镶有缎面，下衣为黑或蓝色配有缎带、裤腿外面有黑丝带的长裤，系白色领结，配黑色皮鞋、黑袜、白色手套，在参加夜间仪式与正式晚会时穿用，因此也叫晚礼服。

女士礼服也可分为常礼服、小礼服和大礼服等。常礼服为质料、颜色相同的上衣与裙子，可戴帽子与手套。小礼服为长至脚背而不拖地的露背式单色连衣裙式服装。大礼服则为一种单色拖地或不拖地的连衣裙式服装，并佩戴颜色相同的帽子、长纱手套及各种头饰、耳环、项链等首饰。

我国传统的男士礼服是中山装，一般应为上下身同色的深色毛料精制而成。中山装前襟有5粒扣子，领口为带风纪扣的封闭式，上下左右共有4个贴袋，袋盖外翻并有盖扣。穿着中山装应当把前襟、风纪扣、袋盖扣全部扣好，口袋内不宜放置杂物以保持挺括，配穿黑色皮鞋。传统的中式女礼服为旗袍，有各种不同的款式和花色，紧扣的高领、贴身、衣长过膝、两旁开衩、斜式开襟，是旗袍的基本特点。女士在国际交往场合穿着旗袍，开衩不宜过高，以到膝关节上方1寸至2寸为佳，并适合配穿高跟鞋、半高跟鞋，或面料高级、制作考究的布鞋。

相当数量的国家规定本国的民族服装为礼服，在国庆、民族节日等重大庆典和最隆重场合穿着，其他正式场合穿着西装。事实上，除极少数国家在个别场合有一些特殊的规定(如在隆重的典礼活动中，禁止妇女穿长裤和超短裙)外，大多数国家在穿着方面均趋于简化，很少有人穿着上述传统的男士礼服参加国际交流活动，而穿着燕尾服的人更是微乎其微。目前着装除样式、花色繁多的便服外，很多隆重场合只是穿着颜色深、质量好的西装正装。

三、穿着西装有讲究

广义的西装包括礼服、正装、便装、工作装，但我们通常所说的西装指的是西装正装。西装原本是欧洲的一种传统服装样式，随着国际交往的日益频繁，美观大方、穿着舒适且具有系统、简练、富于风度风格的西装，正发展成为当今国际上最标准、最通用的"国际服"。

穿着西装，有独特的着装原则。总体上讲，穿着西装要合时、合地、合景，在重大礼节性场合，要穿深色西服套装，以示严肃、端庄、礼貌之意；上班、娱乐、会友，则以浅色、暗格、小花纹套装为宜；外出旅游、参观，可穿着款式新颖、色调华美的西装。

(一)男士西装

男士西装的款式一般可分为三类：欧洲型、英国型、美国型。欧洲型西装注重外形，垫肩高，面料厚，胸部收紧突出，整体造型优雅。英国型西装体现严谨的绅士风度，整体造型与欧洲型西装相似，但肩部、胸部不那么显著和突出。美国型西装注重服装的功能，讲究穿着舒适，使用面料薄、有弹性，垫肩不高，胸部不过分收紧，是一种比较自然的风格流派。

1. 遵循六项原则

(1)三色原则。男士在正式场合的着装，应当有意识地把全身衣着的色彩限制在三种之内，多于三种难免令人眼花缭乱，有失庄重。

(2)三一定律。鞋子、腰带、公文包三处保持一个颜色，黑色最佳。

(3)有领原则。正装必须是有领的，无领的服装，比如 T 恤、运动衫一类不能称为正装。男士正装中的"领"通常体现为有领衬衫。

(4)纽扣原则。绝大部分情况下，正装应当是纽扣式的服装，拉链服装通常不能称为正装，某些比较庄重的夹克事实上也不能称为正装。

(5)皮带原则。男士的长裤必须是系皮带的，系松紧带的运动裤不能称为正装，牛仔裤自然也不算。即便是西裤，如果不系腰带就能很规矩，那说明这条西裤腰围不适合你。

(6)皮鞋原则。正装离不开皮鞋，运动鞋、布鞋、拖鞋是不能称为正装的。最为经典的正装皮鞋是系带式的，不过随着潮流的改变，方便实用的懒式无带皮鞋也逐渐成为主流。

男士正装是公务、社交场合的重要穿着，不仅表现出个人的品位和气质，而且是自尊与尊重对方、体现自身修养特别是礼仪修养的充分展现。男士们应该多花心思在正装的穿着搭配上，即便穿着机会少、价格昂贵，但却是男士们必不可少的装备。

2. 注意十个问题

第一，在穿西装之前，务必要将位于上衣左袖袖口之上的商标、纯羊毛标志等先行剪除，它们与西装的档次、身价无关。

第二，扣好衣扣。男士西装扣的扣法很有讲究，穿双排扣西装，扣子要全部扣上；单排两粒扣西装，只扣第一粒，也可以全不扣；单排三粒扣西装，可扣中间一粒或上面两粒，或全不扣；单排一粒扣西装，扣与不扣均可；如果穿三件套西装，则应扣好马甲上所有的扣子，外套的扣子不扣。

第三，不能在衣袋里乱放东西。不论上衣、衬衣还是裤子的口袋里，都不要乱放东西，否则有损美观。

第四，鞋袜必须与西装相配。严格来讲，穿西服套装时只允许穿黑色的系带皮鞋，其他如旅游鞋、布鞋、凉鞋等，都不能与西服套装配穿。袜子应当是与裤子、鞋子同类颜色或较深颜色的西装袜，运动袜、丝袜、涤纶袜等也不能与西装配穿。

第五，扎好领带。穿西服套装并扎系领带时，领带的长度一定要打得长短得当，一般应稍稍长过裤子的腰带，其下端正好抵达皮带扣，过长、过短均不雅观。

第六，慎用领带夹。领带夹是过去西装的重要饰品，现在已很少使用，在欧洲一些国家甚至把使用领带夹看作一种坏习惯。如果确有必要使用领带夹，也要把它别在衬衣的第四、第五粒扣子之间。

第七，不宜内穿羊毛衫。要想把西装穿得有型有韵，就最好不要内穿羊毛衫。若非穿不可，也只能穿一件素色的"V"领薄羊毛衫，既可以打领带，也不至于过分花哨，但不能内穿色彩繁杂或带图案的羊毛衫，也不能穿开襟羊毛衫，更不能穿多件羊毛衫，否则会显得层次繁杂，邋遢臃肿。

第八，穿长袖衬衣。穿休闲西装，可内穿T恤衫或高领衫，但穿西服套装时只能穿长袖衬衣，而且它的袖口应在上衣袖口之外露出1厘米至2厘米。

第九，不打领带时，应解开衬衣领口。穿西服套装，必须要打领带，但穿单件西装上衣或穿休闲西装，可以不打领带，但这时应当把衬衣领口的纽扣解开。

第十，衬衫之内勿穿高领内衣。穿着西装，可将衬衣直接贴身而穿，若为御寒需在衬衣之内再加穿内衣时，须选择"U"领或"V"领内衣，避免内衣外露，影响美观。

(二)女士套裙

女士西装以西装套裙为主。西装套裙是女性的标准职业着装，它大致分为两种类型：一种是用一件西装上衣随便配一条裙子的自由搭配与组合；另一种是西装上衣与裙子是统一设计、配套制作的。正规的西装套裙指的是第二种，一般是由一件西装上衣和一条半截裙组成的两件套女装，有时也能见到三件套的西装套裙，那只不过是在西装上衣和半截裙之外另加了一件背心而已。在西方，女士极少在正式场合穿着裤装。

1. 仔细选择

西装套裙比男士西服套装的选择余地要大得多。女士在选择西装套裙时，必须要考虑其面料、颜色、图案、造型等细节方面的问题。

（1）面料。西装套裙所选用的面料必须质料上乘，并且上衣与裙子应使用同一面料，这样才能浑然一体，给人以高雅、脱俗的印象。除了女士呢、薄花呢、人字呢、法兰绒等纯毛面料之外，也可选择高档丝绸、亚麻、府绸、麻纱、毛涤等面料，但都必须匀称、平整、光滑、丰厚、柔软、挺括，并且弹性要好，不易起皱。

（2）色彩。西装套裙应当淡雅、清新，故不宜选择过于鲜亮的色彩，同流行色也应当保持一定距离，而以黑色、藏青色、灰褐色、灰色和暗红色等冷色调为宜，意在体现着装者的端庄与稳重。在此基础上，有时也可以稍做变化，比如上深下浅或上浅下深的对比搭配，则显得富有动感与活力。

（3）图案。西装套裙讲究朴素、简洁，除素色面料外，各种或明或暗，或宽或窄的格子与线条图案以及规则的圆点图案的面料，也可以选用。

（4）整体造型。西装套裙的造型变化无穷，但其主要变化还是集中于长短、宽窄两个方面。过去，西装套裙强调上衣不宜过长、裙子不宜过短，尤其对裙子的长度极为重视，认为它短了不雅，长则无神，以抵达小腿肚的最丰满处为标准。现在，上衣和裙子的造型，可以采用上长下长、上短下短、上长下短、上短下长四种搭配，都能取得很好的视觉效果。另外，无论紧身上衣还是宽松上衣，若配以宽窄适度的裙子，也都可以表现出着装者的不同风采。

（5）衣领和纽扣。西装套裙的上衣衣领，除最常规的枪驳领、平驳领、一字领、"V"字领、"U"字领外，苹果领、披肩领、蟹钳领、燕翼领、圆领等样式也不罕见。上衣的纽扣也富有变化，有单排扣式，也有双排扣式；数量多则6粒，少则只有1粒。

（6）裙子。西装套裙中，裙子的款式多种多样，西装裙、围裹裙、一步裙、筒裙等线条优美、风格端庄；百褶裙、一字裙、喇叭裙、旗袍裙等飘逸洒脱、美丽高雅，与西装上衣搭配，都会产生各不相同的风格和效果。

2. 着装要点

女士穿着西装套裙，应注意以下几点。

第一，要合身可体。西装套裙的上衣最短可以齐腰，裙子最长可至小腿中部，上衣不能再短，裙子不能再长，否则就很不协调。同时，西装套裙不能过于肥大，显得邋遢散漫；也不宜过于紧身，显得轻浮庸俗。穿着西装套裙，绝不允许露臂、露肩、露腰、露腹，这几点女士应当谨记。

第二，系好纽扣。西服套裙的单排扣上衣可以不系扣，双排扣的则一定系上（包括内侧的纽扣）。但在正式场合，无论什么样式的上衣都必须系好纽扣，并且不能当众脱去上衣。

第三，要配穿衬裙。穿西装套裙，特别是丝、麻、棉等面料较薄或颜色较浅的裙子时，一定要内穿衬裙，以免走光。

第四，避免内衣外现。穿着西装套裙，须内穿款式适宜的衬衫。衬衣不宜透明，避免显现内衣；更不能让内衣露出领口，那会有失身份。

第五，不能随意搭配。西装套裙就是西装上衣与半截裙的固定搭配，不能随意乱穿。西装上衣是无法和牛仔裤、裙裤、健美裤搭配的；黑色皮裙也不能当作正装来穿。

第六，不要乱配鞋袜。穿西装套裙，应配穿黑色或白色高跟、半高跟皮鞋，不能穿布鞋、拖鞋、凉鞋、旅游鞋，颜色应与衣服下摆一致或再深一点。女士穿裙子应当配穿长筒丝袜或连裤袜，不能穿半截的袜子，弄出"三截腿"（专业术语叫"恶意分割"）。长袜颜色以肉色、黑色最为常用，最好不要穿色彩艳丽、图案繁杂的袜子。

四、配品和饰品

优雅得体的服装，如果配上适当的配品和装饰品，必定更加相得益彰。服装配品主要是指鞋袜、衬衣和男士的领带；饰品则又分为服饰和首饰两类，服饰包括帽子、围巾、腰带、胸饰、手提包等，而首饰原本专指戴在头上的装饰品，现在泛指戒指、耳环、项链、手镯等装饰品。

(一)服装配品

1. 衬衣

男士每套西装一般需有两三件衬衫搭配，最常见的是白色衬衣。衬衫的领子应为有座硬领，高矮根据自己的颈部选择，且必须平整、不外翘，领口不可过紧或过松，以能伸进两个手指为宜。袖子的长度应该正好到手腕，以长出西装袖口1厘米到2厘米为宜。系扎领带时，衬衫要贴身，衬衫的下摆必须塞在裤子里，袖管不可以挽起，袖扣一定要系上。不穿西装上衣，或是穿上衣未打领带时，领扣通常可以不系，但一般只能解开最上面的一粒扣子；不穿西装上衣时，允许挽起衬衣袖口，但一般只能按袖口宽度挽两次，绝对不能挽过肘部。

女士西装的衬衫颜色可以是多种多样的，只要与套装相匹配就可以了，白色、黄白色和米色与大多数套装都能搭配。丝绸是最好的衬衫面料，其次是纯棉，但都要保证熨烫平整。

2. 领带

领带的花色品种很多，面料以丝绸、缎类和化纤品为主。我们通常所用的领带是直式领带，还有一种横式领带，即蝴蝶结。蝴蝶结一般配大礼服、小礼服，也用于酒店、宾馆的服务员的工作服上。

领带是男士打扮的焦点，通过它能展现穿戴者的个性。不同的领带配同一件衬衫，能产生不同的视觉效果。领带的颜色应根据衬衫来挑选，通常以冷暖相间的颜色为主，但在正式隆重的场合要系黑领结或白领带。若衬衣外再配穿马甲或羊毛衫，应把领带放在马甲或羊毛衫之内。在非正式场合，穿西装可以不系领带，但衬衫的第一个扣子一定要解开。

领带的颜色必须和西装、衬衣相配。一般来说，西装与领带的搭配要有层次，浅色西装配深色领带或深色西装配浅色领带，效果都不错。西装、衬衣、领带三者的颜色可以属于同一色系，只是色度不同，或者三者颜色虽不属同一色系，但基本接近，这样的搭配就显得很协调。另一种方法是领带或衬衣选择一种特别鲜艳的颜色，能与西装的颜色形成强烈对比，这样搭配也不错。

扎系领带，也要适应场合。参加喜庆活动或出席宴会，宜选用鲜艳亮丽的领带；在庄重肃穆的场合，应选用深色或黑色领带。在系领带时，切记领带结不宜系得过紧或过松，特别值得注意的是打完结后，一定要向上拉紧，领带结应微微翘起。为了提醒人们拉紧领带，可不扣衬衫的第一粒纽扣，由领带来把左右衬衫领子拉合到一起，这也是欧洲人的习惯做法。

下面介绍几种常见的打结领带的方法，包括平结、交叉结、双环结、温莎结和双交叉结等。值得注意的是，打结领带是为了在身上产生视觉加分作用，在决定采用某种领带打结样式之前，需要考虑领带本身的厚度及材质。

第一种，平结。平结为最多男士选用的领结打法之一，几乎适用于各种材质的领带。（图 2.2）

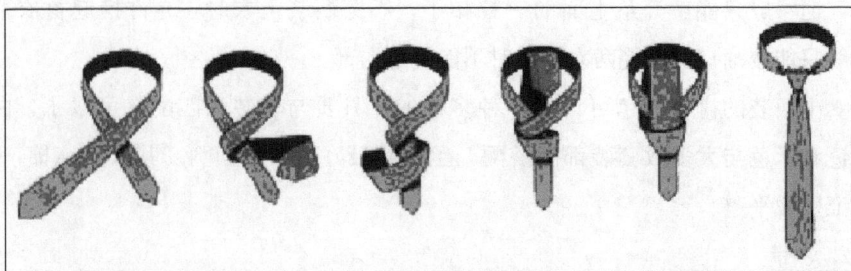

图 2.2　平结的打法

第二种，交叉结。这适用于单色素雅质料且较薄领带，对喜欢展现流行感的男士不妨多使用"交叉结"。（图 2.3）

图 2.3　交叉结的打法

第三种，双环结。一条质地细致的领带再搭配上双环结颇能营造时尚感，适合年轻的上班族选用。该样式的特色就是第一圈会稍露出于第二圈之外，但别刻意盖住了。（图 2.4）

第四种，温莎结。温莎结适合用于宽领型的衬衫，该领结应多往横向发展。应避免运用在材质过厚的领带上，领结也不要打得过大。（图 2.5）

第五种，双交叉结。这样的领结很容易让人有种高雅且隆重的感觉，适合正式活动场合选用。该领结应多运用在素色且丝质领带上，若搭配大翻领的衬衫，会有一种尊贵感。（图 2.6）

图 2.4　双环结的打法

图 2.5　温莎结的打法

图 2.6　双交叉结的打法

3. 鞋子

鞋子是服装的主要配品。鞋子的款式、颜色一定要与服装特别是下身衣服相配，这一点在选择鞋子时最为重要。男士西装一般配黑色硬底皮鞋，皮鞋要经常上油，保持清洁光亮，不能蒙满灰尘。对女士而言，最普遍的搭配方法是鞋子的颜色与衣服的色彩相同或相似——红色、黑色的鞋子显得稳重。衣服从下摆开始到鞋的颜色一致，可以显得个子高，亭亭玉立。如果鞋子是另一种颜色，人们的目光就会被吸引到脚上，从而影响视觉效果。白色和黑色皮鞋可以配任何色调的衣服。无论男士还是女士，选择鞋子时都要保持鞋子和袜子的颜色相协调。

4. 袜子

在选择服装配品时，袜子是不可忽视的。尤其是女士穿裙子时，配穿不同的袜子，会产生不同的视觉效果。女士穿裙子时应当配穿长筒丝袜或连裤袜，颜色以肉色、黑色最为常见。腿部较粗的女士，宜选用深色袜子，如透明的灰褐色、黑色可以使腿形显得修长一些；腿形过于细长的女士，可以选择浅色或肉色袜子，会给人一种丰满的感觉。袜子一定要大小适宜，太大会往下掉，或显得一高一低。特别要注意的是，女士最好不要穿带图案的袜子，而且袜口也不能露在裙摆外边，更不要在公众场合整理自己的长筒袜，这都会使人注意你的腿部，给人以轻浮之感。女士在平时可以随身携带一双备用的透明丝袜，以防袜子拉丝或跳丝。

(二)服饰

帽子是一种既有实用功能又有审美装饰功能的服饰，同时还能作为一种礼仪的象征。在许多西方国家，参加正式仪式一般都戴帽子：穿礼服须戴黑色帽子，穿毛料西装应戴礼帽或前进帽。参加正式宴会穿晚礼服时，却绝对不能戴帽子。在社交场合，男士用脱帽向对方致意，并辅以微微的点头；在庄重严肃的场合，一般都要脱帽，以示礼貌和敬意。女士参加正式场合，也要戴上与自己服饰相配的帽子。帽子既可以正戴，也可以略向一侧倾斜，不同的戴法会产生不同的视觉效果和礼仪效应——正戴显得庄重、严肃，略斜一些则显得活泼、俏丽。

在室内或与人握手时，男士一定要摘去手套，戴手套与人握手是很不礼貌的。女士在室内或与人握手时则可以戴手套。

女士在选择围巾时要注意颜色中应包含有套裙颜色。围巾质地以丝绸为好，因为其他质地的围巾打结或系起来的效果要差一些。女士佩戴胸针，一般要别在左胸上方，如受领子影响，也可以别在翻领上。

女士的手提包最好是用皮革制成的，上面不要带有设计者标签，可以有硬衬，也可以用软衬。手提包的颜色一般以黑色、棕色和暗红色为主，并注意与鞋的颜色相配。

(三)首饰

首饰是一种无声语言，它既能向人暗示某种含义，又能显示主人的爱好和修养。

男士的首饰主要是手表和结婚戒指，虽然品种不多，却很能体现个人风格和品位。女士的首饰则要复杂得多，有耳环、戒指、项链、手镯（链）等。在国际交往场合，女士恰到好处地佩戴首饰，不仅能为着装带来变化，还可将女性的个性和风采更好地展现在众人面前。

首饰的佩戴要与整体和谐，不同的场合选择不同的佩饰。参加白天的活动，女士可戴不太抢眼的首饰，而且不宜过多；而着晚装出席晚 7 点以后的活动时，就要选择佩戴有光泽的珠宝、钻石和金银饰物。如果追求华丽，金色最好；若体现高雅，铂金是上佳选择；还有永不过时的珍珠项链，适合女士在多种场合佩戴。传统的中国女性注重的首饰是项链和戒指，而西方女性则对耳环格外青睐，因为她们认为耳环最能显示人的面孔，还能把一件普通的衣服衬托起来。在国际交往场合戴一副简洁的耳环，一定会给人以深刻的印象。

佩戴首饰，应遵循一定的原则。

第一，要选择质地、工艺俱佳的首饰，不要佩戴粗制滥造之物，否则会给人以粗俗低劣之感，不但起不到美化效果，反而会适得其反。

第二，要点到为止，恰到好处。首饰不要佩戴太多，没有必要"武装到牙齿"，浑身上下珠光宝气，那样只能让人感觉你存心炫耀和庸俗造作，不能产生丝毫美感。

第三，要显优藏拙，扬长避短。首饰的作用是点缀和衬托，要通过佩戴首饰来突出自己的优点，掩盖缺点。比如，女士佩戴项链应和自己的年龄、体型、服饰相协调，脖子细长的女士佩戴仿丝链，更显玲珑娇美；马鞭链粗实成熟，适合年龄较大的妇女选用；颈部短粗的人不宜佩戴紧贴脖子的项链，最好选择细长的项链，这样就能制造"拉长"颈部的视觉效果；手指短粗者不宜戴宽而重的戒指，窄戒指则能使手指显得细长一些。

第四，要突出个性，不盲目模仿。佩戴首饰要突出自己的个性，没有必要追随、模仿别人，别人戴着好看的东西，却并不一定适合自己。以佩戴耳环为例：应根据脸型特点来选配耳环，圆形脸不宜佩戴圆形耳环，因为耳环的小圆形与脸的大圆形组合在一起，会加强"圆"的信号；方形脸也不宜佩戴圆形和方形耳环，因为圆形和方形并置，在对比之下，方形更方，圆形更圆。西方女性一般嘴巴大、鼻子高、眼窝深，她们佩戴大耳环会显得很漂亮，而东方女性佩戴小耳环则更能突出东方女性含蓄、温文尔雅的风韵，若盲目模仿，可能会弄巧成拙。

第五，要尊重传统，不要标新立异。某些首饰，不同的佩戴方式隐含着不同的寓意，这些寓意都是约定俗成的。比如戒指的佩戴方式，一般只戴在左手，而且最好仅戴一枚，至多戴两枚；戴两枚戒指时，可戴在左手两个相连的手指上，也可戴在两只手对应的手指上。戒指的佩戴可以表达一种沉默的语言，往往暗示佩戴者的婚姻和择偶状况：戒指戴在中指上，表示已有了意中人，正处在恋爱之中；戴在无名指上，表示已订婚或结婚；戴在小手指上，则暗示自己是一位独身者；如果把戒指戴在食指上，表示无偶或求婚。手镯和手链的戴法也有不同的暗示：戴在右腕，表示"我是自由的"；戴在左右两腕或仅戴在左腕，表明已婚。虽然并非所有的人都能意识到上述戴法的特殊意义，但若无视这种约定俗成的传统，随意乱戴，而别人又恰恰按传统习俗加以理解，就有可能在国际交往中产生误会，出现不必要的尴尬。

第三节　仪态举止

仪态包括举止、动作、姿势、体态等，是一个人知识、阅历、文化和教养的集合。在国际交往活动中，仪态被看作人的"第二语言"或"副语言"，其作用不在有声语言之下。

一、优雅的姿态

人的姿态是无声的、广义的语言，能够表达有声语言所不能表达的真情，并且比有声语言更加简洁生动、真实形象。有声语言经过处理加工后往往把所要表达的大部分、甚至绝大部分意思隐藏起来；而体态语言主要受潜意识支配，是不由自主的，它要比有声语言真实得多、可靠得多。正因如此，体态语言具有非常重要的礼仪功能，在国际交往活动中应得到高度重视。

人的基本姿态可分为站姿、坐姿、走姿、卧姿四大类，在公共场合所体现出来的通常只有站、坐、走三类。

(一)站姿

站姿是日常生活和人际交往中第一个引人注目的姿势，良好的站姿能衬托出超凡脱俗的气质和风度。

对站姿的基本要求是"站如松"——挺拔直立，要做到挺直、均衡、灵活。一般说来，站立时要挺胸收腹，双目平视前方，微收下颌，头与躯干成一垂线，两肩舒展，双臂自然下垂。男士若要体现刚毅洒脱，双脚可微微张开，但不能超过肩宽；女士应膝部靠紧，双脚站成"一"字形、"V"形或"T"形，尽量提高身体重心。当然，为避免站姿过于呆板，可做一些灵活变动，如男士在必要时可以将单手或双手背于身后；站立时间较长、较累时，可以一腿支撑，另一腿稍稍弯曲。（图 2.7）

图 2.7　男女不同的站姿要求

无论男女，站立时都要避免以下有损庄重、破坏形象的姿势：一是东倒西歪，耸肩或依靠墙壁、椅了，表现得无精打采；二是身体抖动或晃动，给人以漫不经心、没有教养的感觉；三是两腿交叉，形象不严肃；三是手部不能有叉腰、抱胸、插入衣袋或裤袋、玩弄小物品等不雅、消极、冒犯动作。

（二）坐姿

正确、规范的坐姿，要求端庄而优美，给人以文雅、稳重、自然大方的美感。坐，作为一种举止，有着美与丑、优雅与粗俗之分。正确的坐姿要求"坐如钟"，就是指人的坐姿要像座钟般端直——当然这里的端直是指上体的端直。

入座时要轻、稳、缓。正式场合一般从椅子的左边入座，离座时也要从椅子左边离开，这是一种礼貌。走到座位前，转身后轻稳地坐下。如果椅子位置不合适，需要挪动位置，应当先把椅子移至欲就座处，然后入座。而坐到椅子上再移动位置，是有违礼仪的。

女士入座时，若着裙装，应用手将裙摆稍稍拢一下，不要坐下后再拉拽衣裙，那很不雅观。入座时不宜将座位坐满。坐在椅子上，国际礼仪要求只坐满 1/2，鉴于东方女性的体型特点，实际操作时可坐满椅子的 2/3；宽座沙发则至多坐满 1/2。落座后至少 10 分钟左右时间不要靠椅背；时间久了可以轻靠椅背。

入座后要立腰、挺胸，上体自然挺直；双肩平正放松，两臂自然弯曲放在腿上，亦可放在椅子或是沙发扶手上，以自然得体为宜，掌心向下；神态从容自如——嘴唇微闭，下颌微收，面容平和自然。双膝自然并拢，双腿正放或侧放，双脚并拢或交叠或成小"V"字形。男士两膝间可分开一拳左右的距离，双脚可取小"八"字形或稍分开，以显自然洒脱之美，但不可尽情打开腿脚，那样会显得粗俗傲慢。如长时间端坐，可双腿交叉重叠，但要注意将上面的腿向回收，脚尖向下。（图 2.8）

| 正位坐姿 | 侧位坐姿 | 重叠式位坐姿 |

| 正位坐姿 | 叠腿式坐姿 | 西方国家男士叠腿方式 |

图 2.8　优雅的坐姿

谈话时应根据对方位置，将上体、双膝侧转向对方，上身仍保持挺直，头部保持向着前方；不要出现自卑、恭维、讨好的姿态。讲究礼仪是要尊重别人，但不能失去自尊。

女士的坐姿，可根据椅子的高低以及有无扶手和靠背等实际情况而选择，两手、两腿、两脚的摆放也相应有多种变化。但无论如何，两腿叉开或高架"二郎腿"的叠腿方式，都是大煞风景的。

起立时，右脚向后收半步，而后站起；离开时，再向前走一步，自然转身退出房间。

(三)走姿

无论是在日常生活中还是在社交场合，走姿往往是最引人注目的体态语言，最能表现一个人的风度。优美的走姿，可增添人的魅力。

走姿的基本要求应是"走如风"——从容、平稳、走出直线。

从容稳健的走姿，必须保持身体重心稍向前，昂首、挺胸、收腹，面带微笑，双目平视，身体正直，肩平不摇，两臂自然下垂、摆动，两腿直而不僵（避免"O"形或八字形腿），前后成一直线，脚步轻盈、节奏稳定。

女士宜走"一字步"，双脚交替行进在一条线上，脚尖稍稍外展；步幅（前后脚之间的距离）不宜过大，标准步幅应是本人的一脚之长（约 20 厘米）。男士行走时双脚行进在两条平行线上，但两线尽可能靠近，在地上的横向距离为 3 厘米左右；步幅可稍大，一般在 25 厘米左右。

步幅大小与所穿服饰也有一定的关系，比如女士穿着西装套裙（或穿旗袍、长裙）配高跟鞋时，步幅应当更小一些。（图 2.9）

图 2.9 轻松、流畅的走姿

(四)其他动作姿态

除了常见的站姿、坐姿、走姿之外，在某些情况下，一些特殊的身体姿态也有可能展现在别人面前。

1. 蹲姿

欧美国家的人认为"蹲"这个动作是不雅观的，所以只有在非常必要的时候才蹲下来做某件事情。日常生活中，蹲下捡东西或者系鞋带时一定要注意自己的姿态，尽量迅速、美观、大方。

优雅的蹲姿，一般采取下列两种方法。一是交叉式蹲姿：下蹲时右脚在前，左脚在后，右小腿垂直于地面，全脚着地。左腿在后与右腿交叉重叠，左膝由后面伸向右侧，左脚跟抬起脚掌着地，两腿前后靠紧，合力支撑身体，臀部向下，上身稍前倾。二是高低式蹲姿：下蹲时右脚在前，左脚稍后(不重叠)，两腿靠紧向下蹲。右脚全脚着地，小腿基本垂直于地面，左脚脚跟提起，脚掌着地。左膝低于右膝，左膝内侧靠于右小腿内侧，形成右膝高左膝低的姿势，臀部向下，基本上以左腿支撑身体。男士选用这种蹲姿时，两腿之间可有适当距离。(图2.10)

图2.10 交叉式、高低式蹲姿

2. 低处拾物

若用右手捡东西，可以先走到东西的左边，右脚向后退半步后再蹲下来。脊背保持挺直，臀部一定要蹲下来，避免弯腰翘臀的姿势，这样既可以轻松自如地达到目的，又能展示优美的体态。那种直腿、下腰、翘臀或双腿下蹲的姿势，都不雅观，特别是穿裙子时，若不加注意，背后的上衣可能会自然上提，露出臀部皮肉和内衣就很不雅观了。即使穿着长裤，两腿展开、上身弯下、臀部撅起的姿态也不美观。女士若穿着低领上装，下蹲时还要注意要一手护着胸口。(图2.11)

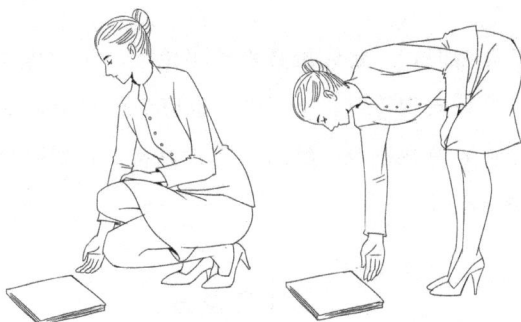

图 2.11 低处拾物的正确姿势和不雅姿态

3. 提携重物

单手拎包或单臂提物，若物品过重，应尽可能将其分作重量大致相同的两包，分两手提携，既可省力，又能保持良好的走姿，使身体在行走时不会因重心偏移而左右摇晃。

4. 上下楼梯

上楼或下楼时，上体均应保持直挺，且靠右行走，双眼应平视正前方，勿低头看楼梯。落脚要轻，重心一般位于前脚的脚前部，以求平衡。

5. 回头看望

回头看望背后的人或回应别人在背后的呼唤时，仅仅转动脖子、眼睛侧视，是无法真正完成回头看望动作的，要转动腰部和上身，使头部完全正对着后方，保持眼睛正视，既显得身体灵活，也表现得礼貌周到。脖子回转、身体随转、微笑着正眼看人的回头姿势，既礼貌又动人。（图 2.12）

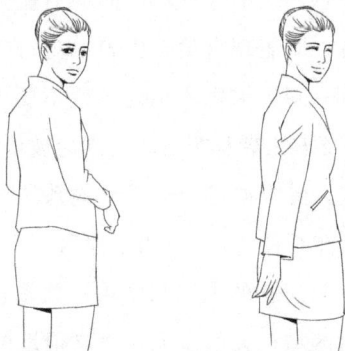

图 2.12 回头看望，哪一种姿态更加礼貌、更加动人？

6. 女士乘车

女士在进入轿车车内时，一定先侧身坐于座位上，而后将双腿、双脚同时挪入车门，再将身体调整好，安坐待行。下车时，也应当先移出双腿，再侧身出来。千万不要先低头钻进车内，弯腰翘臀，然后双脚轮流跨入，如同爬行；或在下车时先探出脑袋，再弯腰钻出车身。

二、体态语言

体态语言是以人的各种表情、动作、体态等表示特定含义的一种无声语言，它是除自然语言之外的、有意或下意识的情感传递方式。

(一)表情语

表情主要是指面部表情，是眼睛、眉毛、鼻子、嘴唇、面部肌肉以及它们的综合运动所反映出的心理活动和情感信息。据专家统计，人的面部可以做出 25 万种不同的表情，在这些千变万化的表情中目光和微笑最具礼仪功能。

1. 目光

眼睛是心灵的窗户，是人体发送信息最主要的器官。目光接触，是人类最能传神的非语言交往，目光的方向、持续的时间长短、眼睛的开合、眼球的转动、瞳孔的变化、精力的集中等一切动作及细小变化，都能传达难以言表的信息。目光所传达的信息，最为丰富，最为复杂，也最为微妙。

第一，注视对方，表示关注。在对外交往中，谈话时要注视讲话的人，此时东张西望、心不在焉，或玩弄东西、不停看表，都是不礼貌的。面对宾客或被介绍认识时，可注视对方稍久一些，既表现自信，也表示对对方的尊重；双方交谈时，目光要集中在对方的眼鼻之间；对方缄默不语时，就不要再看对方，以免尴尬；当别人说错话或显得拘谨时，务必马上转移视线，否则会被认为是对他的讽刺和讥笑。

第二，目光注视的区域。要根据与交流对象关系的亲疏、距离的远近来选择目光停留或注视的区域。目光注视要遵循"三角定律"：关系一般、初次见面或距离较远时，目光要注视对方额头至肩膀的大三角区域；关系较熟、距离较近的，目光停留在对方额头到下巴的三角区域；关系亲昵、距离很近的，则注视对方额头到鼻子这个三角区域。要分清对象、对号入座，不要把目光盯在对方面部的某个部位或身体的其他位置，特别是面对初次相识的人和关系一般的异性时，更应当注意目光的注视区域问题。

第三，目光交流的时间。一般交往中目光交流的时间，每次不超过 3 秒钟，目光交流的总时间大体为交谈时间的 30％到 60％。但这方面要受到多种因素的影响：一是文化的影响，如美国人在谈话时每次目视对方的时间不会超过 1 秒，而瑞典人觉得要长久地看着对方的眼睛才不失礼貌。二是性格影响，性格外向的人比内向的人目光接触要多，持续时间也长。三是性别影响，女士谈话时目视对方的时候要比男士多些。四是综合背景条件的影响，人们在感到舒适或感兴趣或高兴时，目视对方的时间和次数会增加；感到羞愧、内疚、悲伤时，目视对方的时间和次数会减少；要说服对方时，目视对方的时间也要多些。超时型注视和低时型注视，即注视对方的时间超过交谈时间的 60％或注视对方的时间少于交谈时间的 30％，在一般情况下都是失礼的。

第四，眼睛的转动。眼睛转动的速度不能太快，也不能太慢。转动稍快表示聪明、有活力，但太快则显得虚伪、不诚实，而转动太慢则显得迟钝、无神。眼睛转动的范围也要适度，范围过大显得白眼过多，过小则显得木讷。

第五，盯视对方是失礼行为。对关系一般的人或异性，不能长时间注视，否则会被视为一种无礼行为，这在全世界范围都无例外。除了恋人般的亲密关系之外，一般只能对物品而非人长时间地凝视，遇到陌生人，一般要避开目光；若上下打量别人，也会被认为是种轻蔑和挑衅的表示。避免凝视的方法有两个，一是转移视线；二是失神，如在人群拥挤的车上不得不面对别人时，可以使目光茫然失神、若有所思，以避免失礼。

第六，对象不同，目光有异。目光可以表达不同的情感，懂礼仪、有教养的人会注意控制自己的目光，使其在不同的场合、对不同的对象表达出不同的意义。比如，在长辈面前，目光应略微向下，以表示恭敬、谦虚；对待晚辈，目光则平和亲切，以示爱心；朋友面前，目光应热情洋溢，以示友好。一般情况下，应避免使用鄙夷或不屑的目光，那会伤害别人的自尊。

另外，不同的民族由于文化背景不同，对目光的要求也不一致。瑞典人在见面时喜欢相互对视；阿拉伯人甚至认为只有对讲话人凝眸而视才符合礼仪要求，而英国人则不喜欢这样的目光；日本人在见面时通常是看着对方的脖子，而不是面部。

2. 微笑

微笑是交往活动中最富有吸引力、最有价值的面部表情，它是自信的象征、修养的展现、和睦相处的反映和心理健康的标志。微笑能有效地缩短交往双方的距离，给对方留下美好的心理感受，从而形成融洽的交往氛围，体现自己良好的修养和真诚的待人态度。

除了在极少数悲伤或肃穆的场合，微笑是交际时一种最适宜的表情。与人初次见面，面露微笑，会让人顿生好感；老友相见，点头微笑，会让人感到友谊的温暖。微笑能表现自己的友善、谦恭、渴望友谊的美好情感，是向别人传达的理解、宽容、信任的信号；微笑是人际交往中重要的润滑剂，是广交朋友、化解矛盾的有效手段。有人把微笑称作一种有效的"世界交际语"，一点也不为过。

微笑的功能是巨大的，但要笑得恰到好处。微笑要发自内心，自然大方，亲切热情，要由眼睛、眉毛、嘴唇、面部肌肉等方面协调完成，防止生硬、虚伪的假笑和笑不由衷。

(二)动作语

动作语是指除面部表情语之外的肢体动态语言。在动作语言中，手是传情达意最有力的工具，腿和脚也都能表达特定的情感。除了手和腿部的动作外，人体的各个部位都可以通过一定的动作传递特定的信息。

1. 手势

手是人体最灵活自如的部位，是最富有表现力的部分之一。掌握了正确的手势，就等于学会了一种语言。在国际交往中，由于各国语言、文化、传统、习俗的不同，所使用的手势也有各自的含义；即使是同样一种手势动作，如果其幅度、速度、力度不同，其中的含义也大不一样。

在中国和其他一些国家，常用跷起大拇指来表示称赞、夸奖之意，用小拇指表示轻蔑和贬低；而在澳大利亚和新西兰，竖起大拇指，尤其横向伸出大拇指，是对人的一种侮辱；在希腊，拇指向上表示"够了"，向下表示"厌恶""坏蛋"；日本人通常用大拇指表示"老爷子"，用小拇指表示"情人"；意大利人跷起大拇指表示"一"，英美人则是拦车要求搭车。

中国人将手指朝下方摆动表示"请过来"；英美人则习惯于伸出食指并用食指弯曲来表达上述目的。在美国，招呼侍者可以把食指向上伸直，但在亚洲一些国家则万万不可，因为那是召唤动物的动作；日本人招呼侍者时把手臂向上伸，手掌朝下并摆动手指；中东人叫人时则轻轻拍手；在许多非洲国家，招呼服务员却是以敲打桌子为信号。

在中国和亚洲的许多国家，伸出食指表示"一"或"一次"的意思；但在法国，它是"请求提问"的意思；在缅甸是"拜托"的意思；在新加坡，表示"最重要"；在澳大利亚，则是示意"再来一杯啤酒"。

伸出食指和中指呈"V"状，在我国表示"2"；在欧美国家则表示"胜利"和"成功"；但在英国，要用这一手势表示"胜利"或"成功"，手心必须向外，因为手背向外的"V"形手势是贬低、污辱人的意思。

用大拇指和食指构成圆圈，再伸出其他三个手指，就是人们通常所说的"OK"手势。在美国，它表示"同意""了不起""顺利"之意；在中国和法国则表示"0"；在日本、缅甸、韩国等地，表示"金钱"；在巴西、希腊和独联体各国，表示对人的咒骂和侮辱；在印度，表示"正确"；在泰国，表示"没问题"；在印度尼西亚，表示"什么也干不了""不成功"。

在西方国家，竖起中指是一种极端侮辱性的下流动作，是国际交往活动中的绝对禁忌。

2. 头部动作

在通常情况下，扬头表示傲慢，侧头表示感兴趣，低头表示谦恭，点头表示肯定，摇头表示否定，拍头表示自责。但保加利亚人则用摇头表示同意，点头表示不同意。在交谈时，正面对着讲话人，表示对他的尊重和礼貌。

3. 腿脚动作

腿脚在动作中所传递的信息内容，虽然没有手势那样丰富，但也不容忽视。小幅度地抖动腿部，频繁地变换架腿的姿势，都表示焦躁不安和一定程度的紧张。脚更多的是起到一种暗示作用，脚尖的指向，往往暗示着要去的方向；当然，用脚尖指示方向是一种没有教养的行为，应绝对避免。如果与人相遇，虽然照面并打招呼，但如果脚尖并未转向对方，对方会以此断定你并不打算多谈。

4. 其他部位动作

除了手和腿部的动作之外，人体的其他部位也可以通过一定的动作传达特定的情感信息，如西方人有代表性的摊手耸肩动作，表示"不知道"或"无可奈何"。适度挺胸、收腹，显得精神饱满；垂头、含胸则是信心不足、萎靡不振的信号。抱起双臂在胸前形成一种屏障，是"防御"的信号；双手叉腰，是一种潜在的进攻性姿态；双臂抱在胸前、身体靠在椅背上，则给人以消极、懒散的印象。如果双臂背后、昂首挺胸，是外交家的风度，表示自信和权威；如果将双臂枕在脑后，则是优越感的表示。把身体略微倾向于对方，表示热情和兴趣；站立时向对方微微欠身，表示谦恭和客气。身体后仰，显得若无其事或漫不经心；无视交谈对象侧转身体，表示厌恶和轻蔑。背朝对方，表示不屑理睬；拂袖而去，则表示断绝交往。

（三）静态语

静态语是指人的各种静态姿势所传达的不同信息。站、坐、卧等不同的体姿，所传达的信息是各不相同的。缺少自信、消极悲观的人，站立时往往弯腰曲背、耷拉脑袋；而充满自信、积极向上的人，站立时总能直腰挺胸、精神抖擞。关系融洽、有共同语言的人，往往会自然而然地并肩而立，即便是面对面站立，双方的距离也靠得很近；相反，有分歧隔阂、关系疏远的人，往往会面对面站立，即使并立，也会下意识地把距离拉大。

挺腰的坐姿表示对对方的谈话内容感兴趣，也是对别人的尊重；弯腰曲背而坐，这是对谈话内容不感兴趣或对对方厌恶的表示；斜身而坐并轻松地跷腿，是悠然自得、心情愉快的反映；交谈时喜欢并排而坐，且双方身体自然地转向对方，是关系亲密、有共同语言的表示。

三、举止得体

国际交往中，人们的举止行为往往备受交往对象的关注。举止行为，亦称举止动作，简称举止或动作，一般是指在外观上可被觉察到的人体的具体姿态、动作或活动。在实际生活中，一个人总有一系列的举止行为呈现于他人面前。根据当代传播学理论，人们的举止行为事实上可被视为一种表里如一的无声语言，通常比口头语言更准确、更可靠地反映一个人的内心世界和真实品行。举止行为在人际交往中不但可以传递一定的信息，而且也有助于交往双方的双向沟通，这在国际交往活动中表现得尤为明显。

（一）举止行为的基本规范

在国际交往活动中，每个人都应对自己的举止行为有所规范。具体而言，就是必须自觉地做到举止文明、举止优雅、举止敬人、举止有度。

1. 举止文明

作为一名现代人，尤其是在代表国家、民族、单位进行对外交往的时候，举止文明是对其举止行为最基本的要求。举止文明就是要求个人举止不仅可以显示出自己的良好教养，而且还应当显示出自己的稳重与成熟。

2. 举止优雅

作为一种较高层次的要求，在国际交往活动中，个人举止应力求优雅，既要高雅脱俗，又能给人以美的享受。一般来讲，举止优雅就是要求一个人的举止行为美观、大方、自然，能够给人以赏心悦目之感。

(1)举止美观。举止美观也就是一个人的举止动作漂亮好看，能够给人以美感。要做到举止美观，就要对自己的动作有所要求、有所约束，就要认真学习，反复训练，并遵守有关规则。就操作技巧而论，举止文明与举止美观有一定的因果关系：一种不文明的举止绝对不会美观，一种美观的举止绝对是文明的。但是二者并不处在同一层次上，客观地说，举止美观是比举止文明更高层次的要求。

(2)举止大方。所谓举止大方，就是个人举止要洒脱、大气，不卑不亢。换言之，就是在国际交往场合举止不得忸怩做作、拘束怯场，以免给交往对象以缺乏自信、不够开放、眼界不高、怯于交际的感觉。

(3)举止自然。在举止美观、大方的同时，应注意防止矫枉过正。倘若自己的举止给人以勉强、局促、呆板、虚假、做作之感，便谈不上举止美观、大方乃至优雅了。举止自然，关键是要注意在追求举止行为美观大方的同时，力求顺理成章、水到渠成。要做到举止自然，须注意以下三点。

一是要防止过分程式化。优雅的举止当然有一定的规则可循，但在讲求有关规则时，须强调表里如一，防止只讲究外表、不重视内涵的倾向，致使举止行为勉强、做作，敷衍了事。

二是要防止过分脸谱化。对同一种举止动作，在不同场合之中、不同对象面前，往往会有一些不同的具体要求，不应过于墨守成规或以不变应万变。

三是要防止过分戏剧化。任何一种举止行为都会被赋予一定的思想感情。不过人们日常的举止行为，往往"平平淡淡才是真"，所以没有必要令自己平时的举止行为过于戏剧化，以至矫揉造作、华而不实。

3. 举止敬人

一个人的举止行为，通常都会自觉或不自觉地展现出其对待他人的基本态度与看法，所以在国际交往活动中，应诚心诚意地通过自己的举止行为向对方表达敬重之意，此即所谓举止敬人。

具体而言，举止敬人的基本要求有两方面：一方面，要注意以举止来表达对对方的重视，在任何时候都不允许自己的举止给人留下目中无人的印象。另一方面，还要注意在任何情况下都不可令自己的举止行为傲慢无礼，以至失礼于人。

4. 举止有度

在国际交往活动中，一切举止行为都要表现得适时、适事、适宜、适度，也就是说要使之合乎常规、符合身份、适应对象，并且配合场合，这便是所谓举止有度。举止有度之中的"度"，实际上就是有关举止行为的基本规矩，适应这个"度"，即可称为举止得体；达不到或者超越了这个"度"，则为举止犯规。

在国际交往活动中，个人举止所应恪守的这个"度"，主要体现在两个方面：一是普遍性的"度"，又叫共性的"度"，它是指在国际社会中通行的那些有关个人举止的普遍性规则，在国际交往中，每个人不仅要对其有透彻的了解，还必须在具体实践中认真遵守。二是特殊性的"度"，亦称个性的"度"，它是指仅仅在个别国家、地区或民族才适用的有关个人举止的特殊性规则，因其适用地域或国家较为狭窄，在国际社会中未必畅行无阻。但考虑到入乡随俗、客随主便的需要，我们仍须对其有所了解，以便在必要时予以遵守。

(二)举止行为的禁忌

在进行国际交往活动时，对个人举止的一些细节性问题应给予足够的重视，因为细节虽小，却是影响个人形象的重要因素，也是构成个人公德观念的重要内容。

一是应力求避免身体内发出各种异响，也要控制咳嗽、打喷嚏、打哈欠，若万不得已而为之，也要侧身掩面，并向别人致歉。

二是不得用手抓挠身体的任何部位，不能当众抓耳挠腮、挖耳鼻、揉眼睛、搓泥垢，也不得随意剔牙、修剪指甲、梳理头发。如果确属身体不适，也应当去洗手间整理。

三是不要跷"二郎腿"，更不要抖动不停。有人在落座时喜欢跷"二郎腿"，并且有意无意地抖动双腿，这种姿态令别人很不舒服，是一种非常不文明、不雅观的举止。

　　四是参加国际交往活动时，应整理好服饰，尤其是在走出洗手间的时候，仪容仪表应该与进去时保持一致，甚至更好才行，边走边系纽扣、拉拉链、擦手甩水，都有失礼貌。

　　五是参加国际交往活动之前，不得吃带有强烈刺激性气味的食物，如葱、蒜、韭菜、洋葱等，以免口腔异味引起交往对象的反感甚至厌恶。

　　六是在国际交往场合高声谈笑、大呼小叫是极不文明的。在人多的地方交谈要低声细语，声音大小以不引起别人注意为宜。

　　七是不要盯视陌生人或对别人品头论足。别人进行私人谈话时，不可接近；他人需要帮助时，要尽力而为；别人若遇不幸，不可嘲笑、起哄；妨碍他人要立刻道歉；得到帮助应马上道谢。

　　八是爱吃零食者应当自制。在公共场所不要吃东西，也不要邀请别人一同品尝。最好不要当众咀嚼口香糖，若必须以此保持口腔卫生，也要注意形象，闭嘴咀嚼、不出声音，并把嚼后的口香糖用纸包好，扔到垃圾箱内。

　　九是患有疾病特别是患传染性疾病时，不宜参加国际交往活动，以免传染他人，影响他人身体健康。

　　十是遵守公共道德。无条件遵守公共场所的规则，不随地吐痰，不乱扔烟头或其他废弃物；勿在公共场所坐卧，也不要趴在桌子上；行走时脚步要轻，勿制造噪声；遇到急事也要避免惊慌失措、慌不择路。

第四节　言语谈吐

　　国际交往中，运用语言的目的在于交往双方的沟通，即以言表意，阐述己见，彼此交流，增进了解，加强信任。没有语言交流，交往双方往往难以沟通。在绝大多数情况下，国际交往中的语言沟通以口头交谈为主，交谈是人际交流的重要手段和途径。

一、言谈内容与表达方式

　　进行交谈最重要的当然是交谈内容的选择。在国际交往活动中可主动涉及的交谈内容主要有：交谈双方所正式拟议的内容；有助于交往对象进一步了解本方实际情况的内容；对交谈对象所属的国家、民族、单位以及对其本人表达敬意的内容；交谈对象本人确有所长的内容；举世公认的格调高雅的内容；人人欢迎的轻松愉快的内容。

而有些内容则是应当回避或不宜涉及的：第一，不泄露国家机密与行业秘密；第二，不对自己的国家、民族或政府横加非议；第三，不对交谈对象的内部事务随意加以干涉；第四，不对自己的领导、同事、同行、同胞说三道四；第五，不涉及格调不高的话题；第六，不讨论交谈对象本人的弱点、短处或其他不足之处；第七，不触及有关交谈对象个人隐私的任何话题。上述七个不宜涉及的话题，可统称为"国际交往七不谈"。

与他人交谈，既要注意交谈的具体内容，又要注意交谈的表达方式。在一定情况下，尤其是在初次交往时，交谈的具体方式往往与交谈者的态度直接相关。根据国际交往惯例，应在语言、语态、语气、语音、语速以及具体陈述形式等方面规范自己的言语谈吐。

1. 要重视语言

在国际交往中选用哪一种语言作为自己的交流工具是颇有讲究的。一般来讲，在选择自己的语言工具时，有如下三条规则可循：第一，官方活动中，应当使用母语。出于维护国家尊严的考虑，除翻译之外，其他人员均应使用本国法定的官方语言，在必要时借助译员进行翻译。第二，在一般性活动中，可以使用外语。在一般性非官方活动中，如观光、游览、购物等活动，精通外语的人员均可使用外语，以便与外方人士进行直接沟通。第三，在多边国际交往场合使用规定语言。参加国际组织、国际会议等多边外交活动时，通常应当使用该场合所法定或约定俗成的规定语言，这一类规定语言，有时是一种，有时则是几种。在国际场合中使用规定语言，是不容争议的国际惯例。

2. 要重视语态

在国际交往场合进行交谈时，一定要注意自己的语态。所谓语态，在此是指人们交谈时的具体神态，即此时此刻具体的神情与态度。交谈时对具体神态的基本要求是亲切友善、不卑不亢。充当发言者时，切忌指手画脚、咄咄逼人，最佳的语态应当是平等待人、热情友好、谦恭有礼；充当聆听者时，应专心致志、认真倾听，最忌三心二意、用心不专。要善于与交谈对象进行交流，学会在交谈时目视对方，用动作配合对方。

3. 要重视语气

在谈话进行的整个过程中，谈话双方往往都会十分在意对方的语气，越是重要的活动，这一点表现得就越是突出。所谓语气，是指人们讲话时的口气。在国际交往活动中，须以平等、礼貌的语气对待对方，倘若语气有稍许不平等、不礼貌，就可能有碍于双方的进一步交谈。

一方面，交谈者的语气必须给人以平等之感。所谓平等，就是讲话者既不能居高临下，目中无人，也不能奴颜婢膝、随声附和、一味迁就。另一方面，交谈中的语气必须给人以礼貌之感，也就是要求在谈话时要始终尊敬对方、重视对方。为此，不仅必须使用常规的礼貌用语，而且在自己的语气上亦须知礼、讲礼，处处守礼。

4. 要重视语音

在国际交往活动中，语音往往也是交谈双方的敏感问题之一。这一问题又可细分为两个不同的侧面。一方面，应是讲话者所运用的语言发音是否纯正的问题，这通常与其受教育的程度有关，而且会直接影响其业务能力。使用任何一种语言，不论是母语还是外语，均应力求发音纯正，不带乡音、土语，以免妨碍表达，令人产生误会。另一方面，语音问题还包括运用语言时音量大小的问题。国际活动中，人们对这一细节极其重视。一般认为，谈话时柔声细语、压低音量，是现代人文明程度的一种体现，公共场合更须如此。反之，在交谈中粗声大嗓、高声叫喊，则是缺乏教养的表现。

5. 要重视语速

语速是指讲话时速度的快慢。在国际交往活动中，应保持语速适中，这不仅有助于译员的翻译工作，有利于交谈对象听清自己所言之事，使对方真正理解自己，而且还可以借此向对方展示自己健康而平和的心态。

具体而言，有两点注意事项：第一，语速应当正常。所谓语速正常，即要求语速不快不慢，以人们所习惯的语速为准。要力戒语速过快、过慢或忽快忽慢。语速过快，令人反应不过来；语速过慢，令人提不起精神；语速忽快忽慢，则令人难以适应。第二，语速应当均匀。保持正常语速，并非要求语速永远四平八稳、毫无变化。在一定情况下，语速可以小有改变，舒张有度。只是在总体上，应保持匀速，否则易给人以表演、夸张、做作之感。

6. 要重视形式

在陈述形式方面应当重视以下三点：第一，要双向交流。在交谈中，要以双方共同感兴趣的话题为中心，并以双方均能接受的方式进行。若发现话不投机，需及时调整话题，切莫一如既往，我行我素，这是双向交流的要旨。第二，委婉表述。在陈述己见时，应力求和缓、中听，不仅要善解人意，而且要留有余地，即使是提出建议或忠告，亦可采用设问句，而不宜采用祈使句。在任何时候都不要强人所难，勉强对方。第三，礼让对方。与外方人士交谈不应以自我为中心，忽略对方的感受。在正常情况下，谈话中不要随便否定、质疑对方，也要避免一人独霸"讲坛"，或一言不发、有意冷场。

二、交谈礼仪规范

国际交往活动中，言语谈吐的主要形式有两种：交谈、演讲，二者有不同的礼仪规范和要求。

交谈是指言者与听者在同一场所进行的面对面的语言交流，是人际交往中最迅速、最直接的一种沟通方式，在传递信息、增进了解、加深友谊方面起着十分重要的作用。交谈中不仅要注意表情、态度、用词，还要讲究交谈的方式及技巧。在交谈过程中，应把握以下三个基本的交谈技巧。

第一，谈吐的仪态。无论言者还是听者，交谈时双方必须精神饱满、表情自然大方，目光要温和、正视对方，以示尊重。两人之间的距离，视双方关系的亲疏而定。

第二，言者的表现。讲话者语言表达应准确明了，语意完整，合乎语法；语言轻柔，语调亲切，语速适中。同时，还要顾及听者的情绪和心理变化，不可一个人滔滔不绝、没完没了，也不能只顾及某个人或几个人交谈而冷落在场的其他人，更不能选用只有在场少数人能听懂的外语或方言交谈，杜绝使用不雅的口头禅、粗话、脏话。言谈之间适当运用手势，能够起到锦上添花的作用，但手势不能过多、动作幅度不宜过大，否则会给人轻浮、做作之感。

第三，听者的反应。与言者相比，听者在交谈中处于相对被动的地位，全神贯注、认真聆听是其首要任务。听者在聆听时要适时做出积极的反应，以表明聆听的诚意，如点头、微笑或简单重复对方谈话的要点等。同时，恰如其分的赞美是必不可少的，它能使交谈气氛变得更加轻松、友好。听者要避免轻易打断对方的讲话或随意插话，那是一种失敬、失礼之举。当然，正常交谈过程中的言者和听者并非一成不变，两种角色往往是不断转换的，这样才能使交谈融洽、热烈，而一味充当听众，一言不发，是很令人扫兴的。

国际交往活动中，要保证交际双方言谈交流的顺利、通达，除了把握交谈内容、讲究交谈技巧外，更要注意交谈的礼仪规范。礼仪在交谈中往往起着润滑剂的作用，能够促使交谈活动更加流畅，而且富有色彩。从礼仪的角度出发，交流中我们要遵循以下几个交谈原则。

1. 充分聆听的原则

充分聆听既是对讲话者的一种尊重，是起码的礼貌要求，又是互动交流的基础。只有充分交流，才可以有根据地进行回应，也才会激发话者的兴趣。

但是，在充分聆听时也要注意到，这种聆听不是傻听、盲听，而是有礼貌地听，有礼节地和积极地听。在实际交谈中，我们要注意及时回答对方的提问，目光停留于对方的面部，及时注意对方所指的方向和位置，并且要不断地通过"是吗""对呀"等短语让别人知道你在聆听。必要时还应该适时插话，保证交谈的顺畅进行。比如在对方完成一段话或者停顿下来时，问一两个小问题。同时，要放下手中所有的工作和活动，不可不断地看表或者不停地摆弄小物品；如果在吃饭，应该放下餐具，停止进食。目光不可飘忽不定，给人一心二用、三心二意之感。举止方面，要避免抖动全身或身体的某个部位，不可双手抱头、叉腰，不可抓耳挠腮、哈欠连天。应该站有站相、坐有坐相，落落大方，沉稳真诚。只有这样，才算真正做到了充分聆听。

2. 言语有度的原则

在言谈交流过程中，还要注意言语有度。这种有度主要体现在适时、适量、适当三个方面。

第一，适时，即要求讲话的时机要合乎时宜，要适机而言，不可不分场合。在正式场合中，下级要避免打断上级或者职位高者的讲话，不要无休止地追问某一两个问题，不要过多地占用与上级谈话的时间，也不可在别人谈话时交头接耳。异性在公开场合交谈时要注意彼此间的距离和交谈的时机。

第二,适量,即要求讲话的内容和长短要适量,时间宽裕可以多讲一些,时间不够则应去繁就简、突出重点,特别是在会场或者演讲场合向发言人发问时,要避免把一个问题的背景冗长地说一遍,然后才提问题的做法,避免谈话东拉西扯,让听者一头雾水。

第三,适当,即要求讲话的内容适宜,主题要恰当,话题要准确。说话时要尽可能把想要表达的意思清楚地表达出来。人与人交往应该有情感的成分,不管是商务关系还是同事关系,长期交往就会产生一定的友情,因此,在重逢和分别的时候,充满感情的交谈是理所当然的。

3. 恰当运用肢体语言的原则

肢体语言是人的一种情感表达方式。人们在交谈中,往往会情不自禁地挥臂、伸手等来辅助、增强、渲染语言表达的效果。

肢体语言的个体性比较明显,共性较差,不同社会背景、不同年龄层的人有不同的肢体表达方式,甚至同一种肢体语言在不同的区域、文化和个体之间有不同的含义。因此,在用肢体语言来辅助讲话的效果时,一要准确,不可引起误解;二要适量,不可过多过快;三要及时,避免慢半拍;四要避免不礼貌的肢体动作。

4. 避讳隐私的原则

由于风俗习惯、政治信仰等的不同,不应将非常敏感或容易引起反感的话题作为谈话的内容。现代社会中很多人在初次见面时不愿暴露个人信息,因此,也应避免过多地询问此类问题。

5. 保持礼仪距离的原则

每个人在潜意识中都有一个私人空间,这个空间约有半米的半径,与人交流应该避免突破这个礼仪距离。礼仪距离的存在还可避免口气、体味等可能带来的不良影响,保证交流活动的成功进行。

6. 使用礼仪用语的原则

人与人之间的交往过程在很大程度上也是情感的交流过程,特别是在现代生活中,以人为本,尊重人、理解人也是顺利实现交际交流的重要条件,而礼仪用语最能体现这种对人格、情感的尊重和关怀。"您好""请""谢谢""对不起""再见"等基本的礼仪用语,看似简单平常,但所蕴含的社会意义和历史经验却非常丰富。

三、演讲礼仪

演讲又称演说或讲演，是当众所进行的一种正规而庄重的讲话，旨在就某一事件或问题向听众发表个人见解或论证某种观点。与一般交谈或闲谈不同，演讲实际上就是当众正式发言，它是一种特殊的思想发表形式，受到时间的限制、听众需要的制约和现场气氛的感染。

1. 克服怯场

有过公众演讲经历的人都知道，很少有人能心情平静、信心十足地登上演讲台。绝大部分演讲人都会随着演讲日期的临近而忐忑不安：我是否已准备充分？听众会喜欢听吗？我会不会一上台便会把演讲的内容忘得一干二净？造成怯场心理的原因多种多样，也因人而异，下面几点原因具有极大的普遍性。

第一，评价忧虑。这是造成怯场心理的最主要因素。现代心理学认为，在任何存在评价的场合，人们一般很难发挥自己原有的水平。在演讲中，由于评价是单向的，也就是说听众在"评判"演讲人，所以演讲者的忧虑更多，心理负担更重。

第二，听众的地位。如果面对的听众比自身的地位高，或者认为他们比自己重要，自己在讲话时便会感到特别紧张。比如，求职者在评估小组面前往往表现得很不自然，一方面是因为评价忧虑；另一方面无疑也是因为评估小组"大权在握"。

第三，听众人数。一般人都愿意在小范围内讲话。如果听众人数很多，演讲者便会倍加谨慎，而过分小心谨慎则会加大怯场的可能性和程度。

第四，对听众的熟悉程度。大多数人在熟人面前讲话比较自然，而面对陌生听众则会比较紧张，这是因为演讲者对听众几乎一无所知，而听众在几十分钟甚至十几分钟内便会对演讲者做出评价。

第五，听众的观点。如果你知道听众或大多数听众所持观点和你的观点一致，那你便会信心十足；反之，你则会有很多担心。

第六，准备是否充分。若演讲者自己心里觉得自己对演讲准备得不充分，觉得有出丑的可能，那他的自我保护意识就很可能出卖他。

针对以上造成怯场的主要心理原因，可以采取以下几方面的措施有效克服演讲怯场现象。

第一，充分准备。对付怯场心理最有力的武器是，相信自己对本次演讲已经准备得十分充分：选题不仅对自己而且对听众很有吸引力；自己对该题目已深思熟虑而且收集到了所需的资料；演讲稿紧扣主题，安排有序；经过反复演练，已能恰到好处地把握演讲时间；对自己的仪表和临场表现有充分信心；有能力很好地对付讲演过程中出现的各种意外情况。

第二，适应变化。如果原计划是给二三十人作演讲，到场后发现听众有两三百人，你会怎么办？准备了一份非常正式的演讲稿，走上演讲台却发现大家都穿着牛仔服和T恤衫之类的便服，演讲将如何进行？准备了长达两个小时的内容，可上场前主持人告知只有十五分钟的演讲时间，那又该怎么办？诸如此类的情况在演讲中绝非偶然。所以，如果被邀请去做演讲，不要忘记事先收集如下信息：一是演讲有无固定论题？论题范围是什么？二是听众成分，包括人数、年龄、性别、受教育程度、宗教信仰、工作性质以及前来听讲的原因等。三是演讲地点，包括地理位置、场地大小、有无话筒等内部设施。如果有可能，最好亲自去演讲地点看一看，做到心中有数。四是演讲时间。五是有无听众提问。

第三，练习放松。演讲前，如果你仍感到紧张，下面几种方法可以帮助你放松。

一是深呼吸。做深呼吸的目的是提供充分的氧气，帮助演讲者更好地控制自己的声音。这里所讲的"呼吸"当然指的是腹呼吸而不是肺呼吸，歌唱家和演员们都知道腹呼吸在控制声音方面的重要性。

二是肌力均衡运动。肌力均衡运动是指有意识地让身体某一部分肌肉有规律地紧张和放松。比如可以先握紧拳头，然后松开；也可以固定脚掌，压腿，然后放松。做肌力均衡运动的目的在于让某部分肌肉紧张一段时间，然后再更好地放松那部分肌肉，从而更好地放松整个身心。

三是转移注意力。演讲前要积极听取主办人和听众意见，这样便可以暂时转移注意力，更好地放松身体和思想。

第四，带点幽默感。幽默是演讲中的食盐，优秀的演讲人和有吸引力的演讲内容只有加上恰到好处的幽默才能创造出成功的演讲。当有怯场心理时，不妨将之"幽默"而去，在听众轻松的笑声中解脱自己。

演讲是冒险，冒险家的事业中总是存在各种恐惧，但成功的冒险家都有对付恐惧的方法。作为演讲者应时刻铭记这一点。

2. 演讲礼仪八步曲

与一般的交谈或闲聊不同，演讲实际上就是当众进行的正式发言。在演讲过程中，演讲人处在大庭广众之中、众目睽睽之下，一言一行都关乎礼仪，一举一动也都应当合乎规范。

(1)进入会场

几位演讲者同时进入会场，不可在门口推托谦让，而应以原有的顺序进入会场。就座前若有人陪同，应等陪同人员指示座位，并与其他演讲者同时落座，先于他人坐下来则有失礼节。如果先进入会场，被主持人发现后给调换座位时，应马上服从，按指定座位坐好，并表示谢意。

(2)介绍

演讲前主持人常常要向听众介绍演讲者。主持人提到名字时，演讲者应主动站起来，立直身体、面向听众并微笑致意。

(3)走上讲台

演讲者走路时上身要挺直，不弯腰、不腆肚，步伐紧慢有序。目视前方，虚光看路。头要正，不偏不摇，双手自然摆动。走上讲台后要慢步自然转弯，面向听众站好，正面扫视全场，仿佛与听众进行目光交流，然后以诚恳、恭敬的态度向听众敬礼，稍稍稳定一下之后再开始演讲。

(4)站位和目光

站位不但要考虑演讲时活动是否方便，更要考虑听众观察演讲者时是否方便。演讲者要讲究站立的姿势，站姿得当，会显得英俊干练、生气勃勃，给人以美感。目光要扫到全场，落到每位听众的脸上，使其感觉到你的目光已经注意到他。演讲者上场时务必要大方自然、得体亮相，环视全场之后就可以进入开场白。

(5)开场白

演讲的开场白没有固定模式，演讲者可首先介绍一下自己的姓名，并向听众致意；也可以采用提纲式开场白、提问式开场白、即兴发挥式开场白、引起听众好奇式开场白等多种形式。

(6)保持形象

演讲者在演讲时要保持充沛的精力。演讲之前，一定要充分休息，养精蓄锐；演讲时要器宇轩昂、洒脱大方，表现出应有的气度；站立稳定，切勿前后摇摆，若频繁地左右移动重心，会让人觉得演讲者心神不定；目光注视听众，左躲右闪会给人一种鬼鬼祟祟的感觉。而在讲话时抬头望天，似乎目空一切、思想不集中，或低头看稿、看地板，不注意与听众交流的举动都会直接影响演讲效果。

演讲者的声音要响亮，音量大小可根据会场的大小和人员的多少而定，既不要过高，也不要过低，过高易失去自然亲切感，过低则会使会场出现不应有的紊乱。在音调上应当抑扬顿挫、有所变化，借以突出重点、表达感情，调动听众的情绪。

演讲语言应当力求生动形象、风趣幽默，可以多举例证、多打比方，多使用名言警句，但不能乱开玩笑，尤其不能讲脏话、下流话。演讲内容应当言之有物，力戒陈词滥调、无的放矢，要把重点放在演讲正题上。

在表情与动作方面，演讲者要当喜则喜、当悲则悲，不要面沉似水或表情呆板。双手的姿势相当重要，使用得当能增强演讲的感染力，但双手尽量不要胡乱挥动，可以双手相握放在身前或身后，或者放松垂在两侧，尽量避免重复同一动作，更不要摇头晃脑、指手画脚。

演讲者的服饰应以整洁、朴实、大方为原则。男士的服装一般以西装、中山装为宜；女士则不宜穿戴过于奇异精细、光彩夺目的服饰，服装过于艳丽，容易分散听众的注意力。

(7)走下讲台

演讲完毕，演讲者要向听众敬礼，向主持人致意。如果听到掌声，应再次上台表示谢意，然后下台回原位就座。

(8)走出会场

演讲全部结束后，演讲者可能由主持人陪同先行退场。听众出于礼貌，或站起身来，或热情鼓掌，这时演讲者要热情回报，不时向听众招手致意，直至走出会场。如果听众先退出会场，演讲者应起立，面向听众，目送听众退场。

3 第三章
交际礼仪

所谓交际，是指人与人之间的往来接触，它是人际间的一种双向或多向行为。交际是人们不可或缺的社会行为，也是人类社会常见的社会现象。

礼仪产生于交际，是人们进行交际的准则和规范。礼仪在不同层次、不同规模上进行，因此也体现出不尽相同的性质。从广义上讲，国家与国家之间的国际关系，组织与组织之间的社团关系，组织与社会公众之间的公共关系，都离不开具体的人与人之间的交往。其中，普通人在进行国际一般性交际活动时遵循的行为规范和准则构成了现代国际礼仪中社交礼仪的全部内容。

第一节　问候与致意

在国际交往场合，彼此见面总是先相互问候或致意。问候和致意拉开了交往活动的序幕，能为交往活动营造出友好、融洽的氛围，为交往活动的顺利进行打下良好的基础。所以，越正规的场合，人们对问候和致意的重视程度越高。

一、互致问候

问候也称为问好、问安或者打招呼。具体而言，它是指在与他人相见时以专用的语言或动作向他人问好，是向对方表示善意的一种常规的致意形式。在国际交往中需要问候对方时，应注意以下三个问题。

1. 规范问候内容

在不同的国家和地区，虽然人们在问候他人的具体内容方面各有不同，但均充满了对问候对象的善意。例如，以前中国人见面最常见的问候是："吃过饭没有""忙什么呢"；在美国，人们的问候往往是最为简洁的"嗨"；而在西亚的一些以畜牧业为主的国家里，人们却习惯以"牲口好吗"作为问候语。

国际交往中，向对方问候的常规内容主要有两个方面：一是直接向对方问好，如"你好"；二是采用时效性问候，即在向对方问好的同时加上具体的时间限制，如"早上好""下午好""晚上好"。除此之外，不宜再以其他内容进行问候。

2. 重视问候态度

在国际交往活动中进行问候时，必须注意表里如一，即讲究具体态度。从总体上讲，向对方问候时的态度应当热情、友好、大方。具体而言，要对以下几点加以注意：一是应当眼到，问候他人时，一定要正视对方的双眼，以示自己全神贯注、一心不二用，不允许目视他方，或不正视对方；二是应当口到，问候他人时，声音一定要清晰、响亮、爽朗，切莫声音含糊不清；三是应当意到，在问候他人时，不允许面无表情，更不可充满敌意，只有面露真诚的微笑，才会使自己的问候显得真心实意。

3. 讲究问候顺序

在国际交往场合，人们彼此之间的问候应当是有来有往。双方彼此问候时，具体的先后顺序颇有讲究。根据惯例，交往双方彼此问候时，礼仪上的讲究是"位低者先行"，即通常应当由双方中地位较低的一方先问候地位较高的一方。具体而言，主人应当先问候客人，职务低者应当先问候职务高者，晚辈应当先问候长辈，男士应当先问候女士。同时，在向多人问候时，按照惯例可以"由尊而卑"或"由近而远"依次进行。若对方首先向自己进行问候，则应立即予以回应。

二、致意

致意是熟人之间在相距较远或不宜多谈的场合用无声的动作语言相互表示友好与尊重的一种问候礼节。

在国际交往活动中，致意的基本原则是男士先向女士致意，晚辈先向长辈致意，职位低者先向职位高者致意，未婚者先向已婚者致意。女士唯有遇到师长、上司、特别敬重之人或一群朋友时，才须首先向对方致意。在实际的交往活动中，也大可不必过于拘泥以上原则，长者、上司为了展现平易、随和的礼仪风格，主动向晚辈、下级致意，会更有感染力。在别人首先向自己致意时，必须马上用基本相同的方式向对方答礼。

既然致意是一种无声的问候，那在向对方致意时距离就不能太远，一般以2米到5米为宜，也不宜在对方的侧面或背面致意。当然，有时双方相遇、侧身而过时，在使用非语言信号向对方致意的同时，也可以用"您好""早上好"等问候语，增加致意的亲密感。

致意的方式多种多样，常见的有以下四种。

1. 举手致意

在社交场合见到距离较远的熟人时，通常不必作声，只要举起右手、掌心朝向对方轻轻摆手或挥挥手即可，但摆动的幅度不宜过大，也不必反复摇动。

2. 点头致意

在会场或在与别人谈话时遇见熟人，只需点头致意即可。另外与相识者在同一地点多次见面，或对仅有一面之交的朋友，均可点头致意。点头致意时，只需头向下轻轻一动，幅度不宜过大。

3. 微笑致意

微笑致意可用于同素不相识者初次见面之时，也可用于在同一场合反复见到老朋友的时候。

4. 欠身致意

致意者坐着的时候，可以在目视对方的同时，身体微微前倾，表示对对方的尊重。

以上几种致意方式，在同一时间、对同一对象时，可用一种，也可几种并用，根据自己要向对方表达的友善、恭敬程度而定，但在致意时要注意文雅，不要一面致意一面高声叫喊，也不要一手致意、一手插在裤袋里。另外，嘴里叼着香烟向别人致意也是很不礼貌的。

三、见面行礼

见面行礼，简称见面礼，一般是指人们在见面之际向交往对象致意的礼节。就适用范围而言，有的见面礼适用范围较广，而有的见面礼则仅仅适用于特定国家、地区、民族。在国际交往活动中，常见的见面礼有握手礼、拥抱礼、亲吻礼、吻手礼、合十礼、抚胸礼、鞠躬礼、脱帽礼等。

1. 握手礼

握手礼，通常指交往双方以握手的形式互相致意，它是在国际交往活动中普遍使用的见面礼，唯有一些较为保守的东方国家，才禁止异性之间行握手礼。施正规的握手礼时，有以下三点事项值得注意。

(1)注意方式。在行握手礼时，双方均应起立，并迎向对方，只有女士才可以在社交场合握手时坐而不起。在伸手与他人相握时，手掌应垂直于地面，用右手与对方右手相握。应注意握住对方手掌的全部，稍许用力，上下晃动一两下，并且停留两三秒钟。在此过程中，还需要目视对方，并且面带微笑。

（2）注意顺序。握手时，在顺序上讲究"尊者居前"，即由双方之中地位尊者先行伸手；女士与男士握手时，应由女士首先伸手；长辈与晚辈握手时，应由长辈先伸手；职务高者与职务低者握手时，应由职务高者先伸手。只有宾主握手时较为特殊：客人抵达时，应由主人先伸手，以示欢迎；客人告辞时，应由客人先伸手，以示请主人就此留步。当一人与多人同时握手时，则可根据"由尊而卑"或"由近而远"的原则，依次而行。

（3）注意禁忌。在对外交往中，握手礼有下列五条禁忌：第一，不宜用左手与他人相握；第二，不宜用双手与异性相握；第三，不宜与多人交叉握手；第四，不宜戴着墨镜与别人握手；第五，不宜戴着手套与别人握手。

2. 拥抱礼

所谓拥抱礼，一般指的是交往双方互相以自己的双手揽住对方的上身，借以向对方致意。对于拥抱礼，应主要掌握以下四点。

（1）具体做法。拥抱礼最为常见的做法是两人走近之后，正面面对站立，各自抬起右臂，把右手搭在对方左肩上，同时左臂下垂，以左手扶在对方的腰部右后侧，头部和胸部左倾前趋，贴近对方的胸部。正式的拥抱礼要彼此拥抱三次：先向左侧拥抱，接下来向右侧拥抱，最后再次向左侧拥抱。但在普通场合行拥抱礼，不必如此讲究，次数要求也不必如此严格。

（2）适用区域。一般来讲，拥抱礼在西方国家广为流行，在中东欧、阿拉伯各国、大洋洲各国、非洲与拉丁美洲的许多国家里，拥抱礼也颇为常见，但在东亚、东南亚国家却不太常用。

（3）适用场合。庆典、仪式、迎送等较为隆重的场合，拥抱礼最为常见，政务活动中尤为如此；私人性质的社交、休闲场合，拥抱礼则可用可不用；在某些特殊的场合，诸如谈判、检阅、授勋等，则大都不使用拥抱礼。

（4）具体人员。在欧洲、美洲、澳洲诸国，男女老幼之间均可采用拥抱礼。而在亚洲、非洲的绝大多数国家里，尤其是在阿拉伯国家，拥抱礼仅适用于同性之间，与异性在大庭广众之下拥抱是绝对禁止的。

3. 亲吻礼

在一些流行拥抱礼的国家里，亲吻礼也普遍流行，并且往往与拥抱礼同时采用。所谓亲吻礼，在此特指以亲吻交往对象面部某些特定部位的方式，来向对方致意的礼节。在向他人行亲吻礼时，要特别注意以下三点。

(1)点到为止。在行亲吻礼时，不论与对方关系如何，不论双方是否同性，都不宜表现得过于热烈、过于投入，一般以唇部象征性地接触一下对方即可。

(2)部位不同。根据惯例，在行亲吻礼时，关系不同的人，亲吻对方的部位是大有差别的。长辈亲吻晚辈，应亲吻其额头；晚辈亲吻长辈，应亲吻其下颌或者面颊；同辈人或同事之间，同性应轻贴对方的面颊，异性方可亲吻对方的面颊。在正常情况下，接吻，即互相亲吻对方的嘴唇，仅仅局限于夫妻或者恋人之间，因此不宜滥用，尤其不宜在大庭广众之前进行"公演"。

(3)国情差异。西方国家亲吻礼既适用于同性之间，也适用于异性之间；而在伊斯兰国家，亲吻礼仅限于同性之间使用，异性之间绝对不可以使用。

4. 吻手礼

在欧洲与拉丁美洲，异性在社交场合见面时，往往会采用吻手礼。所谓吻手礼，实际上是亲吻礼的一种特殊形式，它是以一个人亲吻另外一个人的手部，来向对方表示致意的礼节。在亚洲国家，吻手礼与亲吻礼一样，都不甚流行。

国际交往活动中施吻手礼时必须注意以下三点。

(1)单向性。一般的见面礼，如握手礼、拥抱礼、亲吻礼等，往往都具有双向性，即有来有往，彼此相互施礼。但是吻手礼却较为特别，它通常是单向施礼的，其施礼对象不必以相同形式向施礼者还礼。

(2)对象性。吻手礼大都是男士向女士施礼。接受吻手礼的女士，往往都是已婚者。按惯例，一般不应当向未婚妇女施吻手礼。

(3)限定性。在正规场合施吻手礼时，通常有两个特殊的限制：第一，行礼的地点应当是在室内。在街道上施行此礼，不合时宜。第二，吻手的部位应当是女士的手指或手背，被吻的手大都是右手。当男士吻女士的手时，动作必须轻，只是象征性的接触，而不是"大张旗鼓"。

5. 合十礼

在一些亚洲国家合十礼十分流行。所谓合十礼，亦称合掌礼，是以双手手掌十指相合的形式向交往对象致意的礼节。严格地讲，合十礼其实是一种佛教的专用礼节，因此，在东南亚、南亚等一些普遍信奉佛教的国家里十分流行，但在欧洲、美洲与非洲，合十礼并不多见。在施合十礼时，应注意以下三点。

(1)神态庄严。在向他人行合十礼时，允许施礼者面含微笑，亦可同时口颂祝词或问候对方，最佳神态是神态庄严而凝重。行合十礼时嬉皮笑脸，挤眉弄眼，探头探脑，手舞足蹈，或胡言乱语，都是绝对不允许的。

(2)郑重其事。作为一种宗教礼节，合十礼在施行之时要求郑重其事。标准做法是：双掌十指相合于胸部正前方，五指并拢，指尖向上，手掌上端大体与鼻尖持平，手掌在整体上向外侧倾斜，双腿直立，上身微欠、低头。行礼之时，身体一般应立正不动，不过只要不是疾步狂奔，在缓步行进时亦可同时施礼。

(3)敬意有别。根据传统做法，在向别人行合十礼时，施礼人合十的双手举得越高，越能体现出对对方的尊重。一般情况下，在正式场合向别人行合十礼时，原则上不应使之高过自己的额头。只有礼佛之时，才将合十的双手举得较高。

6. 抚胸礼

在一些亚洲国家以及欧美国家里，人们在与别人相逢之时，往往会抚胸为礼。在一些较为隆重的场合，例如升国旗、奏国歌时，也时有所见。

所谓抚胸礼，又称按胸礼，一般指以手部抚按于胸前的方式来向他人致意。实际上，它具有一定的宗教含义，在信奉基督教、伊斯兰教的国家里普遍流行，而最初所表示的往往是誓言或宣誓之意。行抚胸礼时，应注意以下两点。

(1)方法适当。行抚胸礼时，方式必须符合规定。一般的做法是：上身稍许躬身，眼睛注视交往对象或目视正前方，头部端正或微微抬起，右手手掌掌心向内、指尖朝向左上方，然后将其抚在本人的左胸之前。必须切记，行此礼时不仅应当认真庄重，而且绝对不允许以左手行礼，抚按右胸。

(2)兼施他礼。正如亲吻礼与拥抱礼往往相伴一样，抚胸礼通常也会与一些其他的见面礼节同时使用。最为常见的，就是抚胸礼与鞠躬礼同时使用。在某些国家里，人们则往往习惯于先行抚胸礼，然后再与交往对象握手为礼。

7. 鞠躬礼

所谓鞠躬礼，一般是指向他人躬身以示敬重或感谢之意，因此也被称为躬身礼。在施鞠躬礼时，应注意以下四点。

（1）中外有别。自古以来，中国就有鞠躬礼。但是在中国，鞠躬礼多用于需要表达敬谢之意或道歉之意的场合。而在国外，它却主要用于见面或告别之时。

（2）对象特定。在国外，鞠躬礼主要通行于与我国相邻的日本、韩国、朝鲜等国，在欧美各国以及非洲国家并不流行。

（3）中规中矩。向他人行鞠躬礼时，应当首先立正脱帽，双目正视施礼对象，然后面向对方，上身弯腰前倾。在此过程中，通常男士应将双手贴放于身体两侧的裤线之处，而女士的双手则应在下垂之后搭放于腹前。

（4）区别对待。施鞠躬礼时，外国人一般只会欠身一次，但对其具体幅度却十分在意。在正式场合，欠身的幅度越大，表示自己对交往对象越尊敬，不过欠身的最大幅度不宜超过九十度。

8.脱帽礼

在国际交往中，每逢正式场合以及一些社交场合，人们往往会向自己的交往对象行脱帽礼，这在东西方国家都比较流行。所谓脱帽礼是指以摘下本人所戴帽子的方式，来向交往对象致意。行脱帽礼时，应注意以下三点。

（1）方法有异。行脱帽礼时，戴制服帽者，通常应双手摘下帽子，然后以左手执之，端在身前；戴便帽者，既可以右手完全摘下帽子，也可以右手微微一抬帽檐代之，不过场合较为正规时，要求完全摘下帽子。

（2）男女有别。本着"女士优先"的精神，一般准许女士在社交场合内不必摘下帽子，而男士则不享有此特殊待遇。

（3）用途广泛。一般而言，脱帽礼除适用于见面之外，还适合于其他场合，比如路遇熟人，进入他人居所或办公室，步入娱乐场所，升挂国旗、演奏国歌时，都可以施脱帽礼。

第二节 介绍与名片的使用

介绍是国际交往活动中相互了解的基本方式，而交换名片则是国际交往中常见的一种介绍方式。

一、介绍

所谓介绍，一般是指在人际交往中使他人了解、熟悉自己或令陌生的双方相互结识。由此可见，介绍是人际沟通的一种常规方式，同时也是人际交往的出发点。正确的介绍，可以使不相识的人相互认识，同时，落落大方的介绍和自我介绍，也能够展示出良好的交际风度。

(一)介绍的基本形式

适用于国际交往活动中的正式介绍，主要有介绍自己、介绍他人、介绍集体三种形式。

1. 介绍自己

介绍自己亦称自我介绍。具体做法是由本人担任介绍人，自己把自己介绍给别人，从而令他人了解、熟悉自己。介绍自己时，应当注意以下四个要点。

(1)先递名片。应当先递上本人名片，随后再作自我介绍，这样可使自己在介绍时省去不少内容，而且还会给人留下深刻的印象。

(2)时间简短。介绍自己时，务必要言简意赅，直奔主题，力求节省时间，一般三言两语，半分钟之内即应结束。没有特殊情况，不应超过一分钟。

(3)内容真实。进行自我介绍时，所陈述的各项具体内容一定要言之有据，实事求是，既不宜过分自谦，也绝对不可以撒谎欺骗他人。

(4)形式正规。正式的国际交往活动中所使用的自我介绍，必须采取正规的形式，介绍的内容通常应当包含本人的完整姓名、所在单位、供职部门、现任职务四个要素，缺少其中任何一项，均不符合要求。

2. 介绍他人

介绍他人，亦称第三者介绍，是由第三者充当介绍人，为互不相识的双方进行介绍，以便使之彼此结识。介绍他人时应当重视以下两点。

(1)确定介绍人。介绍他人时，介绍人的身份很有讲究。在一般性的国际交往活动中，介绍人应由东道主一方的礼宾人员、公关人员、文秘人员或其他专门负责接待工作的人员担任。而在重要的场合，介绍人则往往由主方或宾主双方在场人员之中的身份最高者担任。在普通的社交场合，由与彼此互不相识的宾主双方都熟悉的某位人士担任介绍人也是可行的。

（2）介绍顺序。在国际交往活动中，介绍宾主双方的标准顺序是"先主后宾"，即应当先介绍主人，后介绍客人。此种做法，亦称"客人优先了解情况"。在其他情况下，介绍他人相识的顺序则讲究"尊者居后"，即介绍职务高者与职务低者相识时，应先介绍职务低者，后介绍职务高者；介绍长辈与晚辈相识时，应先介绍晚辈，后介绍长辈；介绍女士与男士相识时，则应先介绍男士，后介绍女士。

3. 介绍集体

介绍集体，又称集体介绍，实际上属于介绍他人的一种特殊情况，指的是被介绍的一方不止一人，而是一个集体。介绍集体主要有两种基本形式。

（1）单向式。当需要被介绍的双方一方是一个人，另外一方为一个由多人所组成的集体时，通常只需要把个人介绍给集体，而不再需要把集体介绍给个人。它亦称"少数服从多数"，这就是所谓的单向式介绍集体。

（2）双向式。所谓介绍集体的双向式，一般是指被介绍的双方均为一个由多人所组成的集体。进行双向式集体介绍时，双方全体人员均应被一一介绍。其常规做法是，先由主方负责人出面，依照主方在场者具体地位、身份的高低，自高而低地依次对其进行介绍，然后再由客方负责人出面，依照客方在场者具体地位、身份的高低，自高而低地依次对其进行介绍。

（二）介绍时应注意的问题

无论是介绍他人、自我介绍，还是自己被介绍时，都要注意以下三个方面的问题。

1. 克服羞怯

人们初次相见，彼此都有一种了解对方的愿望，同时也有一种需要被人重视的心理。如果在初次见面时及时、简要地作自我介绍，对方会产生受到重视的感觉，彼此之间也就敞开了交流的大门。相反，如果见面后羞羞答答、遮遮掩掩，这种羞怯的心理表现，必然会影响交际的顺利进行。因此，克服羞怯心理，增强自信心，是做好自我介绍的第一步。

2. 注意繁简

在国际交往活动中，由于交际的目的、要求不同，介绍的繁简程度也应当有所区别。在某些情况下，只需讲清楚被介绍者的姓名、身份、目的即可，而在有些时候，介绍的内容要详细，包括被介绍者的经历、学历、资历、性格、专长、经验、能力、兴趣等。简单的介绍要简短精练，详细的介绍也要条理清楚、突出重点，避免过分冗长，从而冲淡了主题，使听者厌烦。

3. 突出特点

介绍是人与人交往的第一座桥梁，通过介绍，陌生人可以相互了解、彼此沟通，进而成为朋友。因此，介绍不仅是对被介绍者基本情况的客观陈述，而且需要突出被介绍者的特点，比如说明被介绍者的籍贯、爱好等，这有利于双方找到共同语言，使交往活动顺利开展。但也要注意不可言过其实、无中生有，那将有失诚信，令人反感。

二、名片的使用

名片是一种常用的交际工具，因其灵活、简便，能适应现代社会频繁的人际交往需要，在国际交往活动中使用广泛。名片通常在以下三种情形使用：一是在带有业务性质的横向联系与交往中使用；二是在社交的礼节性拜访中使用；三是在某些表达情感或表达祝贺的场合使用。

(一)名片的用途

在国际交往活动中，名片除了自我介绍和保持联络的作用之外，还有其他多种用途。

第一，替代便函。可将名片用于简单的礼节性通信往来，表示祝贺、感谢、介绍、辞行、慰问、馈赠、吊唁等多种礼仪含义。在名片左下角用国际上通用的法文缩写，写明不同的用意，如敬贺——p. f；谨谢——p. r；介绍——p. p；辞行——p. p. c；谨唁——p. c；恭贺新年——p. f. n. a 等。

第二，替代礼单。给朋友寄送礼物、鲜花时，可随礼物或鲜花附上一张名片，并写上祝贺短语。在收到朋友的礼物或鲜花时，也可回寄一张名片表示感谢。

第三，替代介绍信。在给友人介绍一位新朋友时，可在自己的名片下角注明p. p，然后附上被介绍者的名片一并送上。

第四，替代请柬。在非正式邀请中，可以利用名片代替正式请柬，并在上面标明时间、地点、具体内容等。

第五，通报和留言。在拜访尊长时，可在名片上姓名的下方写明"拜见""求见"字样；若对方不在，可留下一张名片，注明"来访未晤"等内容，也是一种非常礼貌的表示。

第六，业务宣传。在业务往来中，名片具有类似广告的作用，可使对方了解你的业务范围。

第七，通知变更。在自己调任、迁居或联系方式变动的时候，给朋友送上一张注明相关变动内容的名片，是一种及时而又有礼貌的通知方式。

(二)名片的制作及其内容

在制作名片时，首先，必须保证内容的真实性；其次，要保证印刷正规和规范；再次，要选择有特色、富有代表性的内容；最后，要认真选择纸张，其质地、颜色等要和自己的职业、身份相协调。在制作名片时有四个禁忌：一忌使用不正确或不准确的外文；二忌个人头衔一大堆；三忌提供本人家庭住址；四忌对正式对外使用的个人名片涂涂改改。

常见的名片分为单位名片、私人名片、商务名片三大类。单位名片的主角是单位，其内容主要包括单位全称、徽标、联系方式等；私人名片和商务名片的主角是个人，除标明所在单位的名称之外，还应包括单位徽标、所在的具体部门，本人姓名、学位、职务或职称，本人联系方式，如单位地址、办公电话、邮政编码等。名片的排版方式以横排为佳，国际上流行把姓名印在中间，职务用较小的字体印在姓名之下。用于国际交往的名片，如有必要印制外文，其排版格式要符合国际惯例。

(三)递接名片

在国际交往场合，名片是一个人身份、地位的象征，也是主人要求社会认同、获得社会尊重的一种方式。在使用名片时，一定要遵从相关的礼仪要求。交换名片，是陌生人之间建立人际关系的第一步。在国际交往活动中，名片的使用往往与交往双方的相互介绍次第进行，适宜在与对方初次见面时的自我介绍或他人介绍之后进行。

1. 递送有序

递送名片有比较明确的礼仪规范，通常应主动先向对方递送名片，以示尊重。一般情况下，讲究由地位、身份较低的一方首先把本人名片递给地位、身份较高的一方，男士先向女士递送名片。有时出于公务或商务需要，女士也可以主动向男士递送名片。如果对方不止一人，应先将名片递送给职务较高或年龄较长的人；若分不清对方职务高低和年龄大小时，则可依照座次一一给对方所有的人递上名片，不能厚此薄彼。递送名片时，应走近并正视对方，面带微笑，双手拇指和食指分别捏着名片上端的两角，将名片正面面对对方送到对方胸前，同时可以报上自己的姓名，以加深对方对自己的印象，说些"请多关照"之类的客气话。如果自己一方的人员也比较多，那就应该让地位较高或年龄较长者先向对方递送名片。

2. 接受之法

接受对方的名片时，一般应起身或欠身，面带微笑，恭敬地用双手的食指和拇指捏住名片下方的两角，并向对方致谢，说些类似"能得到您的名片十分荣幸"之类的溢美之词。接过对方名片后，应当从头至尾将其基本内容默读一遍，以加深印象。千万不要仅用左手去接外宾的名片，更不允许接过来后对其不屑一顾。

3. 有来有往

如果接受了别人的名片，通常应当回敬对方一张本人的名片，切忌有来无往。在国际交往场合一般不宜直接向别人索要名片，若确有必要，可代之以先递上一张本人的名片，以求得对方"有来有往"的回敬。

4. 认真收存

在接过别人递送的名片之后，切忌把玩、折叠或乱扔、乱放，应当着对方的面将其郑重其事地放入本人名片夹或上衣口袋内。如果接过别人的名片后一眼不看，或漫不经心地随手向口袋或手袋里一塞，是对别人极不尊重的表现。另外还应注意，为尊重对方的个人隐私，切勿将别人的名片外借或对外公布。

第三节 姓名与称呼

每个人都有自己的姓名，每个人都有自己的称呼习惯。从总体上讲，在国际交往活动中对外方人士的姓名称呼要注意三点：第一，要符合常规；第二，要照顾习惯；第三，要入乡随俗。具体来说，要做到以下两点：一是要记住交往对象的姓名；二是要善于采用对方的尊称。做到了这两点，就不会在姓名称呼问题上失敬于对方，而且有利于缩短交往双方的心理距离，赢得对方的好感。

一、姓名有别

在世界各国，人们一般都有本人专用的姓名，用以在称呼上区别于人。所谓姓名，通常是一个人的姓氏与名字的合称。姓氏是家庭的称谓，名字则是对本人的称呼。在国际交往中称呼他人时，有时称其姓，有时呼其名，有时则是连姓带名一起称呼。

1. 记住对方

人类世界是由一个个独特的个体所组成的，在人际交往中，每一个人都希望被自己的交往对象所重视。在国际交往活动中，尤其是在初次交往中，向对方表示敬重之意的最行之有效的做法之一，就是记住对方。显而易见，所谓"记住对方"，首先就是要牢记对方的姓名。一旦获知外方人士的姓名，尤其是在亲自询问过对方姓名、听过对方自我介绍或者刚刚与对方互换过名片之后，一定要记住对方的姓名，否则会给对方以不被重视的感觉。

2. 不出差错

在国际交往中，涉及交往对象的姓名时，不论是口头称呼还是笔头书写，都不应当出现任何差错，否则将严重挫伤对方的自尊心。以下三点必须谨记：一是不要读错对方的姓名。不管是何原因，把交往对象的姓名读错都是一种严重的错误，有时甚至可能引起对方的误解。二是不要写错交往对象的姓名。需要书写对方的姓名时，一定要慎之又慎，不仅要在书写过程中一丝不苟，而且在书写完毕之后还须再三核对。三是要记住交往对象的姓名。即使自己工作再忙，交往对象再多，也应采取各种办法记住对方的姓名，而不应当将交往对象的姓名张冠李戴。

3. 不宜滥用

重视交往对象的姓名，在国际交往中就意味着对对方的尊重，因此在日常工作与生活中，切忌滥用交往对象的姓名，尤其应当重视以下三点：首先，不能轻视交往对象的姓名。在有必要使用交往对象的姓名时，一定要正规、认真、严肃，不要乱念、乱写其姓名，尤其不能任意对其加以取笑或曲解。其次，不要借用交往对象的姓名。在日常工作与生活中，不得随便借用自己所熟悉的交往对象的姓名。最后，不得将交往对象的姓名用于商业用途。按照国际惯例，未经本人许可，在任何情况下都不得将他人姓名用于商业用途。国际交往中涉及外方人士姓名时，更要特别注意这一点。

4. 使用差异

在不同的国家里，人们姓名的排列方式和称呼方式往往各不一样。

首先，不同国家的姓名排列方式是大不相同的。中国人的姓名通常都是姓氏居前，名字居后。而在国际上，只有日本、韩国、朝鲜、越南、匈牙利等少数几个国家的人，姓名的排列方式与中国相同。在英美等国，人们的姓名一般都是名字居前、姓氏居后，有时在两者之间，还存在一个教名；法国人、德国人、意大利人姓名的排列方式，与英美国家的习惯略同；在亚洲，泰国人的姓名排列方式，也是名前姓后；在俄罗斯，人们的姓名均由三个部分组成，其正常排列顺序为：本人名字居前，父名居中，姓氏位于最后；在西班牙与广大拉丁美洲国家里，人们的姓名也分为三个部分，但其正常顺序则为本人名字在前，父姓居中，母姓在后；在葡萄牙和巴西，人们的姓名亦由本名、父姓与母姓三部分组成，其正常排列顺序是：本人名字居前，母姓居中，父姓居后；在阿拉伯各国，人们的姓名由四个部分组成，其排列顺序由前而后依次为：本人名字，父亲名字，祖父名字，家族姓氏；在缅甸，人们只有名字，并无姓氏。

其次，不同国家的姓名称呼方式也有很大差别。国际交往活动中称呼别人时，必须区分清楚何时应当称其姓氏，何时应当呼其名字，何时应当采用其全称。采用不同的称呼方式，不仅意味着双方具体关系有别，而且也表现了对对方尊重程度的差异。

在十分正式、隆重的场合称呼英、美、加、澳、新、法、德、意等国人士时，应称其全称，而在一般情况下，可仅称其姓氏，只有在关系极其亲密的人士之间，才会直呼名字。称呼俄罗斯人，除了在正式场合称呼其全称外，一般情况下可称其姓，亦可呼其名；将其本名与父名连用会显得比较客气；而在向长者表示尊敬时，则只需称其父名。在称呼使用西班牙语、葡萄牙语国家的人的姓名时，正式场合宜用其全称；而一般情况下，则可只使用其简称，即其父姓，或是其本名加上父姓。称呼阿拉伯人时使用其全称，往往意味着郑重其事，但一般情况下，称呼阿拉伯人时可省去其祖父名，或将其祖父名与父名一道略去；需要简称阿拉伯人时，通常可以只称呼对方的名字；但若对方拥有一定的社会地位，则只宜以其姓氏作为简称。

称呼日本人、韩国人、朝鲜人时，一般应当称呼其全称；一般情况下，对日本人亦可直称其姓氏；而在韩国与朝鲜，直呼一个人的名字则被视为是失礼之举。在越南与泰国，一般场合下称呼一个人时，通常可只称其名，而不道其姓；称呼越南人的名字时，一般情况均可只称呼最末的一个字，如可称"阮又才"为"才"。缅甸人有名无姓，故在称呼对方时，可在其名字之前冠以某种尊称，如意为"先生"的"吴"，意为"主人"的"德钦"，意为"兄长"的"哥"，意为"弟弟"的"貌"，意为"女士"的"杜"，意为"姐妹"的"玛"，意为"军官"的"波"，意为"老师"的"塞耶"等。

二、称呼有别

在国际交往活动中，每个人都非常重视别人对自己的称呼。对别人的称呼方式，不仅反映了自我的教养和对对方尊重的程度，而且也体现了双方关系的发展程度。

1. 照顾习惯

在国际交往场合称呼别人之前，应当对对方有关的习惯做法了解清楚，并且予以遵守。一般来讲，在正式场合称呼别人时必须使用尊称，主要包括如下四种尊称方式。

第一，称其行政职务。在正式场合里，尤其是在具体工作之中，以交往对象的行政职务相称，以示敬意有加、身份有别，这是国际交往中最常见、最正规的一种称呼方式。

第二，称其技术职称。当今社会正处于知识经济的时代，有文化、有知识、有技术的人士受到普遍的尊敬。在国际交往中，若对方人员具有专业技术职称，尤其是具有中级、高级专业技术职称者，不妨直接以其技术职称相称。

第三，称其学术学位。与前一种情景相类似，在国际交往活动中，特别是在实际工作或学术交流活动中，以交往对象的学术学位相称，既可增强现场的学术气氛，又可增加被称呼者的权威。

第四，称其行业称呼。在对外交往中，若仅仅了解交往对象所从事的具体行业，而不清楚对方的行政职务、技术职称或学术学位时，以其具体行业称呼相称，也是一种不失礼的方式。比如，可以称医生为"大夫"，称警察为"警官"等。

需要指出的是，在用上述尊称称呼外方人士时，都可用其中一种尊称再加上对方的全称或者其姓氏来称呼。

2. 区分对象

在面对不同行业、不同职务、不同身份乃至不同性别的交往对象时，还须根据具体交往对象的不同，在称呼上有所区分。

第一，对于成年人，可将男士称为"先生"，将妇女称为"小姐""夫人""女士"，这是在国际社会里适用面最为广泛的一种泛尊称。在具体称呼妇女时需要注意，对已婚者应称"夫人"，对未婚者或独身者可称"小姐"，对不了解其婚姻妆况，可称为"女士"。

第二，在政务活动中，除可使用泛尊称外，还有两种称呼方式：一是称呼对方的行政职务；二是称对方为"阁下"。按照常规，"阁下"主要用以称呼地位较高者，但在美国、德国、墨西哥等国，没有使用该称呼的习惯。

第三，在商务活动中，世界各国都喜欢使用泛尊称，而称呼行政职务则不大流行。在学术性活动中，情况也大抵如此。

第四，在服务场所中，对于各种服务人员与服务对象，通常都可以使用泛尊称。

第五，在军事交往中，对于外方的军界人士，最佳的称呼是称其军衔，而其行政职务一般则不必称呼。

第六，在宗教活动中，对于神职人员一般均应以其神职相称，但有两点应特别予以注意：第一，切勿在称其神职时出现差错；第二，越是正式的场合，越应当在称其神职时采用全称。

第七，在一般场合下，对于教授、研究员、工程师、律师、法官、医生、博士等职称、职务或学位拥有者，均可直接以其职称、职务或学位相称，因为这样外方人士会感觉十分顺耳。

第八，在与社会主义国家人士或兄弟党人士交往中，通常可以称对方为"同志"。除此之外，"同志"这一称呼切勿在对外交往中滥用。

第九，在与君主制国家的王公贵族交往中，称呼对方时一定要采用对方的惯例。通常应称呼国王、王后为"陛下"；称呼王子、公主、亲王及其配偶为"殿下"；对于拥有封号、爵位者，则应以其具体封号、爵位相称，如"爵士""勋爵""公爵""侯爵""伯爵""子爵""男爵"等。称呼对方封号时，一定要力求完整无缺。

3. 防止犯忌

在国际交往场合，一定要注意避免因称呼而冒犯对方的禁忌。一般而言，下列称呼是不能采用的。

第一，错误称呼。在称呼对方时出现差错，显然是失礼至的。

第二，无称呼。需要称呼对方时却根本不用任何称呼，或者代之以"喂""嘿""下一个""那边的"以及具体代码等，都是极不礼貌的。

第三，距离不当的称呼。在对外交往中，若是与仅有一面之缘者称兄道弟，或者称其为"兄弟""朋友""老板"等，都是未与对方保持适当距离的表现。

第四，绰号性称呼。在对外交往活动中，切勿擅自为关系一般者起绰号，也不应用道听途说的绰号去称呼对方。至于一些对对方具有讽刺侮辱性质的绰号，更是严禁使用。

第五，庸俗低级的称呼。某些市井流行的称呼，因其庸俗低级，格调不高，甚至带有明显的黑社会风格，在对外交往中亦应禁用。

第六，容易误会的称呼。一些国内常用的称呼，一旦到了国际交往场合便会引起误会。例如，"同志"可能被理解为"同性恋者"；"爱人"可能被理解为"婚外恋者"；"小鬼"可能被理解为"鬼怪"。因而对此类称呼，在国际交往活动中一般不宜采用。

4. 有主有次

在国际交往场合，有时可能需要在同一时间段内对多名交往对象同时加以称呼。在此种情况下，称呼对方既要注意面面俱到，也要注意有主有次。所谓有主有次，通常指的是在需要同时称呼多名外方人士时，一定要首先分清主次，然后再由主至次依次进行。在实际操作中，其标准做法有下列四种。

第一，由尊而卑。它的具体含义是，称呼多名人士时，应当自其地位较高者开始，自高而低，依顺序进行。

第二，由疏而亲。其具体含义是，若被称呼的多名人士与自己存在亲疏之别时，为避嫌疑，一般应当首先称呼其中与自己关系生疏者，然后再称呼其中与自己关系亲近者。

第三，由近而远。有时不便细分多名被称呼者的尊卑、亲疏，那么则不妨以对方距离自己的远近来进行，即先称呼距离自己最近者，然后依次称呼距离自己较远者。

第四，统一称呼。在一些特殊情况下，对多名被称呼者不必一一称呼，或者不便一一称呼时，则可采用统一称呼对方的方式作为变通。例如，可用"诸位""大家""各位来宾""女士们、先生们"等方式直接称呼对方。

第四节　邀请与拜访

在国际交往活动中，为了建立、保持、改善人际关系就需要有来有往，来而不往或往而不来，都可能导致交往的中断。邀请与拜访是保持人际交往的两种重要方式。

一、邀请

邀请是为了实现某种交际目的，请求对方到自己的地方来或到约定的地方去。在国际交往活动中，因为种种实际需要，必须对特定的交往对象发出邀请，请求对方出席某项活动或是前来做客。从交际的角度来看，邀请实质上是一种双向的约定行为，当一方邀请另一方时，邀请方不能不自量力、自讨没趣；而被邀请方则需要及早做出合乎自身利益和意愿的反应。无论邀请方还是被邀请方，在对待邀请的问题上，都必须认真对待，绝不可掉以轻心。

1. 邀请方式

邀请可分为口头邀请和书面邀请两种方式。

口头邀请的方式比较自然，常用于比较熟悉的亲朋同事之间，一般有当面邀请和电话邀请两种形式。口头邀请的方式，不但可以让被邀请方详细了解邀请的目的和细节，而且在多数情况下还能够立刻知道被邀请者是否接受邀请。口头邀请的方式省时省力，但显得不够郑重其事。

书面邀请是种正式邀请方式，也可分为两种形式——信函邀请和请柬邀请。其中，信函邀请又可分为书信邀请、传真邀请、电报邀请、便条邀请等形式，一般用于公务活动、邀请人数较少的情况。请柬虽然在本质上属于书信的一种类型，但却与普通书信有着重大差别：书信一般是在双方不便或不宜直接交谈时而采用的交际方式，但请柬却不同，即使对方近在咫尺，也需要呈送或寄送请柬，以示诚恳和庄重。从这个意义上来讲，请柬邀请是最正式、档次最高的邀请形式。

2. 应邀

在收到请柬后，无论能否出席，都应当及早答复对方。虽然有些请柬上面并没有注明"请回复"，也未随请柬寄来"回复卡"，但通过信函或电话给邀请者一个应邀与否的答复，是对对方尊重和感谢的最好表示。

如果已经接受邀请，但由于出现紧急事件使你无法按计划出席，应及早打电话告知邀请者，没有任何解释的缺席是极端失礼的。如果不能出席这次聚会的理由是因为要出席另一个"更好"的聚会，那么你从此就会失去所有的邀请。

关于出席聚会是否可以带同伴的问题，最好连问都不要问，邀请者会向他认为该邀请的每一个人都发出邀请的。

最后，在聚会结束准备离开时，别忘了向主人道谢。并且，如果是特别正式、隆重的聚会，那还应该在次日通过电话或信函的方式再次向主人致谢。

二、拜访

无论公事还是私事，也无论大事还是小事，在国际交往活动中总少不了相互拜访。没有拜访的交际生活是封闭的、残缺的。拜访同其他国际交往活动一样，也有一系列的礼仪规范和要求。

1. 事先预约

在国际交往活动中，不速之客是不受欢迎的。贸然造访别人，可能会打破对方原有的工作、生活计划，为其带来诸多不便，从而引起宾主间的一种复杂心情，造成尴尬局面。所以，事先预约是拜访活动的第一要求。

拜访之前可以通过信函、电话预约，并把访问的重要目的告诉对方，使对方有思想准备。预约的语言、语气应当友好、客气，是请求、商量式的，而不能强求命令。如果对方答复说在你选择的时间之内他另有安排，应主动表示歉意，并和对方协商下次拜访的时间。即使发现对方其实并无其他安排，上述说法只是拒绝的托词，也应当理解对方，因为这是他的权利。如有可能，应尽量避免到别人的私人居所拜访。

2. 选择时间

在现代社会，拜访他人必须选择最佳时间。在赴约的时间安排上，应尽可能把时间定的宽裕一些，留有余地，以防止可能因为天气、交通等因素所造成的延误。

拜访的时间应避开节假日、用餐时间、过早或过晚的时间，最好安排在周末的下午或晚饭之后，主人在这个时间一般都会有接待访客的思想准备。拜访时一定要避开对方可能吃饭的时间，并且如果对方有午休的习惯，也不要在中午的时间打扰。晚上拜访时，时间不能太晚，更不要在别人临睡之前去拜访，以免影响他人休息。另外，还应避开主人偶然性的忙碌时间，比如盖房造屋、婚丧大事、紧急任务等，不能在此时再给对方忙上加忙、乱上添乱。

若到对方的工作单位拜访，最好避开星期一，因为新的一周开始，往往是大家最为忙碌的时候。

当然，拜访时间的选择也不是绝对的，这还要依宾主双方关系的亲密程度而定。如果双方关系非常亲密，拜访者可以根据对方的工作、生活习惯选择拜访时机，甚至可以自由选择访问时间，但一般都要以不影响对方为前提。

3. 守时践约

守时践约不仅仅是讲究个人信誉、提高办事效率的问题，同时也是对交往对象的尊重。万一因故不能准时抵达，务必及时通知对方，可在必要的时候协商改期拜访。但无论如何，都必须郑重向对方致歉。无故迟到或失约都是极不礼貌的。

4. 进行通报

到达约定地点之后，如果未看到拜访对象，对方也未派人员迎候，则在进入对方工作场所或私人居所正门之前，先向对方通报。可以敲门或按门铃，待对方允许或开门迎接后再进入室内。

5. 做客之礼

做客时需要注意的礼仪要求是多方面的，总的要求是：衣着得体，恭敬谦虚，举止得体，言谈礼貌。

当主人开门迎客时，务必主动问好，互行见面礼节。若主人一方不止一人，则应按照先尊后卑、由近而远的礼仪惯例，向在场的人一一问候致意。若主人门前有擦鞋底的垫子，应先把鞋底的泥土擦净之后再进入房间；随身携带的手提包、雨具等物品要放到主人指定的地方，不能随手乱扔乱放；入室后必须除去帽子、墨镜、手套和外套，必要时可放在主人指定的地方。

在主人的引导下进入指定房间，不可擅自闯入其他房间；主人请你入座后，应当称谢并照主人指定的座位与其同时入座。如果此时尚有其他客人在场，应当先问主人自己此时造访是否会影响对方。

主人招待的饮料，应慢慢品饮，不可作"牛饮"之状，也不要啜出声响。如果主人没有递烟或主人自己没有抽烟，则不能在其室内抽烟。

作为访客，要注意自尊自爱、以礼待人，并听从主人的安排。与主人及其家人交谈时，要慎重选择话题，切忌信口开河、出言无忌；与异性交谈，要讲究分寸；对主人家里的其他客人，要友好相待，不能在有意无意之间冷落对方，置之不理；若其他客人较多，也要以礼相待，一视同仁，切勿厚此薄彼，也不能反客为主、本末倒置；在别人的住处或工作地点，不能随意脱衣、脱鞋、脱袜，也不能指手画脚，嚣张放肆；未经主人允许，不可四处乱闯、乱放、乱动别人的物品。

6. 适可而止

拜访的时间不宜拖得太久，应具有良好的时间观念。当宾主双方谈完该谈之事、叙完应叙之谊后，就应及时起身告辞，避免影响主人既定的工作、生活安排。一般情况下，礼节性拜访，尤其是初次登门拜访时，应把时间控制在一刻钟至半小时之内；即使是熟人之间，拜访时间也不宜超过两个小时。遇到以下情况时，访客就应及时告辞：一是宾主双方话不投机，或是主人反应冷淡，甚至爱答不理的时候；二是虽然主人貌似认真，但却反复看表的时候；三是主人抬起双肘、双手支于座椅扶手的时候。

7. 告辞有方

告辞的时候也要讲究方式方法。告辞之前，不要显出急不可耐的样子，且最好不要在主人或其他人说完一段话之后就告辞，这会让人误以为你对别人的话听得不耐烦了，所以恰当的告辞时间是在自己说完一段话之后。同时，告辞时千万不要打哈欠、伸懒腰，显得不耐烦。若在场的客人很多，自己必须早走，应悄悄向主人告辞，并表示歉意，不要大声道别，以免惊动其他客人。如果被其他客人发现，则应向对方礼貌道别，对稍远的客人也可以挥手告辞。

主人相送时，应及时向其道谢；出门离开一段距离后，应回首再向送行的主人致意，不可仓皇而去。

三、待客之道

"有朋自远方来，不亦乐乎"，如果你是主人，对来访的客人，必须热情而诚恳地接待，以礼待客，尽东道之谊。

1. 迎客

有客来访，若属事先已经约定的，就要提前准备。自己要仪容整洁，居室要打扫清洁，招待客人用的物品，如茶杯、毛巾等都要洗涤干净，水果糕点要准备妥当，以尽可能创造一种良好的气氛，使客人有宾至如归的亲切感。

客人登门，不论是熟人还是新交，都要一视同仁，热情相迎，亲切招呼。家庭中的有些成员，可能与客人没有直接的关系，甚至还可能是初次见面，但同样必须出迎并致意，热情欢迎。主人要把客人介绍给大家，也要向客人一一介绍家庭成员。如果家中比较凌乱，客人突然敲门，则要尽快整理一下，并对客人表示歉意。如果客人到达时，正好全家都在用餐，则要起立邀请客人一起用饭，或者请客人稍坐片刻。如果客人来时家人正看电视，则最好立即关掉，不要边接待客人边看电视，那样做是很不礼貌的。如果客人来时你正遇上不愉快的事，则要善于克制，不要在客人的面前流露出不快的神情，更不能迁怒于客人。如果客人脱帽、解下围巾、大衣，要主动上前接过，代为挂在衣架上；客人若带有手提物品，应帮助他妥善放置。

2. 待客

客人入室，应先安排客人入座，继而招待茶水、咖啡或其他饮料以及必要的水果糕点。在国际交往中，一般不以香烟待客，也不必准备香烟。

与客人交谈时，其他无关的家庭成员最好不要在旁边听，更不要随便插嘴，如有必要可以让自己的配偶参加交谈。大人谈话时，孩子也最好不要在场。在交谈过程中，不要老看手表，那会使客人认为你不耐烦或变相下逐客令。如确有其他事要办，你可用减少谈话，并不再往杯子里添加饮料作为暗示。

作为主人，要讲主随客便，一切安排尽可能使客人既感受到你的热情，又不会感到拘束。对客人的一些要求，应尽量予以满足，使他真正有种宾至如归的感觉。

如有不速之客来访，也应尽量热情接待。如果客人来时正赶上你有事要出门，没时间奉陪，则可以大方地向客人说明原因，表示歉意，并主动地与客人另约时间，千万不可吞吞吐吐，或频频看表来表示送客的心情，这种方式既没有礼貌，也不够友好。为避免不速之客下次再度光临，你可以婉转告诉对方有关自己行踪的大致规律，或告诉他你的联系方式，暗示他以后造访要事先预约。

3. 送客

当客人准备告辞时，主人一般都应真诚地挽留。不论是朋友来访，还是业务往来，当对方离开时，作为主人，一定要热情相送，不要对方一出门就把门关上，以免让别人感到很不自在。所以，无论访客是谁，也无论对方多么客气地请你留步，都要送对方一段，并在客人的身影完全消失以后再返回。否则，当客人走完一段再回头致意时，发现主人不在视野之内，则可能会顿生遭受冷遇之感。同时，送客返身进屋后，应将房门轻轻关上，不要使其发出响声，那种客人刚出门就砰地关上大门的做法是极不礼貌的，并很可能因此而失去对方的感情和友谊。

第五节　舞会礼仪

交谊舞会通常简称为舞会，实际上就是一种参加者彼此相邀共舞的社交聚会。在国际交往中，舞会是一种重要的社交形式，它既可以作为一项单纯的活动项目单独予以安排，也可以安排在其他重要活动之后进行，以增强融洽和热烈的气氛。

一、舞会的种类

大体上舞会可分为两大类：一类是出单位或社会团体在公共场所举办的正式的大型舞会；另一类是个人在家中或俱乐部为了庆祝某个节日或某件喜事而举行的非正式的小型舞会。有时候也会在宴会或晚会结束后，作为一种余兴而邀请大家翩翩起舞。

第一种舞会通常较为正式。正式舞会通常是从晚 10 时到翌日凌晨 2 时或 3 时，参加舞会除了携带请柬外，有时还需要携带入场证。参加正式舞会，男士系白色领带，身穿燕尾服；女士应穿长款晚礼服，戴长手套。正式舞会通常在俱乐部或大宾馆举行，一般配有两支乐队和管弦乐队，所以音乐不间断。舞会上备有点心和各种饮料，午夜后也会提供夜餐。

在家里举行的舞会通常规模较小，不及正式舞会正规，虽然它在私邸举行，但也可看作一种正式场合的舞会。小型舞会开始时间较早，大约晚9时到午夜；如有宴会，则通常安排在宴会之后的深夜。舞会是否配乐队，取决于房间大小和来宾多少；如无乐队时，则可用音响设备伴奏。若舞会场合是精心安排的，男士应穿着无尾礼服，女士穿着晚礼服。除此之外，无论男士、女士，都可穿着本民族的传统礼服出席这类舞会。

二、舞会礼仪

舞会作为一种重要的交往场合，要求出席人员在服饰、仪表、举止、言行等各方面都要严格遵守舞会的礼仪规范，表现出良好的礼仪修养和精神面貌。

1. 交谊舞会的一般礼仪

参加舞会前，应修饰仪表。要注意口腔卫生，禁食带有异味的食物；着装要正式，并适宜跳舞，不宜穿着各类休闲服装出席舞会；女士应化淡妆，不宜浓妆艳抹；有外伤、患感冒及其他传染性疾病者，不宜出席舞会；跳舞时不宜戴口罩、墨镜；舞会禁止吸烟。

进入舞厅时应彬彬有礼。熟人故交要握手致意或点头问好，陌生人也应以礼相待。讲话声音宜低，行走步态宜轻。

舞曲响起时，男士应主动走到女士面前，可行半鞠躬礼，并轻声说"请您跳舞"，女方点头表示同意后，由男方陪同并肩走入舞池。在正常情况下，女方不应谢绝男方的邀请；若不愿接受邀请，可用"累了""身体不适"之类的托词加以婉拒，并致歉意。若已婉言谢绝了别人的邀请，在一曲未终之前，女性则不应再同别的男子共舞，否则会被认为是对前一位邀请者的蔑视，是很不礼貌的。如果同时有两位男性去邀请一位女性共舞，女方最好都礼貌地谢绝；如果已同意其中一个的邀请，对另一个则应表示歉意。被谢绝的男士，不要再强求女方，更不要表示不满。

在共舞的过程中，男方对女方应多关照、多配合。双方不要互相盯视对方的脸，要始终相待以礼。一曲音乐结束后，男方要点头致意或道谢，也可将女方送回原位。

2. 家庭舞会礼仪

在许多国家，特别是在西方国家，家庭舞会都有通行的礼仪规范。应邀参加舞会的客人，宜穿着西服套装或晚礼服。跳舞时，男子忌不系衣扣，也不宜随便脱去外衣。

第一首舞曲必须由主人夫妇、主宾夫妇共舞；若夫人因故不能舞，可由其成年女儿代之。第二轮舞则应由男主人与女主宾、女主人与男主宾共舞。此外，男主人必须注意陪同无舞伴的女子共舞；女主人则应对全体来宾多加关照。有条件时，男主人应轮流邀请其他女宾，而其他男宾则应争取与女主人共舞一曲。自始至终只与一人共舞，是极不妥当的。

男子请女子跳舞，应先向其丈夫、恋人或同伴致意，然后再立正向女子点头致礼。在跳舞过程中，避免动作过于亲昵，舞姿要力求正确。一曲完毕后，男子要向女子致谢，并送其回到原位。在一般情况下，女子不应拒绝男子的邀请，否则亦属失礼。有些西方的家庭舞会，每一轮舞常以一吻结束，但不可长吻、狂吻。

3. 舞姿风度

所谓风度，简单地说，就是由一个人的举止、言谈和作风等方面所表现出来的美，这种美既是一种外在美，也是一种内心美的自然流露。跳舞的风度，主要是指人在跳舞时的姿态和表情。姿态是人的外在动作，表情则是其内在感情的外现。

第一，舞姿要端正、大方、活泼。跳舞时整个身体应始终保持平、正、直、稳，无论是进、退，还是前、后、左、右方向的移动，都要掌握好重心，如果身体摇摇晃晃，肩膀一高一低，甚至踩到对方的脚，都是很不恰当的。跳舞中，男女双方都应面带微笑，说话要和气，声音要轻细，不要旁若无人地大声谈笑。

第二，跳舞时，男女双方的神情姿态要轻盈自若，给人以欢乐感。双方的表情应谦和悦目，给人以优美感；动作要协调舒展，和谐默契。男方不要强拉硬拽，女方不可挂在、扑在对方身上，或臀部撅起，或耸肩挺腹，或驼背屈身，这样既让对方有不胜负担之苦，也会使自己有失仪态。

第三，男方用右手扶着女方腰肢共舞时，正确的手势应当是右手掌心向下、向外，用大拇指背面轻轻将女方挽住，而不应用右手手掌心紧贴女方腰部。男方的左手应让左臂以弧形向上举起，手掌与肩部成水平线，掌心向上，拇指平展，只将女伴的右掌轻轻托住，而不是随意地捏紧或握住。女方的左手则应轻轻搭放在男方的右肩上，而不应勾住男方的脖颈。共舞过程中若双方握得过紧或搂得过紧，都是有失风度的。

第四，跳舞时双方的身体应保持一定距离。跳四步舞（布鲁斯）时，舞步可稍微大些，表现出庄重、典雅和明快的姿态；跳三步舞（华尔兹）时，双方应保持一臂的距离，让身躯略微昂起向右，以使旋转时重心适当，表现出热情、舒展、轻快和流畅的情绪与节奏；跳探戈舞时，乐曲中切分音所含节拍的跳跃性较大，因男女双方的步法与舞姿变化较多，舞步可稍大些，但男方应注意不可将脚伸入到女方两脚间过远，回旋时也不要把女方拉来拖去；跳伦巴舞时，男女双方可随着音乐节奏轻轻扭动腿部及脚踝，但臀部不应大幅度地摆动。

第五，舞完一曲，男方应热情而大方地向女方道谢，然后再离开，最好能把女方送回原位，并进行适当的交谈。但若女方已有男伴陪伴，切不可硬挤进去，尤其不要始终盯着一位舞伴不放，以免发生误会。

总之，不论男女在舞会中都应该充分表现出自己的教养、风度和礼貌，都应尽量保持健康、正派、高尚和美观的姿态。

第六节　约会礼仪

约会有很多种，有职业性的，也有社交性的。我们这里主要谈男女恋爱约会的礼仪。

约会是恋爱双方开始彼此相互了解的方式。所以，在约会时双方都要注意自己的形象和礼节问题，只有这样才能给对方留下一个美好的印象，为进一步交往创造条件。

1. 约会规则

在交往规则中，爽约和不守时是严重的失礼。即使是女性，也不能以故意迟到来"考验"对方的真诚，或用以证明自己"值得等待"，如果这样可能会事与愿违。

2. 邀请

发出邀请时，不能害羞，最佳方式是具体、直截了当地发出邀请。

3. 应约与婉拒

即便有过约会经历，但在向心仪的人发出约会邀请时，不管男士还是女士，都会有点挑战自尊的感觉。作为被邀请方要理解对方的用意，不管是接受还是拒绝，都应该尽快做出反应，这才符合邀请人的心意。

有礼貌地接受邀请是令人兴奋的，但拒绝邀请也应表现得更有礼貌，尤其是你想再次受邀时更应如此。如果不能立即答复，也要给对方说得明白一点。用拖延策略迟迟不确定是否赴约，对邀请方来说可真是一件残酷的事情。

若收到你并不喜欢的人的邀请，也要有礼貌地明确拒绝，阻止他（她）的单相思。但要切记，在说"不"之前先说"对不起"。

4. 付账

约会期间的支出，传统认为应该由男士付账。但很多传统习惯已经改变，随着女性经济上的独立，采用 AA 制也未尝不可。如果事先不作说明，邀请方应付约会的全部费用。

5. 成功约会的八大要素

第一，最少提前三天通知约会。任何在两小时前提出的约会请求，都很难让对方接受。

第二，制订约会计划前先考虑一下对方的兴趣爱好。

第三，不要尝试在最后一刻改变计划。

第四，约会的地方最好要有新意，但这主要由约会的对象和目的来决定，普通的场合也未尝不可。

第五，穿着得体，以不使其他人感到尴尬为准。

第六，面对突发事件要有灵活的应变态度，不要抱怨。

第七，约会结束时要感谢对方：对付账表示感谢，对安排的计划表示满意，或对令人愉快的友谊表示高兴。

第八，在一次特别的约会后告诉对方你的心情。

6. 消除焦虑

第一次约会的时间不要太长，45 分钟至 1 小时就可以了。即使你第一眼看他（她）就不喜欢，但作为一位有礼貌的绅士或淑女，还是应该体谅地坐上至少 45 分钟。期间你还应该主动谈起话题，不要冷场。因为你表现出的礼貌，对方是能感受到的。如果确实喜欢对方，你可以延长你们的约会时间。

出于安全角度的考虑，尽量挑选在四周有些人的公共场所约会，比如咖啡馆之类的地方。

关掉手机！如果一定要开手机，要向对方说明理由，如等一个重要而又紧急的电话。约会时手机乱响，是对对方的极大轻慢。

第七节 赠受礼品

赠受礼品不仅是国际交往的一种礼仪方式，也是国际社会礼尚往来的需要，而且是表达感情、体现融洽关系的一种形式。在国际交往活动中，无论是私人朋友之间，还是公务伙伴之间，甚至单位组织之间，相互赠受礼品是双方交往礼仪的体现，也是双方交往感情的物化。礼品的问题实际上包括了礼品的赠送与礼品的接受两个不同的方面，两者都包含一定的礼仪规范。

一、赠送礼品

礼品的赠送是由一系列的具体环节构成的。在国际交往活动中需要赠送礼品时，应重视以下三点。

1. 礼品定位

礼品定位，在此是指确定适用于国际交往活动的礼品的特殊之处。唯有定位准确，礼品在国际交往活动中才会起到应有的作用，否则就有可能前功尽弃、劳而无功。

第一，突出纪念性。适宜在国际交往中赠送的礼品，不论获赠对象是集体还是个人，均应注重其纪念性。换言之，就是不应过分突出其身价，不以价格昂贵见长，而是应当强调其纪念意义。在不少国家，官方活动中向个人或组织赠送价格昂贵的礼品是不受欢迎的。在国际交往活动中，新朋旧友之间打交道，没有必要次次送礼、回回大礼，即便有必要向对方赠送礼品，也需要讲究"礼轻情义重"。

第二，明确对象性。同样一种礼品，送给不同的对象，效果往往相差甚远。礼品的对象性是指在国际交往活动中进行礼品选择时，应当根据具体对象的不同而有所区别。礼品的对象性，主要要求在选择礼品时，必须注意因人而异、因事而异。所谓因人而异，是指选择礼品应视不同的对象而区别对待，切忌千篇一律。所谓因事而异，则是指对礼品的选择应根据具体场合的不同而有所变化。比如，用于公务活动的礼品与用于私人拜访的礼品便绝对不宜相同。

第三，体现民族性。在任何时候，独具特色的礼品往往最受欢迎。将此规则运用于国际交往活动中所使用的礼品上，便是应努力使之体现民族性，因为在外方人士眼里，最具本民族传统特色的东西，往往才是最受欢迎的东西。比如，我们眼中的寻常之物，诸如唐装、围巾、布鞋、手炉、剪纸、窗花、印章、玉佩以及中国结、油纸伞、生肖挂件等，在对外交往中作为礼物赠送外方人士，往往备受青睐。

第四，牢记时效性。适宜在国际交往中赠送的礼品，一般不宜太过前卫或另类，但是对其时效性却不能不注意。礼品的时效性，在这里是指某些礼品只有在一定的时间段之内才会"大放异彩"，产生其应有的效果，若是忽略其时效性，效果往往便会锐减。

第五，重视便携性。在一般情况下，在为外方人士尤其是远道来访的外方人士选择礼品时，除须考虑以上几点之外，还须兼顾其便携性问题，即送给外方人士的礼品不仅要满足上述诸点，而且还必须便于携带，至少也不应赠送容易损坏或是为对方平添不必要麻烦的礼品。有些原本不错的礼品，如中国民间工艺精制的陶瓷、玻璃制品或巨型图画、雕塑、屏风、摆件等，因其易破、易碎、不耐碰撞挤压，或者体积庞大、笨重，通常都不宜在国际交往活动中向外方人士贸然相赠。

2. 避免冒犯禁忌

同一种礼品在不同国家、不同地区、不同民族中往往会被赋予不同的寓意。鉴于此，在国际交往活动中为交往对象挑选礼品时，无论如何都不应冒犯对方的有关禁忌，否则其实际效果就会南辕北辙。根据一般经验，共有如下九类物品在国际交往活动中不宜充当礼品，通常统称为"对外交往九不送"。

第一，一定数额的现金、有价证券。在许多国家，政府部门或公司、企业往往都有明文规定，禁止其工作人员在对外交往中接受现金、有价证券，或是实际价值超过一定金额的物品。此项规定，不仅是一项常规的职业禁忌，而且亦被视为反腐倡廉的应有之举。

第二，天然珠宝、贵重金属饰物及其他制成品。忌向外方人士赠送此类物品的缘由，与前者基本上相同。

第三，药品、补品、保健品。按中国人的习惯，有病时吃药，无病时进补、保健；但在国外个人的健康状况却属于绝对隐私。若将与个人健康状况直接挂钩的药品、补品、保健品送给外方人士，肯定不受欢迎。

第四，广告性、宣传性物品。西方人极度崇尚个人尊严，因而其自我保护意识极强。若将带有明显广告性、宣传性的物品或带有明显的本单位标志的物品送给对方，往往会被对方理解为是在有意利用对方，或是借机进行政治性、商业性宣传。

第五，冒犯受赠对象的物品。送给外方人士的任何物品，都应以不得冒犯受赠对象，包括不冒犯其本人，不冒犯其所在国家、所在地区、所在民族，不冒犯其所代表的单位为前提条件。若礼品本身，包括其品种、形状、色彩、图案、数目、外包装或者其寓意等，冒犯了受赠者的个人禁忌、职业禁忌、民族禁忌或宗教禁忌，都会使馈赠行为功亏一篑，甚至产生严重的后果。

第六，易于引起异性误会的物品。在国际交往中，必须谨记男女有别。在任何情况下，面对外方异性时都必须谨慎对待，在向关系普通的异性赠送礼品时，更应当三思而行，切勿弄巧成拙，向对方赠送示爱之物或含有色情之意的物品。

第七，以珍稀动物或宠物为原材料制作的物品。出于保护生态环境、保护珍稀动物的考虑，在国际社会中，珍稀动物及其制成品，如以大熊猫、东北虎、藏羚羊的毛皮制成的物品或象牙制品，显然不宜充当礼品。与此同时，以猫、狗等宠物为原材料的制成品，也不宜选为礼品。

第八，有悖现行社会规范的礼品。挑选送外方人士的礼品时，勿忘遵守法律、道德等现行的社会规范。此处所说的现行社会规范，不仅是指本国现行的社会规范，而且还包括交往对象所在国家现行的社会规范。疏忽了这一点，则可能误人误己，甚至会害人害己。

第九，涉及国家机密、行业秘密的物品。在国际交往活动中，必须具有高度的国家安全意识与保密意识，注意保守国家秘密、行业秘密，一旦泄密，不仅有损于国家利益或行业利益，而且还可能会为此而受到法律的制裁。

3. 遵循通行规则

在国际社会中有一个通行的礼品赠送规则——"六W规则"。所谓"六W规则"，指的是国际交往活动中向交往对象赠送礼品时，有六大要点必须在总体上予以统筹考虑。在英文里，这六大要点均以字母"W"作为词首或词尾，故名之为"六W规则"，即Who、What、Why、When、Where、How。

第一，Who。在决定向外方人士赠送礼品时，首先必须明确受赠对象是"谁"，即要求了解清楚受赠者的具体情况。对于来自不同国家、不同地区、不同民族、不同阶层、不同年龄、不同性别、不同职业、不同教育程度以及不同文化背景的外方人士，为其所选择的礼品自然应当有所区别。

第二，What。在国际交往活动中，必须重视送给外方人士的礼品具体应当是"什么"。这一问题与上一问题具有明显的因果关系，却又不能完全为其所取代。这是因为选择适用于对外交往的礼品，不但要因人而异，而且要兼顾赠送者的能力、交往双方的关系、赠送礼品的场合等。

第三，Why。它要求在为交往对象选择礼品时，须明确"为什么"。必须强调的是，向外方人士赠送礼品的目的，既不是为了贿赂、收买、拉拢对方，也不是为了逢迎、讨好对方，基本意图只能是为了向对方表达自己的尊重、友好与善意。

第四，When。它要求在国际交往活动中赠送礼品时，必须审慎地对待"什么时间"赠送礼品为宜的问题。一般而言，在国际交往中，宾主双方处理这一问题的具体做法是有所不同的。在自己充当客人时，通常应当在宾主双方相见之初或首次正式拜会主人时，即向主人奉上礼品。充当主人时，则往往应在饯行宴会上或前往客人下榻之处为其送行时，向客人赠送礼品。

第五，Where。它要求必须认真确定"什么地点"适宜向外方人士赠送礼品。按照国际惯例，处理这一问题应讲究公私有别。因公交往赠送的礼品，应在办公地点或大庭广众之下赠送，以示郑重其事或光明正大；因私交往赠送的礼品，则应在私人居所或并无他人在场之际赠送，以示双方关系密切，私交甚深。

第六，How。它要求应充分考虑礼品赠送的具体方式，即"如何"赠送礼品的问题。一是要关注赠送者的身份。若有可能，在官方活动中向外方人士赠送礼品时，最好由当时到场的主方身份最高者亲自出马，以提高赠送活动的档次。二是要重视礼品的包装。在国际交往中，礼品的包装一向被视为礼品的有机组成部分。对礼品认真加以包装，不但可以提升其档次，而且还意味着赠送者郑重其事的态度以及对受赠者的尊重。对礼品不加任何包装，或者不认真加以包装，则往往会使之自行贬值或令受赠者感到不受重视。三是要进行礼品的介绍。对礼品的产地、特征、用途以及寓意，应向受赠者进行必要的说明。

二、接受礼品

在国际交往中，作为赠受礼品活动的受赠方，在接受对方的礼品时，需要注意以下四个问题。

1. 欣然接受

当赠礼方向受赠方赠送礼品时，受赠方通常应当场予以接受。此时受赠方最得体的表现，应当是高高兴兴、落落大方地将对方馈赠的礼品当即接过来，切不可扭捏作态地推来推去，或者言行不一地跟对方过分客套。具体而言，在接受赠礼方的礼品时，受赠方应当面含微笑，起身站立，先以双手接过礼品，随后与对方握手，并正式向对方表达自己由衷的谢意。若面无表情，畏缩不前，使用左手去接礼品，或者不向对方口头道谢，都是十分失礼的。

2. 启封赞赏

在许多西方国家里，人们在接受礼品时，大都习惯于当场立刻拆启礼品的外包装，将其取出仔细欣赏一番，然后再对其略表赞赏之意，这已逐渐演化为受赠者接受礼品时必须遵循的一项国际性重要礼节。在接受对方赠送的礼品时，如果受赠方不当即将其启封，或者对其不置一词，都会被理解为对礼品完全不屑一顾，因而会使赠送者的自尊心受到极其严重的伤害。

3. 拒绝有方

对于赠礼方所赠送的礼品，受赠方并非必须一律来者不拒。一般而言，如果礼品属于受赠方的违法、违禁、违规物品，有辱受赠方国格、人格的物品，有伤风化、有悖社会公德的物品，有碍受赠方正常执行公务的物品，或有害于双方关系的物品，受赠方都可以坚辞不受。需要指出的是，在拒受赠礼方的礼品时，受赠方应阐明其具体原因，有礼有节，不卑不亢。若发现对方确无恶意，则还须在拒受礼品的同时，仍向对方致以感谢。

4. 有来有往

在接受赠礼方的礼品之后，受赠方切莫忘记"有来有往"。其办法之一，是应在适当之时回赠给对方适当的礼品。礼品的性质与档次，大体上可与对方的礼品相近或相仿。办法之二，是在接受礼品后，尤其是在接受较为珍贵的礼品后，应真诚地向对方道谢。除了应当场向赠送者正式道谢之外，还可在事后再度表达此意。常规的做法是在一周内致信、发邮件或打电话再次感谢对方，亦可在此后再次与对方相见时，提及自己很喜欢对方所赠送的礼品。

三、奉送鲜花

人们常以鲜花作为美的象征。作为馈赠的一种特殊形式，向他人赠送鲜花，不仅可以借物抒怀，以鲜花歌颂友谊、表达情感，而且还会令人感到高雅脱俗、温馨浪漫，提高馈赠行为的品位与境界。所以有人说，在人际交往中以花为赠，是最保险、最易于使双方皆大欢喜的一种馈赠选择。在国际交往中向交往对象奉送鲜花，早已成为一种国际惯例。

1. 送花时机

在国际交往活动中，适宜向交往对象赠送鲜花的具体时机，大体上可以被分为例行之时与巧用之时。

(1)例行的送花时机。

一是喜礼之用。遇到关系亲密的外方人士结婚、生子、祝寿、乔迁、升学、晋职等诸般喜事，均可以赠送鲜花作为喜礼，恭喜对方。

二是贺礼之用。参与某些应表示祝贺之意的活动，均可赠送鲜花作为贺礼。

三是节庆之用。逢年过节，诸如圣诞节、对方国家的国庆节、母亲节、父亲节、情人节以及其他民族节日之类的良辰吉日，均可向外方人士赠送鲜花。

四是慰问礼之用。当对方或其家人遇到不幸或挫折时，或是遇到其他一些天灾人祸时，应前去慰问，并赠以鲜花。

五是丧葬礼之用。当关系亲密者或者其家人举办丧事、葬礼时，可送以鲜花，以寄哀思。

六是祭奠礼之用。当祭祖、扫墓时，可以以花为礼，追思、缅怀故人或表示自己的哀思。

(2)巧用送花的时机。

在如下一些情况下，以鲜花赠予交往对象，不仅独出心裁、富有创意，令人耳目一新，而且往往还会有助于发展或改善赠送者与受赠者双方之间关系。

一是迎送。在外方人士远道来访，或者即将回国之际，向其赠送一束鲜花，可以巧妙、委婉地向对方表达自己的热情、友谊。

二是做客。前往他人居所做客时，选择何种礼品经常让人颇费思量。其实，若以鲜花为礼，既脱俗又不至于让对方为难或产生猜忌。

三是致歉。若因自己的过错而与他人产生了矛盾、误解甚至严重的隔阂，如果不想将错就错、彻底失去对方的话，可考虑赠送鲜花给对方，必要时还可附以道歉卡。这时，鲜花就会充当"和平使者"，替自己"言难言之事"，犹如自己当面向对方"负荆请罪"一般。此种方法，在西方十分流行。

2. 送花形式

关于送花的形式，既可以以人来区分，也可以以花来区分。

(1)以人区分。

以人来区分送花的形式，通常可将其区分为本人亲送、代表转送、雇人代送三种，它们分别适用于不同的情况和场合。

一是本人亲自送。这是送花最基本的形式。通过这种形式，不但可以与受赠者一同分享当时的喜悦，而且还可以现场亲自解说自己送花的缘由，充分表达送花者的情意。

二是代表转送。一般是赠送人因故不能到场时所做的一种选择。在大多数情况下，这是不得已而为之的。尽管如此，由代表转送鲜花有时也自有其独到的好处，比如说，他可以担任赠送者的最佳信使，细致周详地向受赠者传递有关信息，有时可以表达赠送者的难言之隐。

三是雇人代送。有时，自己难以分身，或是为了刻意制造一种气氛，可以按有关标准支付费用，委托鲜花店的"花仙子"，或是邮政局的礼仪小姐等，代替自己上门送花。这种送花的形式，目前越来越受人欢迎。

(2)以花区分。

依照所送花的形式不同，送花又可以分为送束花、篮花、盆花、插花、饰花、花环、花圈等。需要强调的是，在绝大多数情况下，送花以送鲜花为佳，尽可能地不要以绢花送人，更不要将凋零、衰败、发蔫的鲜花送人。

第一，束花。又叫作花束，是以新鲜的树枝切花捆扎成束、精心修剪或包装而成的一种鲜花组合，是适用面最广、应用最多的一种。

第二，篮花。又叫作花篮，指的是在形状各异的精编草篮里按一定的要求、盛放一定数量花大色艳的新鲜切花。与赠送束花相比，赠送篮花显得更隆重、更高档，适宜于开业、开展、演出、祝寿等场合赠送。

第三，盆花。是栽种在专门的花盆里，主要用作观赏的花草。送人的盆花，可以是自养的心爱之物，也可以是特意买来的珍稀品种。送盆花的最佳时机是在登门拜年、祝贺乔迁以及至交互访之时。赠送的对象，最好是老年人、爱花者以及居所具备一定空间而又有侍弄花卉时间的人士。

第四，插花。指的是运用一定的技巧，将各种供观赏的鲜花在精心修剪之后，经过认真搭配，然后插放在花瓶、花篮、花插之中。插花主要适用于"孤芳自赏"，装饰居室，布置客厅、会议室，同时也可以赠予亲朋好友。

第五，饰花。在日常生活里，往往可以用单枝的鲜花进行装饰，这就是所谓的饰花。按其装饰部位的不同，最常见的饰花有襟花、头花等。在二者之中，襟花可使用于各类社交场合，而头花则仅限于非正式场合使用。除亲朋好友外，饰花一般不宜送人。但是，襟花在某些庆典、仪式中，则可以统一发放。

第六，花环。此处是指用新鲜的切花编扎而成的环状物，可以手持，也可以佩戴于脖颈、头顶或手腕上。它多用于自我装饰、表演舞蹈、迎送贵宾，有时亦可将之赠人。在国外，其受赠对象通常是贵宾或好友。

第七，花圈。指的是用花扎成的固定的圆状祭奠物，它仅能用在悼念、缅怀逝者的场合，如参加追悼会、扫墓、谒陵等。

3. 花卉寓意

鲜花的寓意，是指按照人们的一般看法，某一种鲜花依其品种、色彩、数目、搭配的不同而表示什么，或具有何种含义。从本质上讲，鲜花的寓意实际上关系到送花的内容问题。就送花而言，内容与形式相互关联、相互作用，二者都是非常重要的。

(1)鲜花的通用寓意。

在世界上，有一些鲜花的寓意是相传已久、人所共知、广为沿用的，这就是所谓鲜花的通用寓意。在许多情况下，人们习惯把鲜花的通用寓意叫作花语。准确地说，所谓花语，乃指借用花卉来表达人类的某种情感、愿望或象征的语言。简而言之，花语就是借花所传之意、以花类比之情。花语一旦形成并被人们接受之后，便流传开来。根据礼仪规范，须人人了解，个个遵守，既不能自造花语，也不许篡改花语。

人世间鲜花无数，花语也因此而成千上万。事实上，任何人都没有必要、也不太可能对全部花语一清二楚、熟练掌握。不过对常用的花语，特别是以下三类花语，在国际交往中尤受重视，有必要做到基本精通。

第一，表示情感。在全部花语之中，有相当数量是被用来表达人之常情的。人们常常把鲜花的不同品质加以人格化，使其具备了代表各类不同情感的功能。例如，玫瑰花表示热烈的爱情和纯洁的友谊；郁金香表示名贵和挺拔秀丽；水仙花、荷花、百合花表示圣洁、高雅；兰花被誉为德高望重、有君子之风；牡丹、芍药是富贵吉祥、繁荣幸福的象征；山茶花、石榴花代表火红年华、前程似锦；梅花是战严寒、傲冰雪、坚强不屈、独步早春的象征；文竹、罗汉松、万年青、君子兰等常青盆景则表示健康长寿；菊花表示超凡脱俗（西方有些国家视黄色菊花为不吉利）等。就花的颜色而言，红色表示热情；白色表示纯洁；金黄色表示富丽；绿色表示青春与朝气；蓝色表示欢乐、开朗与和平；紫色表示高贵。人们可以根据不同的场合和需要，选用适当的花卉。例如，热恋中的青年男女可互送红玫瑰、蔷薇花等；贺人婚礼可选送串儿红、玫瑰花、康乃馨、牡丹花、月季花等；祝贺生日可送石榴花、百合花、山茶花；祝寿可送常青盆景；开业大吉可送红牡丹、山茶花、紫薇花；参加葬礼的人，可为死者献唐菖蒲花。至于郁金香、玫瑰、石竹、马蹄莲这些为人们所普遍喜爱的花，可以在各种场合选用。有时，还可以将几种花语相近的鲜花搭配在一起送人，那些搭配、组合相对比较固定的鲜花，往往又共同形成了新的花语。

第二，表示国家。目前一些国家都拥有各自的国花。所谓国花，指的是以某种鲜花来表示国家并作为国家的一种标志和象征。在确定国花时，有些国家由议会立法决定，有些国家则依据本国文化传统和绝大多数人的意愿协商选定。还有一些国家，为慎重起见，迄今尚未明确选定国花。在正常情况下，各国的国花大都具有以下三个特点：第一，一个国家只有一种国花；第二，各国国花都是本国人民最喜爱的花；第三，国花通常代表国家形象，人人对国花必须尊重、爱护，既不宜滥用国花，也不可失敬于国花。

第三，表示城市。与许多国家拥有国花一样，世界上的许多城市也拥有自己的市花。所谓市花，指的是用来代表本市并作为本城市标志或象征的某一种鲜花。比如，我国北京市的市花是月季和菊花，上海市的市花是白玉兰。

根据常规，凡属市花的花卉品种均具有以下特点：第一，全市人民对此花最为喜爱；第二，此花在本市易于生长，且兼具城市特色；第三，此花由全市人民公开选定；第四，此花作为本市标志，在美化城市和增进城市间交往方面被广泛使用；第五，作为本市的标志，人们尊重此花，绝不容许有任何轻视。

（2）鲜花的民俗寓意。同一品种的鲜花，在不同的国家和地区，往往会被赋予大不相同的寓意。这在多数情况下，是民俗不同使然，故可称为鲜花的民俗寓意。如果说鲜花的通用寓意指的是鲜花寓意的共性的话，那么鲜花的民俗寓意就可以说是指鲜花寓意的个性。

在任何情况下，事物的共性与个性都是相辅相成的，在选送鲜花时，尤其是在国际交往中欲以鲜花赠人时，不但要考虑其通用寓意，也要考虑其民俗寓意，二者应当并行不悖。就选送鲜花而言，在国际交往中，注意鲜花的民俗寓意，主要体现在鲜花的品种、色彩、数量这三个问题上。

第一，品种。由于风俗习惯不同，同一品种的鲜花，往往在民俗寓意上大为不同。因而在选送鲜花时，要特别注意这一点。例如，中国人喜爱的黄菊，送给西方人是万万不行的——在西方，黄菊代表死亡，仅能供丧葬活动使用；中国人赞赏荷花，是因其"出淤泥而不染，濯清涟而不妖"，可是到了日本，是不能平白无故将荷花来送人的，因为荷花在日本寓意死亡。

第二，色彩。由于习俗不同，对于鲜花的色彩也有着不同的理解。举例而言，在西方人眼里，白色鲜花象征着纯洁无瑕，将其送予新娘，是对她的至高赞赏；而在老一辈的中国人眼里，送给新人白色鲜花是"不吉利"的。

第三，数量。送花的具体数量，在不同国家、地区的民俗中，是大有说道的。在中国，喜庆活动中送花要送双数，意即"好事成双"；在丧葬仪式上送花则要送单数，意即"祸不单行"。在西方国家，送人的鲜花数量则讲究单数。比方说，送一枝鲜花表示"一见钟情"，送11枝鲜花则表示"一心一意"，只有作为凶兆的13是例外。

有些数字，由于读音或其他原因，在送花时也是忌讳出现的。比如，在欧美国家，送人的鲜花不能是13枝；而在日本、韩国、朝鲜以及中国的广东、海南等省，送4枝花给人，也会招人白眼，因为其发音与"死"相近。

4. 鲜花礼仪常识

送花是一门学问，也是一门艺术。每一种花都具有某种含义，蕴藏着丰富的语言，但由于各民族风俗文化的不同，花卉的寓意往往也会有所不同，不可生搬硬套。在一般情况下，以下送花方式在国际交往中是得到普遍认同的。

(1)给老人祝寿，宜送长寿花或万年青。长寿花象征着健康长寿，万年青象征着永葆青春。

(2)热恋中的男女，一般送玫瑰花、百合花或桂花。这些花美丽、雅洁、芳香，是爱情的信物和象征。

(3)男女之间表示爱意的花，最好选用红色的玫瑰、百合、郁金香、香雪兰、扶郎花等。

(4)祝贺结婚时除用玫瑰、百合、郁金香、香雪兰、扶郎花外，还可添加剑兰、大丽、风信子、舞女兰、石斛兰、嘉特兰、大花慧兰等。

(5)新娘披纱时所捧束花，除用玫瑰、百合、郁金香、香雪兰、扶郎花、菊花、剑兰、大丽、风信子、舞女兰、石斛兰、嘉特兰、大花慧兰等外，适当加入两枝满天星将更加华丽脱俗。

(6)节日期间探亲访友，宜送吉祥草，象征幸福吉祥。

(7)夫妻之间可互赠合欢花。合欢花的叶子两两相对，晚上合抱在一起，象征着夫妻永远恩爱。

(8)朋友远行，宜送芍药，因为芍药不仅花朵鲜艳，且含有难舍难分之意。

(9)对爱情受挫折的人宜送秋海棠，因为秋海棠又名相思红，寓意苦恋，以示安慰。

(10)探望病人时，送花有很多禁忌。不要送盆花，以免误会为久病成根；香味很浓的花对手术病人不利，易引起咳嗽；颜色太浓艳的花，会刺激病人的神经，激发烦躁情绪；山茶花容易落蕾，被认为不吉利。看望病人宜送康乃馨、兰花、水仙、马蹄莲等，或选用病人平时喜欢的品种，有利于病人怡情养性，早日康复。

(11)拜访德高望重的老者，宜送兰花，因为兰花品质高洁，又有"花中君子"之美称。

(12)新店开张、公司开业，宜送月季、紫薇等。这类花花期长，花朵繁茂，寓意"兴旺发达，财源茂盛"。还可送繁花集锦的花篮或花牌。

(13)祝贺生日时，凡属喜庆的花皆可相赠。但对于长辈就应选用万寿菊、龟背竹、百合花、万年青、报春花等具有延年益寿含义的花草为好，如能赠送国兰或松柏、银杏、古榕等盆景则更能表达尊崇的心意。

(14)情人节送红玫瑰、郁金香；母亲节送康乃馨、百合花；父亲节送红莲花、石斛兰；圣诞节送一品红、南洋杉。

四、给付小费

在许多欧美国家，服务行业十分发达，人们在享受完周到的服务后，向服务人员道谢的常规方式，就是在支付正常服务费用的同时，也付给他们一定金额的小费。

小费又叫小账，一般是指消费者在享受服务人员为自己提供的服务时，所额外付给服务人员的钱。在许多西方国家里，付给服务人员小费，不仅是对对方热情、周到服务的一种肯定，也是获得对方迅速服务的一种手段。

小费最初出现于18世纪的英国。当时，在饭店的餐桌上摆有一只标有"保证迅速服务"的小碗，顾客一旦将零钱投入其中，便会得到侍者迅速而周到的服务。以后，这种做法渐渐扩展到其他服务行业，并得以延续下来，成为世界上许多国家约定俗成的感谢服务人员周到服务的一种常规形式。目前，在西方国家的某些服务行业中，小费不但是服务人员所获报酬之中的一项，而且往往还是构成服务人员总报酬的主要部分。

要给付小费，主要应当对其给付场合、给付方式、给付金额等相关事宜了解清楚。

1. 给付场合

给付小费的问题之一，是什么时候应当向服务人员给付小费。大体而言，在许多国家里，几乎所有的服务行业都流行给付小费的做法。就具体情况而论，给付小费最为常见的场合主要有以下几种。

(1)住宿宾馆。在许多国家，下榻宾馆、酒店，小费不可或缺。住宿宾馆、酒店时，对以下人员往往必须付给小费。一是门童：当门童为客人叫出租车或者为其开关车门、大门时，一般应付给其小费；二是行李员：行李员为客人搬送行李之后，通常应付给其小费；三是送餐者：有些客人习惯在客房内用餐，为此必须付给送餐者小费；四是客房服务员：客房服务员每天需要定时打扫、整理客房，应付给其小费。

(2)餐馆用餐。在餐馆用餐时给付小费，往往是小费支出总额之中的一个大项。需给付的人员包括引位员、侍者、乐手、卫生间保洁员等。

(3)美容美发。美容美发是人们的重要日常活动项目之一，需要给付小费的人员主要有美容师、发型师和泊车者。

(4)乘坐出租车。在许多国家里，乘坐出租车时不但应当全额支付租车费，而且还应当付给出租车司机小费。

(5)观看影剧。在观看较为高档的影剧时，通常也必须向有关服务人员给付小费。其需要给付者包括衣帽厅侍者、节目单发放人员、剧场领位员等。

(6)旅游观光。在旅游观光时，小费通常必不可少。需给付的人员主要有两类：一是导游；二是驾驶员。

除了上述六类给付小费最为普遍的场合之外，还有其他一些服务场合也需要给付小费，否则自己很难得到迅速提供的服务，并且所得到的服务也难以保质保量。

2. 给付方式

在不同国家、不同行业里，往往流行着不同的小费给付具体方式，对此如果缺乏了解，或者所采取的给付小费的方式不到位，都会直接破坏给付小费的效果。一般而言，当前国际社会中所流行的给付小费的具体方式主要包括以下几种：

(1)列入账单。在宾馆住宿、餐厅就餐时，所应支付的小费通常会明码实价地列入正式的账单之中。但除宾馆、餐厅之外，此种给付小费的方式并不多见。

(2)不取找零。在一些地方，人们习惯在消费后结算账目时，只取回大额整款，而将小额零钱充当小费。有时，全部找回的金额亦可充当小费。

(3)多付现金。有人在结账前，明明早已知道具体的消费金额，可是偏偏还要多付一些现金，其目的就在于告之服务人员这是小费，不用找了。

(4)私下给付。在有些地方，人们惯于私下给付小费。其具体做法通常是由消费者悄悄把一定数额的小费塞到服务人员的手中，而不是在众目睽睽之下给付。

(5)由其自取。在国外，人们私下付给服务人员小费的另外一种方式，是将其置于某一约定俗成之处，如床头、茶盘或酒杯之下，由服务人员自己取回。

(6)变相支付。有的国家禁止收小费，或有的职业不准收取现金小费，在这种情况下，人们往往会向有关人员赠送一些适当的小礼物，以替代小费。

3. 给付金额

向服务人员给付小费的具体金额颇有讲究，既不可以少给，也不必多给。给付的小费金额过少，会被人视为吝啬鬼；给付的小费金额过多，则又会被人视为有意炫耀富有。在正常情况下，向服务人员给付小费的具体付费方式有两种，其给付金额亦各自不同。

(1)按比例付费。向服务人员给付小费通常都是由消费者依照本人消费总额的一定比例来支付，即所谓按比例付费。一般情况下，按比例给付服务人员的小费约占消费者消费总额的10%到20%。具体而言，在不同场合按比例给付服务人员的小费所占消费者消费总额的具体比例往往又有所不同。住宿酒店时，账单上通常明确地标有需要收取消费者消费总额的10%到15%作为小费；在餐馆就餐时，消费者大约需要按自己消费总额的5%到20%付给服务人员小费，付给领班的小费应为消费总额的5%左右；搭乘出租车时，一般应当按照车费的15%付给出租车司机小费；付给酒吧侍者的小费应各为自己消费总额的15%；美容美发时，消费者往往需要按本人消费总额的10%到20%付给小费。

(2)按定额付费。除按比例付费之外，还可以按照一定的定额付给服务人员小费。对于一些特定工作岗位上的服务人员而言，采用此种方式通常会更受欢迎。在一般情况下，鉴于按定额给付小费这一方式之中的"定额"已约定俗成，在服务人员与服务对象之间已经达成默契，因此它更加易于操作。不过，在不同国家里，由于人们的消费能力有所不同，付给同一工作岗位上服务人员的小费的具体定额，往往会有所不同，但是其差距也不会过大。举例而言，住宿宾馆时，付给门童的小费应在1美元左右；付给客房服务员的小费应为1美元到2美元；在机场、港口、火车站，请行李员替自己搬运行李时，一般应当按自己所带行李的具体件数给付小费，一件行李大体应当给付0.5美元到1美元小费；另外，付给存车者的小费应为1美元；观看影剧时，付给节目单发放者与领位员的小费应为0.5美元到1美元；付给衣帽厅服务员的小费应为1美元；付给卫生间保洁人员的小费，应为0.5美元左右。

4. 其他事宜

给付服务人员小费时，应注意以下五个方面的问题：第一，尊重对方。给付服务人员小费，意在肯定其工作成绩，应不失尊重，切勿居高临下，侮辱、戏弄对方。第二，悄然给付。给付小费宜悄然进行，切忌在大庭广众之下公开操作。第三，掌握时机。给付小费的时机，往往直接制约服务效果，有经验的人通常都会"先入为主"，在服务开始前或服务之初付给服务人员小费。第四，按质付费。给付小费，亦须"按质论价"，当服务质量下降或欠佳时，可以减少小费的具体数额或者拒付小费。第五，有所区别，并非所有国家、所有行业都要求给付小费。

第八节　公共场所礼仪

公共场所是指可供各种社会成员使用的社会公共活动空间。在公共场所发生的人际交往具有两个显著的特点：一是人们都以一个普通社会成员的身份出现；二是在公共场所发生的人际交往具有一定的偶然性。公共场所人际交往的这些特点，对交际礼仪有着重要影响，也就是说公共场所的交际礼仪不同于其他场合、其他关系中的交际礼仪，它把自觉性摆在了更加突出的位置。

公共场所的礼仪规范，主要包括两个基本原则：一是遵守社会公德。社会公德，又叫社会公共道德或公德，是人们在长期社会生活中，根据客观需要形成的，用以维护公共生活秩序，调节人们在公共生活中相互关系的一种约定俗成的行为规范，它以种种规则维护着社会的稳定和公共场合的良好秩序。公共礼仪从属于社会公德，并且以更为具体的形式要求对其贯彻落实。遵守社会公德，就是要求人们在公共场合活动时，要有公德意识，要自觉、自愿地遵守、履行社会公德。不讲社会公德，遵守公共礼仪将无从谈起。二是不妨碍他人。与私人交际有所不同，人们置身于公共场合时，或为过客，或为休闲，或为生活需求，不一定非要与其他人打交道不可。而在实际上，人们在公共场合所面对的，往往也多半是一些自始至终都不会与自己发生正面接触的人。不妨碍他人的原则，就是对人们在公共场合面对他人时的行为的具体规范，其基本要求，就是在公共场合每个人都应当有意识地约束自己的个人行为，并尽一切可能、自觉防止自己的行为影响、打扰、妨碍到其他任何人。

一、人际距离

在人们进行交际的时候，交际双方在空间所处位置上的距离具有重要的意义，它不仅告诉我们交际双方的关系、心理状态，而且也反映出民族和文化特点。心理学家发现，任何一个人都需要在自己周围圈起一个自己能够把握的自我空间，这个空间的大小会因个人的文化背景、环境、行业、个性等而不同。

1. 个人空间

人与人之间需要保持一定的空间距离。任何一个人，都需要在自己的周围有一个自我空间，它像一个无形的"气泡"一样为自己"割据"了一定的"领域"。随着个体的发展，每个人都会形成一个"躯体缓冲区"，即在自己的周围形成一个无法具体触摸、观察，又会随其行动而移动的边界。一旦其他人进入这一边界，就会造成该个体心理上的不安、反感、甚至恼怒。这一范围就是该个体的个人空间。

20 世纪中期，心理学家沙姆做了个实验：在一个刚刚开门的大阅览室里，当里面只有一位读者时，沙姆就进去坐在他或她旁边，测试那个人的反应如何。实验进行了整整 80 人次。结果证明，在只有两位读者的阅览室里，没有一个被试者能够忍受一个陌生人紧挨自己坐下。沙姆坐在他们身边后，被试验者不知道这是在做实验，大多数人默默地走到别处坐下，有人则干脆明确表示："你想干什么？"据此他认为，每个人的周围，都存在着一个空间范围，就像一个"神秘的气泡"在随身体移动，而对这一范围的侵犯和干扰，将会引起人的焦虑和不安。这个"神秘气泡"并不是人们的共享空间，而是个人在心理上需要的最小空间范围。个人空间若被侵犯，个体心理上的不愉快必然会在若干行为、态度上有所表现，其中较为明显的反应就是干脆离开侵犯自己个人空间的"入侵者"。这一效应已被许多心理研究所证实。

心理学的相关研究表明，这个"神秘气泡"的大小并不是恒定的，它受个人特点、社会习惯、文化、环境等因素影响，并随不同的条件而变化。第一，物理环境。个体处在大房间或房间中央与处在小房间或房间四周角落相比，前者会使个体形成一个更大的个人空间。第二，与"侵犯者"的相似性和对"侵犯者"的好感。对自己所喜欢的个体，对那些与自己有相似态度的个体，人们往往就会以较小的个人空间与之相处。第三，年龄。儿童早在 2 岁时就已经显示出某种个人空间方面的偏爱和差异，其个人空间随年龄的增长而增加，这一趋势延续至 12 岁左右，而此时个体对个人空间的要求已接近成年人了。第四，经验。来自不同文化背景的人在个人空间方面存在着差异，这反映出个人经验可能起着一定的作用。

除此之外，其他各种因素，如社会经济状况、种族、性别等，也会对个人空间的大小产生影响。比如，不同文化水平者对个人空间的要求是不同的，文化水平高的人所需的空间较大；不同社会地位者的个人空间也不同，社会地位较高的人对个人空间的要求要大于社会地位较低者；陌生人之间不论是同性还是异性，空间距离较大；人对正前方的空间需求比对后方所需的空间大，个体在这一点上是共同的，而不管其性别、年龄、文化等差异如何；异性之间对空间的要求有明显的差异，女性对男性的空间要求小于男性对女性的空间要求等。

2. 人际距离

一般而言，交往双方的人际关系以及所处情境决定着相互间自我空间的范围。美国人类学家爱德华·霍尔博士划分了四种区域或距离，各种距离都与和对方的关系相关联（见下图）。

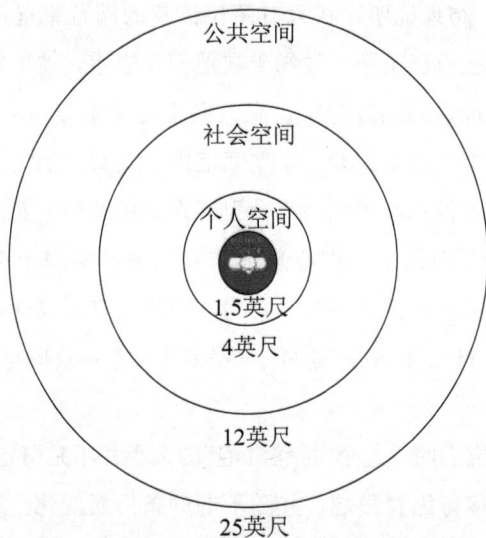

公共空间

社会空间

个人空间

1.5英尺

4英尺

12英尺

25英尺

但这是爱德华·霍尔以美国白人为研究对象得出的结论，不同文化背景的人对人际距离的要求有着较大差异。因而通常来说，以下四种距离尺度更具有普遍意义。

(1)亲密距离。

这是人际交往中的最小间隔或几无间隔，即我们常说的"亲密无间"，其距离范围在 0.5 米之内。在该距离范围内，彼此身体上的接触可能表现为肌肤相触，耳鬓厮磨，以至相互能感受到对方的体温、气味和气息；也可能表现为挽臂执手，或促膝谈心，仍体现亲密友好的人际关系。

就交往情境而言，亲密距离属于私下情境，只限于在情感上联系高度密切的人之间使用。在同性别之间，往往只限于贴心朋友，彼此十分熟识而随和，可以不拘小节，无话不谈；在异性之间，只限于夫妻和恋人之间。但在社交场合，若大庭广众之下双方（尤其是异性之间）如此贴近，就不太雅观。因此，在人际交往中，一个不属于这个亲密距离圈子之内的人随意闯入这一空间，不管他的用心如何，都是不礼貌的，会引起对方的反感，当然也是自讨没趣。

(2)个人距离。

这是人际距离中稍有分寸感的距离，有较少直接的身体接触。个人距离范围在 0.5 米到 1.5 米之间，0.5 米到 0.75 米是其近范围，可以相互亲切握手，友好交谈，是与熟人交往的空间，任何朋友和熟人都可以自由地进入这个空间，但陌生人进入这个距离会构成对别人的侵犯。个人距离的远范围是 0.75 米到 1.5 米，在通常情况下，较为融洽的熟人之间交往时保持的距离更趋向远范围的近距离（0.75 米）一端，而陌生人之间谈话则更靠近远范围的远距离（1.5 米）端。

人际交往中，亲密距离与个人距离通常都是在非正式社交情境中使用，在正式社交场合则使用社交距离。

(3)社交距离。

这已超出了亲密或熟人的人际关系，而是体现出一种社交性或礼节上较正式的关系。其距离范围为 1.5 米到 3 米，一般在工作环境和社交聚会上，人们都会保持这种程度的距离。曾有一次外交会谈在座位安排方向上出现了疏忽，两个并列的单人沙发中间没有放置增加距离的茶几，结果客人自始至终都尽量靠到沙发外侧扶手上，且身体也不得不常常后仰。可见，不同的情境、不同的关系需要有不同的人际距离。距离与情境和关系不相对应，会导致出现明显的心理不适感。

社交距离的远端（2 米到 3 米），表现为一种更加正式的交往关系。公司的经理们常用一个大而宽阔的办公桌，并将来访者的座位放在离桌子一段距离的地方，这样与来访者谈话时就能保持一定的距离。如企业或国家领导人之间的谈判，工作招聘时的面谈，教授和大学生的论文答辩等，往往都要隔一张桌子或保持一定的距离，这样就增加了一种庄重的气氛。

在社交距离范围内，已经没有直接的身体接触，说话时也要适当提高声音，需要更充分的目光接触。如果谈话者得不到对方目光的支持，他(她)就会有强烈的被忽视、被拒绝的感受。这时，相互间的目光接触已是交谈中不可缺少的感情交流形式了。

(4)公众距离。

这是公开演说时演说者与听众所保持的距离，范围在3米之外。这是一个几乎能容纳一切人的"门户开放"的空间，人们完全可以对处于空间内的其他人"视而不见"，不予交往，因为相互之间未必会发生一定联系。因此，这个空间的交往，大多是当众演讲之类。当演讲者试图与一个特定的听众谈话时，他必须走下讲台，使两人之间的距离缩短为个人距离或社交距离，才能够实现有效的沟通。

空间的观念是立体的，不仅包括领域的长度距离，也包含领域的高度。"拉开距离"有保持身份威严的作用，而保持空间领域的高度也是支配权利的一种方式。法庭、教堂、礼堂、会议厅的布置都十分注重利用空间距离来发挥这一功能，以表现优越感与从属关系。例如，在中国，长辈和领导面朝南坐，而在西方则坐在椭圆桌子的一端。这些都说明不同文化背景的人对空间的运用和安排都有着各自固定的模式，从而形成无数的文化差异，让空间的使用具有更为丰富的文化内涵。

3. 距离有度

从上述四种距离可以看出，人类在不同的活动范围中因关系的亲密程度而保持着不同的距离。距离产生美，人与人之间确实需要保持一定的空间距离。在人际交往中，了解人与人之间不同的空间距离及适用范围，选择正确或最佳的空间距离，既能保证自己的心理安全，又不至于侵犯他人。但是这种空间距离并不是一成不变的，除了交往双方的人际关系以及所处具体情境是决定空间距离远近的主要因素外，社会文化背景、个人的性格特征、情绪心境等也会影响空间距离的变化。

人们对自我心理空间的需要常常随着具体情境的变化而变化。比如在拥挤的地铁里，原本4个人的位置上常常挤坐着5个人，这时候人们的公共距离不得不缩小，不得不容忍陌生人离自己较近，有时候甚至主动缩小自己的空间，这样就没有了明显的空间距离界限，这时候人们只有通过躲避别人的视线来表示距离。而在某些社交场合，有些人为了接近对方或向对方表示某种好意，也会缩短社交距离而采用个人距离。

不同民族、不同国家的社会文化背景不同，人们之间的交往距离也不同。霍尔对空间距离的划分更多是以特定的美国人为研究对象而进行的，但由于东西方文化的差异，人们之间的交往距离也表现出一定的差异，不同民族与文化构成人们之间不同的空间区域。西方文化注重个人隐私，东方人"私"的概念薄弱；西方人看中宽松的氛围，崇尚个人自由和个人权利，而东方人的传统文化根深蒂固。所以，总体来讲，西方人在人际交往中不喜欢离得太近，总要保持一定的距离，而东方人的个人空间和人际距离概念则薄弱许多。比如，素不相识的人在排队时东方人可以容忍身体与身体的碰触，西方人则无法容忍；在对个人空间的要求方面，中国人、日本人乃至大多数亚洲人要比西方人小得多。这是不同文化传统影响的结果。即使在西方社会，不同国家和民族之间的空间观念也并非完全一致：西班牙人和阿拉伯人在交谈时会凑得很近；而对俄罗斯人来说，意大利人交谈时距离过近；拉美人交谈时几乎贴着身；更有趣的是，英国人与意大利人交谈时，意大利人会不停地"进攻"，英国人则不断地"后退"。实际上他们交谈时都只不过是要维持对自己适当的、习惯的交际距离。

社会地位的差异也会影响到对空间、距离的不同需求。一般来说，社会地位高的人对个人心理空间的需求会大一些。比如，当和领导在一起时，如果不是迫不得已，人们常常自然而然地会避免离领导太近，尽量保持足够远的距离。

个体的性格特征和情绪心境等因素也会影响人们相互间的空间距离。通常具有外向型性格倾向的人更乐于交往，愿意主动接近别人，也更容易接受别人的接近，自我心理空间范围较大。具有内向型性格倾向的人自我保护的意识更强烈，不太愿意主动接近别人，更喜欢独处，自我心理空间的范围也更窄。一旦自我心理空间受到侵犯，内向型性格倾向的人的焦虑感和不舒服感也更强烈。

此外，由于个人的情绪和心境不同，自我心理空间范围也常常会发生变化。例如思考问题或心情烦躁时，自我心理空间范围常常变窄，甚至亲密距离和个人距离也相对扩大。年轻人中曾流行的一句口头禅"烦着呢，离我远点"，也反映了人们对自我心理空间的需要。即使关系再亲密的人之间也不总是以亲密距离进行交往，有时候也需要一个人独处的空间。因此，在某个时间或地点，不妨离他远一点，这样你们的关系和交往也许会更顺畅！

二、室内公共场所礼仪

规模较大的室内公共场所主要包括剧院、电影院、音乐厅、美术馆等。

1. 剧院

在欧美国家，去大剧院观看演出被看作一种隆重高雅的娱乐活动，服饰均按最隆重的场合穿戴，就像出席正式宴会一样。观看节目前，同伴或邻座之间可相互寒暄，或简单讨论一下剧情，但要压低声音，不能大声说笑；同时，一旦场内灯光变暗、演出即将开始时，就需要保持安静。剧场的规矩很严格，演出时观众自觉地保持肃静，聚精会神地欣赏。演出时不允许谈话，不要大声咳嗽或打哈欠，更不可打瞌睡。另外，还要事先了解一下有关幕间休息、剧场礼貌以及演出结束后简单就餐等事宜的规定和做法，迟到者只能在幕间休息的时间入场。剧场内禁止吸烟，更不能嗑瓜子或吃带皮的食品。

2. 电影院

电影院是重要的公共场所。进入电影院之后，若无引座员引座，则男士或年轻者应当先行几步，为一同来的女士或年长者引路。女士与年长者此时应听从安排，静随其后，不要自行其是。入座时一般应当从左侧走向自己的座位，假如自己的座位在中间，应当先有礼貌地向已就座者道歉，使其让自己通过；通过就座者的时候，要与之正面相对，不要让人家瞧自己的背影。此时宜请女士或年长者先行，男士或年轻者居后，并且后者要坐在前者的左侧。如果是几位男士与几位女士一同去看电影，那么入座时应由男士开道和压阵，使女士居中而行，这样做就不会使女士与陌生人坐在一起了。

不论天气多么炎热，电影院里有没有空调，都不准许穿着背心、短裤入内，也不准穿着拖鞋。电影院内不准吃带壳的食品，吸烟更是被禁止的。在电影院中见到了熟人，点头致意即可，不要大喊大叫，也不要主动找上去大声说笑。不管影片的质量和放映的水平怎么样，鼓倒掌、吹口哨都是不允许的。恋人们在电影院里，不要忘了其他人的存在，交头接耳、窃窃私语、过分亲热，既有碍观瞻，又妨碍他人。

影片结束后，观众才可离开，但不要急于退场。走出电影院的时候，可请一同来的女士或年长者先行，男士或年轻者随后，不要与他人推推搡搡。

3. 音乐厅

西方人把听音乐会视为一件高雅而庄重的大事，并逐渐形成了一套约定俗成的音乐会礼节，用以规范人们在音乐厅里的行为。

出席音乐会时，男士均着深色西服套装、打领带，或穿小礼服、打领结；女士则穿小礼服或大礼服，戴薄纱手套，并化妆。衣冠不整地进入音乐厅，必定会令人侧目。国外音乐厅的前厅里都设有衣帽间，在衣帽间里，男士应协助女士脱下大衣，并代为存放。然后女士可稍微整理一下自己的发型和服饰，此刻男士不宜在旁边静观，而应去购买音乐会的节目单。男士一进入音乐厅，即应摘下帽子，并脱去手套；女士亦应摘下帽子，但可以着披肩、戴纱面罩和手套入座。听众均应于音乐会开始前入座，一旦演奏开始，听众就将被禁止入内，只能在门外静候，等一曲终了或中场休息时，方可入内。入座时，应请女士先行，男士随后。通过已就座的听众走向自己的座位时，应面向已就座者，并轻声致歉；以背与之相对，是极不礼貌的。就座时，男士一般应坐在女士左边，以便照顾女士。

在音乐会上，不允许交谈、打呵欠、咳嗽，也不允许中途退场，否则会引起其他听众的不满，并会使演奏者感到难堪。音乐厅里禁止吸烟、吃零食，除此之外喝听装饮料也被认为是没有教养的表现。如在演奏期间需变换坐姿，不要把座椅弄出声响。每支乐曲演奏完毕后听众方可以掌声向演奏者致谢，而在一部作品的演奏间歇鼓掌，就如同中途打断别人的讲话一样，是很不礼貌的。吹口哨和高声呐喊，不论是不是在表示对演奏的赞赏，都是不文明的。向自己敬佩的演奏者献花，宜在音乐会结束后进行；中途登台献花甚至向演奏者索吻，既有失检点，也会败坏其他听众的情绪。

演奏全部结束时，听众应在座位上停留片刻，不要急于退场。待演奏者谢幕时，全场应起立鼓掌，以示对演奏者的尊敬，之后方可退场。退场时，应由女士先行，男士随后，不要抢行。

4. 美术馆

美术馆是座高雅的艺术殿堂，肃静的气氛是必不可少的。人们到美术馆是为观画而非评画，即使有再多的感受也要暂时装在肚子里。指手画脚、说三道四，既影响其他人的观赏，也显得自己缺乏教养。

一般能在美术馆展出的作品，多是出自名家之手，极其珍贵，只需用眼睛观赏，切勿用手触摸。有的艺术作品，其画面是得到专利保护的，未经允许不可私自拍照。有的美术馆在个别美术作品旁标有禁止拍照的字样，看到这种标志，一定要严格遵守，否则会被罚款。美术馆是文明的场所，要保护美术馆整洁的环境，万不可吐痰、吸烟。

若是集体前往美术馆参观，馆里都会安排讲解员陪同。讲解员介绍作品的时候，要给他们留下一定的空间，不要过紧地簇拥，也不要过于分散。向讲解员提问，要围绕展出作品展开，不要问那些与展出无关的事情。

美术馆还有一些辅助性的服务设施，比如出售纪念品的柜台，如果想买些纪念品作为留念，可悉心选择；若是不合心意，可请服务员收回，不要说"太贵"或"不漂亮"之类的言辞，这对美术馆方面是很不礼貌的。

三、行路礼仪

出门行路，是人们每天都要进行的室外活动。我们这里所说的行路，主要是指在街道上行走，而不是在公园里散步。出门行路虽是日常生活中的小事，但也要遵循相关礼仪规范，注意约束自己的言行举止。

外出行路时首先要遵守交通规则。横穿马路要先看红绿灯信号，并一定要走人行横道。待过马路时或行走时，不要站在马路沿下。在不同国家，车辆行驶方向可能会有所不同，对此要格外注意。

一个人独自在街道上行走，行进的路线要一定。若非寻觅遗失之物，切莫在行进中左顾右盼、东张西望，也不要从右边走到左边，再从左边走到右边，否则就有可能妨碍后边的行人，也可能会被他人怀疑是神经不太正常。

人行道的内侧是安全、尊贵的位置，应将其让给女士或长者，男士或年轻者则应走在外侧。若一位男士与两位或两位以上的女士同行，男士应走在外侧，而不应居中；若两位男士与一位女士同行，则女士应走在中间；若夫妇二人陪长辈外出，其行走中的位置应是丈夫走在外侧、长辈居中、妻子走在内侧；主人陪客人外出，亦应让客人走在内侧。走到车辆很多或路灯昏暗的地方，走在外侧的一方应先走几步，并提醒或照顾其他人。

若街道上行人较多，行进中的夫妻或情侣最好不要挽手而行。男女之间正确的挽手姿势应是女士挽着男士的手，而不是男士挽着女士的手；若非女士体力不支，男士切莫挽着女士在街上行走。

若是迎面有人走来，应向一侧躲避，以便让对方先行通过；如果道路过分狭窄，则让路者应退至道边，甚至让出人行道。对他人毫不相让、寸步必争，是粗鲁无礼的表现。

路遇在街道另一边行进的朋友，可以同他打招呼，但一般只需点头致意即可，切忌高呼狂叫，惊扰他人。女士在路上遇到经人介绍才认识且交往不深的男士，可以点头为礼，过分热情或一脸冰冷，都是不合适的。若几人同行时遇到熟人，不必介绍或交谈，打个招呼即可，千万不要站在人来人往的大道上与熟人谈个没完，几个人站在路上不动，无形之中等于设置了一个路障。有话要讲，可慢慢同行，边走边谈。

人们在手提物品行走时，要留神不要让自己所提物品阻挡或碰撞到他人；提东西一般用右手，为节约过往空间，此时最好不要左右开弓；一群人并行时，提东西的人应走在外侧。在人多的街道上行走，最好要保持一定的速度，至少不要阻挡后边行人的去路，若几人同行，也不要并排行走。

不要在行进中大吃大喝，这样既不卫生，也不雅观。吃东西最好在室内，或者在销售摊点上吃完再继续行走。

遇到他人问路，不分男女老幼，都应尽力相助，为其指示方向。不要借口自己很忙而置之不理，再忙也要停下来。实在不知道的话，则需要说明。如果自己问路，在对方回答之后，无论结果是否令人满意，都要向对方致谢。

路遇车祸或其他变故，不要围观起哄。遇到身穿奇装异服或外貌奇特的人，也不要指指点点或尾随其后。

途经临街的私人住宅时，不论其中有人无人，都不能在门口或窗口向内观望，也不要逗弄其中饲养的动物。同时也要爱护街道两旁和街心花园中的花草树木，千万不要摆弄或随意采摘。

四、行车礼仪

随着经济的发展和生活水平的提高，许多人都置备了私人汽车。为了保证行车安全，维护公共秩序，行车驾驶也有一套需要大家共同遵守的行动准则。

首先是要求驾驶者遵守当地规定的交通规则，包括行车速度。一个懂礼仪的驾驶者，在开车时一定会考虑到别人，警觉地注视着路上其他人的行动，在保护别人的同时也是在保护自己。驾车者应当注意道路交通标志，了解各个路段的时速限制，不能超速但也不能开得太慢，特别是在高速公路上，开车速度过慢或过快都很危险。

遵守马路上的红绿指示灯。在许多西方国家，凡是人行横道都安有红绿灯，如遇到红灯，即使没有一个行人在过马路，也不能闯过去。过路口时不要抢行，拐弯前要打开转向灯，并进入转弯线。当汽车开到两条路并为一条路的时候，应当遵守不成文的传统习惯，排列在每一条路上的汽车轮流往前开出、插花式地通行，千万不能违例抢先开车，否则易引发撞车事故。晚上开车，在没有车辆行驶的路段上可以开大灯，一旦发现对面有车开来，就要把大灯换成近光灯。如果对方仍开亮大灯，可以闪动自己的车灯以提醒对方。尽量不要按喇叭，喇叭只有在紧急情况下才能使用，不要以按响喇叭来抱怨交通堵塞或向其他驾驶者表示不满。

雨天行车更应注意行人安全，速度要比平时慢些，特别是拐弯时要特别放慢速度，避免将路面上的积水溅到行人身上。

要注意保持汽车的洁净。除非刚刚经过长途旅行，否则开着一辆满是积垢的汽车只能让人觉得汽车的主人懒惰成性。保持汽车的洁净尤其是要经常保持后窗玻璃和反光镜的清洁，以保证视觉清晰。车内的废弃物不要往车外乱扔，要放在一起，等找到垃圾箱再进行处理。

在许多大城市，由于汽车过多，因此人们常为停车而伤脑筋。不论是免费还是付费停车场，能找到一块空地停车极为不易，因此，停车时应当注意其他车辆，按规矩停车，不要占用两个停车位，也不要把车停在其他车辆的出入口。如果和别的汽车一起都在找停车的地方，要礼让他人，不可争抢停车位置，以免发生碰撞事故。

在加油站也要注意遵守与在停车场相同的礼仪，要注意不妨碍别的汽车加油。多数加油站为了方便顾客，都备有免费使用的水桶和刷子，可以用来擦洗挡风玻璃，但记住用完之后要把刷子放回桶里，同时把落在车上的树叶与脏东西扔在垃圾箱内。

在汽车出现故障时，应当尽量设法把汽车停在路边，而不要停在马路中央，以免堵塞交通。在高速公路上要尤其注意。

在与其他驾车者因交通问题发生争执时，应心平气和地与对方交涉，不要吵架、叫骂甚至动粗。若不慎碰伤了别人的车辆而主人又不在场，应当写一张纸条放在对方车辆的挡风玻璃上，留下自己的姓名、电话和保险公司的名字。有的国家还规定，在损坏较大的情况下还需报告警察。

乘坐汽车，也需注意一些礼节规范。例如，在男士自己驾驶汽车时，应先协助自己的女伴在前排座位坐好，然后再坐到驾驶座上；到达目的地后，男士要先下车，绕到汽车另一侧打开车门，协助女伴下车。如果是乘坐朋友开的汽车，则应当在前排座与他并排而坐，而不是自己坐在后排，因为坐在后排的做法等于是在让你的朋友充当职业司机。

第九节　旅行与旅游观光

出门在外，或为公务旅行，或进行私人旅游观光，都离不开乘坐飞机、住宿宾馆和观光景点等活动。在这些活动场所，也都有一些或明文规定或约定俗成的礼仪规范。

一、乘机礼仪

飞机是目前最快捷、最方便的交通工具，也是对乘客要求最严格的交通工具。乘坐飞机的特殊性，决定了乘坐飞机礼仪的特殊性。乘坐飞机的时间和安全保卫都要比其他交通工具严格得多：从出发前的买票、确认机位、行李件数和行李重量的限制、管制物品、通关时的手续、飞机座位的就座、机上用餐、洗手间的使用以及过境、转机、下飞机时的注意事项等，都是大家需要重视的。飞机搭载各国乘客，往来世界各地，这是最能展现国际礼仪的地方。

（1）乘坐飞机通常要求提前半小时登机。机场一般都设在城市的郊区，距市区较远，在安排时间时一定要预留出充足的时间，避免由于塞车等特殊情况造成迟到，延误航班，给大家带来麻烦。

（2）不要携带易燃易爆的危险物品。小刀等物品（包括女士日常使用的修眉刀与修眉剪）应当事先放在托运的行李当中，不要随身携带，因为这些物品可能无法通过安全检查。如果需要随身携带液体物品，在通过安检通道时应把液体物品拿在手中或放在容易拿出的地方，以节省安全检查的时间。

(3)不要把体积很大的旅行包背在肩上，也不要在地上拖着走，这样做容易碰到坐在走廊旁边的乘客。

(4)把随身携带的手提箱、衣物等整齐地放入上方的行李舱中，不要让你的东西掉下来砸到下面坐着的乘客。乘务员通常会在飞机起飞之前检查行李是否放好。不要给乘务员增添太多的麻烦，以免延误起飞时间。

(5)入座时可以向旁边的乘客点头示意。对于很多工作繁忙的人来说，飞机上的时间是非常宝贵的休息或放松时间；同样，如果你的邻座正在工作或思考，就不要打扰他。反之，如果你受到了干扰，你可以说"对不起，我必须在到达之前做完这些工作"或者"对不起，我想睡一会儿"。不过在用餐时间与他人简短地聊天是不失礼的。

(6)飞机起飞前，一般都会播放安全注意事项。此时，一定要保持安静，仔细聆听。即使你已经对安全注意事项非常熟悉，也不要和你旁边的人说话，因为你旁边的人也许是第一次乘坐飞机，假如对方出于礼貌而和你交谈，可能就会错过某些与生命安全密切相关的重要内容。按照安全要求去做，如飞机起落时扣好安全带、将座椅靠背放直，不要使用移动电话等。

(7)如果你必须经常离开座位去洗手间或到处走动，则应当在上飞机之前申请一个靠近走廊的座位，否则进进出出会给别人增添很多麻烦。如果事先没得到靠近走廊的座位，上飞机后可以请乘务员帮助调换座位。

(8)飞机机舱内通风不良，因此不要过多地使用香水，也不要使用味道浓烈的化妆品。大家知道，同样的味道，一些人可能很喜欢，而另一些人可能会感到无法容忍。

(9)要尊重空乘人员。空乘人员的工作非常重要，他们承担着保护乘客安全的重要职责。不要把乘务员当成你的私人保姆，不要故意为难他们。如果你对他们有意见，可以向航空公司有关部门投诉，不要在飞机上与乘务员大吵大闹，以免影响旅行安全。按照国际惯例，所有空乘人员都不接受小费。

(10)在头等舱点餐时，不要点过多的食品，能吃多少就点多少，并注意遵循优雅的餐桌礼仪。不要要求乘务员提供奇特的食品，如果在饮食上有什么要求，应当在预订座位时，向航空公司事先声明。尽管头等舱酒水免费，也不要饮酒太多，因为人在飞机上通常会处于缺水状态，酒精的危害也更大一些。

(11)夜间长途飞行时，注意关闭阅读灯，以免影响其他乘客休息。

(12)不要把座椅靠背放得过低。飞机上两排座椅之间的距离通常比较狭窄，假如座椅靠背放得很低，后面乘客的腿脚便很难伸开，也无法看报。在旅途中如果想把座椅靠背向后放下，应当先和后面的乘客打声招呼，看他是否方便。不要突然操作，以免碰到后面的乘客。进餐时要将座椅靠背放直。

(13)保持卫生间清洁。占用卫生间时间不要过长，不要在卫生间内长时间地化妆。

(14)在飞机没有完全停稳之前不要着急站起，要等信号灯熄灭后再解开安全带。下飞机时，不要拥挤，应当有秩序地依次走出机舱。

二、宾馆住宿

在外住宿各种宾馆、饭店和酒店，都必须遵循一些基本的礼仪规范。了解住宿宾馆的礼仪，不仅能使自己在宾馆里举止得体，而且还可以享受到优质高档的服务。

1. 讲究礼貌

早上在走廊或电梯间里遇到他人，不论相识与否，都应道声早安。如遇他人首先向自己问候，应当立即应答。对于服务人员要以礼相待，不要过于傲慢，对他们所提供的各项服务，都应当予以感谢。在门厅、餐厅和电梯间门口遇到老人、残疾人和成年妇女，应侧身让其先行，必要时加以帮助。在宾馆的任何娱乐场所中，要注意自己的身份，言谈举止要检点，不能为所欲为。

2. 不妨碍他人

出入自己住宿的客房应随手关门，不要将房门大开，使房间一览无余。休息时可以在门外悬挂特制的"请勿打扰"或"正在休息"的牌子。到别的客房去找人，应提前预约，到达时先按门铃或轻轻敲门，待主人允许后方可入内。在客房内可以穿睡衣，但穿着睡衣、内衣和拖鞋出现在大厅、餐厅、购物中心和娱乐场所，就颇为失礼。在前厅、餐厅、走廊乃至客房之内，都不要弄出太大的声响，走路、交谈的声音、收看电视的声音太大，都会影响其他人的休息。夜深人静时尤其要注意。不允许在宾馆的任何公共场合粗声大气地说话，不允许站在走廊里交谈，也不要窥视陌生者的房间。

3. 不懂则问

客房里的个别设备如果不会使用，可向他人或服务员请教。卫生间里除便桶外，还有专供妇女使用的洗涤盆。浴室里一般都有 3 块大小不一的毛巾——小号的洗澡用，中号的擦脸用，而大号的则用于浴后擦身。此外，还另备一块厚毛巾，是专门用来擦脚的。这些情况若不熟悉而又自行其是，往往会闹出笑话来。

4. 保持卫生

在客房之内，衣物和鞋袜不要乱丢乱放，吸烟者不要乱弹烟灰、乱抛烟头，以免烧坏地毯和家具，引起火灾。果皮纸屑应当自动投入垃圾桶，也可以放到茶几上，让服务员来收拾。自己的东西要收藏好，切莫把钱夹、记事簿等小件物品存放在枕头下边，否则很可能会被服务员当作无用之物扔掉，或者在自己离开宾馆时遗忘掉。

5. 享受服务

不少客房里设有冰箱，其中放置的酒水是需要付款的；有的客房里装有各种饮料的自动售货机，一经饮用便自动记账。饭店里通常不提供开水，客房里大都备有电热壶，可用它来自己煮热饮料。使用自己带来的电器时，应当提前征得同意。

有些高档宾馆内附设有游泳池、网球场和各类游艺室，这些设施一般都是另行收费的，歌厅、舞厅也大都如此。准备去这类场所之前，应换上相应的服装。

在高档宾馆里，需要任何服务项目时都必须打电话提出。如需要在某个时间被叫起来，可告知宾馆总机自己的姓名、客房号和具体的时间，届时电话员就会叫醒你。许多客房中的电话机盘上装有一个指示灯，如果它一明一灭，则表示问讯处有你的留言或者信件。询问行李、运输和预订事宜，要打电话给搬运行李的服务台。如果你想在房间里吃早餐，需要打电话给客房服务处订早餐，可以在前一天晚上预订，也可以在早上醒来的时候订。大多数旅馆的房间里都有早餐食谱，可以根据食谱点早餐。到约定的时间，服务员就会推车送来早餐。服务员摆好早餐，撤去盘盖之后，你需在账单上签字，将账单和相当于总额数 15％的小费一并交给他。大多数旅馆都是在总账单中附加客房服务费，但这不能代替通常给服务员的小费。如果你愿意，可以在用完早餐后就将餐车和托盘放到门外，以免占用过多客房空间或免受服务员进来取餐车或托盘的打扰。穿着浴衣到房门口为服务员开门是允许的，服务员经常给穿睡衣和便装的客人送托盘，就连最守旧的妇女也无须穿戴整齐地接待服务员。

换下来的衣物可直接放入客房中备用的洗衣袋里，并填好洗衣单，由服务员送到洗衣房去洗。不允许在客房里洗大量衣物，即便自己洗了衣服，也不能晾到窗外或阳台上，而应该晾在浴室内。

三、旅游观光

旅游观光本身是一项文明而高尚的活动，参加这项活动的人理应多讲究一些礼仪。那么，做一个文明的旅游观光者，应该具备哪些条件呢？

1. 爱护公共财物

具体地说，大至公共建筑、设施和文物古迹，小至花草树木，都要珍惜和爱护，不能随意损坏。还要十分注意爱护亭廊水榭等建筑物的结构、装饰，不要踩踏，以免把鞋印留在上面。在柱、墙、碑等建筑物上，不能乱写、乱画、乱刻，也不要用棍棒去捅逗或用东西去投掷动物取乐。

2. 保持环境卫生

进入旅游观光区后，不要大声喧哗、嬉笑打闹；不要随地大小便，弄污环境；不要把果皮纸屑、杂物任意弃置在地上或抛入水池，影响观瞻和卫生。野餐野炊之后，一定要将瓜皮果壳连同包装材料收拾处理干净，将所挖灶坑填埋、恢复原状后再离去。

3. 关心他人，注意礼让

如有很多人同时在某景点拍照，要主动谦让，不要与之争抢占先。照完相后，应向协助的人道谢。要多为他人提供方便，主动为老幼妇孺让道，不可争先抢行。不可在长椅上躺卧，也不要坐在椅背上而脚踩在凳面上。见到老、弱、病、残、孕妇和怀抱小孩者，应主动让座；当自己见到空位时，在征得别人同意后方可入座，并要表示谢意。带孩子外出旅游观光，要照顾好自己的孩子，约束他在公共场所的行为举止。

4 第四章

公务礼仪

广义的公务泛指一切公共事务，包括国家性质的公务和集体性质的公务两大类。国家公务，是指国家在政治、经济、军事、文教、卫生、体育、科技等各个领域中实施的组织、领导、监督、管理等活动，它具有国家权力性、职能性和管理性特点；而集体公务，则是指集体单位、群众性组织中的公共事务，它不具有国家权力性、职能性和管理性等特征。所谓公务礼仪，就是指适用于公务活动的礼仪规范，主要包括行政机关的政务礼仪以及人们在代表公司、企业从事商务活动时所应遵从的商务礼仪两大类。

第一节　国旗礼仪

国旗是由一个国家法律规定的、具有一定正式规格与式样的旗帜，用以在正式场所进行悬挂。国旗是一个国家的标志和象征，代表着国家的尊严。目前，世界上的大多数国家都拥有自己正式颁布的国旗，在正式活动中，人们往往通过升挂本国国旗来表达自己的民族自尊心、自豪感以及对祖国的无比热爱。在国际交往活动中，恰如其分地升挂本国国旗或外国国旗，不仅有助于维护本国的尊严与荣誉，而且还有助于向外方表示应有的尊重与友好。

出于维护国旗崇高地位的目的，各国对升挂本国或外国的国旗大都自有一套通行的做法，并且逐渐形成了一些有关国旗使用的惯例，这就是所谓的国旗礼仪。我国的《国旗法》对此已作详尽规定。在国际活动的各种场合，我们不仅要尊重和爱护本国国旗，维护其尊严，对于别国的国旗、国徽，也要根据国际法的有关规定和国际惯例，本着相互平等、相互尊重的原则，正确使用或对待别国的国旗，并给予应有的尊重和礼遇。这是现代国际礼仪的一项基本要求。

一、国际交往中升挂外国国旗的惯例

国旗是一个主权国家的标志和象征，在一般情况下，一个主权国家是不允许在其境内悬挂外国国旗的。但在国际交往活动中，根据国际惯例，在以下几种情况下可以悬挂外国国旗。

第一种，一国元首、政府首脑或其他领导人以公职身份正式出访他国时，东道

国为了表示礼遇，要在来访贵宾的住所升挂来访国国旗，在其乘坐的交通工具上悬挂两国国旗。来访国国家元首如有特制元首旗，也可按其意愿和习惯做法，在其所乘车辆和下榻的宾馆升挂元首旗。在贵宾访问期间举行重大礼仪活动时要升挂两国国旗。

第二种，在国际会议的会场以及与会各国政府代表团团长的住地和所乘车辆上，升挂与会国国旗。

第三种，在举行国际体育比赛、展览会、博览会、经贸洽谈会以及其他经济、技术、文化等重大国际活动时，根据东道国或主办单位的规定和习惯做法，升挂参加国国旗。

第四种，在国际经济合作的重大项目奠基、开工、落成、开业以及其他重大庆典活动时，升挂项目所在国和有关国家的国旗。

第五种，按照《维也纳外交关系公约》和《维也纳领事关系公约》的规定，使领馆馆舍以及使领馆馆长寓邸及交通工具上，可升挂派遣国国旗。

第六种，常驻国际组织的各国代表团或代表处，可以参照外交代表机关的办法升挂其本国国旗。

第七种，其他外国常驻机构、外商投资企业和外国公民，根据所在国的规定和习惯做法，升挂国旗。

第八种，遇有本国或驻在国的国家元首、政府首脑等国家主要领导人逝世以及本国或驻在国因自然灾害造成重大人员伤亡时，降半旗致哀。

二、中国境内升挂外国国旗的有关规定

为维护我国的国家主权，外国国旗即使在我国境内合法升挂，也应受到一定的限制，具体包括以下方面。

第一，举行升旗仪式时，在国旗升起的过程中参加者应当面向国旗，肃立致敬。

第二，在直立的旗杆上升降国旗，应当徐徐升降。升旗时，必须将国旗升至杆顶；降下时，不得使国旗落地。

第三，除外国驻华的使领馆和其他外交代表机构之外，凡在我国境内升挂外国

国旗时，一律应同时升挂中国国旗。

第四，在中国境内，凡同时升挂多国国旗时，必须同时升挂中国国旗。

第五，外国公民平日在中国境内不得在室外和公共场所升挂其国籍国国旗，只有在其国籍国国庆日时可以例外，但届时必须同时升挂中国国旗。

第六，在中国境内，中国国旗与多国国旗并列升挂时，中国国旗应处于荣誉地位。外国驻华机构、外商投资企业、外国公民在同时升挂中国和其本国国旗时，必须将中国国旗置于上首或中心位置。外商投资企业同时升挂中国国旗和企业旗帜时，必须把中国国旗置于中心、较高或者突出的位置。

第七，中国国旗与外国国旗并挂时，各国国旗均应按各国规定的比例制作，并尽量做到其面积大体相等。

第八，多个国家的国旗并列升挂时，旗杆高度应该统一；同一旗杆上，不能升挂两个国家的国旗。

第九，不得升挂破损、污损、褪色或者不合规格的国旗；不得在公共场合故意以焚烧、毁损、涂画、玷污、践踏等方式侮辱国旗。

第十，在一般情况下，只有与我国正式建立外交关系的国家的国旗，方能在我国境内的室外或公共场所按规定升挂。若有特殊原因需要升挂未建交国国旗，须事先经过省、直辖市、自治区人民政府外事办公室批准。

三、中外国旗并列时的排序

中国国旗与外国国旗并列时的排序，主要分为双边排列与多边排列两种具体情况。

1. 双边排列

我国规定，在中国境内举行双边活动需要悬挂中外国旗时，凡中方所主办的活动，外国国旗应置于上首；凡外方所主办的活动，则中方国旗应置于上首。下面以中方主办活动为例，说明三种常用的排列方式。

(1)并列升挂。中外两国国旗不论是在地面上升挂，还是在墙上悬挂，皆应以国旗自身面向为准，以右侧为上位。（图 4.1）

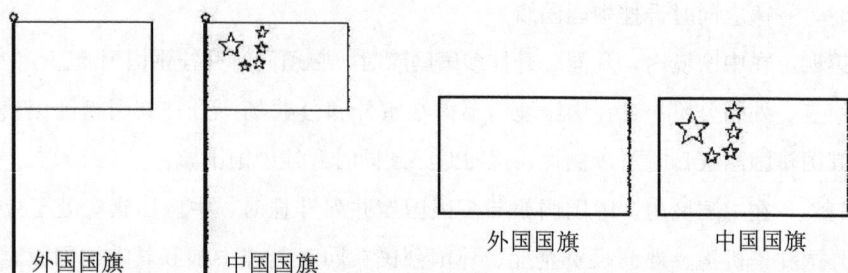

图 4.1　在地面上并列升挂和在墙上并列悬挂的中外两国国旗

(2)交叉悬挂。在正式场合,中外两国国旗既可以交叉摆放于桌面上,也可以悬空交叉升挂。此时,仍应以国旗自身面向为准,以右侧为上位。(图 4.2)

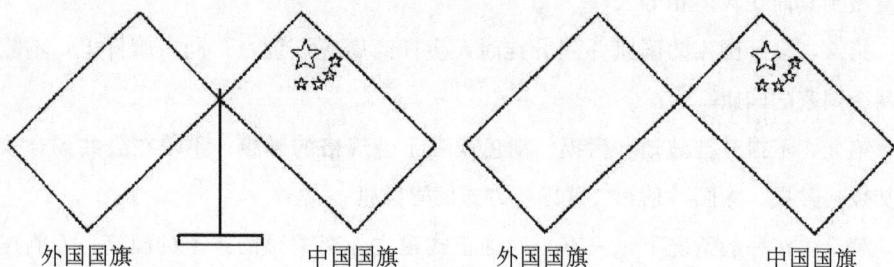

图 4.2　交叉摆于桌上和悬空交叉升挂的中外两国国旗

(3)竖式悬挂。中外两国国旗还可以进行竖式悬挂,此时也应以国旗自身面向为准,以右侧为上位。竖挂中外两国国旗又有两种具体方式:第一种方式是二者皆以正面朝外;第二种方式是客方国旗以反面朝外而主方国旗以正面朝外。应当注意的是,某些国家的国旗因图案、文字等原因,既不能竖挂,也不能反挂。有的国家则规定,其国旗若竖挂须另外制旗。(图 4.3)

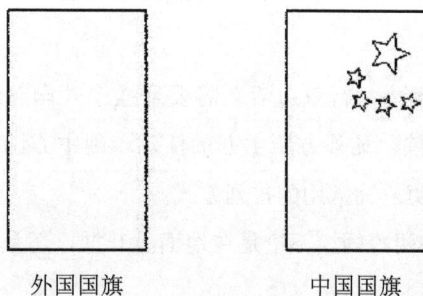

图 4.3　以竖式悬挂的中外两国国旗

应当注意的是，若在墙壁上悬挂国旗，应避免竖式悬挂和交叉悬挂，而应采用并列升挂的方法。

2. 多边排列

当中国国旗在中国境内与其他两个或两个以上国家的国旗并列升挂时，按规定应使我国国旗处于以下荣誉位置：一行并排时，以旗面面向观众为准，中国国旗应处于最右方；单列排列时，中国国旗应处于最前面；弧形或从中间往两旁排列时，中国国旗应处于中心；圆形排列时，中国国旗应处于主席台（或主入口）对面的中心位置。

中国国旗与联合国会旗并列悬挂时，也参照以上办法。

另外，国歌、国徽同国旗一样，也被认为是一个主权国家所拥有的最重要的标志与象征，并同样有着相关的国歌礼仪、国徽礼仪，需要在国际交往活动中严格遵守。

第二节 迎来送往

迎来送往是常见的社交礼节。在国际交往中，东道方对来访的外国客人，通常均视其身份、访问性质以及两国关系等因素，安排相应的迎送活动。

各国对外国国家元首、政府首脑的正式访问，往往都会举行隆重的迎送仪式；对军方领导人的访问，也举行一定的欢迎仪式，如安排检阅仪仗队等；对其他人员的访问，一般不举行欢迎仪式。然而，对应邀前来访问者，无论是官方人士、专业代表团还是民间团体、知名人士，在他们到达和离开时，均安排相应身份人员前往机场、车站、码头迎送，对长期在本国工作的外国人士和外交使节、专家等，在他们到任、离任时，各国有关方面亦应安排相应人员迎送。

迎来送往作为国际交往中公务接待工作的具体起点与终点，不仅反映着东道方的接待水准，体现东道方的礼宾规格，而且意味着双边关系发展的程度，暗示着东道方对外方的重视程度，因此，无论对接待方还是被接待方而言，国际交往活动中的迎来送往都无可置疑地被视为一桩礼仪大事。

一、迎来送往的准备

做好充分、认真的准备工作是保证迎来送往活动得以顺利进行的前提和基础。在国际公务交往活动中,迎来送往活动的准备工作,主要包括掌握详情、确定规格和时空、熟知程序三个方面的内容。

1. 掌握详情

本着知己知彼的原则,东道方必须事先对有关情况掌握得详尽具体,细致入微。

(1)掌握外方状况。充分掌握外方的具体状况,是东道方做好迎送工作的基本保证。外方具体情况主要有五个方面的内容。

一是主宾的个人简况。如姓名、性别、年龄、籍贯、民族、单位、职务、职称、党派以及文化程度、宗教信仰、生活习惯、家庭状况、政治倾向、业务能力、社会评价等。对其他来宾的个人情况,亦应尽可能地有所了解。

二是来宾的总体情况。如具体人数、性别概况、组团情况等。

三是来宾的整体计划。如来访计划,特别是访问目的、指导方针、大致安排等。

四是来宾的具体要求。对外方集体所提出的要求与主宾所提出的要求,应予以充分考虑;对于其他来宾的个人意见、建议,也要认真听取。

五是来宾的来去时间。对于来宾正式抵达和离去的时间,如具体日期、具体时间及其相关的航班、车次、地点,都应当掌握充分并予以再三核对,以免在具体工作中出现重大差错。

(2)了解己方要求。东道方的有关接待人员,尤其是接待工作负责人,一定要对己方的相关要求有全面的了解。尤其对以下几点要予以重视:一是接待方针。它具体涉及东道方有关整个接待工作的基本要求。二是己方的具体意图。它与迎送工作的具体操作及其结果有直接关系。三是礼宾规格。它是东道方所给予来宾具体礼遇的最明显的体现。四是礼宾次序。在同时接待多方来宾时,礼宾次序的正确运用关系甚大。五是操作重点。对于迎来送往过程中的某些重点环节,有关人员必须重视。六是有关预案。清楚了解某些用以应对临时变故的预备方案,不允许一知半解。

(3)关注他方反映。为慎重起见,在公务接待过程中,对其他各方对迎送活动的反映也应予以重视。一是官方反映。应首先关注各个国家、各个国际组织的正式表态。二是民间反映。注重搜集来自各国民间的反响，若对此完全不闻不问，必有失偏颇。三是媒体反映。及时掌握各种传播媒介的相关报道，并在必要之时做出相应的反应。因为在一般情况下，人们对国际活动的了解主要来自媒体报道。

2. 确定规格

对来宾的迎送规格各国做法不尽一致。确定迎送规格，主要依据来访者的身份和访问目的，适当考虑两国关系，同时要注意国际惯例，予以综合平衡。主要迎送人通常都要同来宾的身份相当，但由于各种原因，如国家体制的不同、当事人不便出面、临时身体不适或不在当地等，也不可能做到完全对等，必要时可灵活变通，由职位相当的人士或由副职出面迎送。但无论如何，主人身份总要与客人大体相当，以同客人对口、对等为宜。在当事人不能出面时，无论作何种处理，都应出于礼貌考虑，向对方做出解释。另外，其他迎送人员不宜过多。有时，从发展两国关系或当前政治需要出发，对特定来访者会进行破格接待，安排较大的迎送场面。但为了避免造成厚此薄彼的印象，除非有特殊需要，一般都按常规办理。

在正式的公务接待过程中，宾主双方均对迎来送往的具体时间、空间十分重视，因为它不仅限定了迎送活动的具体范围，而且在一定程度上也直接影响着迎送活动的效果。具体而言，在公务接待礼仪上，与迎来送往活动的具体时空条件有关的礼仪规范，主要包括如下两个方面的内容。

(1)规范迎送活动的时间。在具体从事公务接待的迎送工作时，对于时间问题理应高度重视。其有关的礼仪规范，主要涉及五点：第一，须双方商定时间；第二，时间约定要精确；第三，要适当留有余地；第四，须反复予以确认；第五，严格遵守时间。

(2)规范迎送活动的空间。在规范迎送活动具体时间的同时，对于其具体空间亦应有所规范。所谓迎送活动的具体空间，通常是指用以进行迎送活动的具体地点。其有关的礼仪规范，一般包括下述五点。

第一，主方专断。通常，有关迎送来宾的具体地点，均由东道主一方自行定夺，对于被接待方，东道主仅仅需要进行通报而已，无须过多考虑对方的想法。

第二，空间开阔。

第三，环境良好。

第四，有所区别。按照惯例，在公务接待中迎送来宾的具体活动地点大致上可以分为四种：一是交通枢纽。大凡正式的、重要的迎送活动，通常都要在来宾抵达或离去的机场、港口、车站举行迎送活动。二是下榻之处。迎送重要的来宾尤其是来自异国他乡的来宾时,往往在其暂居之处进行迎送活动。三是办公地点。有时,迎送来自本地的客人或是暂居本地客人的活动,可在东道主一方的办公地点进行。四是礼宾场所。迎送重要来宾的活动,尤其是正式的迎送仪式,一般都在正规的礼宾场所举行。比如,我国为正式来访的国宾所举行的欢迎仪式,通常都在人民大会堂东门外广场或人民大会堂东门内中央大厅举行。

第五,相对稳定。一般而言,在国际交往中用于迎送来宾的具体地点,应当保持相对稳定,这样主方人员会比较熟悉情况、便于操作,同时又能避免来宾对不断变换迎送地点而有所评论。

应当强调的是,在条件允许的情况下,东道方在接待来宾时应尽量避免在同一时间同一地点进行不同的迎送活动,以免顾此失彼,或令外方互相攀比。

另外,在迎送外方来宾的具体活动中,东道方工作人员既要事事从大局着眼,明辨大是大非,又要处处从小事着手,关注具体的细枝末节,以防因小失大。根据一般经验,在具体的迎送活动中,东道方接待人员至少应对气象、交通、安全三大细节的基本状况予以高度关注:一是气象状况不可不察;二是交通状况不容回避;三是安全状况不得忽视。

3. 熟知程序

就现代国际礼仪而言,凡属重大活动,皆应规定必要的程序,届时循序而行。在公务接待工作中,迎送外方的活动,特别是隆重而热烈的迎送仪式,更应如此。在一般情况下,对制定程序、规范程序、简化程序、执行程序这四个与迎送活动密切相关的程序问题,有关人员必须予以重视。

(1)制定迎送程序

公务迎送活动,特别是需要举行专门仪式的公务迎送活动,都必须事先制定活动程序,以保证迎送活动循序而行、井井有条。所谓程序,通常是指某项活动进行时的基本步骤与先后顺序。公务迎送的程序,显然指的就是公务迎送活动的主要环节与操作流程。对有关公务迎送活动的程序制定,主要有三方面的要求:一是必须制定程序。任何正式的公务迎送活动,不论是否举行仪式,都一定要事先制定必要的程序。二是程序必须详尽。既然迎送程序事关迎送活动的操作流程与进行步骤,那么就应当在制定有关程序时力求详细、具体、全面。三是必须上报批准。鉴于公务迎送活动的重要性，在制定重大迎送活动的有关程序时，有必要根据相关规定向主管部门及时报告，并在得到其正式批准后方可实施，切忌自行其是。

（2）规范迎送程序

从标准化、正规化的角度来讲，公务迎送活动不仅需要制定必要的程序，而且还需要对有关程序进行必要的规范。一般而言，用以迎送外方来宾的具体程序大致上可分为正式程序与非正式程序两种。

凡举行正规的迎送仪式，特别是举行迎送国宾的迎送仪式，均需采用正式的程序，以示接待工作的规格。出于对国宾的尊重，在举行迎送仪式时，一般需要升国旗、奏国歌、安排迎送队伍，并由摩托车车队为其车队进行护卫。在一些国家，还有在迎送国宾时为其护航、并通知外国使节到场的惯例。除此之外，各国在迎送建交国派驻本国的大使时，往往也会举行正式仪式，因为大使在国际交往中被视为其本国国家元首的正式代表。

除正式来访的外国国宾与外国正式派遣的使节之外，目前世界各国一般都不为其他外方来宾举行正式的迎送仪式，但迎送活动还是不可缺少的。非仪式性的迎送活动的具体程序，即为非正式程序。在一般情况下，迎送其他外方来宾的活动应由东道方邀请单位的负责人或者其正式代表出面组织，其程序通常应当包括迎送、陪车、会见、合影、宴请等，群众队伍一般不予以安排。这些具体程序，亦应由东道方有关单位按照惯例与来宾要求，进行必要的规范。若宾主双方关系较为密切、彼此相熟，常来常往甚至十分友好，则亦可视具体情况的不同，以其他表达亲切、友好、尊重、敬意的形式，来表达东道方迎宾时的喜悦与送宾时的祝福，而不必过分拘泥于普通的迎送活动程序。

（3）简化迎送程序

程序从简，是当今世界各国来宾迎送活动的一大趋势。在拟定迎送活动的具体程序时，东道方亦应在不失礼、不影响活动效果的前提下，对其进行必要的简化。一是通常不举行专门仪式：若非正式迎送外国国宾或外国使节，迎送活动一般不应安排专门仪式。二是尽量减少活动的环节：简化迎送程序的做法，就是减少其具体环节，只有这样迎送程序才有可能被简化。三是努力控制活动的规模：对迎送活动的规模应当有所控制，在参与活动的人数、到场领导的级别、参与陪同的人员、活动举行的时间及其具体的经费支出等方面，均应从简。

（4）执行迎送程序

不论是制定迎送活动程序，还是规范、简化迎送活动程序，都是为了追求其执行效果的最佳化。要做到这一点，有两方面必须注意：一方面，必须认真执行既定程序；迎送活动的程序一旦制定，有关人员即应无条件地、自觉地予以执行；另一方面，必须灵活机动地执行程序；在执行既定程序之时，必须既坚持原则，又善于机动灵活，随机应变，具有应对突发事件的能力。

二、迎接

在迎接外来宾客时，有几个比较重要的具体环节需要特别注意。

1. 献花

如在迎接活动中安排向来宾献花，须用鲜花，并注意保持花束整洁、鲜艳，且忌用菊花、杜鹃花、石竹花、黄色花朵。有的国家习惯送花环，或者送一两枝名贵的兰花、玫瑰花等。献花时通常是由少年儿童或少女在参加迎接的主要领导人与客人握手之后将其献上；有的国家由女主人向女宾献花。

2. 介绍

东道方迎接人员在与客人见面时，首先要相互介绍。通常先由东道方将前来欢迎的人员介绍给来宾，可由礼宾人员或其他接待人员介绍，也可以由迎接人员中身份最高者介绍；然后再由客人向东道方介绍来宾情况。客人初到，一般较拘谨，主人宜主动与客人寒暄。

3. 陪车

客人抵达后，从机场到住地，以及访问结束后由住地到机场，东道方一般会安排送行人员陪同乘车。乘车时要注意座次顺序：上车时客人最好从右侧门上车，送行人员从左侧门上车，避免从客人座前穿过。如果客人先上车，坐到了主人的位置上时，则不必请客人挪动位置。

4. 对一般客人的迎接

迎接一般客人，无须官方的正式仪式，做好各项安排即可。如果客人是熟人，则可不必介绍，仅需向前握手、互致问候；如果客人是首次前来，又不认识，迎接人员应主动问候，主动自我介绍；如果迎接大批客人，也可以事先准备特定的标志，如小旗或牌子等，让客人从远处就能看到，以便客人主动前来接洽。

5. 其他事宜

第一，迎送身份高的客人，应事先在机场（车站、码头）安排贵宾休息室，准备饮料。第二，安排汽车，预订住房。如有条件，在客人到达之前将住房和乘车号码通知客人。如果做不到，可印好住房、乘车表，或打好卡片，在客人刚到达时，及时发到每个人手中，或通过对方的联络秘书转达。这样既可以避免混乱，又可以使客人做到心中有数，主动配合。第三，指派专人协助办理出入境手续及机票（车、船票）和行李提取或托运手续等事宜。重要代表团人数众多，行李也多，应将主要客人的行李先取出，最好请对方派人配合，及时送往住地，以便客人更衣。第四，客人抵达住处后，一般不要马上安排活动，应稍作休息，起码给对方留下更衣时间。

三、送行

目前世界各国都对来宾的送行程序进行了简化，除接待国宾外，对其他外来宾客一般都不举行专门的送行仪式。即便如此，东道方为表达热情友好之意，为来访客人举行简单的、非正式送行活动还是必不可少的。

在宾主双方会谈会见结束时，主人应该送至门口或车前握别，并且目送或挥手告别，等外宾离去后再返回室内。

若来宾在上级有关人员陪同下到本单位参观，接待方不需专门送行时，接待方负责人及有关人员应该主动同来宾握手道别，欢迎来宾再次来访，并表示良好的祝愿。来宾的车辆启动后，参加接待的人员应该站成一列，与来宾挥手告别。

担任参观项目的解说员及没有陪同任务的其他人员，也应当有迎送礼节。来宾到达时，要表示欢迎，军人应行举手礼。当项目介绍完毕或来宾参观结束时，须送至门口，目送来宾离去。

在东道方专门为来宾送行时，应当在来宾登机（车、船）之前到达机场或车站、码头；若安排专门的欢送仪式，则应当在仪式开始前到达。送行人员应按身份高低排成一列与来宾握别，并简短地表示良好的祝愿或欢迎对方再次来访。飞机（车、船）启动后，应该挥手告别，目送来宾离去。

四、迎送国宾

在世界各国，最隆重、最正式、规格最高的欢迎来宾的程序，首推对外国国宾的欢迎仪式。迎接国宾的各项礼仪程序和活动，是国宾进入本国国门后的第一项正式活动，对此各国无不重视有加。同时，在国宾结束访问离开时，也都要给予热情欢送，使其访问得以圆满结束。在国宾访问期间，还可能到东道国国内其他地方参观访问，东道国地方政府也都要举行迎送活动。所以，迎送国宾不是一般的迎来送往，而是国际交往中最重要的礼仪活动之一。

外国元首和政府首脑抵达被访国首都时，东道国一般都要给予隆重正式的欢迎。如果贵客要先在边境城市停留，则还要视情况派适当人员前往会同当地的官员予以迎接。从机场到宾馆沿途，东道国安排警车与摩托车队为国宾开道护送，一方面可以保证贵宾车队的畅通无阻；另一方面又能起到礼仪作用。

对国宾的欢迎仪式由东道国国家元首或政府首脑主持。有的国家在国宾下飞机或火车后即在机场或车站举行欢迎仪式；也有的是在国宾抵达的当天或次日，在特定场所举行仪式，如总统府、王宫、议会大厦、大会堂或国宾馆的广场。欢迎仪式上悬挂两国国旗，铺红地毯。当来访国宾到达时，东道国国家元首或政府首脑即与之握手，双方互致问候，来宾接受献花。当主人陪同贵宾在检阅台或其他指定位置站定后，乐队开始奏两国国歌，并开始鸣放礼炮（国家元首鸣 21 响，政府首脑鸣 19 响），歌起炮响，歌落炮停。然后仪仗队队长趋前报告，请示检阅。来访国宾在主人陪同下检阅陆、海、空三军仪仗队。完成检阅后，主人向客人介绍前来欢迎的其他高级官员，有的国家还安排与各国驻当地的使节见面；客人也向主人介绍其主要随行人员，并与欢迎群众见面。来访国驻当地的外交使节和官员等也参加欢迎仪式。有的国家还会安排致欢迎词和答词，也有的由来访者散发书面讲话。

如有过境的外国元首或政府首脑抵达时，所在国政府往往应派适当的高级官员前往机场迎送款待，安排来访者在贵宾室休息，有的还会在机场设宴招待。1969 年9 月 11 日，周总理与苏联部长会议主席柯西金，为解决两国关系的紧迫问题进行的会见，就是在北京机场举行的。

当外国元首或政府首脑结束访问、离开首都时，东道国应组织相应的欢送活动。

有的国家还会为此举行专门的欢送仪式，其程序类似于欢迎仪式，或加以简化。

除国家元首和政府首脑外，对其他来宾，如议会代表团、内阁部长、地方行政首长以及社会知名人士等的迎送，亦均应有一定的规格。一般来说，应由东道国邀请单位的负责人或代表出面迎送，一般不举行正式的欢迎仪式。对于从不同国家同时来访的客人，其身份地位相似的，还应适当注意规格的平衡，避免厚此薄彼。对于有互访关系的来宾，还可以参考对方接待己方同等身份人员时的规格，适当讲求对等。对于双方关系比较密切、熟识友好、常来常往的客人可视不同情况，以亲切友好的方式，表达迎接老朋友的高兴心情，或送行时的良好祝愿，不必过分拘泥于一般迎送时的礼宾程序。

对于常驻的外交使节到任、离任，则按照国际通常做法：由驻在国外交部礼宾司官员到机场迎送，有的友好使节之间也有迎送活动。

我国目前为正式来华访问的外国国宾所举行的欢迎仪式，具体程序大致如下：当外国元首或政府首脑来访抵达北京时，由政府陪同团团长（一般为部长或副部长）前往首都机场欢迎，并陪车送至钓鱼台国宾馆下榻。然后在当天或次日，在天安门广场人民大会堂东门外广场举行正式隆重的欢迎仪式。如遇天气不好，则改在人民大会堂东门内中央大厅举行。届时，欢迎仪式将由引见、献花、鸣炮、奏乐、检阅以及随后在人民大会堂内举行的国宴等一系列规范化的程序组成。我国不安排为来访国宾护航，乘车时有摩托车为其开道，主宾所乘车辆挂两国国旗，也可按对方要求，挂总统旗或国王旗。当外国元首或政府首脑离开首都去外地参加访问时，由当地行政首长出面迎送，中央由高级官员陪同前往。除了有时有群众欢迎场面以外，一般不再举行正式的欢迎仪式。当来访的国家元首或政府首脑结束访问、离开北京时，由国家主席或政府首脑前往宾馆送行，送行仪式一般较为简化，通常包括话别、送行、告别等具体程序。领导人话别后，贵宾由陪同团团长陪车前往机场送行。外国国宾来华访问时，除了非洲和阿拉伯国家的驻华使节有参加迎送该地区来访贵宾的习惯外，我国外交部礼宾司一般不主动通知各国驻华使节参加迎送，而只安排来访国的驻华使节和外交官参加。

美国总统欢迎外国元首或政府首脑的仪式在白宫南草坪举行，这一仪式由华盛顿特区、白宫与国务院合作安排。仪式开始前半小时，仪仗队便在南草坪的汽车道上整队准备受阅。仪仗队由乐队先导，在鼓乐声中纵队行进，走进南草坪指定地点。

参加欢迎仪式的人员在仪式开始前 20 分钟到达白宫,由国务院礼宾官引进休息室稍事休息,在仪式开始前 5 分钟到达指定地点。总统通常在贵宾到达前三四分钟到来。总统来时,仪仗队全体立正,举枪致敬。当总统走向检阅台时,乐队奏《欢呼领袖》乐曲。贵宾由国务院代表陪同,乘车从西南门进入白宫,在红地毯上停车。此时仪仗队肃然立正,军乐齐奏,总统与外国贵宾互致问候并合影后,一同走向检阅台,仪仗队向他们举枪致敬。随着乐曲的奏起,礼炮开始响起,以每三秒钟一发的速度连续鸣放。礼毕,总统陪同贵宾走下检阅台检阅仪仗队。仪仗队指挥官在贵宾右侧随行,在检阅过程中,乐队奏进行曲。当总统陪同贵宾走回检阅台,仪仗队再次举枪致敬,贵宾还礼后,指挥官敬礼报告"仪式完毕",然后带仪仗队离开。总统便走到话筒前,正式致欢迎词,贵宾致答词。此后总统陪同贵宾进入白宫接见官员。当总统与贵宾离开检阅台走向白宫时,乐队鸣号奏乐。

有的国家在外国元首或政府首脑的专机进入国境或离机场 100 公里处,派战斗机为专机护航。战斗机向主机发致敬信号,编队飞行至机场上空。主机下降后,护航战机绕机场飞行一周后离去。但是,这种护航的安排已日渐减少了。

欢迎国宾的仪式,由各国视各自情况的具体安排而各有不同。在当今国际交往中,各国领导人的互访活动日益频繁,因而对国宾的欢迎仪式日趋简化,但总体上都要求能显示出隆重热烈的友好气氛。

第三节 接待礼仪

随着国际交往的日益频繁,各国领导人、政府官员、公职人员、社会知名人士、企业家之间的互访活动大量增加。这些访问包括正式的国事访问、友好访问、工作访问、考察访问、各种业务访问,以及顺道访问、非正式的私人访问等。除了双边的访问活动以外,还有许多多边性质的国际会议、会晤以及其他国际活动。因此,世界上许多国家都要经常接待来自其他国家的大量外宾,如何做好接待工作,当好东道主,是礼宾交往中的重要课题。

接待,有时亦称待客或者招待,是指主人对来宾表示欢迎、并给予相应照顾的一系列的做法。尽管在当今世界国际交往已被视为极为普通的事情,但各国对于外国宾客的因公来访及其接待工作仍然十分重视。在国际交往活动中,特别是在正式的公务交往中，接待工作是十分重要的，接待工作做得好坏，直接影响到给接待对象的第一印象，甚至还会影响到双方在相关领域的合作以及未来关系的发展。

一、礼宾规格

在国际交往中，要真正做好公务接待工作，使接待方对来宾所表达的种种善意真正为对方所接受，就必须保证接待工作要遵照常规接待礼仪来进行操作，其基本特征就是要求从事具体接待工作的人员首先必须树立起良好的礼宾意识。

礼宾的含义，简单地讲，就是规定全体有关人员在从事公务接待工作的整个过程之中，应自觉而主动地、自始至终地对自己的接待对象以礼相待。而就其实质而言，礼宾其实就是主人以尊重、友好、关怀、照顾待客，并使对方所感知、所接受的一种必不可少的实际行动。

在公务接待中，礼宾规格通常被专业人士视作头等大事。在确定接待工作的具体环节与具体程序时，首先必须确定礼宾规格，没有礼宾规格为先导，接待中的一系列工作将难以开展。

礼宾规格，实际上就是指礼宾工作具体过程中的各种规矩，具体是指在国际交往中礼待外方人士的一系列的具体规定，亦即在公务接待的具体过程中所必须遵守的、已被先期正式规定的具体要求或衡量优劣的具体标准。在各式各样的公务接待工作中，若不事先确定礼宾规格，或者不遵守业已确定的礼宾规格，往往就会出现这样或那样的差错。

1. 掌握原则

不论是确定礼宾规格还是遵守礼宾规格，都应当对其基本原则重点掌握。有了这些基本原则作为指南，处理具体问题时便会游刃有余，比较顺利。

（1）服从外交。礼宾规格虽然仅仅涉及具体的外宾接待标准，但是通常它却直接或间接地与本国同有关交往国家之间的关系密切相关。国家与国家、政府与政府之间的关系，一般属于外交范畴，在任何时候，确定礼宾规格或操作礼宾规格，均应首先服从于本国外交的大政方针。服从外交原则的具体含义，主要是指公务接待中礼宾规格的具体安排要服从本国外交工作的需要，礼宾规格的操作必须为本国的外交工作服务。

（2）身份对等。依照国际惯例，国际交往活动中，双边关系讲究的是对等。对等在双方交往中的含义，就是要求交往双方礼尚往来，你方如何待我，我方即可如何待你。所谓身份对等，具体是指在确定接待外方人士的礼宾规格时，应与外方人士的具体身份相称，同时还应参照外方在接待己方身份相仿者时所采用的具体的礼宾规格。这也就是要求己方所给予来访的外方人士的礼遇应当恰到好处，以免己方人士在出访对方国家时可能会受到的任何形式的怠慢。

（3）一律平等。依照国际惯例，在国际交往活动中，多边关系讲究的是平等。在具体确定或操作用以接待来自多方的外籍人士的礼宾规格时，一定要明确平等待客为先的正确理念，对有关各方真正做到一视同仁。一律平等原则的具体要求是，在确定和操作用以接待来自多方的外籍人士的礼宾规格时，一定要不论其国家大小，不分强弱，不看贫富，不讲亲疏，严格地、无条件地平等相待，注意做好有关各方的平衡。

（4）有所区别。在强调身份对等与一律平等两项原则的同时，在为外方来宾安排具体的礼宾规格时，还应注意充分尊重对方的风俗习惯以及其他方面的特殊做法，绝对不要搞一厢情愿，不强人所难，不强加于人，不勉强行事，否则必将事与愿违。有所区别，在此即指在确定和操作用以接待来自与己方存在习俗差异及其他差异的外方人士的礼宾规格时，必须充分考虑双方的这些差异，具体情况具体对待，不能千篇一律。

2. 熟悉特征

礼宾规格具有礼宾性、规范性、稳定性、差异性、简约性等主要特征，在国际交往活动中，有关人员必须对礼宾规格的这些具体特征有所了解。

（1）礼宾性。礼宾规格是专门用以接待来宾的，在国际交往活动中，它则专门用以接待外籍来宾。由此可见，它不仅仅是一种礼仪，而且还是专门用来接待来宾尤其是外籍来宾的礼仪。因此，礼宾性是礼宾规格的主要特征之一，以专用于接待外籍人士的礼宾规格来接待内宾是没有必要的。

（2）规范性。作为一种专门规定、专项标准或者具体要求，礼宾规格的规范性特别强，它对于己方人员在具体接待工作中应当"如何有所为""如何有所不为"，往往都规定得一清二楚，可以称其为"礼宾规范"。为了使之制度化、正规化、标准化和易于操作，礼宾规格通常都由国家的外交、外事部门明文规定，有时候它也有可能出自国际惯例或者是本国对外交往中约定俗成的做法。

(3)稳定性。如果从总体上进行考察，礼宾规格绝对不可能一劳永逸、一成不变，在某些时候，各国乃至各单位、各部门，都会根据自身需要对其进行调整。不过在一般情况下，对它所做的调整都属于微调，它的变化通常也是局部的、个别的。相对而言，礼宾规格往往比较稳定，是轻易不会变更的。正因为其具有轻易不变的"刚性"，礼宾规格才有规矩可言，才不至于被礼宾对象所误解。经常性的变更调整，实际上是对礼宾规格的一种否定。

(4)差异性。具体确定和操作国际交往活动中的礼宾规格时，在基本要求不变的大前提之下，其具体做法经常因人而异。也就是说，在接待不同的外方人士时，往往有着许多不同的规定或要求，此即所谓礼宾规格的差异性。在某些特定的情况下，当交往双方的关系发生重大变化或受到某种因素左右时，用以接待外方的礼宾规格也会与既往的做法略有不同，这也是其差异性的一种表现。

(5)简约性。第二次世界大战结束后，尤其是自 20 世纪 90 年代以来，各国礼宾工作都发生了一定程度的变革。就礼宾规格而言，此种变革的主要趋势是不断地使之简化、再简化。

3. 来宾分类

在具体运作礼宾规格时，往往需要对所接待的外方人士加以区分，并予以不同对待，这一点非常关键。一般而论，在国际交往中所接待的外方人士，大体上可分为 VVIP、VIP、IP、SP、CP 五类，在确定这五类不同的外方人士的礼宾规格时，有着不同的具体要求与注意事项。

(1)VVIP。英文"Very Very Important People"的缩写，含义为"非常非常重要的客人"或"异常重要人士"。在国际交往中，VVIP 一般指正式来访的各国现职的党和国家主要领导人，即各国现任的国家元首、政府首脑、执政党领袖，有时还应包括由主权国家所组成的国际组织的主要负责人。此类客人通常称为"国宾"。在正常情况下，各国都会以最高档次的礼宾规格接待此类客人，同时还会特别重视其荣誉性与安全性问题。

(2)VIP。英文"Very Important People"的缩写，含义为"非常重要的客人"，在国际交往中往往称其为"要人"。VIP 一般包括正式来访的下列人士：各国政府的重要负责人，如中央政府副部长以上官员，地方政府副省长以上官员；各国合法政党主要负责人;各国王室成员;各国议会主要负责人;各国军方重要负责人,如军队统帅,三军总司令、副总司令,总参谋长、副总参谋长,将军以上军衔拥有者;各国少数民族领袖;各国宗教界领袖;各国合法的群众团体的主要负责人;各种被本国正式承认的重要国际组织的负责人;各国驻本国使节及各国际组织驻本国的代表;各国商界领袖;各国知名的企事业单位负责人;与己方存在正常合作关系的单位、部门的主要负责人;等等。曾拥有此类身份的非现职人员,亦应被视同现职看待。接待 VIP 时,通常应采用较高档次的礼宾规格,同时还须考虑己方与对方的礼尚往来问题。

(3)IP。英文"Important People"的缩写,含义为"重要客人"。在国际交往中,此类"重要客人"通常是指正式来访的各国各界知名人士、新闻界人士、同行业人士、具有潜在合作可能的单位与部门的负责人士,以及存在合作关系的单位与部门的一般工作人员。在接待 IP 时所具体执行的礼宾规格,应突出体现接待方对对方的重视,同时还应注意主动联络对方,以加强联系,促进沟通。

(4)SP。英文"Special People"的缩写,含义为"特殊的客人"。在国际交往中,SP 具体所指的,一是身体状况特殊者,如老、幼、病、残、孕;二是风俗习惯特殊者,如少数民族人士、宗教界人士;三是发挥特殊作用者,如上述三类客人的助手、秘书以及其身边的工作人员,或上述三类客人的配偶、长辈、子女以及其他亲友;四是关系特殊者,如以前与己方产生过重大矛盾、冲突者或对己方持敌视态度者。在确定特殊客人的礼宾规格时,一方面要坚持遵守规定;另一方面也要在力所能及、不卑不亢的前提下,给对方以适当的照顾。

(5)CP。英文"Common People"的缩写,含义为"普通客人"。在国际交往中,此类"普通客人"一般是前来进行正式访问或非正式访问的、除上述四类客人之外的其他所有的外方人士。具体运作 CP 的礼宾规格时,关键是要对对方尊重、重视,不能因其"普通"而对对方接待不周。

4. 常规内容

不管是确定礼宾规格,还是具体操作礼宾规格,如果对礼宾规格的内容不了解或了解得不够全面,就不可能对其进行成功的运作。一般而言,在公务接待中,礼宾规格的常规内容主要包括下列三项。

(1)费用的多少。在此是指某次公务接待工作的开支总额及其具体环节所需费用的支出状况。在任何情况下，接待来宾都是需要花钱的，一次外宾接待工作的费用支出状况尤其是总开支，既应该有一定标准，又必须反映出接待方对对方的重视程度。

(2)规模的大小。一般指的是在公务接待的具体过程中，尤其是在迎送、宴请、陪同等重要的环节上，接待方人员所参与的具体范围以及实际到场具体人数的多少。在公务接待中，所谓接待规模大往往是指具体到场的接待方人员范围广、人数多，反之则称为接待规模小。一般认为，接待规模越大，表明接待方对此次接待工作重视的程度越高。

(3)身份的高低。这里通常是指在公务接待过程中，尤其是在一些较为重要的场合，到场的接待方人士具体身份的高低，特别是到场的接待方主要人士的具体身份的高低。显然，接待方到场的人士，尤其是主要人士的身份越高，越说明接待方尊重并重视对方，双方关系也更为密切。

5. 操作方式

在国际交往活动中，大体上有如下五种常规的礼宾规格操作方式可供参考。有时，可以酌情选择其一，也可以根据情况兼而用之。

(1)执行明文规定。在许多情况下，对于公务接待工作中的具体礼宾规格，有关部门对其中的常规性问题通常都做出了明文规定。这些规定，有的出自各国各级政府，有的出自各类单位，有的则出自外交、外事部门。这类明文规定的礼宾规格，往往具有较强的规范性，因此，在具体的接待工作中，必须全面地、一丝不苟地贯彻执行。

(2)实施常规做法。在公务接待的具体工作过程中，有许多礼宾规格的细微之处是不可能一一作出规定的，故处理这些问题时，各单位、各部门往往都有一些自己的补充、变通或其他规定的做法。一般而论，只要它行之有效，并且不与有关明文规定相抵触，均可采纳。

(3)采用国际惯例。在确定或操作用于公务接待的礼宾规格时，还可以直接采用通行于国际社会的做法，即采用国际惯例。此种方式，既易于被双方所接受，又易于接待方人员操作。采用有关的国际惯例时需要注意两点：一是不应与己方的外交方针相抵触；二是不应违背接待对象的习俗。

(4)遵照对等做法。当一时难以确定用以接待外方人士的礼宾规格时，接待方还有一种方式可循,就是遵照对等的做法、参照被接待方在此之前接待己方同等职级人员时所采用的礼宾规格去执行,以示双方有来有往,礼遇相当。

(5)比照他方成例。若上述方式均难以实施,接待方还可参考本国其他机关、单位、部门以前接待被接待对象时所采取的成功的接待经验。这种做法,往往可以使接待方"兼听则明",在接待工作中少走弯路。在学习其他机关、单位、部门成功经验的同时,还须注意吸取其不成功的教训,避免犯同样的错误。

二、礼宾次序

在当代的国际交往活动中,多边交往日益频繁,而在多边性质的公务接待过程中,接待方必须坚决依照礼宾次序行事。所谓礼宾次序,亦称礼宾序列、礼宾排列或名次安排,在现代国际礼仪中,它是指在正式的、多边性质的公务接待过程中,东道主一方对于在同一时间到达现场的、来自不同国家、不同地区、不同单位、不同部门、不同组织,具有不同职级、不同人数的外方人士,应依照既定的规则,视其尊卑,安排接待的先后顺序或者位次。

在工作实践中,对待礼宾次序问题,主要应当注意宏观要求与微观运作这两个基本方面。

(一)宏观要求

处理有关礼宾次序的具体问题时,首先应对其宏观要求有所了解,从而使自己真正在思想上对其加以重视。

1. 礼宾次序的重要意义

安排好礼宾次序的重要意义主要有四个方面:一是可以妥善地解决多方来宾的排序问题;二是可以间接地反映接待方接待工作的水准;三是可以真正地体现出接待方对待来宾的公正;四是可以客观地促进接待方与外方关系的发展。

2. 礼宾次序的相关守则

从根本上讲,要真正安排好同时接待多方来宾的礼宾次序,关键是既要重视尊卑有序,又要兼顾平等待客。有关礼宾次序的相关守则,实际上都是出自这两点。

重视尊卑有序,一是应当承认在多边公务接待中,尊卑有序是一种常见的客观事实;二是应当注意在多边公务接待中,如有必要,一定要做到尊卑有序;三是应当明确在多边公务接待中，即便有必要以尊卑为序安排有关各方外宾的具体顺序或位次，也不宜对此过分强调。

另外，多边公务接待也必须讲究平等待客，这与尊卑有序并不矛盾：一是遵守礼宾次序本身，就意味着接待方在多边公务接待的具体过程中平等待客。二是在多边公务接待的具体过程中，接待方对所有的外方人士都一视同仁地表示尊重、友好，并热情相待，不因其国家、民族、宗教、性别、年龄、职级、贫富差异而有所区别；三是在操作礼宾次序的整个过程中，接待方对于所有各方提出的意见、建议或要求，只要有其合理性，都应予以充分考虑，并在力所能及的前提下予以满足，而不能厚此薄彼。

3. 其他注意事项

在礼宾次序操作的具体过程中，对以下四点尤需多加注意：一是细致周到，要力求细致入微，面面俱到；二是认真执行，一切照章办事；三是提前通报，便于对方事先有所准备；四是轻易不变，以维护其稳定性与权威性。

(二)微观运作

在多边公务接待的具体实践中，礼宾次序具有一些常规的排序方式。目前，在国际社会比较通行的礼宾次序常规排序方式主要有六种，可以仅用其一，也可根据情况几种方式兼用。

1. 按职务高低排序

大凡进行正式的官方交往，如进行正规的政务活动、商务活动、学术活动乃至军务活动时，均应依照各方来宾具体行政职务的高低顺序进行排列。在这种情况下，礼宾次序排列只讲具体人员行政职务的高低，并不需要考虑其男女、长幼之别。

在接待不再担任现职的外方人士时，一般可根据其所担任的最高或最后的行政职务作为排序的依据。但若该外方人士与担任现职的人士同时到场的话，则应位列现职人员之后，以示"现任高于原任"，因为现任毕竟是在实际工作中负主要责任的。若需要同时排列多位曾原任同一职务者时，一般应以对方任职时间的早晚为序，将任职较早者排列在前。

在接待多方团队来宾时，一般不注重其人数的多少，而是按其团长或领队的行政职务的高低排序。

2. 按字母顺序排列

一般而言，在国际组织进行活动，或者举行国际会议、进行体育比赛时，确定礼宾次序排列时最为通行的方法，是依照各方来宾所在国家、地区、组织或者所在单位的名称拼写字母的先后顺序进行排列。在此需要说明两点：一是按照国际惯例，此处所说的字母顺序通常是指拉丁字母顺序，而非某国法定文字的字母顺序。这样做，是为了维护国与国之间的平等。二是如果进行排序的两个或者两个以上的国家、地区、组织、单位名称的起始字母相同，则应以其第二个字母作为排序依据；若其第二个字母依旧相同，则应以其第三个字母作为排序依据，以此类推。

3. 以先来后到为序

这种排列方式，就是依照各方来宾正式抵达活动现场的具体时间的早晚顺序进行排列。在国际交往活动中，它主要适用于一些特定的外交场合、各类非正式场合，以及上述两种排列方式难以运用的场合。

4. 以报名早晚为序

这种排列方式，是依照各方来宾正式通报其决定参加活动的具体时间的早晚顺序进行排列。它主要用于跨国举行的各种招商会、展示会、博览会、陈列会等大型商贸类活动。在前面所说的几种排列方式均不适用的时候，也可采用此种排列方式。

5. 按宾主身份排序

在多边公务接待中，有时除主办方之外，难免会有本国国内其他组织或单位的人士到场，可采用此种方式排序：来访者一方应当居前，东道主一方应当居后，此亦称为"先宾后主"。具体而言，外方人士应当排在本国人士之前；本国国内其他单位的人士应当排在主办单位的人士之前。

6. 不排序

这种方式也被称为"不排列"，就是不进行任何正式的顺序排列。它实际上也是一种特殊形式的排列。在多边公务接待中，此种排列顺序主要适用于如下两种情况：一是没有必要进行顺序排列；二是实在难以进行任何方式的排列。

三、接待内容

在公务接待活动中，具体的接待工作应当包括下述九个方面的主要内容。

1. 邀请

在外宾来访之前，通常要由东道国先发出邀请，这既是礼节，也是一项必要的手续。邀请一般应以书面方式进行，被邀者在接到邀请函后，应及时给予答复，并据此办理相关的手续。邀请函除了表示欢迎之意外，也应表明被邀请者的身份、访问的性质以及访问的日期和时间等内容。有时为了表示客气，也可请被邀者在他认为方便的时候来访，或将时间留待以后另行商定。

实际上，访问邀请也并不一定必须由东道国一方首先提出，在有些情况下，双方可以协商确定。有的访问安排是根据相关协议事先约定的；有的是当面口头邀请在先，然后再补送书面邀请函件；有的是通过外交途径商定访问事宜；也有的是来访者有访问的愿望，主动向东道国做出某种表示，经双方磋商同意，然后再作正式安排；还有的访问则是作为一种回访的方式进行的。总之，可以视不同情况，灵活运用。

有些国家对邀请外国领导人来访，做出了一些具体规定。例如，我国规定邀请外国国家元首、政府首脑访华的天数一般以 5 天为限，最长不超过 7 天；其抵京日期应避开中方的节假日和星期天，如因航班等原因实难避开，则抵京当日中方不安排正式活动。

2. 接待形式

所谓接待形式，一般是指公务接待活动的主要方式方法。以正式与否来区分，有正式接待与非正式接待；以规范与否来区分，有常规接待与非常规接待；以接待方来区分，有官方接待与非官方接待；以来宾在接待方停留过程来区分，有全程接待与非全程接待；以接待单位的多寡来区分，则有单方接待与多方接待。在确定接待形式时，一定要从简务实、量力而行，并且要合乎惯例。

3. 接待准备

为了搞好接待，在外宾抵达以前就应做好充分的准备工作。首先，要搞清楚来访外宾或代表团的基本情况，如来访外宾的总人数，是否包括主宾和其他人员的配偶，来访人员的职务、性别、礼宾次序等情况，这些均可请对方事先提供。若是国宾来访，在其随访人员中有正式随行人员（或代表团团员）和工作人员之分，而正式随行人员中有的还是政府的高级官员。此外，有的国家领导人来访，随行的还有企业家、记者以及专机的机组人员等。这些都应在事先了解清楚，以便由有关单位做好相应的接待准备。

对于外宾的饮食爱好、宗教禁忌以及是否有其他特殊的生活习惯等也可事先向对方探询，必要时还可向对方索要来访者的血型资料。

拟定来宾访问日程前，还要了解清楚对方抵达和离开的日期和时间、交通工具和行程路线、对参观访问的具体愿望等。飞机起降的具体时间，可经由民航部门密切掌握。

4. 访问日程

在公务接待计划中，具体的访问日程从来都是最为重要的内容，是接待计划的核心部分，是在接待来宾的工作中按日期排定的具体行事程序。根据常规，访问日程应当将接待过程中的全部重要活动一律包括在内，其中较为主要的迎送活动、正式会见、业务谈判、签字仪式、会晤记者、参观企业、游览景点、观看演出以及出席宴请等，均不得缺少。

访问日程一般应由东道国首先提出。日程草案拟定后，可先将主要内容告知对方，以便听取对方意见，并使对方有所准备。日程的安排对访问的成功与顺利进行具有重要的意义。特别是国家领导人的访问，既要使日程安排符合礼仪规格的一般要求，又要避免使人感到所有这类访问的日程都千篇一律。在拟定日程草案时，除了遵循通常的礼仪程序以外，还要考虑以下一些因素：访问的目的和性质；访问者的愿望；访问者同东道国的哪些人和事有特殊的关系；访问者过去是否曾经来访过，哪些项目过去已经看过，如何使本次访问更具特色；来访者的年龄及身体状况能适应的活动限度；代表团其他成员的特殊要求与安排，特别是主宾的夫人，有时可以另行安排一些有意义的活动。除了以上因素以外，主方领导人的时间安排是一个十分重要的因素，事先应当同有关方面协商妥当。

在具体安排接待日程时，有五点注意事项：一是应当逐项列出，一清二楚；二是应当将时间安排精确到分钟，以便于控制；三是应当疏密有致，有张有弛；四是应当将接待日程提交对方，以使对方心中有数；五是应当留有余地，以便调整补充。

要将访问日程安排得平衡适当确非易事。活动安排得太少，客人在宾馆里无所事事，则会有受到冷遇的感觉；活动安排得太多，又容易令客人筋疲力尽。在公务接待工作实践中，对一些大型代表团来访，可以安排他们分组活动，这样效果会更好；对一些次要的活动，也可以安排代表团其他成员参加，以减轻主宾的劳累。

5. 接待规格

接待规格的高低，体现了东道方对来访客人的重视程度和欢迎的热烈程度，来访者对于接待规格的高低往往也比较敏感。因此，对于来访客人的接待规格要妥善掌握，对于同一级别的客人，应保持大体相同的接待规格，以免给人以厚此薄彼的感觉；而对于某些在政治上或两国关系上有特殊需要的来宾给以破格接待，则可能会收到明显的效果。

接待规格的高低可以从各方面表现出来，如接待规模的大小，礼仪活动的隆重程度，甚至住宿和交通工具的安排也会被人视为接待规格的反映。特别是东道方出面接待的主要领导的身份地位，更是接待规格的直接体现。有时候，东道国的主要领导人不在首都，来宾亦愿意特意去外地会见。所以，在拟订接待计划和安排活动日程时，对领导人的接见要给予特别的重视。

6. 经费预算

关于接待外宾的费用，在国际上有一个比较通行的做法：客方的国际旅费由其自己负担，在抵达东道国国境后的住宿交通等，由东道主招待；告别宴会或答谢宴会的费用，由客方自理。但费用问题也可由双方通过协商决定，如对某些自费来访客人，东道主除设宴招待外，其他如住宿、交通等费用均由来访者自行负担。还有些国家因财力所限，对来访代表团有人数限制，或在邀请时即言明邀请的人数，超出人员的费用部分需要自理。随领导人来访的企业家、记者等的费用一般自理；专机机组人员的费用，除双方民航有互惠协定外，一般亦应自理。

东道主在制订具体的公务接待计划时，必须对所需的经费开支做出总的预算，并报主管部门批准执行。有关公务接待费用的预算一旦获批，通常不宜再进行追加。一般而言，对用于接待的经费预算应当重视如下四个基本要点：一是应当按照接待工作的具体程序，逐项列出所需费用开支，以求预算精确；二是应当厉行节约，努力压缩一切可用可不用的费用；三是应当严格遵守有关规定，不得在费用使用中有意违规；四是应当认真执行业已确定的经费预算，不得任意追加或超标。

7. 安全保卫和宣传

各国对来访外宾的安全，尤其是国宾的安全，都特别重视。有些国家在国宾来访时，要采取特别的安全警戒措施，因为东道国政府有责任保证客人在其境内逗留期间的人身安全。按照国际上通常的做法，国宾来访，自入境之时起，其安全保卫的责任就落在东道国肩上。东道国政府应同来访国政府配合，精心制订保护他们的计划，包括警察护送、现场控制、近身保卫、食物品尝、交通安全以及其他一切必要的技术和预防性措施。礼宾部门在考虑日程和活动现场的安排时，也应将安全因素考虑在内。有的国家为了做好本国领导人出访期间的安全保卫工作，还会事先派本国安全部门的负责人前往访问国打前站，以便同东道国有关部门交流情况，勘查现场，交换意见，进行合作。对东道方而言，即使对于普通的来访外宾，在具体接待环节的安排上，亦应不忘安全至上，确保有关各方人员的人身安全。在安排重大公务接待活动之前，应向警察机关正式报告，以取得其指导与协作，为公务接待工作保驾护航。

另外，为了做好外宾的医疗保健工作，还应采取相应的医护措施。重要国宾，由指定医院派专门医生和护士随团照应。

所谓宣传，此处主要是指有关公务接待活动的新闻报道。在这一问题上，必须兼顾接待方条件、外方特点、礼宾规范以及具体的新闻价值。一般而言，遇重大公务接待活动时可通知新闻媒体单位到场。为此，要同新闻单位保持密切联系，必要时还可以举行记者招待会。对于记者的采访活动，应适当加以管理。对随团来访的记者、摄影记者、广播电视记者等的采访活动、通信以及生活等，均应由有关的新闻单位给以必要的关心和协助。如报界要发表来访领导人的简历、照片等，可事先通过外交途径向对方索要。

8. 日常生活

在安排外方来宾住宿时，在力所能及的前提下，东道方应当善解人意，尽量满足对方的合理生活需要。一是安排外方来宾就近住宿。若需要安排住宿的外宾不止一人，应尽量安排其在同一宾馆、同一楼层或相邻楼层住宿，以便其相互间关照或集体行动。二是为外宾安排好闲暇活动。在不影响外方来宾个人休息或整体接待计划的前提下，应当在对方的闲暇时间为之安排一些文艺、娱乐、健身、游览、购物之类的活动项目。此类项目通常为外宾所欢迎，但不宜安排过多。三是照顾来宾应当"主随客便"。在照顾外方来宾的生活时，必须同时注意不要适得其反，不要因此而限制了对方的个人自由，给对方平添麻烦。四是满足外宾合理合法的需要。对于外宾在生活方面所提出的要求，在其合情合理，而且符合我国法律和有关规定的前提下，理当予以满足。

9. 其他事宜

对于来宾国家国旗的旗样和制作说明、国歌乐谱等，都可以通过外交途径向对方索要。此外，还要收集一些来访国的乐曲，供席间奏乐及晚会表演时使用。

国宾来访，一般都要送礼给东道国的领导人和工作人员，东道国亦相应赠礼答谢。领导人互赠礼品，可在会见时当面奉送，也可通过礼宾工作人员转交，给一般随行人员和工作人员的礼品，则可由礼宾人员转交。送礼要避免千篇一律、重复雷同，因此对每次来访国宾的礼物，应有所记载，以备日后查阅。送给来访国宾的礼物，应争取能够随专机带走，如无专机，则一般不宜赠送大件易碎、难运的礼品，以便宾客将其作为随身行李运走。

国宾来访，有的将驻在东道国的大使亦正式列入随行人员或代表团团员名单，这样接待时就应把大使作为正式随行人员列入代表团，按通常礼仪接待，安排大使参加某些正式活动，如会见、宴会等。欢迎宴会还应邀请使馆主要外交官员参加。来访国家领导人去外地活动，如该国大使提出陪同前往，亦应加以安排。经贸、文化、体育及军事方面的代表团来访有官方正式活动时，应邀请该国驻当地的商务、文化参赞或武官参加。在高层访问之前，有的国家会提前派先遣组来洽谈访问的具体安排，东道国礼宾部门应予接待。

来访国宾去首都以外的其他城市访问，交通工具一般应由东道国安排。外国元首、政府首脑一般安排乘坐专机或火车专列，也有乘包机或火车上加挂专用车厢的。其他一般代表团乘坐班机。公路交通发达的国家，也可视情况乘汽车。

来访的国家元首、政府首脑若去首都之外的地方参观访问，东道国政府应派高级官员陪同前往。地方政府领导人要举行欢迎宴会、致欢迎词，同时还应陪同客人参观访问。政治性会谈一般都在首都举行，但也有在外地举行的个别情况。

四、食宿交通

外宾来访期间的生活接待十分重要，其饮食起居、交通工具等事项，都要尽量安排得舒适、方便、安全，并在提供服务时，表现出良好的礼仪风范。

(一)饮食

接待外方来宾，饮食问题往往至关重要。在为外方来宾安排饮食时，总体上必须掌握以下四条基本原则:一是考虑己方实际条件;二是尊重来宾的风俗习惯;三是满足来宾的合理要求;四是确保来宾的健康与安全。

1. 饮料安排

在公务接待中,饮料的安排永远不可或缺。在为外方来宾安排饮料时,必须注意饮料的品种、盛放的器皿、待客的方式三个方面的问题。

(1)饮料品种——因人而异。按照中国人的传统,为来宾准备饮料,实际上就是备茶而已,饮料与茶水往往是画等号的。而在国际交往活动中,这样做却未必行得通。这是因为不同的国家、不同的民族,人们选择饮料的习惯往往不同,所以在为外方来宾安排饮料时,其品种必须因人而异。在一般情况下,为外方来宾准备饮料时,可着重考虑以下几个品种。

一是茶水。以中国传统的热茶待客,一般来讲还是行得通的。不过应当注意,外国人不一定喜欢中国人所惯用的绿茶或花茶。日本人比较喜欢乌龙茶;英国人爱喝红茶;一些中亚、西亚国家的人则往往偏爱奶茶;还有一些外国人不喜欢饮茶。

二是咖啡。众所周知,目前在国际社会中,咖啡乃是一种"人缘"最好的饮料,不论是招待西方客人还是招待东方客人,都可以选择咖啡。

三是汽水。在一些非正式场合,以可乐、雪碧、芬达之类的汽水待客,通常也是可行的,它既可以解渴,又可以消暑,所以比较受欢迎。不过,因其需要冷藏,而且饮用后易使人打嗝,故此不适用于肠胃不好者或正规场合。

四是果汁。在国外,新鲜的果汁是一种很受欢迎的饮料,其中的常规品种,如橙汁、苹果汁、菠萝汁等,更是待客之必备饮料。但它同样大多适用于非正式场合。

五是矿泉水。目前,矿泉水在国际社会风头正劲,受到普遍欢迎。在西方人士眼里,其身价通常较汽水为高,因此在接待外方人士时,矿泉水或与之相类似的纯净水,都是应当常备的。

应当指出的是,在以饮料待客时,如条件允许,不妨多备几个品种,以使来宾有所选择。饮料品种越多,越说明我方对外方的重视。在一般情况下,为外方来宾上饮料时,可采取"一中一外""一冷一热"的方式。所谓"一中一外",即除为外方备上一种对方所惯用或国际上所流行的饮料外,还可为其再上一道中式饮料——茶水,使其有机会体验"中国特色";所谓"一冷一热",则是指应照顾大多数外宾不喜欢热饮的习惯，除为其备上一道茶或咖啡之类的热饮外，还必须为其准备一种矿泉水或汽水之类的冷饮。

（2）盛放器皿——卫生清洁。用以盛放各种饮料的器皿不仅应当与饮料相配套，而且须采取必要的措施以确保其清洁卫生。一是认真进行消毒处理；二是绝不使用有残缺的器皿；三是杜绝器皿重复使用；四是积极推广环保器皿；五是大力提倡饮料自助。

（3）待客方式——有所讲究。在款待外方来宾时，用以待客的饮料在其饮用方式上颇有一些讲究。从大体上讲，它可以被分为以下两种不同的情况。

第一，来宾可以对饮料有所选择。这主要用于来宾人数较多或宾主较为熟悉之时，其前提是主人已经备有多种可供来宾选择的饮料。让来宾选择饮料的第一种办法，是在接待来宾现场的一角备好各种饮料，由对方自行选择。第二种办法，是由主人或工作人员在为对方上饮料之前征求一下对方意见。需要强调的是，在口头征求来宾个人对饮料的选择时，宜用"封闭式问题"的方式，即应当报出所有可供选择的品种，由对方从中选择，切勿采用"开放式问题"的方式，即不应直接询问对方"您用什么饮料？"避免出现不能满足对方要求的情况。

第二，来宾不能对饮料有所选择。这多见于较为正式的场合，或是在宾主不甚相熟的情况下，其前提是可供来宾选择的饮料品种较少。有时，饮料在来宾抵达前已摆放在座席上，有时则是在来宾抵达后再由工作人员为其呈上。但都不必当面口头征求来宾选择饮料的具体意见。

2. 用餐安排

为来宾安排饮食，菜肴选择是其主要内容之一。在安排外方来宾用餐时，必须对菜肴的选择问题高度重视。在为对方准备菜单时，除了要量力而行之外，关键是要对对方爱吃与不爱吃的东西做到心中有数。

（1）必须在菜单上排除外方来宾忌食之物。一般而言，外方人士的饮食禁忌可以分为以下五类。

第一类，宗教禁忌。许多宗教都有其特殊的饮食禁忌，并且绝对禁止其信徒违反。例如，伊斯兰教严禁食用猪肉；印度教禁食牛肉；犹太教禁食无鳞无鳍的鱼等。在所有各类饮食禁忌中，宗教禁忌是最严格的。

第二类，民族禁忌。不少民族都有各自的饮食禁忌。比如，美国人不吃鲤鱼；俄国人不吃海参；英国人不吃狗肉；日本人不吃皮蛋等。出于对外宾民族习俗的尊重,工作人员对此须熟记于心。

第三类,职业禁忌。一些特殊的工作岗位,对其工作人员的饮食往往也有所限制。例如,在世界各国,司机都不准饮酒;法官与检察官,一般也不得出席有碍其正常执行公务的宴请。

第四类,健康禁忌。对于某些身体条件欠佳者,在为其安排用餐时一定要给予照顾。比方说,糖尿病患者宜用无糖餐;高血脂患者宜用低脂餐;高血压患者忌饮酒。此类限制,是绝对不能违反的。

第五类,口味禁忌。有些人的饮食禁忌并无规律,而仅仅出自其个人口味。如有人不食荤;有人不食鱼;有人不吃大蒜;有人不吃辣椒。对这些个人口味禁忌,亦不得疏忽大意。

(2)尽量在菜单上安排受外方来宾欢迎的食物。依照一般经验,外宾选用中餐时,主要倾向于选择以下三类菜肴。

第一,民族特色。为外方来宾安排中餐时,自然应当突出中华民族的特色。主食中的春卷、水饺、兰州拉面、扬州炒饭,菜肴中的咕咾肉、狮子头、糖醋鱼、宫保鸡丁、鱼香肉丝、精炒豆芽、麻婆豆腐等,往往深受外宾欢迎。

第二,本地风味。中华饮食,讲究"南甜、北咸、东辣、西酸",各地菜肴,各具不同风味,而且有着各自颇负盛名的"代表作"。比如,北京的全聚德烤鸭、上海的三黄鸡、天津的狗不理包子、云南的过桥米线等。这些通常都是宴请外方人士的适宜之选。

第三,个人偏好。在以中餐的特色菜、风味菜招待外方来宾时,必须考虑到外方人士尤其是外方主宾的个人口味偏好。应该承认,有人爱吃中国菜,但有人对其却未必习惯,因此,在力所能及的时候,应为对方备一些他们的本国菜、家乡菜,特别是对方爱吃的菜肴。

(二)住宿

严格地讲,在公务接待中对来宾的住宿问题可采用两种方法加以解决:一种是来宾自行解决,东道主所要做的,只是在必要时给予对方一定程度的协助,如代为预订,或为其提供建议、咨询等;另一种是东道主负责解决,全面负责解决与来宾住宿有关的一切问题。至于究竟应采用何种方式,通常由宾主双方提前商定。在东道方负责解决外方来宾的住宿时,主要应当考虑如下两个方面的问题。

1. 慎选住宿地点

根据惯例，在接待外方来宾时，通常都会将对方安排在环境幽雅、条件优越、设备齐全、服务与国际水准接轨的大型宾馆住宿。在一般情况下，因公正式接待外方来宾时，不宜将其安排在条件、设备、服务稍差的小旅馆住宿，也不宜在自己家中随便留宿对方。在选择适合外方来宾住宿的宾馆时，除了考虑客人的个人习惯与要求之外，还应考虑以下问题：拟请外宾住宿宾馆的口碑、服务质量、接待能力、周边环境、交通条件、配套设施，距接待单位、机场、港口、车站及工作地点路程的远近，接待单位用以安排外宾住宿的经费预算状况等。

2. 尊重对方习惯

在为外方来宾安排住宿地点时，应当对对方独特的生活习惯有所了解，并予以必要的尊重，对以下四点要加以注意。

第一，尽量不安排同性别的外宾共居一室。在很多西方国家里，唯有同性恋者才会与同性别的成年人住在一起。

第二，努力为外宾创造出良好的卫生条件。外方来宾通常都非常重视个人卫生，他们不仅需要住处配有随时可洗热水澡的浴室，而且还要求住处必须配有可供其单独使用的卫生间。

第三，充分保证外方来宾住处的安静。既然外宾的临时居所主要用以休息，而且绝大多数外方来宾喜欢安静的居所，那么就应当想方设法不使对方为噪声所骚扰。

第四，严格做到外方来宾的休息不被干扰。根据国际惯例，不宜在饭店的客房内会客，因此东道方人员尽量不要进入外宾临时下榻的客房，以免干扰对方。

(三)交通

在国际交往活动中，不论所接待的外方人士来自何处，都存在一个交通往来的问题。交通，一般指的是人们平时的通达往来，对公务接待工作而言，主要是指外方人士的入出境和在本国居留期间常规交通工具的使用。

从总体上讲，东道方在考虑公务接待过程中外宾的交通往来问题时，必须严格遵守以下三项基本规则。

第一，维护主权。世界上的任何一个主权国家，都不会听任外国人在本国国境内我行我素。因此，为了维护国家主权，各国都会对外方来宾在本国境内的交通往来有所规定。

第二,安全至上。对于来自异国他乡又不熟悉本国交通状况的外方人士而言,在交通方面有着诸多的不安全因素,必须自始至终在外宾的交通往来问题上坚持"安全第一"的原则。

第三,方便来宾。在维护国家主权、坚持"安全第一"的同时,东道方在正式接待外方来宾时,应当在交通往来问题上尽量为对方提供方便。

具体来讲,东道方人员在考虑公务接待过程中外宾的交通往来问题时,除了应当重视外方人士的入出境手续是否合法、完备之外,还需要重点考虑交通工具的安排是否周到的问题。在大多数公务接待活动中,都需要东道方为外方来宾安排交通工具,这就需要东道方为外方来宾所使用的交通工具进行周到安排,保证其方便、舒适、安全。

在正式场合使用交通工具时,其具体的座次排列往往为外方来宾所重视。因此,在必要时,东道方应按其尊卑为外方来宾安排座次。具体而言,飞机、客轮、火车与汽车的座次尊卑,各有其特殊之处。

1. 飞机的座次

目前,世界各国所使用的客机多为喷气式飞机。通常认为,喷气式飞机体积越大,就越安全舒适。在喷气式飞机上,一般舱位越是靠前,乘坐者就相对要舒适一些,所以在一架客机上,档次最高的头等舱就设在飞机前端,档次最低的经济舱设在后端,档次居中的公务舱则设在中部。在同一档次的舱位安排上,应因人而异,喜欢在飞行中欣赏窗外景致者,可为之安排靠近舷窗的位置;喜欢活动者,则可为之安排通道两侧或靠近应急出口的位置。

2. 客轮的座次

与选乘飞机一样,在选择客轮时,一般应当优先考虑船型先进、吨位较大的客轮。在客轮上,其舱位通常有头等、一等、二等、三等、四等、五等之分,一般而言,等级越高,乘坐时便越舒适。在条件允许时,应当尽量为外方来宾选择高于吃水线的舱位,因为这样不易使人晕船,又方便观赏船外的风景。与此同时,还应当考虑尽量安排外方来宾使用专舱,避免与其他乘客混杂在一起,彼此均感不便。

3. 火车的座次

与飞机、客轮相同,火车的座次问题其实并非具体位次的高低,而是指其车厢等级的划分。根据惯例，如果在火车上有必要选择"上座"时，不妨考虑以下原则：一是舒适之处为上。较为舒适的车次、车厢与座位，理当视为上座。比如，特快较普快为佳，卧铺较座席为佳，软卧较硬卧为佳，空调车厢较非空调车厢为佳。二是方便之处为上。火车上行动方便的位置，自然被视为上座。就座席而言，内侧位置高于外侧位置；就卧铺而言，下铺高于中铺，中铺则又高于上铺。有必要时，还可为外方来宾安排专用车厢或专用包厢。三是面向前方为上。不论是座席还是卧铺，通常均以面对火车行驶方向为上位，而以背对火车行驶方向为下位，因为前者令人感觉较为舒服。四是临窗之座为上。在火车上靠近车窗就座，视野开阔，不易晕车，因此这一位置被视为上座。

4. 汽车的座次

在公务接待过程中，东道方使用最普遍的交通工具当推汽车。以下对轿车座次的尊卑问题，进行简要的介绍。

排列轿车的座次时，首先必须明确，座位数量不同的轿车，排列座次的方法往往有所不同；而在乘坐同一种轿车时，驾车者的具体身份也会对排列座次产生一定影响。下面将综合上述两个因素，说明常用类型轿车的座次排列。

（1）双排五座轿车。此种轿车，在公务接待中使用最多。当主人驾车时，其座次自高而低依次为：前排右座、后排右座、后排左座、后排中座。当专职司机驾车时，则其座次自高而低依次为：后排右座、后排左座、后排中座、前排右座。（图 4.4）

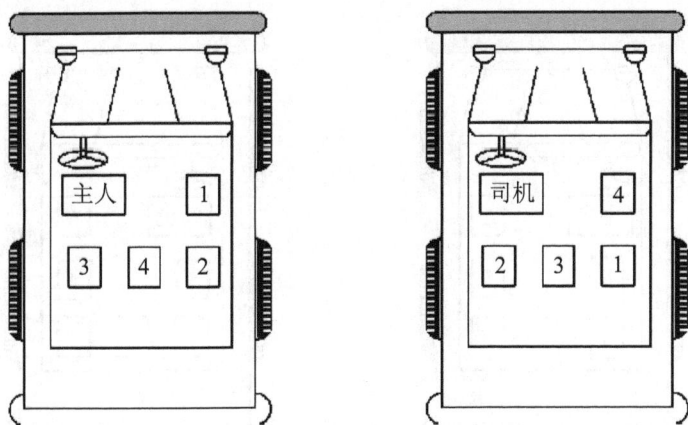

图 4.4 双排五座轿车排位

(2)双排六座轿车。当主人驾驶此种轿车时,其座次自高而低依次为:前排右座、前排中座、后排右座、后排左座、后排中座。当专职司机驾车时,则其座次自高而低依次为:后排右座、后排左座、后排中座、前排右座、前排中座。(图 4.5)

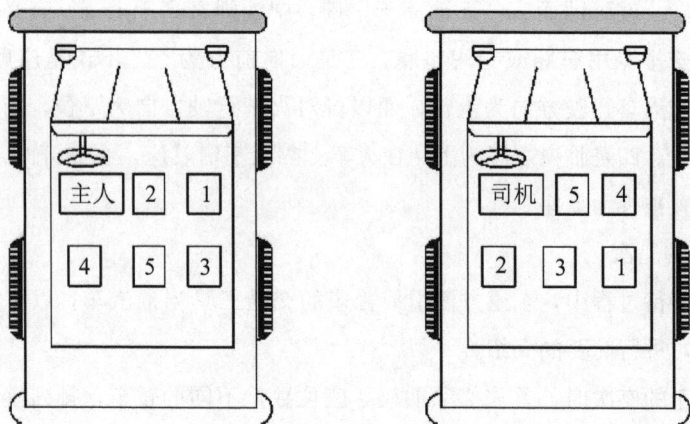

图 4.5 双排六座轿车排位

(3)三排七座轿车。这种轿车,当主人驾车时,其座次自高而低依次为:前排右座、后排右座、后排左座、后排中座,中排右座、中排左座。当专职司机驾车时,则其座次自高而低依次为:后排右座、后排左座、后排中座、中排右座、中排左座、前排右座。(图 4.6)

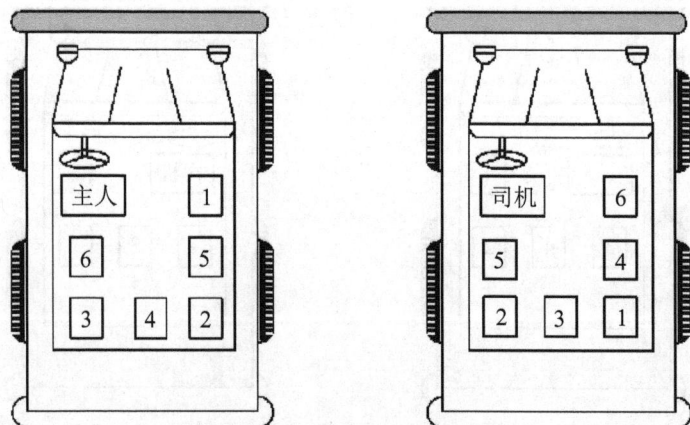

图 4.6 三排七座轿车排位

（4）三排九座轿车。当主人驾驶此种轿车时，其座次自高而低依次为：前排右座、前排中座、中排右座、中排中座、中排左座、后排右座、后排中座、后排左座。当专职司机驾车时，则其座次高低依次为：中排右座、中排左座、中排中座、后排右座、后排左座、后排中座、前排右座、前排中座。（图 4.7）

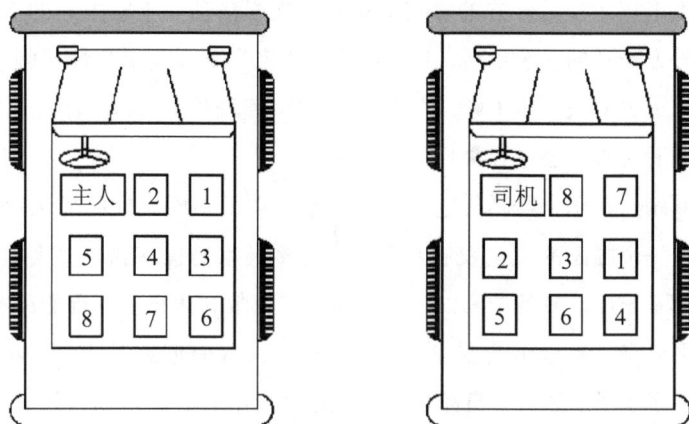

图 4.7　三排九座轿车排位

（5）多排多座轿车。多排多座轿车在此特指四排座或者四排座以上排数的轿车。不管由何人开车，多排多座轿车的具体座次均应由前而后，自右而左，依其距轿车前门的远近而依次排列。其原因主要是考虑乘车之人上下车的方便与否。（图 4.8）

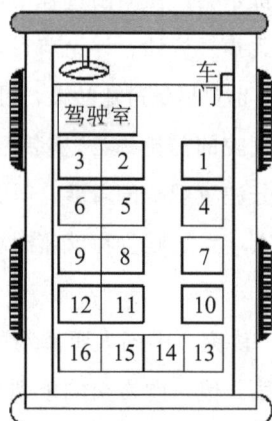

图 4.8　多排多座轿车排位

五、文娱活动

为了活跃气氛，调剂外方来宾的业余生活，在紧张的公务接待过程中，东道方通常会为外方来宾尤其是外方的贵宾安排一些文娱活动。丰富多彩的文娱活动，不仅可以调剂外方来宾的业余生活，还可以使外方来宾直观而形象地接触东道国文化，加深外宾对东道国的进一步了解。在为外方来宾所安排的文娱活动中，以观看戏剧、欣赏音乐和观看文娱晚会最为常见。

各国的戏剧、音乐、舞蹈等艺术，鲜明地表现了不同民族的思维观念和生活方式，也反映了一个国家的文化发展水平。在许多国家的首都和一些大城市里，都有漂亮的剧院和音乐厅。有的国家的大剧院内设有宽敞的休息厅，有的还有总统包厢，整个剧院富丽堂皇，是城市的主建筑之一。西方人普遍把观看戏剧、欣赏音乐视为一种高雅的艺术享受，剧院、音乐厅成了城市社交中心之一，如有外宾来访，看戏、听音乐或参加其他形式的文娱晚会，便成为一项重要的日程安排。在国宾来访时，有时还要举行专场晚会。

剧院和音乐厅的规矩相当严格。观众和听众必须按时到达，准时入场。如果迟到，则看戏必须等待一幕演完、听音乐会必须等待一曲奏完，来者方可入场，有时甚至要等到中间休息时，才能入场就座。

要保持场内安静。特别是音乐会，在演出过程中，几百上千人的表演厅内，除了演奏的音乐声外，几乎鸦雀无声。谈话、评论节目，有时甚至翻阅节目单的沙沙作响声，都会招致邻座的侧目。也要尽量避免咳嗽，可以带一点止咳糖以备用。

讲究衣着。过去英国高级剧院的前排称为"盛装席"，要求观众穿礼服出席。虽然这已成为历史，但现在仍十分注意观众的着装，听古典音乐更是如此。冬天进剧场，男子必须在入场前脱下大衣，女子则可在就座时再将大衣褪下。演出尚未结束时，不要急于穿大衣退场。

为演员的精彩表演鼓掌也有讲究。中国人听京戏的习惯是，每逢精彩唱段就击掌叫好，演员也因此而备受激励。但是欣赏交响乐则另有讲究，乐章之间有短暂的间隙，却不可以在此时鼓掌，只能在一曲终了之后才能鼓掌。观看戏剧是在每一幕完结时鼓掌。欣赏芭蕾舞则可以在演出中间，在一段独舞或双人舞表演之后鼓掌。

　　为了对精彩的演出表示赞赏和感谢，可以在演出结束谢幕时给演员送花。为代表团举行的专场晚会，可由代表团赠送花篮。主宾是否上台握手、合影留念，应视当地习惯，听从主人方面安排。

　　在为欢迎国宾而举行的专场演出上，由谁出面做主人，各国做法不尽相同。在我国，一般由文化部出面组织招待。关于节目的选定，有些国家有一定的保留节目。例如，在捷克国宾到访时，经常演出具有鲜明民族风格的歌剧《被出卖的新嫁娘》，该剧是著名的捷克音乐家斯梅塔纳的作品，是捷克人招待国宾的保留节目。当然，也可以根据客人的愿望和要求临时选定某些节目。例如，有的客人特别喜欢中国的京剧，认为京剧的表演艺术是成熟的、精彩的、世界上独一无二的；而有的客人则不习惯于节奏太慢的表演，而喜欢节奏感比较明显的现代音乐，在演出过程中，如能穿插一两个来访者国家的节目，客人会感到特别高兴。

　　在专场演出时，要安排好主宾和陪同人员座次。在大剧院，一般以包厢为宜。如没有包厢，则可将主宾安排在前边第七八排座位的上。在现场，应有专人引导客人入座。应保证有足够的观众出席率，一般观众可先于主宾入场就座，当主宾由主人陪同进场时，观众应有礼貌地起立鼓掌欢迎。节目未结束，观众不要中途退场；演出结束时，也应待谢幕完毕，主宾离开后再散场。除某些特定的开幕式外，一般专场演出均不安排讲话。演出的节目单和剧情简介，最好能事先印好，分送给宾主双方。

　　除专场演出外，也可利用其他机会演出一些小节目招待客人。譬如宴会、招待会后，演一些小节目招待客人。

六、参观访问

　　在公务接待中为来宾适当安排一些参观访问活动，能够加深来宾对本国实际情况的了解，增进相互理解，促进双方合作。为使参观访问收到较好的效果，首先必须根据来访外宾的情况，选择好参观访问的项目和路线。世界上有许多驰名全球的名胜古迹，如埃及的金字塔，巴黎的卢浮宫、埃菲尔铁塔，中国的长城、故宫、秦兵马俑，印度的泰姬陵……都可以说是初访者的必游之地。除此之外，在选择参观访问项目时，还应考虑到其他一些相关因素。

第一，尽可能与业务会谈相配合。例如，会谈中会涉及某些合作项目，而参观项目单位可有助于对情况和问题的了解。

第二，为使来访者进一步了解东道国的基本情况，安排参观比较有典型意义的地方或单位。

第三，根据来访者的专业、兴趣、爱好与愿望，安排相应的参观单位。科学家可以参观访问教育、科研单位；医生可以参观医疗保健事业等。

第四，对于某些女宾，可根据其兴趣，参观社会福利、文化艺术、妇幼保健等项目。

来访的客人，往往迫切希望通过参观访问了解情况，对于东道国来说，也希望可以通过来宾的访问，多加宣传自己，影响对方。参观项目的选择往往是同整个访问的目的密切相关的。当然，参观访问项目的选择，需要通过双方协商确定，而东道国还可以根据实际情况，先提出意见。

此外，对于参观外地项目，需事先征得当地主管单位的同意。在选择参观项目时，还要考虑路程远近、交通条件、整个日程的安排、生活接待条件等。对年老体弱的外宾，不宜安排过于辛苦劳累的参观项目。对于参观活动期间的休息、用餐、介绍情况、座谈、陪同、导游等，事先都应做出妥善的安排。

按通常礼节，高级外宾参观时，应由相当身份的人员陪同，被参观单位亦应由负责人出面接待。但陪同人员不宜过多，现场不要围观，正常的生产秩序不要打乱。参观结束时，如有适合做礼物的本单位的产品，可送作纪念。如外宾愿到本单位的专营商店选购东西，也可予以安排。

外宾照相，原则上只要是让看的地方，就应允许照相。如不允许照相，应在事前向外宾说明，最好在现场用外文做出说明标示。

外宾在参观过程中所用的食品、饮料、汽车用油等均应做好充分准备。重要国宾或年老体弱者以及人数众多的参观团外出活动时，最好有医务人员随车前往。

七、谒墓

许多国家首都都建有已故领导人的陵墓或无名英雄（革命烈士）纪念碑。谒墓、献花圈是对被访国人民友好亲善的表示，也是对被访国先烈所表示的敬意。所以各国领导人在正式出访期间，都会按各国的习惯做法前往谒陵墓或向纪念碑献花圈。

各国安排领导人谒墓（或向纪念碑献花圈）的仪式大同小异。一般的做法是现场安排仪仗队、军乐队，并派高级官员陪同。仪式开始时，乐队奏乐，花圈由东道国礼兵（或谒墓者的随行人员）抬着走在前列，仪仗队分列两旁，向来宾致意，谒墓人随行于后。摆放花圈时，谒墓人往往要上前扶一下，有的还整理一下花圈上的飘带，然后稍退几步，肃立默哀，绕陵墓（纪念碑）一周。信仰宗教的谒墓人有的还会为死者祈祷。

谒墓的整个过程充满庄严肃穆的气氛，参加仪式人员应穿着素色服装（有的国家要求着礼服），谒墓时应脱帽（军人若不脱帽应行举手礼）。

东道国应事先将谒墓式的程序扼要地通告对方，来宾在前往谒墓（碑）前应先向对方了解谒墓程序和其他习惯做法，花圈、飘带等物需早做准备，飘带上的题词要书写得当。

有些国家的陵墓建在寺院内，谒墓有其独特的宗教仪式，不信教者前往谒墓，对于宗教仪式中的一些动作可不仿效，但应遵守对方的风俗习惯，如进入清真寺要脱鞋，妇女需用头巾包住头发等。

第四节　会见与会谈

在国际交往中，会见与会谈是一种十分重要的交往方式。因为它既具有礼仪性，又具有实质性，所以适用范围广泛，可以在各个不同的层次和各类不同的人员之间进行。

一、会见与会谈的形式

在形形色色的会见与会谈中，国家领导人之间的会见与会谈无疑是最为重要的。在历史上，一些国家领导人之间通过会见与会谈，对当时与各国人民命运攸关的重大问题达成妥协与谅解，具有深远的历史影响。1972年2月21日，在美国总统尼克松到达北京的当天，毛泽东主席就邀请他到中南海寓所，双方进行了一个多小时的会谈，研究了中美关系的根本问题，决定了日后需讨论的重大实际问题。其后，周恩来总理又同尼克松总统先后进行了大约 15 个小时的会谈，双方基本保持了友好、礼貌和相互尊重的气氛。在这些会谈之后，双方发表了著名的《中美上海公报》，揭开了中美关系史上新的一页，标志着两国关系正常化进程的开始，为以后中美关系的进一步改善和发展打下了基础。

除了国家领导人之间的会见和会谈以外，国际上每天发生的各种会见或会谈难以计数，有政治的、外交的、经济的、贸易的、文化交往的以及其他各个领域的，而且又分各种不同的层次。国际生活中的种种问题，很多都需要通过有关人员之间的会见和会谈来解决。会见与会谈的形式多种多样，根据不同情况，可对会见会谈的具体形式作不同区分。

根据会晤时来宾参加方的数量不同，可将其划分为双边会见会谈与多边会见会谈。在双边会见会谈中，来宾仅有一方；而在多边会见会谈中，来宾方则为两方或两方以上。一般而言，双边会见会谈要比多边会见会谈显得更为正式一些。所以，除非有举行多边活动的特殊需要，通常都应当尽量少安排多边会见会谈。多边会见会谈的主要问题在于，由于来宾不止一方，不仅礼宾次序较为烦琐，而且在会见会谈进行过程中往往会令东道主顾此失彼，应接不暇。

从礼仪的角度来讲，会见会谈可以略分成以下几种。

第一种，礼节性拜会。一个国家的代表到另一个国家访问，在抵达并安顿就绪后，前去拜会东道国的主人；一个国家的使节，到达驻在国正式上任后，也要拜会驻当地的其他各国使节。这种拜会具有较大的礼仪性，一般称之为礼节性拜会。

第二种，回拜。在礼节性拜会之后，主人会到客人住所回访，以表示热情友好之意，即为回拜。不过，由于时间等方面的原因，这种安排有时也会被简化掉。比如，到任使节拜会驻在国官员之后，后者可以不必回拜；使节之间，一般应当回拜，但也可视情况以其他方式对新到任者表示欢迎之意，而免去回拜。

第三种，正式会谈。是双方就实质性的问题交换意见、进行讨论、阐述各自的立场，或为求得某些具体问题的解决而进行的严肃而正式的会谈。例如，领导人进行国事访问，都要进行一次或几次正式会谈，就双边关系中的重大问题和共同关心的国际问题，进行交谈磋商。各国外交代表之间也经常要进行各种性质的会谈，各国贸易代表，各国企业、公司之间关于商务、经济合作等方面的会谈，也具有正式会谈的性质。

正式会谈一般在双方身份相当的人员之间进行，由有关人员参加。有时还举行领导人之间的单独会谈。如果问题涉及许多方面，则可以分组进行会谈。这些都属于正式会谈的范围，可以由双方商量进行。

第四种，接见。指由国家领导人或高一级的官员出面会见来访者。

第五种，召见。驻在国的高级官员，因某些事务需进行交涉，主动约请有关国家的使节前来会见，称为召见。

第六种，访谈。领导人或高级官员接受记者或其他新闻媒体人员采访，发表谈话或回答问题，称为访谈。

第七种，辞行拜会。常驻使节离任前，拜会驻在国政府官员、有关人士和其他国家驻当地使节，向他们告别，谓之辞行拜会。有时因时间关系来不及一一拜会，也可以举行告别酒会。临时出国人员离开访问国时，可视情况以适当方式向东道主告别。

以上只是大体上的分类。由于现代国际交往活动日趋繁杂，各类会见、会谈已难于明确界定。例如，有的在礼节性拜会时已开始就实质问题进行会谈，有时将第二次会谈安排在客人所住宾馆进行，也就同时包含了回拜的意思。

国际交往活动中的会见、会谈，一般均需双方事先约定，否则对方可能会以有其他约会为由而予以拒绝。在访问他国时，会见或会谈的时间，可在商谈访问日程时予以安排。由于会见、会谈在任何访问中都是十分重要的，在排定日程时，应把它放在重要位置上，使其他次要的活动服从于会见、会谈的安排。如果一次会谈谈不完，有继续会谈的必要，则应做出相应的安排。

参加正式会见、会谈的人员，亦应事先商定。在一般情况下，各方参加人员的名单、职务等，由各方自定后，只要通知对方并取得大体平衡，就不会产生什么问题。

关于会见、会谈的时间与地点，也应由双方协商同意。通常说，只要对双方方便，并大体符合对等原则，并不难取得一致意见。但有时候，由于涉及的问题比较敏感，在这类问题上也会产生一些周折。在国外，一般公务性的会见，多在主人的办公室内进行。座位的安排，可视办公室的条件和谈话的方便，加以布置。在我国，一般公务性会见，大多在会客室进行。重要的会见，为便于拍照等，通常是主人和主宾均正面就座，其他客人和主方陪见人员在两侧按序就座。

在进行会见、会谈时，东道方应先到达会见、会谈场所，迎候客人。如安排合影，则在双方见面后先合影，再入座。会见、会谈结束后，主人送客到门口告别。

领导人间的会见、会谈，除双方陪见人员和译员、记录员之外，其他工作人员在工作安排就绪后均应退出。如允许记者照相或采访，也只是在谈话刚开始时的几分钟，待正式交谈开始，即应离去。在会谈过程中，旁人不得随意进出。

在国际交往活动中，东道方往往会安排地位、身份较高的人员接见外方来宾，这在国际交往中通常被视为东道主给予来宾的一种不可或缺的礼遇。

二、会见、会谈的座次排列

在正式的国际交往中，宾主之间都非常重视会见、会谈的座次排列。在正常情况下，国际交往中会见、会谈的座次排列主要有以下五种具体形式。

1. 相对式

相对式排座，指的是宾主双方面对面就座。此种方式显得主次分明，往往易于使宾主双方公事公办，保持适当的距离。它多适用于公务性会见会谈，具体运用时又可分为两种情况：第一种情况是双方就座后，一方面对正门，另一方则背对正门。此时讲究"面门为上"，即面对正门之座为上座，应请来宾就座；背对正门之座为下座，宜由主人就座。第二种情况是，双方就座于室内两侧，并且面对面地就座。此时讲究进门后动态的"以右为上"，即进门时以右侧之座为上座，应请来宾就座；左侧之座则为下座，宜由主人就座。若宾主双方不止一人，情景大致也是如此。（图 4.9）

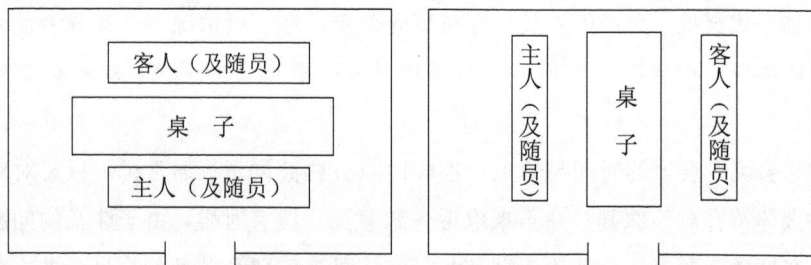

图 4.9 相对式会客的排位

2. 并列式

并列式排座，指的是宾主双方并排就座，以暗示彼此双方"平起平坐"，地位相仿，关系密切，多适用于礼节性会见、会谈。它也分为两种情况：一种情况是双方一同面门而坐，此时讲究就座后静态的"以右为上"，即主人宜请来宾就座于自己的右侧。若双方人员不止一名时，其他人员可各自分别在主人或主宾一侧，按其地位、身份的高低，依次就座。另一种情况为双方一同在室内的右侧或左侧就座，此时讲究"以远为上"或"内侧高于外侧"，即应以距门较远之座为上座，将其让给来宾；以距门较近之座为下座由主人就座。（图 4.10）

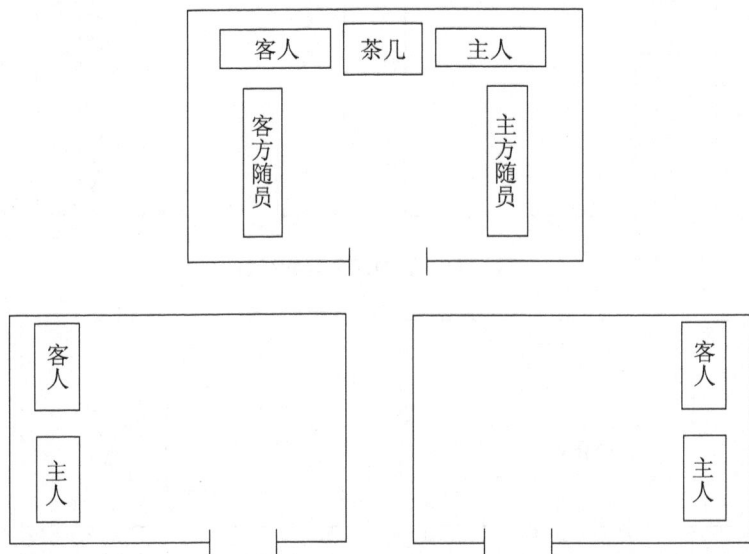

图 4.10 并列式会客的排位

3. 居中式

所谓居中式排座，实际上属于并列式排座的一种特例。它指的是当多人一起并排就座时，讲究"居中为上"，即应以中央的位置为上座，请来宾就座；以其两侧的位置为下座，而由东道方人员就座。（图 4.11）

4. 主席式

主席式排座，通常用于东道方在同一时间、同一地点正式会见两方或两方以上的来宾的场合。此时一般应由主人面对正门而座，其他各方来宾则应在其对面背门而坐。这种排座方式好像主人正在以主席的身份主持会议，故此称之为主席式。有时，主人亦可坐在长桌或椭圆桌的尽头，而请其他来宾就座于其两侧。（图 4.12）

主人	客人	主人

主人
客人
主人

主人
客人
主人

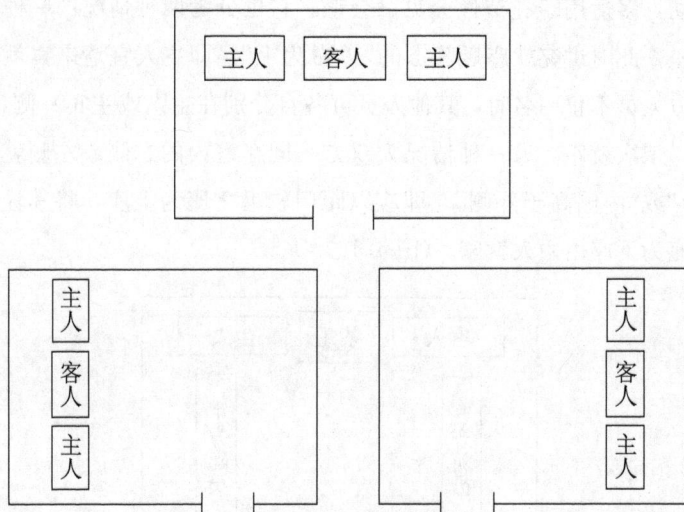

图 4.11 居中式会客的排位

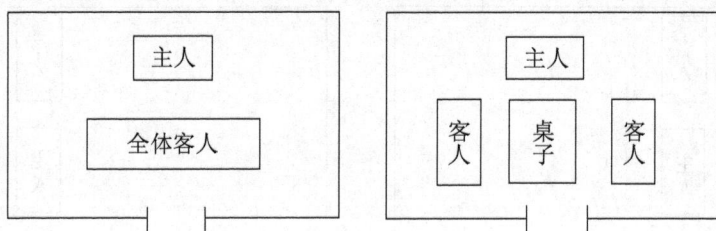

主人
全体客人

主人		
客人	桌子	客人

图 4.12 主席式会客的排位

5. 自由式

自由式排座，指的是进行具体会见、会谈时不进行正式的座次排列，而由宾主各方的全体人员一律自由选择座位。它多适用于各类非正式会见、会谈或者正式举行的多边性会见、会谈。

三、正式合影

在国际交往活动中，正式举行会见、会谈的宾主双方，通常都会在一起合影，以作纪念。宾主双方正式会见、会谈之时的合影，除了应当做好充分的准备之外，还必须注意合理的排位。在安排合影的具体位次时，要注意以下两点：一是中国国内的合影习惯一般讲究"居前为上""居中为上"和"以左为上"。具体而言，它又有"人数为单"与"人数为双"的区别。在合影时，中国的习惯做法通常是主方居右，客方居左。二是在国际交往中要坚持国际上通行的合影排位惯例，讲究"以右为上"，即令主人居中，主宾居右，其他人员分主左宾右依次在其两侧排开。（图 4.13）

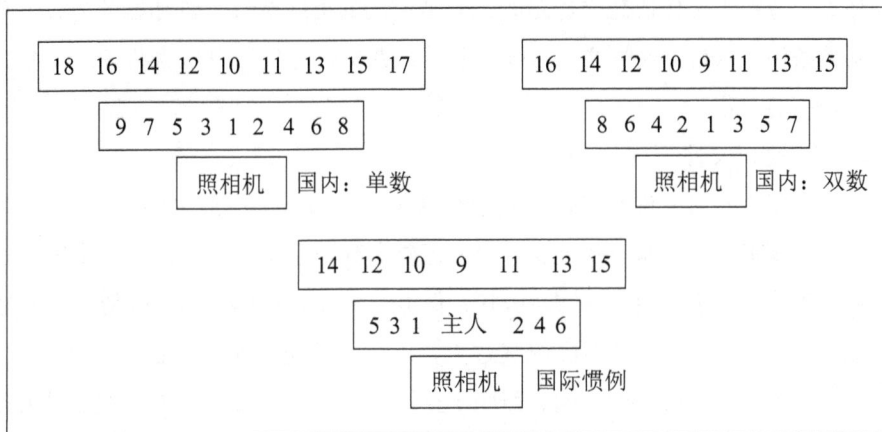

图 4.13 正式合影的排位

第五节 会议礼仪

会议通常是指将特定范围的人员召集在一起，对某些专门问题进行研究、讨论，有时还须做出决定的一种社会活动形式。国际交往中有大量事务需要通过召开会议加以协商解决，无论会议的组织者还是参加者，都应当遵守相关的会议礼仪。

常规的会议礼仪通常包括会议的组织、主持人礼仪、发言人礼仪和与会者礼仪四个方面的内容。

一、会议的组织

在会前的准备阶段，要进行的组织准备工作大体上有以下四项。

1. 拟定会议主题

会议的主题，即会议的指导思想。会议的形式、内容、任务、议程、期限、出席人员等,都只有在会议的主题确定下来之后,才可以据此一一加以确定。

2. 拟发会议通知

会议通知应包括以下六项内容:一是标题,它重点交代会议名称;二是主题与内容,这是对会议宗旨的介绍;三是会期,应明确会议的起止时间;四是报到的时间与地点,特别要交代清楚交通路线;五是会议的出席对象,如对象可选派,则应规定具体条件;六是会议要求,它指的是与会者材料与生活用品的准备以及差旅费和其他费用的问题。

3. 起草会议文件

会议所用的各项文件材料,均应于会前准备完成,其中最主要的当数开幕词、闭幕词和主题报告,其他一些重要材料,还应做到与会者人手一份。要安排好与会者的招待工作,对于交通、膳宿、医疗、保卫等方面的具体工作,应精心、妥当地做好准备。要布置好会场,不应使其过大,以免显得空旷无人;也不可使之过小,使场面拥挤不堪。对必用的音响、照明、空调、投影、摄像等设备,事先要认真调试。所需文具、饮料等,亦应预备齐全。

4. 排列座次

举行正式会议时,通常应事先排定与会者,尤其是其中重要身份者的具体座次。越是重要的会议,它的座次排定往往就越受到与会各方的关注。对有关会场排座的礼仪规范,因不同会议规模的不同,具体的座次排定方式也存在着一定的差异。

(1)小型会议。小型会议,一般指参加者较少、规模不大的会议。它的主要特征是全体与会者均应排座,不设立专用的主席台。小型会议的排座,目前主要有以下三种具体形式。

一是自由择座。它的基本做法是不排定固定的具体座次,而由全体与会者完全自由地选择座位就座。

二是面门设座。它一般以面对会议室正门之位为会议主席之座,其他的与会者可在其两侧自右而左依次就座。

三是依景设座。所谓依景设座,是指会议主席的具体位置,不必面对会议室正门,而是应当以会议室内的主要景致为背景,如字画、讲台等。其他与会者的排座,则略同于前者。

(2)大型会议。大型会议,一般是指与会者众多、规模较大的会议。它的最大特点是会场上应分设主席台与听众席，前者必须认真排座，后者的座次则可排可不排。

第一，主席台排座。大型会场的主席台，一般应面对会场主入口，在主席台上就座的人，通常应当与在听众席上就座的人呈面对面之势，在主席台就座的每一名成员面前的桌上，均应放置双向的桌签。

主席台排座，具体又可分作主席团排座、主持人席位、发言者席位等三个不同方面的问题。主席团在此是指在主席台上正式就座的全体人员，按照国际惯例，主席团位次的基本排序规则有三：一是前排高于后排；二是中央高于两侧；三是右侧高于左侧。

第二，听众席的座次。听众席的安排主要有两种方法：一是按指定区域统一就座；二是自由就座。

在会议进行阶段，会议的组织准备者要做的主要工作，大体上可分为三项。

一是进行例行服务工作。在会场之外，应安排专人迎送、引导、陪同与会人员，对与会的年老体弱者，还须进行重点照顾，必要时还应为与会者安排一定的文体娱乐活动。在会场之内，则应当对与会者有求必应，尽可能地满足其一切正当要求。

二是精心编写会议简报。举行会期较长的大中型会议，依例应编写会议简报。

三是认真做好会议记录。凡重要会议，不论是全体大会，还是分组讨论，都要进行必要的会议记录。会议组织者应当安排专人负责记录会议内容，会议名称、时间、地点、人员、主持者、会议过程及其主要内容都应记录下来。

在会议结束阶段，一般的组织准备工作主要有以下三项：一是形成可供传达的会议文件；二是处理与会议有关的文件材料；三是为与会者的返程提供方便。

二、主持人礼仪

各种会议的主持人，一般由具有一定职位的人来担任，其礼仪表现的好坏对会议能否圆满成功有着重要的影响。

第一，主持人应衣着整洁，大方庄重，精神饱满，切忌不修边幅。

第二，主持人走上主席台时，应步伐稳健有力，行走的速度因会议的性质而定。一般的纪念、悼念性会议，步频要慢，每秒约1步至2步，且步幅较小；欢快、热烈的会议步频则较快，每秒约2.5步，步幅应较大；主持庄严的大会，步频以每秒2步为宜，步幅自然。行走时挺胸抬头，目视前方，摆臂自然。

第三，如果是站立主持，主持人应双腿并拢，腰背挺直。单手持稿时，右手持稿的底中部，左手五指并拢自然下垂；双手持稿时，应与胸齐高。坐姿主持时，应身体挺直，双臂前伸，两手轻按于桌沿。主持过程中，切忌出现搔头、揉眼、摇腿等不雅动作。

第四，主持人言谈应口齿清楚，思维敏捷，简明扼要。可以说一些承上启下的话，但不要太长，以免显得喧宾夺主。如果需要，每个人发言结束，主持人可以进行简短总结。同时，主持人要时刻把握会议时间，必要时需提醒发言人注意时间与发言内容。

第五，主持人应根据会议性质调节会议气氛，或庄重，或幽默，或沉稳，或活泼。如果会议出现尴尬的气氛，主持人应该想法打破僵局，或暂时搁置有争议的议题，使会议能得以继续进行。

第六，在会议进行过程中，主持人对会场上的熟人不能打招呼，更不能寒暄闲谈。会议开始前或在会议休息时间，则可向熟人点头、微笑致意。

三、发言人礼仪

会议发言有正式发言和自由发言两种。前者一般是领导报告或主题发言；后者一般是讨论发言。正式发言者应衣冠整齐，走上主席台时应步态自然，刚劲有力，体现一种成竹在胸、自信自强的风度与气质。发言时应口齿清晰，讲究逻辑，简明扼要。如果是书面发言，要时常抬头扫视一下会场，不能低头读稿，旁若无人。发言完毕，应对听众的倾听表示谢意。

自由发言则较随意，但要注意讲究顺序和秩序，不能争抢发言；发言应简短，观点应明确；与他人有分歧时，应以理服人，态度平和，听从主持人的指挥，不能只顾自己。

如果有会议参加者对发言人提问，应礼貌作答，对不能回答的问题，应机智而礼貌地说明理由。对提问人所提出的批评和意见，应认真听取，即使提问者的批评是错误的，也不应失态。

四、与会者礼仪

会议参加者应衣着整洁，仪表大方，准时入场，进出有序，依会议安排落座。开会时应认真听讲，不要私下小声说话或交头接耳，可以准备纸笔记录下与自己工作相关的内容或要求。不要在别人发言时说话、随意走动、打哈欠等，这是失礼的行为。发言人发言结束时，应鼓掌致意。会议进行过程中尽量不要离开会场；如果必须离开，也要轻手轻脚，尽量不影响发言者和其他与会者。如果长时间离开或提前退场，应与会议组织者打招呼，说明理由，征得同意后再离开。

在开会过程中，如果有讨论，最好不要保持沉默，这会让人感到你对工作或对单位漠不关心。想要发言时应先在心里有个准备，用手或目光向主持人示意或直接提出要求。发言应简明、清楚、有条理，实事求是。反驳别人时不要打断对方，应等对方讲完后再阐述自己的见解；别人反驳自己时要虚心听取，不要急于争辩。

第六节　谈判礼仪

所谓谈判，指的是有关各方为了各自的利益，进行有组织、有准备的正式协商及讨论，以便互让互谅，求同存异，以求最终达成某种协议的整个过程。国际交往中的谈判作为人类社会的一种有意识的活动和一种处理国际关系和解决利益冲突的手段，其历史源远流长。从实践上看，国际谈判并非人与人之间的一般性交谈，而是有关各方有备而至，方针既定、目标明确、志在必得，有极强的技巧性与策略性。虽然谈判讲究的是理智、利益、技巧和策略，但这并不意味着它绝对排斥人的思想、情感从中所起的作用。事实上，在任何谈判中礼仪一向都颇受重视，其根本原因就在于，在谈判中以礼待人不仅体现着自身的教养与素质，而且还会对谈判对手的思想、情感产生一定程度的影响。

一、国际谈判的类型和原则

国际谈判纷繁复杂、头绪很多，国外不少学者曾经作过尝试，根据不同的标准对国际谈判进行了不同的分类。根据国际交往活动的内容和性质，我们可以把国际谈判大体划分为两种，即国际商务谈判和国际政务谈判。

国际商务谈判主要是企业的行为和活动，它具有微观性、业务性、实利性、跨国性等特点。国际政务谈判主要是国家外事行政机关的行为和活动，通常涉及双边或多边的国家关系，它通常不以实利为中心，目的在于维护国家的主权、利益和尊严，不同于单纯的为买卖成交而进行的讨价还价。同时，由于没有一个世界政府，国际政务谈判只能以国家间的协议为准绳，而对于协议的执行并无强制力来保证，这往往使国际政务谈判成为一个旷日持久的过程，有时简直是马拉松，需要有关各方拿出诚意和耐心，才能取得进展。如美日关于贸易摩擦的谈判，日俄关于北方领土问题的谈判等。

国际谈判的原则也是值得我们重视的一个问题。美国哈佛大学的学者曾经提出一种原则谈判法，如要将人和问题分开，谈判重点应放在利益而非立场上，构思互有收获的解决方案和坚持客观性标准等，由此可见原则的重要性。美国谈判学家温科勒也曾给谈判者开列了十条原则：即如果不是迫不得已，就不要讨价还价；要做好准备；要后发制人；要对他人以礼相待；要让你的对手相互竞争；要给自己留有余地；要言而有信；要多听、少讲；要与公众的期望值保持联系；要使对方习惯于你的狮子大开口。

在长期的国际谈判实践中，我国也形成了一些具有中国特色的谈判原则。

第一，实事求是的原则，即客观性原则。这个原则要求人们从实际情况出发，按照事物的客观情况，正确地对待和处理问题。在具体的对外谈判中，则需要以客观事实作为依据，坚持摆事实、讲道理，以理服人。

第二，平等互利的原则。在国际谈判中，平等互利的原则，主要是讲在政治上要平等，要互相尊重国家主权；在经济上要互利互惠，以谋求共同的发展。平等互利是我国外交政策的重要组成部分，也是我国主要的对外经贸政策之一。我国一贯主张大小国家一律平等，对大国、强国和小国、弱国坚持平等相待，同时，在国际经济交流与合作中，坚持互利互惠原则，既要维护我国的根本利益，也要充分考虑对方的利益，实现共同繁荣。

第三，求同存异的原则。在国际谈判中，要坚持求大同，存小异的原则，寻找双方的共同利益，发展互利合作的关系。

第四，尊重与守信的原则。在国际谈判中，权利和义务是相互的，各方应尊重他人的权利，信守自己的义务。言必信，行必果，说话要算数，做不到的事绝不说，说过的话一定要做到。

二、国际谈判的程序和技巧

国际谈判是科学的、有着严格的程序。通常可以把国际谈判划分为三个阶段，即谈判的准备阶段、谈判的进行阶段和谈判的协议达成阶段。这三个阶段相互关联，构成了国际谈判错综复杂而又生动有趣的整个过程。

1. 准备阶段

国际谈判的准备主要包括思想准备、资料准备和组织准备三个方面的工作。思想准备，主要指要确立谈判的意向，选择谈判对手做可行性评估，以及设计谈判方案和确定谈判主题、目标、要点和策略等。资料准备，则指要派专人收集与谈判有关的事实、数据等，做到知己知彼、百战不殆。组织准备，指要合理配备谈判班子，确定主谈人、谈判人员、翻译人员等，如有可能，可事先进行演练。

2. 进行阶段

国际谈判的进行阶段是国际谈判的核心内容，一般包括开局、交锋、妥协、终局四个小的阶段。

(1)开局阶段。开局阶段通常意味着国际谈判的开始。此时谈判双方刚刚接触，并未进入正题。一般情况下，双方先进行会见、作介绍、寒暄，并就一些题外话进行交谈，目的是创造一种和谐、温馨、友好的气氛。但是，有时谈判的开局阶段可能要花去很多时间，如谈判各方会对程序性问题发生争论，这些程序性问题一般涉及谈判的议程问题，如优先讨论的问题次序、座位安排甚至谈判桌的形状等。

(2)交锋阶段。交锋阶段也叫作劝说阶段，通常在程序性问题取得进展后，双方就实质性问题展开了真正较量。此时双方的对立明朗化，彼此都提出了自己交易的条件，表明了各自的立场和利益。

(3)妥协阶段。妥协阶段是绝大多数国际谈判所无法避免的阶段。所谓妥协，就是谈判双方或各方在寻求达成一定协议的过程中，一方向另一方或双方彼此之间做出的让步。在多数情况下，协议或协定是双方让步、妥协的产物，每一方都迎着对方走自己的路,因此,在协议达成前,谈判双方都要竭力弄清对方对达成协议感兴趣的程度和准备做出的妥协。

(4)终局阶段。这也是国际谈判的成交阶段。法国著名外交家康邦曾指出:谁提出要谈判,谁至少在一定程度上等于提出要达成协定。因此,达成协定是谈判的基本目标。谈判双方或各方经过妥协和不断磋商,最后总要就有关问题达成协议。此外,需要做的工作则是要将商定的各项条款,写成书面形式,经双方签字后成为正式协议。这种正式协议既是谈判的成果,也是双方必须遵守的国际文件。

3. 协议达成阶段

国际谈判的协议达成阶段是与谈判的终局阶段联系在一起的,由于它的特殊重要性,有必要列为国际谈判的独立阶段。这一阶段的主要任务是就双方达成的协议进行推敲、斟酌,决定最后文本,并代表各自国家或单位在协议上签字。对于此项工作,绝不可掉以轻心,要本着严肃认真、一丝不苟的精神去做好,因为它一经签字就具有法律效力,谈判者对此绝不能疏忽大意。

4. 国际谈判的技巧

国际谈判是一门科学,也是一种艺术,是科学和艺术的结合。一场谈判就像一场战争,谁要想在战斗中取胜,获得最大的利益,就需要正确地运用谈判的艺术和技巧。周恩来总理在他的外交生涯中,总是能运用各种谈判艺术和技巧,为维护国家利益、维护世界和平以及促进各国人民的友好往来,做出巨大贡献。美国前总统尼克松曾回忆说:周恩来在谈判中显示了高超的技巧。基辛格也承认"周恩来有一种非常高超、非常巧妙的谈判技巧,是头脑迟钝的西方人要过一会儿才能理解的"。有人将周恩来总理的外事谈判技巧归纳为三点:一是坦率真诚,阐明观点;二是察言观色,要言中的;三是洞察时事,随机应变。周恩来总理的这些谈判技巧曾在国际外交界留下了许多佳话。

国际谈判的艺术和技巧非常多,这里我们仅从谈判结果的角度,将它们划分为两种。

(1)单胜法。任何谈判的目的都是要获胜,但获胜的结果有几种:一是一方胜利,另一方失败;二是双方都获胜,或者一方胜得多一些,另一方胜得少一些。第一种是不择手段地获胜,也可称为单胜法。这种谈判手法以苏联为代表。根据美国谈判专家柯汉的归纳,其特点是:第一,刁难的开端。总是在开始时提出难以达到的要求，以荒谬的提议来扰乱对方的预期标准。第二，有限的权限。负责谈判的人没有全权，只拥有很小的权限。第三，情绪化的策略。面红耳赤，愤怒地大声吵闹——认为别人侵犯了他的利益，有时甚至停止交谈以抗议。第四，将对手视为弱者。认为对方的妥协是无能的表现。第五，吝啬做任何承诺。迟迟不加承诺，即使最后同意，与开始的要求并无根本性不同。第六，忽视期限。表现得极有耐心，时间对他们丝毫没有影响。

（2）双胜法。与单胜法不同，双胜法是要达到"光荣"的胜利，谈判结果皆大欢喜。双胜法的基本要诀是：以诚相见，烘托气氛；兼顾双方利益；根据客观公平的标准进行谈判。在谈判活动中，谈判双方的目标和利益是不一致的，但是这并不意味着双方是对立的，只要采取正确的方法，谋求共同的利益，就能使双方都成为胜利者。

三、谈判地点

举行国际谈判时对于谈判地点的选择，是很有讲究的，它不仅直接关系到谈判的最终结果，而且还直接涉及礼仪的应用问题。假如按照谈判地点的不同来进行划分，国际谈判可分为以下四类。

一是主座谈判。所谓主座谈判，指的是在东道主所在地举行的谈判。通常认为，此种谈判往往使东道主一方拥有较大的主动性。

二是客座谈判。所谓客座谈判，指的是在谈判对象所在地举行的谈判。一般来说，这种谈判显然会使谈判对象占尽地主之利。

三是主客座谈判。所谓主客座谈判，指的是在谈判双方所在地轮流举行的谈判。这种谈判，对谈判双方都比较公正。

四是第三地谈判。所谓第三地谈判，指的是谈判在不属于谈判双方所在地的第三地点进行。这种谈判，较主客座谈判更为公平，干扰更少。

显而易见，上述四类谈判对谈判双方的利、弊往往不尽相同，因此各方均会主动争取有利于己方的选择。对参加谈判的每一方来说，确定谈判的具体地点事关重大。从礼仪上来讲，确定谈判地点时，有两个方面的问题必须为有关各方所重视：一方面是商定谈判地点。在讨论、选择谈判地点时，既不应该对对手听之任之，也不应当固执己见,正确的做法是应由各方各抒己见,最后再由大家协商确定。另一方面是做好现场布置。在谈判之中身为东道主时,应按照分工,自觉地做好谈判现场的布置工作,以尽地主之责。

<h2 align="center">四、谈判座次</h2>

在举行正式国际谈判时,对有关各方在谈判现场具体就座的位次,要求是非常严格的,礼仪性也很强。从总体上讲,排列正式谈判的座次,可分为两种情况。

1. 双边谈判

双边谈判,指的是由两个方面的人士所举行的谈判。在一般性的谈判中,双边谈判最为多见。双边谈判的座次排列,主要有横桌式和竖桌式两种形式。

(1)横桌式。横桌式座次排列,是指谈判桌在谈判室内横放,客方人员面门而坐,主方人员背门而坐。除双方主谈者居中就座外,各方的其他人士则依其身份高低,各自先右后左、自高而低地分别在己方一侧就座。双方主谈者的右侧之位,在国内谈判中可坐副手,而在涉外谈判中则应由译员就座。

(2)竖桌式。竖桌式座次排列,是指谈判桌在谈判室内竖放。具体排位时以进门时的方向为准,右侧由客方人士就座,左侧则由主方人士就座。在其他方面,则与横桌式排座相仿。(图4.14)

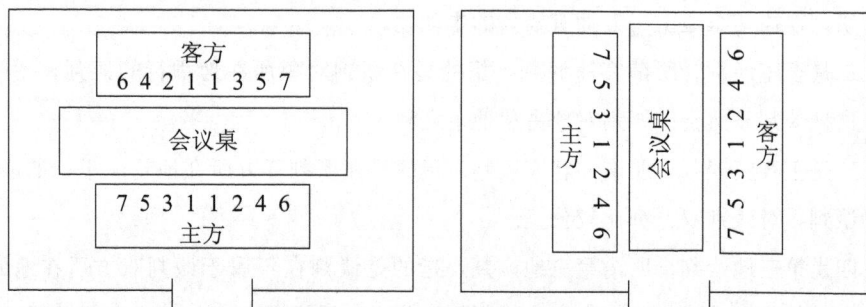

图4.14 双边谈判的排位

2. 多边谈判

多边谈判,在此是指由三方或三方以上人士所举行的谈判。多边谈判的座次排列,也可分为两种形式。

（1）自由式。自由式座次排列，即各方人士在谈判时自由就座，而无须事先正式安排座次。

（2）主席式。主席式座次排列，是指在谈判室内面向正门设置一个主席之位，由各方代表发言时使用。其他各方人士，则一律背对正门、面对主席之位分别就座。各方代表发言后，亦须下台就座。（图4.15）

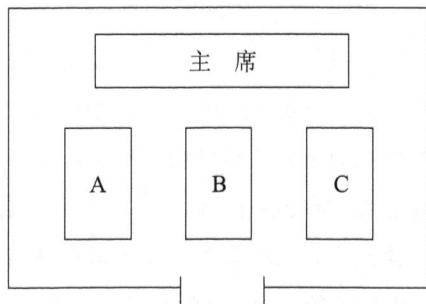

图4.15　多边谈判中主席式的排位

按照惯例，在双边谈判中，应设置姓名签；而在多边谈判中，则大多不需要设置姓名签。在需要设置姓名签时，应保证在座者每人都有姓名签，没有遗漏。姓名签应以印刷体打印，同时采用本国与外方两种文字，通常应以本国文字面对自己，而以外方文字面对对方。

五、谈判表现

在国际谈判的进程中，谈判者尤其是主谈者的临场表现，往往直接影响到谈判的现场气氛。一般认为，谈判者的临场表现，最为关键的是讲究打扮、保持风度、礼待对手三个方面。

第一，讲究打扮。参加谈判时，有关人员一定要讲究自己的穿着打扮，此举并非是为了招摇，而是为了表示自己对于谈判的高度重视。讲究打扮的具体内容，一是修饰仪表。参加谈判前，应认真修饰个人仪表，尤其是要选择端庄、雅致的发型，一般不宜染彩色发，男士通常还应当剃须。二是精心化妆。出席正式谈判时，女士通常应当认真进行化妆。但是，妆容应当淡雅清新，自然大方，不可以浓妆艳抹。三是规范着装。参加正式谈判时的着装，一定要简约、庄重，切不可摩登前卫、标新立异。一般而言，选择深色套装、套裙，白色衬衫，并配以黑色制式皮鞋，才是最正规的。

第二，保持风度。在整个谈判进行期间，每一位谈判者都应当注意保持风度。具体来说，在谈判桌上保持风度，主要应当兼顾以下两个方面：一方面要心平气和。在谈判桌前，每一位希望成功的谈判者均应做到心平气和、处变不惊、不急不躁、冷静处事，既不成心惹谈判对手生气，也不自己找气受。在谈判中始终保持心平气和，是任何高明的谈判者所应保持的风度；另一方面要争取双赢。谈判往往是一种利益之争，因此，谈判各方无不希望在谈判中最大限度地维护或者争取自身的利益。然而从本质上来讲，真正成功的谈判往往以相互妥协，即有关各方的相互让步为结局，也就是说，谈判不应当以"你死我活"为目标，而是应当使有关各方互利互惠、各有所得，实现双赢。在谈判中，只注意争利而不懂得适当地让利于人，只顾己方目标的实现，而让对方一无所得的行为，既没有风度，也不会真正赢得谈判。

第三，礼待对手。在谈判期间，各方人员一定要礼待自己的谈判对手。具体来讲，主要是注意人、事分开和讲究礼貌两点。

一是人与事分开。在谈判中，必须明白对手之间是"两国交兵，各为其主"，指望谈判对手对自己手下留情，甚至"里通外国"，不是自欺欺人，便是白日做梦。因此，要正确地处理己方人员与谈判对手之间的关系，要做到人与事分别而论。也就是说，大家朋友归朋友，谈判归谈判，在谈判之外，对手可以成为朋友，在谈判桌前，朋友也会成为对手。二者不能混为一谈。

二是讲究礼貌。在谈判过程中，无论哪方人员，也不论身处顺境还是逆境，都切不可意气用事、举止粗鲁、表情冷漠、语言放肆，不懂得尊重谈判对手。在任何情况下，谈判者都应该待人谦和、彬彬有礼，对谈判对手友善相待。即使与对方存在严重的利益之争，也切莫对对方采取恶语相加、讽刺挖苦等人身攻击行为，不尊重对方的人格。

六、谈判风格

具有不同文化背景的人有不同的谈判风格。以下几种谈判方式，颇具特色，并且在国际谈判中也会常常遇到。

1. 美国式谈判

美国人的性格通常比较外向，他们与别人结识不久，就会显示出有多年交往般的亲切感。他们精力充沛，热情、自信、果断。

同美国人谈判，最好在吃完早点后开始，不必过多地与他们寒暄，可以直截了当地进入议题。一般而言，美国人在谈判中很少有讨价还价的余地，他们提出的合同条款内容大都由公司法律顾问草拟、董事会研究决定，具体执行人一般无权对合同条款进行修改。不论是作为买方还是卖方，他们对一揽子交易都很感兴趣。他们不仅自己擅长谈判策略，也欣赏有这方面能力的对手。

2. 日本式谈判

日本人具有团体倾向性，有强烈的团体生存和成功的愿望。参加谈判的每一个人都扮演着一定的角色。日本人做生意重视面对面的接触，等级观念根深蒂固。日本人谈判非常正式，决策也很正规，遵循传统的审批制度。

在业务商谈过程中，日本人很会察言观色，非常注意对方的表情、语气、音调等方面的细微变化和反应。在摸清对方的真实意图之前，他们一般不轻易地提出自己的意见，并且谈判代表往往需要把谈判桌上的议题带回去，待组织内部有了集体决定后才对外作肯定的答复。日本人在业务谈判中通常比较谨慎，不会贸然答应很多条件。他们的商谈和合同条款都面面俱到，一旦达成协议就习惯于就事论事。

日本人一向对自己的传统文化非常重视与自豪，他们的谈判人员喜欢"有文化"的人，特别是对日本传统文化有兴趣和修养的人。同日本人谈判要有耐心、有礼貌，要善于自我克制。日本谈判代表认为羞辱和责备都是不能容忍的，他们对对方的批评方式也非常委婉。

3. 英国式谈判

英国人在谈判时一般不急于求成，有讨价还价的余地。谈判开始时，他们往往会与对方保持一定的距离，之后慢慢接近。英国人讲究礼节，善于交往，并使人感到愉快。

4. 德国式谈判

德国人以讲求效率著称。他们的谈判准备工作做得完美无缺，谈判议题规定得非常准确和详细。在正式谈判时，他们不喜欢漫无边际的闲聊，无论陈述还是报价，都非常清楚、明确、坚决、果断。但他们不大热衷于以让步方式来妥协，缺乏一定的灵活性。

5. 地中海式谈判

地中海人在谈判时总是主动、热情地问候对方，他们善于交际，会谈时喜欢使用肢体语言，在谈判过程中常常会在个别交易或议题上纠缠，使整个谈判难以进展。

6. 法国式谈判

法国人的谈判模式不同于美国人，它是一种横向式的谈判。法国人喜欢先为协议勾画出一个轮廓，然后再达成原则协议，最后再确立协议上的各项条款。与法国人谈判，最好配一名法语翻译，因为法国人在国际交往中坚持以法语为谈判语言。

另外，在与瑞士人谈判时，如果你代表的组织有悠久的历史，那么最好在名片上标明，因为瑞士人最看重老牌公司，崇敬老资格。与芬兰人谈判，千万不要讨论政治，当他们最终决定的时候，一握手就像签署书面合同一样有效。

第七节　仪式

"礼仪"这一概念，本来就可以理解为礼节与仪式，可见仪式在礼仪中所占的重要地位。

仪式完整而准确地讲，是指人们在人际交往中，特别是在一些比较盛大、热烈、庄严、隆重的场合，为了激发出席者的某种情感，或是为了引起重视，而郑重其事地按合乎规范和管理的程序，按部就班地举行的某种活动的形式。在国际交往活动中，仪式发挥着不可替代的作用，它不仅可以树立本国、本单位的良好形象，提高知名度和美誉度，培养国民或单位员工的自信心和集体荣誉感，同时还可以表达主办方同交往对象合作的诚意和重视，加深了解和友谊。

一、仪仗

仪仗是指在国家举行大典或迎接外国贵宾举行隆重礼节仪式时所用的兵仗。仪仗主要由仪仗队、军乐队以及礼炮、旗帜等构成。仪仗既可显示一国的威武之势，也是以严格程式化的形式表示对外宾的重视和尊敬。

1. 仪仗队

仪仗队就是执行礼节性任务的武装部队，由陆、海、空军人员组成或仅由陆军人员单独组成。中国仪仗队的迎接规格，由外交部根据来宾的级别及对方与我国的关系来决定，友好国家的元首来访，仪仗队人数为 240 人，一般国家为 155 人，再低一点的为 120 人或 80 人。我国仪仗队的最高规格为 360 人，只有在仪式具有特殊国际影响时才采用。

检阅仪仗队时要严格按照程序进行。一般先由我方接待首长陪同外宾登上检阅台，乐队奏宾主两国国歌。乐毕，仪仗队队长向前一步，面向左下达"向右看——举枪"的口令，然后正步走向检阅台，到距外宾前方 5 步至 7 步处，立正并敬礼报告："某某阁下，中国人民解放军仪仗队列队完毕，请您检阅！"报告后左跨一步，待首长和外宾走过，在右后一、二步随陪检阅。在检阅过程中，外宾走在靠近仪仗队的内侧，我国首长走在外面，外宾的随行武官和我国武官各一名可陪同检阅。仪仗队官兵应对外宾行注目礼，目迎、目送以示敬意。

检阅之后是仪仗队的分列式。队长下达"枪放下"的口令，并指挥部队做分列式准备。我方接待首长陪同外宾重登检阅台，分列式开始进行。如果受场地限制，可只举行阅兵式，不进行分列式。

2. 军乐队

军乐队是主要配备铜管乐器、木管乐器和打击乐器，以演奏国歌、军歌、进行曲为主，由军人组成的乐队团体。在执行礼节性任务时，军乐队通常是配合仪仗队进行活动，因此其规模要视仪仗队的规模而定。一般情况下，军乐队人数至多不应超过仪仗队人数的二分之一，至少不应少于仪仗队人数的三分之一。比如，仪仗队为 120 人时，军乐队人数以 40 人至 60 人为宜。在单独执行演奏任务时，人数则应视现场规模的大小来确定。

军乐队在固定位置演奏时，队形以矩形为宜，各乐手之间的间隔距离以 75 厘米为适度。乐队指挥面对乐手，通观整个乐队。军乐队在行进中时，队形可根据具体情况以四、六、八路纵队排列，此时指挥背向乐队。

3. 礼炮

鸣放礼炮是国际上通行的一种表示欢迎或致礼的礼仪形式。鸣放礼炮的礼仪起源于英国。400 多年前，英国是世界上航海业最发达的国家，各类舰艇游弋海上，时常引起许多沿海国家的疑虑。为了表示对对方没有敌意，英国海军想出一个办法，当军舰驶入他国海域或港湾前，或在公海上与外国舰船相遇时，先把船上炮内的炮弹统统放掉，因为当时舰船上使用的是前膛炮，弹药要从炮口装填，每发射一次要费很多时间，放完一炮后不可能立即放第二炮，这样放掉炮内弹药就成了一种自动解除武装的友好表示。对方的海岸炮和舰船也以此行事，以示回报。久而久之，鸣炮就成了相互致敬的国际惯例。后来这种礼节从海上沿用到陆地，成为迎送国宾仪式上的一种隆重的礼仪。由于当时最大的战舰装有21门大炮，因此鸣礼炮21响就成了一种规格最高的礼仪。

按现在的国际惯例，迎送国家元首或其他相应级别的贵宾，鸣炮21响；迎送政府首脑或其他相应级别的贵宾，鸣炮19响；迎送副总理级官员，鸣炮17次响；以此类推，均取单数，这是当年远洋航行忌讳双数的残留影响。但在盛大庆典上，各国可根据自己的具体情况确定礼炮的响数，不必拘泥于单双的讲究。如英国规定君主诞辰和加冕时鸣炮62响；美国国庆鸣炮50响；在新中国的开国大典上，从华北炮兵抽调108门山炮组成礼炮队，分为两组，每组54门礼炮，代表参加第一届全国政治协商会议的代表来自54个方面，而1949年又正值中国共产党诞辰28周年，毛泽东主席说"开国大典的礼炮要放二十八响"，于是54门礼炮齐鸣28响，表示对中国共产党领导人民经过28年艰苦奋斗取得革命胜利的崇高敬意。

4. 旗帜

旗帜是仪仗的重要组成部分，在许多隆重仪式上都要使用国旗、军旗、彩旗等旗帜。

(1)国旗。国旗是国家尊严的象征，是一个主权国家的标志，人们往往通过悬挂国旗表示对祖国的热爱或对他国的尊重，这种在国际交往活动中的悬旗礼仪已为各国所公认。

在迎接重要外国贵宾、举行欢迎仪式时，应悬挂宾主双方的国旗。遇到一国元首访问时，外宾通过的重要街道应悬挂两国国旗，在其住所及交通工具上，也应悬挂其本国国旗。

如需悬旗志哀，通常的做法是降半旗，即先将国旗升至杆顶，短暂停留后再下降至距离杆顶三分之一处。其他情况下的降旗也应先把国旗升至杆顶，再徐徐降下。也有的国家不降半旗，只是在国旗上方挂黑纱志哀。

（2）彩旗。彩旗是由红、黄、蓝等各色旗帜组成的一种喜庆象征，它作为隆重仪式的一种衬托，意在营造一种欢快热烈的场面。

在迎接外国国家元首、政府首脑时，东道主往往习惯在城市的主要街道和贵宾途经的主要道路上悬挂彩旗。彩旗按组悬挂，每组由 8 面至 10 面旗帜组成，视街道或道路的宽窄而定。第一组全红色，第二组由红、蓝、淡蓝、黄四色旗组成，具体挂法为一红、二蓝、三淡蓝、四黄，最后一面轮到什么旗就是什么旗。彩旗不必每日撤收。

二、就职与登基仪式

许多国家的元首在就职时举行隆重的仪式，国王登基则举行加冕典礼。

国家元首在就职时通常要举行宣誓仪式，并发表施政演说。有的国家元首或国王就职时还会举行盛大的招待会、阅兵式、文艺体育表演等活动。就职仪式一般要邀请各国外交使节参加，有的还邀请外国政府派遣代表或特使参加。新元首或新国王往往还礼节性地接见各国外交使节。有的国家政府首脑在就职时也举行一定的仪式。

四年一届的美国总统的就职典礼，在新总统当选后次年的 1 月 20 日举行。2009年 1 月 20 日，美国第 56 届（44 任）总统奥巴马宣誓就职。就职典礼安排了以下仪式。

（1）做礼拜：国家的信仰。20 日上午，奥巴马在教堂出席礼拜仪式。该传统从罗斯福时期开始形成。据统计绝大多数美国总统都是基督徒，这也是美国外交常以人权为重要衡量因素的缘由。

（2）赴国会山：权力的制约。上午 10 时，就职典礼在国会大厦西面举行。总统和国会在三权分立体系内相互制约。国会任命政府官员，有权弹劾总统。总统可以否决国会的议案。

（3）典礼开始：向林肯致敬。参议员宣布就职典礼仪式开始并致辞。典礼主题为"自由的新生"，它来自林肯的葛底斯堡演讲。

（4）牧师祈祷：宗教仪式的暗示。致辞后牧师祈祷。虽然美国政教分离，但美国人借宗教礼仪进行全民教育，为美利坚民族精神提供强烈的心理暗示。

（5）副总统宣誓：宣誓的约束力。当选副总统拜登宣誓就职。宣誓是用宗教的形式来约束人的内心。不过，美国是一个法治国家，制度上的约束才是监督领导者的有力工具。

(6)总统宣誓:尊重司法权。在首席大法官的主持下,奥巴马手按圣经宣誓就职。首席大法官主持宣誓是尊重司法权的传统体现。但这项义务是传统性的,而非宪法性的。

(7)总统演说:彰显政治家个性。奥巴马发表就职演说。就职演说可以说是总统的执政纲领、执政理念的宣扬。37 位美国总统的演说都有个人风格,也有不少名句常被后人引用。

(8)游行:让反对派能喝倒彩。午餐会后,奥巴马参加总统游行。游行不仅有民众参与,也允许抗议者加入。为体现民主,委员会通常辟出抗议者专区,供反对新总统者发表意见。

(9)舞会:总统也有放松的机会。游行之后,奥巴马终于可以放松一下:庆祝舞会在等着他。在第一任总统华盛顿就任时,美国人办了第一场庆祝舞会。

观摩仪式的人数多达百万,在举行就职仪式的前后几天,还要举行一系列庆祝活动,包括多次宴会、舞会、娱乐性演出、出售纪念品等。

各国对建交国的外国领导人的当选均应以相应的领导人致电祝贺,各国驻当地的使节按惯例亦应向新任领导人发函祝贺。新任外交部部长的任命颁布后,建交国的外交部部长也应发电(函)致贺。

新任国家元首就职后,就建交国家互派的使节是否需要更新递交国书的问题,曾经引起过一番争论。有一种意见认为,既然使节是由一个国家的元首派往另一个国家代表元首的常驻代表,如果国家元首易人,那么其使节理所当然地也应该重新递交国书。但在实际上,现代国家的使节是一个国家和政府的全权代表,已不仅仅是元首个人的代表,而且双方使节重新递交国书比较烦琐,所以其实并没有多少国家真正采用那样的做法。有些国家出于礼仪考虑,安排新任国家领导人同驻在本国的各国使节见一次面,这样算是一种比较周全的做法。1993 年 3 月,我国八届人大一次会议选出新领导人后,江泽民主席、荣毅仁副主席、李鹏总理由钱其琛副总理兼外长陪同,会见了各国驻华使节,就是其中一例。

在一些君主制的国家,新国王登基即位时一般也要举行庆典。1989 年 11 月 12 日,日本明仁天皇举行即位大典。即位大典仪式于下午 1 点在皇宫正殿松厅内举行。天皇和皇后在"高御座"和"御帐台"两座帷帐处登位,并坐在帷帐内与来宾见面。明仁首先致辞，表示要遵守宪法，完成其作为日本国和日本国民整体象征的工作。接着，海部俊树首相致贺词。来自日本国内和其他国家及地区的约 2500 名来宾出席了这个历时 20 分钟的仪式。下午 3 时半，天皇和皇后乘坐敞篷车离开皇宫返回赤坂御所，沿途受到人们的热烈欢迎。晚上 7 时半，在皇宫内丰明殿举行宴会，招待国外来宾（皇宫宴会在 4 天内举行 7 次）。158 个国家和地区及联合国的代表参加了明仁天皇的即位仪式，中国政府代表吴学谦出席了即位大典和皇宫宴会。

也有的国王在登上王位时，主动要求免除加冕典礼，如柬埔寨的西哈努克。西哈努克在即位前致信他的儿子，表示他不希望举行任何加冕仪式，因为他希望使君主政体民主化，也是为了避免开支过大。1993 年 9 月 24 日，身着王家服装的西哈努克在僧侣的诵经声中登上王位，柬埔寨国民议会全体成员向国王宣誓后，登基即位即告完成。

三、开幕式

开幕式主要包括各种展览会，如经济建设成就展览会、商业性的博览会、文化艺术展览会、体育运动会等活动的开幕式，工程项目的动工、竣工典礼和交接仪式的情况与开幕式的安排类似。

开幕式通常由经办方的负责人员主持，如属国际活动，则由东道国方面主持，邀请有关国家的代表团、使节参加；或者由展览团主持，邀请东道国有关官员出席。东道国的国家领导人往往会出席重大的展览会开幕式或重要工程的落成典礼，仪式较为隆重；而一般小型展览的开幕式，则比较简单。

国际展会的开幕式除各方有关人员参加外，还会酌情邀请各国驻当地的使节、外国记者等参加。隆重的开幕式会场，悬挂各有关国家的国旗，有的还演奏国歌，主办方、来宾方先后致辞，然后邀请东道国或展览团参加开幕式人员中身份最高的官员或知名人士剪彩，也有安排宾主双方各一位或两位人士剪彩的。剪彩完毕，安排参观展览，有时参观后还要举行招待酒会。

四、授勋仪式

许多国家对外国领导人、外国驻本国的外交使节或其他知名人士授予勋章，以表彰其为发展两国关系而做出的功绩。为外国人士授勋，有时会专门举行仪式，有时则是借会见、宴会、群众大会等场合进行授勋。

各国在国内一般是由国家元首或政府首脑出面授勋；在国外则一般委托外交使节出面，有时由国家元首、政府首脑借出国访问之便进行授予。不少国家往往借外国领导人访问本国的机会授予勋章。

在授勋仪式上，授勋人与受勋者相对而立，相隔三四步，授勋人先宣读授勋决定，然后将勋章佩戴在受勋人胸前，再将勋章证书颁发给受勋人。在专门的授勋仪式上，有时授勋人与受勋人还需先后致辞。

有的国家为授勋举行隆重庄严的仪式。授勋大厅设主席台和来宾席，授勋人和受勋人站立在主席台上，授勋国政府高级官员、受勋人随行人员以及外国使节在来宾席就座。仪仗队护卫两国国旗和勋章在军乐声中进入授勋大厅，将两国国旗竖立于主席台两侧，乐队奏两国国歌，授勋人致辞，并将勋章佩挂在受勋人胸前，受勋人致答谢词。

有些国家对来访的外国领导人、学者授予名誉学位或名誉市民等称号，有的还授予城市的金钥匙，有关仪式与授勋仪式大体相同。

五、签字仪式

国家间通过谈判，就政治、军事、经济、科技文化等某一领域内的相互关系达成协议，缔结条约、协定或公约时，一般都举行签字仪式。至于由谁签字，则视文件的性质由缔约双方确定，有由国家领导人签字的，也有由政府有关部门负责人签字的，但双方签字人的身份、地位应大体相当。一国领导人访问他国，经双方商定发表联合公报（或联合声明）时，也往往会举行签字仪式。各国业务部门之间签订专业性协议，一般不举行专门的签字仪式。

安排签字仪式，首先应做好文本的准备工作。有关单位应及早做好文本的定稿、编辑、校对、印刷、装订、盖火漆印等项工作，同时准备好签字用的文具、国旗等物品，与对方确定助签人员，并安排双方助签人员洽谈有关细节。

参加签字仪式的基本上都是双方参加会谈的全体人员。如一方要求让某些未参加会谈的人员出席，另一方应予同意，但双方人数最好大体相等。不少国家为了表示对签订协议的重视，往往由更高或更多的领导人亲自出席签字仪式。

在国际交往中，举行签字仪式不仅是对谈判成果的一种公开化、固定化，而且也是有关各方对自己履行合同、协议所作出的一种正式承诺。

1. 位次排列

从礼仪上来讲，举行签字仪式时，在力所能及的条件下，一定要郑重其事。其中，最引人注目的当属举行签字仪式时座次的排列方式问题。一般而言，举行签字仪式时，座次排列的具体方式共有三种，它们分别适用于不同的具体情况。

（1）并列式。并列式排座是举行双边签字仪式时最常见的形式。它的基本做法是：签字桌在室内面门横放，双方出席仪式的全体人员在签字桌后面并排排列，双方签字人员居中面门而坐，客方居右，主方居左。（图 4.16）

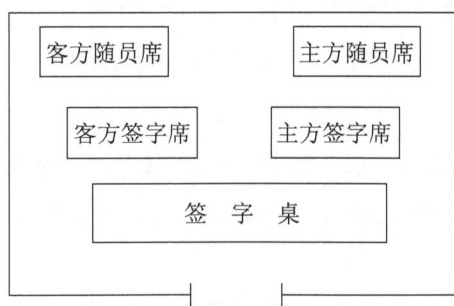

图 4.16 并列式签字的排位

（2）相对式。相对式排座，与并列式排座基本相同。二者之间的主要差别，是相对式排座将双边参加签字仪式的随员移至签字人的对面。（图 4.17）

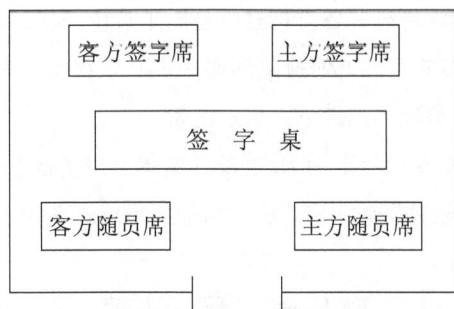

图 4.17 相对式签字的排位

（3）主席式。主席式排座，主要适用于多边签字仪式。其操作特点是：签字桌在室内横放，签字席设在桌后面并对着正门，但只设一个，并且不固定其就座者。举行仪式时，所有各方人员，包括签字人在内，皆应背对正门、面向签字席就座。签字时，签字人应以规定的先后顺序依次走上签字席就座签字，然后退回原处就座。(图4.18)

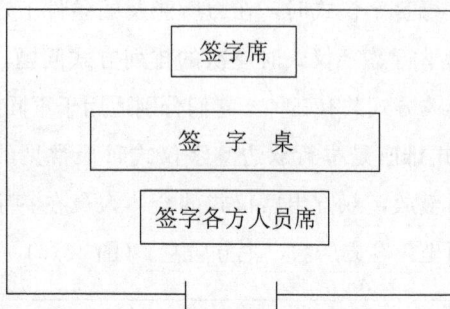

图4.18 主席式签字的排位

2. 基本程序

在具体操作签字仪式时，东道方可以依据下述基本程序进行操作。

(1)宣布签字仪式开始。此时，有关各方人员应先后步入签字厅，在各自既定的位置上就位。

(2)签署文件。通常的做法是，首先签署应由己方所保存的文本，然后再签署应由他方所保存的文本。依照礼仪规范，每一位签字人在己方所保留的文本上签字时，应当名列首位，因此，每一位签字人均需首先签署将由己方所保存的文本，然后再交由他方签字人签署。此种做法，通常称为"轮换制"，它的含义是，在文本签名的具体排列顺序上，应轮流使有关各方均有机会居于首位一次，以示各方完全平等。

(3)交换文本。各方签字人此时应热烈握手，互致祝贺，并互换方才用过的签字笔，以作纪念。全场人员应热烈鼓掌，表示祝贺。

(4)饮酒庆贺。有关各方人员一般应在交换文本后当场饮上一杯香槟酒，并与其他方面的人士一一干杯。这是国际上所通行的增加签字仪式喜庆色彩的一种常规性做法。

第八节　翻译陪同

在国际交往活动中，翻译与陪同往往不可或缺，尽管他们所做的工作在客观上是属于辅助性的，但他们却在国际交往活动中发挥着举足轻重的作用。如果把国际交往活动比作一个"人"的话，那么则可以将翻译工作比作"口""耳"，将陪同工作比作"手""足"。显而易见，离开了充当"口""耳"的翻译工作，或者离开了充当"手""足"的陪同工作，国际交往活动都将是不完整的。要在国际交往过程中做好翻译与陪同工作，既要充分注意二者之间的不同要求，又要认真掌握相关的礼仪规范，并且要一丝不苟地予以遵守。

一、翻译

在国际交往活动中，翻译的职责是将一种语言文字的意思用另外一种语言文字表达出来。目前世界上有 200 多个国家、地区，近 2000 个民族，所使用的语言文字多达三四千种，语言文字相同的国家、地区、民族之间可以直接进行交流，但语言文字不同的国家、地区、民族之间要进行交流、往来，就必须借助于翻译，这是一个不容回避的客观现实。翻译工作在国际交往活动中发挥着双向转换语言文字、消除交流障碍、传递双方信息的重要作用。

就礼仪规范而言，要做好翻译工作，必须在提高自身素质、注意临场发挥这两个方面多下功夫。

(一)提高自身素质

现代国际交往活动对翻译人员的素质要求很高。具体而言，政治坚定、业务过硬、准备充分、知识面宽这四个方面的要求，是每一名翻译人员都要努力争取做到的。

1. 政治坚定

对翻译而言，政治上的坚定具体应当体现在以下三个方面。第一，站稳立场。在具体工作中，翻译人员必须忠于祖国、忠于人民、忠于政府，与此同时，还必须维护本国、本单位的利益。这一原则立场，绝对不可动摇。第二，掌握政策。国际交往活动不仅要服从，而且要服务于国家的路线、方针、政策，翻译人员对此不仅要及时了解、认真学习，而且还应当深入体会、全面理解。第三，提高警惕。在从事翻译工作的具体过程中，翻译人员一定要遵守外事工作纪律，保持高度的政治敏锐性，严守国家和单位的机密，严防泄密。

2. 业务过硬

要做好翻译工作，业务上必须过硬。业务过硬，在此主要是指精通语言文字，达到专业标准，并且讲究职业道德。

(1)精通语言文字。要想做一名合格的翻译，首先必须具有深厚的语言文字功底。第一，翻译人员至少应当精通一门外语，并且最好还能再掌握第二门、第三门外语；第二，翻译人员必须具有较高的本国语言文字修养；第三，翻译人员还应掌握一定的翻译技巧。

(2)达到专业标准。早在 1896 年，我国近代著名翻译家严复就提出了翻译的三条专业标准——"信、达、雅"。所谓"信"，意即忠于原文，翻译准确；所谓"达"，意即译文通顺，翻译流畅；所谓"雅"，意即语言典雅，翻译优美。直到今天，这些标准仍然对翻译工作起着指导作用。需要强调的是，在翻译工作实践中，必须将"信"置于首位，同时兼顾"达、雅"。

(3)讲究职业道德。作为一名翻译人员，必须严格遵守职业道德，对以下五点尤须特别注意：第一，不得忘记身份，喧宾夺主；第二，翻译时不得任意删改，偷工减料；第三，不得滥竽充数，不懂装懂；第四，不得随心所欲，篡改原话原意；第五，不得生编滥造，无中生有。

3. 准备充分

要做好翻译工作，事先做好必要的准备乃是一个重要的步骤。在一般情况下，准备工作做得越好，完成翻译任务的把握就越大。对口译工作而言，情况更是如此。

翻译，特别是口译的准备工作，涵盖范围很广，在通常情况下，主要包括以下五个要点：第一，明确具体任务。在翻译工作开始之前，应当对具体的翻译任务加以明确，有可能的话，还应当对翻译的基本内容、服务的主要对象，以及工作的具体时间、地点予以明确。第二，了解相关环节。在遵守有关规定的前提下，翻译人员应当对本人工作的基本环节有所了解，以便为每项具体环节所有可能涉及的内容或问题提前做好翻译上的准备。第三，熟悉相关背景。对于翻译对象的相关背景，如其个人特点、双边关系、己方意图、近期大事、国内外政治与经济发展的新动向、新问题，都应当尽可能地予以熟悉。第四，适应现场环境。如果条件允许，翻译人员应当提前到达工作现场，以便对有关工具、设备进行调试或者试用，并做好其他临场准备工作。第五，掌握语言特点。对于有关作者的写作特点，有关人员的口音特征，有关语言文字在翻译方面的主要疑难之处，翻译人员亦应尽量加以掌握。

4. 知识面宽

一名称职的翻译人员，必须具有丰富的专业知识与社会知识，惟其如此，才能使自己在具体工作之中得心应手，游刃有余。

第一，要学习本国文化知识。从事翻译工作，一定要具备本国的传统文化知识，对有关的名著、典章、制度、人物、谚语、习俗等，都应当努力学习掌握，加强积累。

第二，要学习国际知识。从事翻译工作，还必须努力学习与本职工作有关的国际知识。通过学习，了解相关交往对象，开阔视野，提高翻译工作水平。

第三，要学习外交知识。一切与外交、外事工作有关的知识，翻译人员都要认真学习，力求精益求精，更好地担负起翻译工作的重任。

第四，要学习时事知识。对于当今的时事政治、国内外大事，翻译人员均应了如指掌，并且能够迅速地判明其是非曲直。

(二)注意临场发挥

在许多情况下，翻译人员的临场表现十分重要。在从事翻译工作的具体过程中，每一名翻译人员既要认真遵守具体的工作规则，又要注意临场发挥，若临场表现不佳，往往会导致重大失误。

1. 口译注意事项

口译，又称口头翻译，它是指在国际交往活动中由译员对己方人员与外方人士的交谈、讨论或者发言在现场即席进行口头翻译，是一种现场翻译，故其临场表现是十分关键的。具体来看，口译主要分为以下两种：在双方进行交谈、讨论时，它通常表现为交替传译；而当一方人员在国际会议上发言时，它则往往表现为同声传译。从总体上讲，要做好口译工作，主要应注意以下几点。

第一，注意个人态度。在从事现场翻译的具体过程中，口译人员应当始终保持热情、友好、愉快、诚恳、谨慎的态度，既要旗帜鲜明地维护国家荣誉、捍卫自身利益，又要令外方人士真切地体验到己方的友善与诚意。

第二，始终全神贯注。在工作岗位上，口译人员必须聚精会神、恪尽职守。要确保翻译的忠实、准确，不改变其内容、本意，不擅自对其进行增减，或者在其中掺杂个人意见。要对有关人员的谈话、发言要点做好笔记。不要主动与外方人士交谈、询问或为其解答问题。遇有未听清之处时，应提出或问明。翻译确有困难时，应告之谈话人或发言人，不要主观臆断、不懂装懂、以讹传讹。对己方谈话人、发言人所具体表述的内容如有意见，可向其提出，请对方三思，但必须以其见解为最终见解。

第三，坚持有主有次。在现场翻译过程中，维护己方利益的具体要求之一，就是要求口译人员尊重己方在场的负责人员，并严格服从其领导。在正式会谈、谈判中，除己方主谈人及其指定发言者之外，对己方其他人员的插话、发言，只有在征得主谈人同意后，才可以进行翻译。在工作之中，若外方人士问及译员个人问题时，应适时地告之于当时在场的己方负责人，并请其定夺答复与否。在这一点上，既要克服个人的无组织作风或虚荣心理，又要注意灵活掌握，以免令外方人士产生错觉。

第四，待人有礼有度。在接触外方人士时，口译人员既要讲究礼仪，更要注意分寸；既要防止机械、生硬，更要防止崇洋媚外。对对方所提出的一切要求，均应及时报告上级，切忌擅自允诺或拒绝。当己方不能满足外方要求时，可转述己方负责人的意见，并做出合乎情理的解释。若外方人士发表了不正确的言论，应据实全部报告己方负责人。若对方单独向译员发表了错误见解，在对方不了解具体情况或并无恶意的前提下，可实事求是地对其做出说明；若对方确有恶意，则应坚持正确立场，义正词严地阐明己方态度；若本人存在一定难处，也可暂不作答，迅速报请上级处理。

2. 笔译注意事项

笔译，亦称书面翻译。与口译相比，笔译的不同之处在于它以书面译文为成果，因此要求翻译工作更为正确、严谨、地道。尽管笔译人员在国际交往活动中通常居于幕后，但其重要程度并未因此而降低。要做好笔译工作，一般需要对以下三点予以注意。

第一，文字标准。在正常情况下，笔译人员应将所接触的书面文字翻译为交往对象所正式使用的文字，或是双方经过协议所指定的其他正式文字。不论具体使用何种文字，均应保证标准无误。

第二，忠于原文。在翻译过程中，笔译人员必须一丝不苟地忠实原文，忠于本意。为此，必须反复推敲，用词严谨，切勿随意转译，无中生有，或者肆意删减。在翻译重要文件、资料时，对这一要求应当更加注意。

第三，集思广益。在笔译过程中，如果自己遇到难题，比如对字、词、句意难以把握时，应当不耻下问，向他人求教，以求集思广益。若他人为此求教于自己，亦应鼎力相助。

二、陪同

在国际交往活动中，东道方往往会指派专人陪同来宾进行活动，以示主人的热情友好，同时为客人的活动提供方便。陪同人员必须高度重视陪同工作，并认真遵守相关的礼仪规范。

1. 严格要求自己

在国际交往活动中，陪同人员往往需要与外方来宾长时间相处。在外方人士眼里，陪同人员的个人形象往往代表着东道方全体人员乃至其单位、地方、民族、国家的形象，所以，陪同人员在工作岗位上必须注意严于律己。

（1）谨慎从事。陪同工作是国际交往活动的一个重要组成部分，每一名陪同人员都绝不能对自己的工作掉以轻心、麻痹大意，而应当高度重视，谨慎从事。

（2）服从领导。不论是集体活动还是单独与外方人士相处，陪同人员都必须遵守有关纪律，服从上级领导。在工作中，要按照政策办事，服从国家与集体利益，切勿掺杂个人兴趣或感情。

（3）少说多听。少说多听是对陪同人员的普遍性要求。为防止喧宾夺主、言多语失，陪同人员与外方人士相处时，一定要谨言慎行，既要事事争取主动，又要充分考虑自己一言一行的直接后果，宁肯不说、少说、慢说，也绝对不宜胡说、乱说。在一般情况下，尽可能地避免发表不必要的个人意见。

（4）计划周全。陪同外方人士外出或参加重要活动时，一定要布置周密，提前制订工作计划，对可能出现的情况、问题要有充分的估计，对对方可能提出的要求要做到心中有数。与此同时，还要采取必要的安全措施，保证外方人士的安全，避免发生令人遗憾的意外事件。

（5）注意保密。陪同人员在与外方人士共处时，要做到口头保密与书面保密并重，切勿在外方人士面前议论内部问题，一般不与外方讨论双方不宜讨论的问题。有关内部情况的文件、资料、笔记、日记乃至笔记本电脑，非因公尽量不要随身携带，更不要交予他人看管或直接借给他人。

(6)距离适度。与外方人士共处时，陪同人员必须不卑不亢，与之保持适当的距离。一方面，在生活上要主动关心、照顾对方，努力满足对方的一切合理要求；另一方面，又要维护自己的国格、人格，切不可与外方人士不分彼此。不要借工作之便与外方讨价还价，提出不合理要求，索取财物，或在其他方面随意求助于外方，也不要对外方的一切要求不加任何区分地有求必应。

2. 掌握陪同技巧

在陪同外方来宾的具体过程中，陪同人员不仅要具有高度的责任心，而且还应当掌握一定的陪同技巧。在相互介绍、道路行进、上下车船、出入电梯、通过房门、就座离座、提供餐饮、日常安排、业余活动等方面，特别应当遵守相应的礼仪规范。

(1)相互介绍。在初次见到外方人士时，陪同人员应当首先将自己介绍给对方，并且递上本人名片。在必要时，陪同人员还须相机将自己再次介绍给自己的陪同对象，免得对方忘记自己。如果需要由陪同人员出面介绍中外双方人士或宾主双方人士时，按照国际惯例，应先介绍己方人士，后介绍外方人士；先介绍主方人士，后介绍客方人士。

(2)道路行进。在路上行进时，礼仪上的位次排列可分做两种：一是并排行进时讲究"以右为上"，或"居中为上"，在并排行走时陪同人员应当主动走在外侧或两侧，而让被陪同对象走在内侧或中央。二是单行行进时讲究"居前为上"，即应请被陪同对象行进在前。但若被陪同对象不认识道路或道路状态不佳，则应当由陪同人员在左前方引导。引导者在引路时应侧身面向被引导者，并在必要时提醒对方"脚下留神"。

(3)上下车船。在乘坐轿车、火车、轮船、飞机时，其上下的具体顺序颇有讲究。一是上下轿车。通常应当请被陪同者首先上车、最后下车，而陪同人员则应当最后上车、首先下车。不过，在具体执行时，应以方便来宾为宜。二是上下火车。在一般情况下，一般应由被陪同者首先上车，首先下车，陪同人员应当居后。在必要时，亦可由陪同人员先行一步，以便为被陪同者引导或开路。三是上下轮船。其顺序通常与上下火车相同。不过若舷梯较为陡峭时，则应让被陪同者先上后下，陪同人员后上先下。四是上下飞机。上下飞机的讲究与上下火车基本相同。

(4)出入电梯。进入电梯时，陪同人员理当稍候被陪同者。具体而言，进入无人驾驶的电梯时，陪同者应当首先进入，并负责开动电梯；进入有人驾驶的电梯时，陪同者则应当最后入内。离开电梯时，陪同者一般应当最后一个离开。不过若是自己堵在门口，首先出去亦不为失礼。

（5）通过房门。在通过房门时，陪同人员通常应当负责开门或关门。一是进入房间时，若门向外开，陪同人员应首先拉开房门，然后请被陪同者入内；若门向内开，则陪同人员应首先推开房门，进入房内，然后请被陪同者进入；在通过旋转式大门时，陪同人员自己应先迅速过去，在另一边等候。二是离开房间时，若门向外开，陪同人员应首先出门，然后请被陪同者离开房间；若门向内开，陪同人员则应当在房内将门拉开，然后请被陪同者首先离开房间。

（6）就座离座。就座与离座的先后顺序，在礼仪上早就有所规定。其具体要求有两个：一是同时就座离座。若陪同者与被陪同者身份相似，则双方可以同时就座或同时离座，以示关系平等。二是先后就座离座。若被陪同者的身份高于陪同者时，一般应当请前者首先就座或首先离座，以示尊重对方。

（7）提供餐饮。一是零点餐饮时，按惯例陪同者应当请被陪同者首先来点菜或点饮料。二是供应餐饮时，上菜或者上酒水的标准顺序，应当是先为被陪同者上，然后再为陪同者上。

（8）日常安排。一般而言，外方来宾的具体活动日程早已排定，陪同人员无权对其加以变更。若外方人士要求变更活动安排，陪同人员不宜擅自做主，而应当及时向上级报告，并执行上级决定。若陪同人员发现被陪同者的活动日程的确存在不足之处，可向有关方面进行反映，但不宜直接与被陪同者就此问题进行沟通，更不宜在对方面前随意发表个人意见。

（9）业余活动。在正常情况下，外方来宾在其工作之余可在遵守东道国法律的前提下进行自由活动，必要时陪同人员可为之提供方便。但无论如何，都不允许陪同人员帮助外方人士在本国从事违法犯罪的活动。

5 | 第五章
餐饮礼仪

饮食是人类生存的第一物质基础，饮食文化也是人类文明起源的根基之一。世界上不同的国家、不同的民族，都在各自长期的社会实践中形成了独具本民族特色的饮食文化，形成了不同的餐饮礼仪规范。餐饮礼仪是世界各国传统礼仪文化中形成最早和最基本的组成部分之一。

第一节　中餐礼仪

中华美食，享誉世界，中国的餐饮文化源远流长，博大精深。中国人热情好客，非常讲究餐饮礼仪，在国际交往活动中以中餐待客，不但能体现我们对八方来宾的友好之情，也能为他们提供一个了解中国餐饮文化、学习中国餐饮礼仪的机会。

一、就餐方式

就餐的方式，一般是指具体以何种方式来用餐的问题。在当今世界上，就餐的方式主要有三种：一是使用筷子用餐；二是使用刀叉用餐；三是使用右手用餐。在以中餐宴请宾客时，通常都选择使用筷子用餐，以便令外方人士有机会感受中华美食的独特就餐方式。不过，在选择以筷子用餐的方式宴请外方人士的同时，尚有两方面的问题应予以注意：

1. 内外兼顾

必须兼顾外方来宾的就餐习惯。除中国、朝鲜、韩国、日本、老挝等为数不多的几个国家之外，世界上大多数国家并无使用筷子就餐的习惯，因此在宴请外方人士时，不妨安排"一中一外"两种就餐方式，既在为宾客准备筷子，让他们有机会体验一下使用筷子的感觉的同时，也为其准备惯用的餐具，比如刀叉，避免让客人感觉为难或出现尴尬。在这一问题上，千万不要勉强对方，而应悉听尊便。

2. 选择最佳方式

考虑到外方人士的不同身份以及中外双方关系的不同，可将以筷子用餐的中餐就餐方式进一步区分为以下四种。

第一，混餐式。它又叫作"合餐式"，类似于国内的会议餐或家庭用餐。用餐时，大家围坐在一起，使用各自的餐具取用盛放在同一器皿之内的菜肴。它的长处是可使人产生和睦、亲近之感；其不足之处则主要是不太卫生。因此，通常不宜以此种方式正式宴请外方来宾。

第二，分餐式。有时，它也叫"中餐西吃"。它是指用餐时，不论菜肴还是主食，一律分给每位用餐者等量的一份，然后大家围坐在一起，使用各自专用的餐具、器皿独享自己的食物，它的优点是卫生。举行正式宴会时，它往往被视为一种最佳选择。

第三，自助式。自助式就餐，一般也叫自助餐，与国外所流行的酒会、茶会、咖啡会、冷餐会等大同小异。自助式就餐的具体做法是，所有食物被分类摆放在一起，然后任由就餐者根据本人口味取用。在用餐时，人们可站可坐，但一般不排座次。它的长处主要是节省开支和人力，不排座次，不拘礼仪。举行较大规模的招待会时，通常可选择此种方式。

第四，公筷式。它实际上是混餐式的一种特殊形式。用餐时，大家围坐在一起，先用公用餐具从同一器皿内取来菜肴置于自己的餐盘内，再以各自专用的餐具享用。此种方式既文明卫生，又有中式家庭的亲密氛围，适宜在为外方来宾举办家宴时采用。

二、席位安排

在安排外方来宾用餐时，对其席位安排必须予以重视。越是正式的宴请，就越应重视其席位的排列。在一般情况之下，安排中餐的用餐位次，一般涉及桌次与座次两个方面，其排列各有一定的规范。

1. 桌次排列

举行正式的中餐宴会时，若所设餐桌不止一桌，便存在桌次的尊卑之别。排列桌次时，主要应遵守以下三项规则。

(1)以右为上。当餐桌有左右之分时，应以位于右侧的餐桌为上桌，即所谓"以右为上"。应当说明的是，这里左右，是按照"面门为上"的规则来确定的。(图5.1)

(2)内侧为上。当餐桌距离餐厅正门有远近之分时，一般以距门较远的餐桌，即靠内侧的餐桌为上桌，即所谓"内侧为主"，又叫"以远为上"。(图5.2)

(3)居中为上。多张餐桌排列在一起时，通常以居于其中央的餐桌为上桌，此即

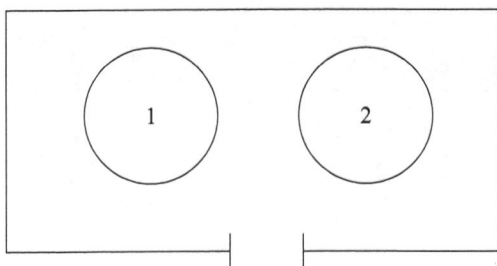

图 5.1　中餐桌次排位之一

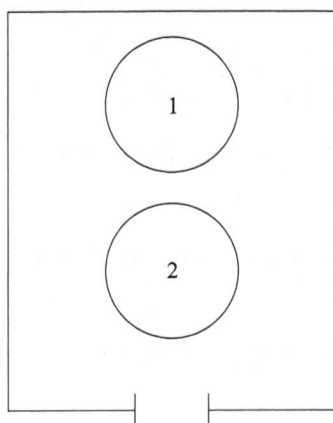

图 5.2　中餐桌次排位之二

所谓"居中为上"。(图 5.3)

　　很多时候，这三条规则往往是交叉使用的。除此之外，在排列桌次时，还需注意：除主桌外，其他各桌一般距主桌越近，桌次越高；距主桌越远，桌次越低。(图 5.4)

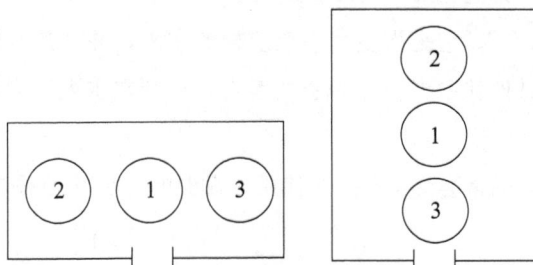

图 5.3　中餐桌次排位之三

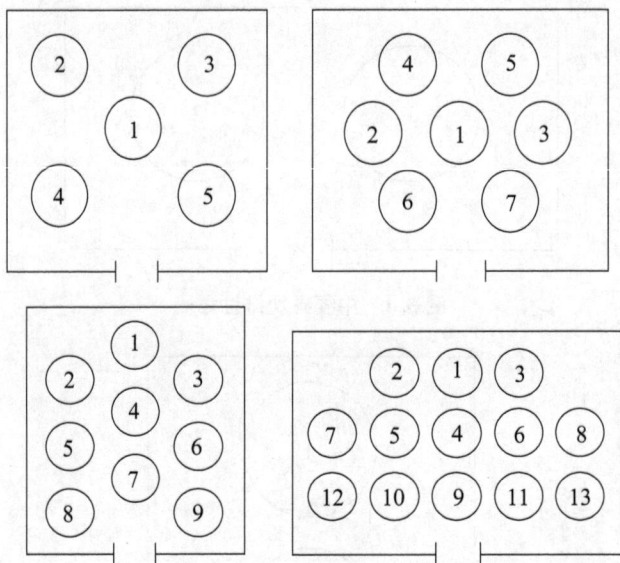

图5.4 中餐桌次排位之四

2. 座次排列

在中餐宴会上，相同一张餐桌上的具体座位往往亦有尊卑之别。进行排列时，有下述四条规则必须恪守。

第一，"好事成双"。它要求每张餐桌上用餐者的具体人数宜为双数，因为中国人以双数为吉祥之数。

第二，"各桌同向"。除主桌之外的其他各桌，都可以采用与主桌一致的排位方式，各桌的具体座位顺序应当基本相同。

第三，"面门为主"。它规定在一般情况下，主人之位应当面对餐厅正门，需要设第二主人之席时，则应在第一主人对面就座。

第四，"主宾居右"。它是指主宾一般应挨着主人，并在其右侧就座。除主人与主宾之外，双方的其他就餐者应分为主左客右，分别在主人、主宾一侧依其身份的高低顺序就座。

上述四条规则，通常会交叉在一起使用，很少单独使用。（图5.5）

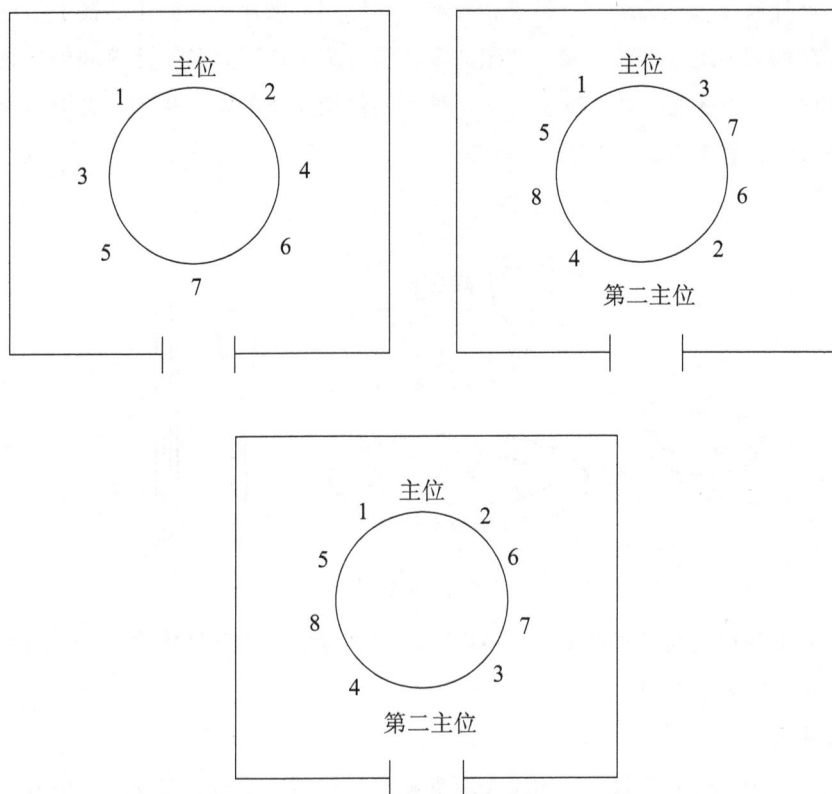

图 5.5　中餐的座次排位

三、上菜顺序与餐具的使用

　　标准的中餐，不论是何种风味，其上菜的顺序大体相同。通常的顺序是先上冷盘，接着是热炒，随后是主菜，然后上点心和汤，最后上水果拼盘。当冷盘吃到三分之二时，开始上第一道热菜，一般标准是每桌十个热菜。需要注意的是不论宴会桌数有多少，各桌要注意同时上菜。

　　上菜时，如果是由服务员给每个人上菜，则要按照先主宾后主人、先女士后男士的顺序，或按顺时针方向依次进行。如果由个人取菜，每道热菜应先放在主宾面前，由主宾开始按顺时针方向依次取用，其他人员切不可越位取菜。

　　中餐的餐具主要有杯、盘、碗、碟、筷、匙等。在正式的宴会上，水杯放在菜盘上，酒杯放在菜盘的上方，筷子、汤匙放在专用的架座上，公用的筷子与汤匙另放在专门的架座上。酱油、醋、辣椒油等调料一桌一份，并备有牙签和烟灰缸。宴请外宾时，一般还需给客人准备刀叉，供不会使用筷子的客人使用。餐巾一般压在菜盘下面，供客人用餐时使用。(图 5.6)

图 5.6 中餐摆台

中餐的各种餐具在使用时有许多讲究，正确地使用餐具是餐饮礼仪的重要组成部分，是必须要掌握的。

1. 筷子

筷子是中餐的主要餐具，用以夹取食物。在使用筷子时，正确的使用方法是用右手执筷，大拇指和食指捏住筷子的上端，另外三个手指自然弯曲捏住筷子，并且使筷子的两端对齐。(图 5.7)

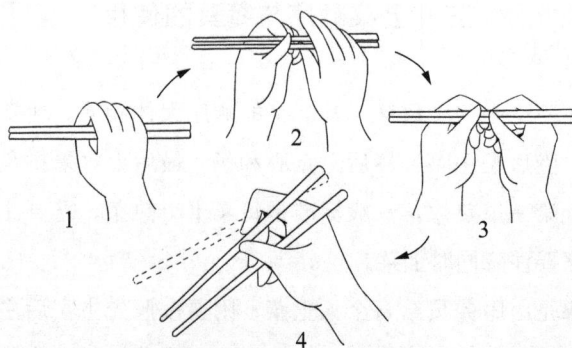

图 5.7 筷子的正确使用方法

使用筷子时要谨记以下十二种禁忌。

一忌"三长两短"。在用餐前或用餐过程当中，将筷子长短不齐地放在桌子上是很不吉利的，中国人通常把它叫作"三长两短"，其意思是"死亡"。因为中国人过去认为人死以后是要装进棺材的，在人装进去但还没有盖棺材盖的时候，棺材的组成部分是前后2块短木板，两旁加底部共3块长木板，5块木板合在一起做成的棺材正好是三长两短，故认为"三长两短"是极为不吉利的事情。

二忌"定海神针"。在用餐时仅用一支筷子去插盘子里的菜肴是绝对不行的，这被认为是对同桌用餐人员的一种羞辱。在吃饭时做出这种举动，与在欧美当众对人伸出中指的性质无异。

三忌"品箸留声"。若在用餐过程中把筷子的一端含在嘴里，用嘴来回去嘬，并不时地发出咝咝的声响，这种行为被视为一种不礼貌的做法。因为在吃饭时用嘴嘬筷子本身就是一种无礼的行为，若再配以声音，更是令人生厌。所以，一旦出现这种做法，都会被认为是缺少家教的粗野行为。

四忌"击盏敲盅"。在用餐时用筷子敲击盘碗，这与原来乞丐要饭时的做法没什么区别。过去只有要饭乞丐才用筷子击打讨饭用的碗盆，这声音再加上嘴里的哀告，使行人注意并给予施舍。所以这种做法被认为极其不雅观的行为，为他人所不齿。

五忌"执箸巡城"。若用餐时旁若无人，拿着筷子来回翻动桌上的菜盘，则会被认为缺乏教养，且目中无人，极其令人反感。

六忌"迷箸刨坟"。若在用餐过程中手持筷子不停地在菜盘里扒拉，似搜寻猎物，这种做法同"执箸巡城"相近，都属于缺乏教养的做法，令人生厌。

七忌"泪箸遗珠"。在用筷子往自己盘子里夹菜时手上的动作不够利落，将菜汤流落到其他菜里或桌子上，也会被视为严重的失礼。

八忌"颠倒乾坤"。在用餐时将筷子颠倒使用，这种行为令人不齿，因为那样会被误解为是因为饥不择食，才将筷子倒拿。

九忌"仙人指路"。若是用大拇指和中指、无名指、小指捏住筷子，而食指伸出，则会显得极为粗鲁。因为在吃饭时伸出的食指总会不停地指到别人，而一般在伸出食指去指对方时，大都带有指责的意思，所以在吃饭用筷子时用手指人，无异于指责别人，是非常失礼的。除此之外，在吃饭时用筷子指人也是非常失礼的。

十忌"当众上香"。有人在出于好心帮别人盛饭时，为了方便省事，便把一副筷子插在饭中递给对方，这种行为是对同桌用餐者的大不敬。按中国的民间传统，只有在为死人上香时才这样做。

十一忌"交叉十字"。这一点往往不被人们所注意。但在用餐时将筷子随便交叉放在桌上，就如同在饭桌上打"×"(错)号，这是对同桌其他人的全部否定，如同学生写错作业、被老师在本子上打的"×"一样。同样，这种做法也是对自己的不尊敬，因为过去只有在吃官司画供时才打"×"，这无疑也是在否定自己。

十二忌"落地惊神"。所谓"落地惊神"，意思是指失手将筷子掉落在地上，是一种严重失礼的表现。中国人认为，祖先们在地下长眠，不应当受到打扰，但筷子落地就等于惊动了地下的祖先，是大不孝。

2. 汤匙

汤匙主要用来喝汤，尽量不要用它舀菜。用筷子取菜时，可以用汤匙加以辅助。使用汤匙时要注意：一是饮汤时，不能把汤匙全部放入口中吸吮；二是用汤匙取食物后，应立刻食用，不能再倒回原处；三是如果食物过烫，不宜用汤匙折来折去；四是不用汤匙时应把它放到自己的食碟上，不要放在桌子上或汤碗里。

3. 碗

碗主要用于盛放主食、羹和汤用的。在正式的宴会上，使用碗时要注意：一是不要端起碗来进食，尤其不能双手端碗进食；二是碗内的食物必须要用餐具取用；三是不可往碗内放置杂物。

4. 盘子

稍小一些的盘子又叫碟子。在餐桌上，盘子一般应保持原位不动，并且不宜将多个盘子叠放在一起。每个人面前的食盘，用来暂时放置从公用菜盘中取来的菜肴，使用时应当注意：一是不要取放的菜肴过多；二是不要将多种菜肴堆放在一起，相互"串味"；三是不要将不宜入口的残渣、骨、刺等吐在地上或餐桌上，而应将它们轻放在食盘的前端，由服务人员撤换。

5. 水杯

中餐的水杯主要用于盛放白水、饮料和果汁等，注意不要用它来盛酒，也不要倒扣水杯，喝进口中的东西也不能再吐回到水杯里去。

6. 湿毛巾

正式的中餐宴会前，服务人员会为每个人都上一条湿毛巾。湿毛巾是擦手用的，不能用来擦嘴、擦脸、擦汗。宴会结束时，再上的一块湿毛巾是用来擦嘴的，不能用来擦脸、擦汗。

7. 餐巾

正式的中餐宴会会为每位用餐者准备一条餐巾，应当将其铺放在并拢的双腿上，而不能把它围在脖子上，或披在衣领、腰带上。餐巾可用来轻揩嘴部和擦手，但不能用于擦餐具、擦汗。

8. 水盂

有时，品尝某种食物时需要直接动手，服务人员会在餐桌上摆放一个水盂，水上漂有玫瑰花瓣或柠檬片。水盂里的水不能喝，只能用来洗手。洗手时，动作不要太大，不要乱抖乱甩，应用两手轮流沾湿指头，轻轻涮洗，然后用餐巾擦干。

9. 牙签

牙签主要用来剔牙，但用餐时尽量不要当众剔牙。若非剔不可，应用餐巾或以一只手掩住口部。剔出的东西切勿当众观赏或再次入口，也不要随手乱弹、随口乱吐。剔牙之后，应立即把牙签扔掉，不要长时间叼在嘴里。

四、用餐礼仪

鉴于中餐的特点和食用习惯，在用餐过程中应注意以下几点。

第一，上菜后不要抢先拿筷，应等主人邀请、主宾动筷时再拿筷子。取菜时要相互礼让、依次进行，不要争抢。取菜要适量，不要把适合自己口味的好菜一人"包干"。

第二，为表示友好、热情，彼此之间可以让菜，劝对方品尝，但不要为他人布菜，更不要擅自做主，不考虑对方喜欢与否就主动为其夹菜、添饭。

第三，不要挑菜。不要在共用的菜盘里挑挑拣拣。取菜时要看准，夹住后立即取走，不能夹起来又放下，或者取过来后又放回去。

第二节 西餐礼仪

西餐是人们对西式饭菜的一种约定俗成的统称，大致可以分为欧美式和俄式两种。西餐的烹饪和食用都与中餐有着很大不同，体现出一种独特的西方文化。

一、西餐的席位排列

西餐的席位排列方式与中餐相比,既有相同之处,也存在着许多的差异。鉴于在国际交往活动中位次排列问题的重要性,在进行西餐席位排列时也应当格外关注,多加注意。

(一)席位排列的基本规则

在绝大多数情况下,西餐的席位排列主要是一个座次问题,除了极其盛大的西餐宴会之外,一般不涉及桌次问题。西餐的座次排列,主要遵循以下几个基本规则:

第一,女士优先。在西餐礼仪里,女士处处受尊重。在排定用餐席位时,一般以女主人为第一主人,在主位就座;而男主人则为第二主人,坐在第二主位上。

第二,距离定位。西餐桌上席位的尊卑,是由其距离主位的远近决定的,距主位近的位置要高于距主位远的位置。

第三,以右为尊。排定西餐席位时,以右为尊是其基本原则。在西餐排定位次时,主宾要排在女主人的右侧,第二主宾则排在男主人右侧,按此原则,依次排列。

第四,面门为上。在餐厅内以餐厅门作为参照物时,按照礼仪要求,面对餐厅正门的位子要高于背对餐厅正门的位子。

第五,交叉排列。与中餐席位的排列习惯不同,西餐排列席位时,讲究交叉排列的原则,即男女应当交叉排列,熟人和生人也应当交叉排列。一个就餐者的对面和两侧往往是异性或并不相熟的人,这样有利于扩大交往,广交朋友。

(二)西餐席位的排列方式

西餐席位的排列方式根据餐桌的不同而有所变化,主要有长桌排列和圆桌排列两种情况。

1. 长桌排列

最常见、最正规的西餐桌是长桌。在使用长桌就餐时,一般有下列情况。

(1)男、女主人在长桌的中央相对而坐,餐桌的两端可以安排座位,也可以不安排座位。(图 5.8)

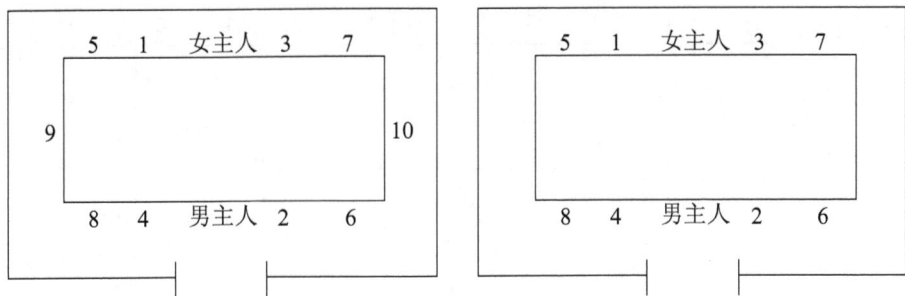

图 5.8 西餐座次排位之一

(2)男、女主人分别坐在长桌的两端，客人依次就座于长桌两侧。（图 5.9）

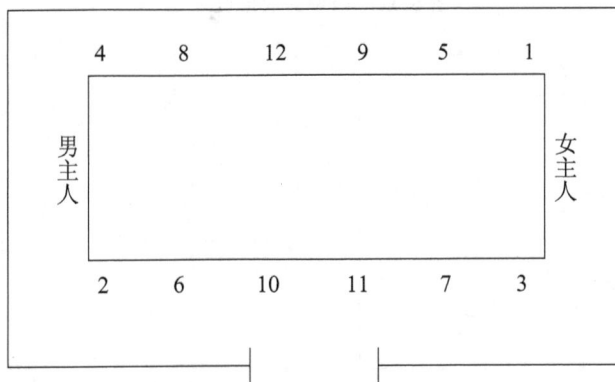

图 5.9 西餐座次排位之二

(3)在用餐人数较多时，可以把长桌拼成其他图案，使大家能一道用餐。在此情况下，要注意长桌的两端尽可能安排举办方的男士就座。（图 5.10）

2. 圆桌的排列

西餐宴会一般不用圆桌。如用圆桌，其座次排列方法如图 5.11 所示。

3. 方桌的排列

西餐的方桌位次排列，一般要求就座于餐桌四面的人数应当相等，并使男、女主人与男、女宾客相对而坐，所有人各自与自己的恋人或配偶坐成斜对角。（图 5.11）

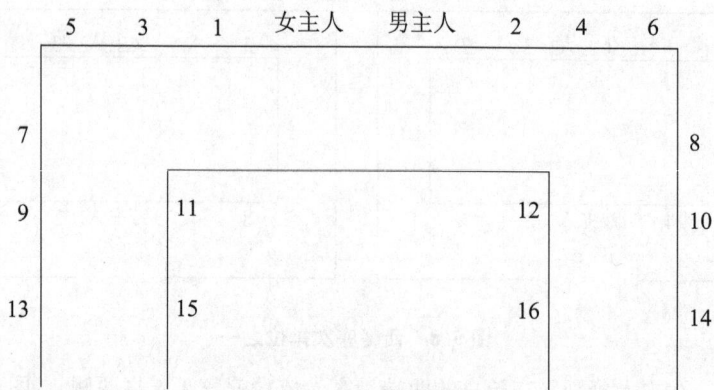

图 5.10　西餐座次排位之三

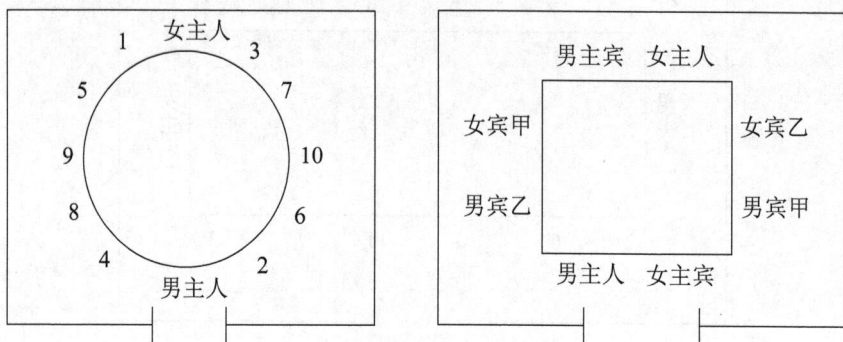

图 5.11　西餐圆桌和方桌的座次排位

二、西餐的菜序

由于饮食习惯的不同，西餐的菜序与中餐有着明显的不同。西餐通常先上汤，而按照中餐规矩，汤是最后一道菜肴，上汤则意味着"菜已上齐"。

正规的西餐宴会，其菜序既复杂又讲究。在一般情况下，完整的西餐正餐要由下列八道菜肴组成：

第一，开胃菜。开胃菜也叫头盘、头盆、前菜，一般是由蔬菜、水果、海鲜、肉食所组成的拼盘。

第二，面包。西餐正餐面包一般是切片面包，食用时可根据各自口味，涂上黄油、果酱或奶酪。

第三，汤。西餐中的汤有两大类，即浓汤和清汤，都具有很好的开胃效果。上了汤菜才算是西餐正式开始。

第四，主菜。西餐的主菜花样十分丰富，包括水产类、畜肉类、禽肉类和蔬菜菜肴。在正式的西餐宴会上，主菜大体要上一个冷菜，两个热菜。在两个热菜中，讲究先上一道由鱼或虾以及蔬菜组成的菜；另一个是肉菜，为西餐中的大菜，是必不可少的，它多用烤肉，配以蔬菜，往往代表着此次用餐的最高档次和水平。

第五，点心。吃过主菜后，一般要上些蛋糕、饼干、吐司、三明治等西式点心。

第六，甜品。用过点心之后，接着上甜品。常见的甜品有冰激凌、布丁等。

第七，水果。吃完甜品后一般还要摆上干鲜果品。

第八，热饮。在用餐结束前，还要为用餐者提供热饮，一般为红茶或咖啡，以帮助消化。西餐的热饮，可以在餐桌上饮用，也可以换个地方，到休息室或客厅去品用。

现代社会的西餐也在趋于简化。较为简便的西餐包含以下菜肴、饮品也就可以了：开胃菜、汤、主菜、甜品、咖啡。

三、西餐餐具的使用

西餐的餐具主要有刀、叉、匙、盘、碟、杯等，同时讲究吃不同的菜要用不同的刀叉，饮不同的酒要用不同的酒杯。

用刀、叉进餐是西餐的最重要特征之一。除此之外，西餐的主要餐具还有餐匙、餐巾、食盘、杯子等，其用法也各有特殊之处。

西餐餐具的摆设与中餐不同。刀分餐刀、鱼刀、肉刀（刀口有锯齿，用以切牛排、猪排）、奶油刀、水果刀；叉分餐叉、鱼叉、龙虾叉；匙有汤匙、茶匙等；杯的种类更多，茶杯、咖啡杯均为瓷器，并配小碟，水杯、酒杯多为玻璃制品，不同的酒使用的酒杯规格亦不相同。宴会要上几道酒，就配有几种酒杯。公用刀叉规格一般大于食用刀叉。西餐餐具的摆法是：正面放食盘（汤盘），左手放叉右手放刀，食盘上方放匙（汤匙及甜食匙），再上方放酒杯，从右侧开始分别为烈酒杯或开胃酒杯、葡萄酒杯、香槟酒杯、啤酒杯（水杯）。餐巾插在水杯内或摆在食盘上，面包奶油盘在左上方。吃正餐时，刀叉数目应与菜的道数相同，按上菜顺序由外至里排列，刀

口向内，用餐时应按此顺序取用。撤盘时，一并撤去使用过的刀叉。（图 5.12）

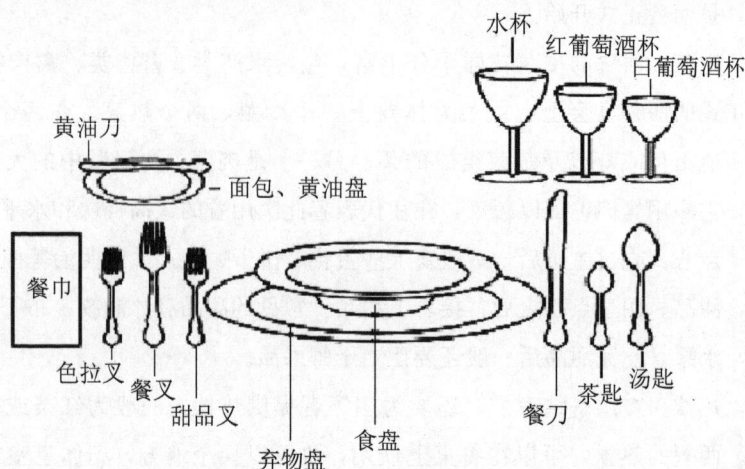

图 5.12　西餐摆台

1. 刀叉

刀叉是西餐餐具的主角，既可以分开使用，也可以共同使用。由于在多数情况下两者要共同使用，所以人们在提到西餐餐具时，往往把两者相提并论。正确使用刀叉，须做到以下几点。

（1）正确区别刀叉。

在正式的西餐宴会上，每道菜肴都配用专门的刀叉，不能乱拿乱用，同时讲究吃一道菜换一副刀叉，不能从头到尾只使用一副刀叉。

吃西餐正餐时，摆在每位就餐者面前的刀叉，有吃黄油用的餐刀，吃鱼用的刀叉，吃肉用的刀叉，吃甜品、水果用的刀叉等。各种刀叉形状各异，摆放的位置也不同。

吃黄油用的餐刀，一般应横放在就餐者左手的正前方，距主食面包不远处。

吃鱼和肉用的刀叉，应餐刀在右、餐叉在左，分别纵放在就餐者面前的餐盘两侧。由于刀叉的数目同上菜的道数相等，有时餐盘两侧分别摆放的刀叉会有三副之多。取用刀叉的基本原则是，每上一道菜则依次从两边由外侧到内侧取用刀叉。

吃甜品用的刀叉，一般横放在就餐者餐盘的正前方。

（2）正确使用刀叉。

通用的刀叉使用方法主要有两种：一种是英国式，即在进餐时，始终保持右手持刀、左手持叉，一边用刀切割，一边用叉进食，叉齿朝下。这种进餐方式比较文雅。另一种是美国式，先是右手持刀左手持叉，把餐盘的食物全部切割好后，再把右手的餐刀斜放在餐盘的前方，将左手的餐叉换到右手，用叉子取用食物。这种方式比较简便省事。

　　餐刀可以用来切食物，也可用来把食物拨到餐叉上。餐叉主要用来取食菜肴，也可以用它摁住食物，以便在用刀切割时不至于滑脱。（图 5.13）

图 5.13　使用刀叉的正确方法

　　使用刀叉时，要注意动作不要过大，以免影响他人；切割食物时不要弄出声响；切下的食物要刚好一口吃下，不要叉起来再一口一口咬着吃；不要挥动刀叉讲话，不要用刀叉指点他人；刀叉掉落到地上不可捡起再用，应请服务员另换一副。

　　（3）了解刀叉的暗示。

　　在就餐过程中若与人攀谈，或需要暂时离开餐桌时，应放下手中的刀叉，刀右、叉左，刀口向内、叉齿向下，呈"八"字形状摆放在餐盘之上。它表示：此菜尚未用毕。如果吃完了或是不想再吃了，可以刀口向内，叉齿向上，刀右、叉左并排放在餐盘上。它表示：不再吃了，可以连刀叉带餐盘一起收走。（图 5.14）

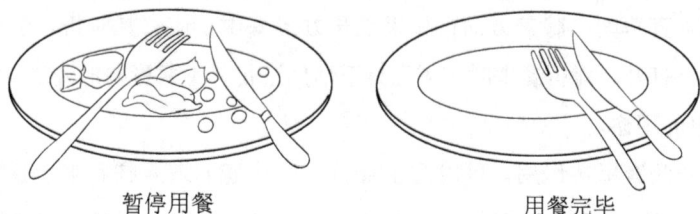

暂停用餐　　　　　　　　　　　　用餐完毕

图 5.14　刀叉的暗示

　　要注意不要把刀叉摆放在桌面上，尤其不要将刀叉交叉放成"十"字形，因为这种形状在西方人看来比较令人晦气。

2. 餐匙

餐匙也是西餐不可缺少的餐具，它同中餐的汤匙相比，在形状和使用上都有着很大的不同。

(1)区分不同的餐匙。

在正式的西餐宴会上，至少会摆放两把餐匙，它们的形状不同，摆放的位置也不同。较大的餐匙叫汤匙，通常摆放在就餐者面前的餐盘的右侧最外端，与餐刀并列纵放。较小的餐匙叫甜品匙，一般情况下应被横放在吃甜品用的刀叉正上方；如果不吃甜品，有时也会用较小的茶匙代替。

(2)正确使用餐匙。

餐匙各有各的用途，不能相互代替。餐匙除用于饮汤、吃甜品外，不可用于取用其他食物；不要在汤、甜品之中搅动餐匙；用餐匙取食时，不要过满，取到匙内就要一次用完，不要一匙东西反复品尝多次；餐匙入口时，要以其前端入口，不要将其全部塞入嘴中；餐匙使用后，不要再放回原处，也不要将其插入菜肴或"直立"于餐具之中。

3. 餐巾

餐巾在西餐中也是一个重要的角色，虽然它同中餐的餐巾在用途、用法方面有相似之处，但也有些特殊之处需加以注意。

(1)餐巾的铺放。

西餐餐巾通常会叠成一定的图案，放置在就餐者的水杯里；有时则直接平放，压在就餐者面前的菜盘之下。餐巾的形状有长方形和正方形之分。

就餐时应把餐巾平铺在自己并拢的大腿上。如果是正方形的餐巾，应将它折成等腰三角形，直角朝向膝盖方向；如果是长方形餐巾，应将其对折，然后折口向外平铺在腿上。打开、对折餐巾时，应在桌下悄然进行，不要影响他人。

(2)餐巾的用途。

餐巾对服装有保洁作用，可以防止菜肴、汤汁落下来弄脏衣服。通常也用餐巾内侧来揩拭口部，但不能用其擦脸、擦汗、擦餐具；还可以用餐巾来遮掩口部，在必须要剔牙或吐出嘴里的东西时，可用餐巾遮掩，以免失态。

(3)餐巾的暗示作用。

西餐以女主人为第一主人，当女主人铺开餐巾时，暗示用餐开始；当女主人把餐巾放到桌上时，暗示用餐结束。就餐者如果中途离开，一会儿还要回来继续用餐，可将餐巾放在本人所坐的椅面上；如果放在桌面上，则暗示不再吃了，可以撤掉。

至于西餐桌上的盘、碟、杯、水盂、牙签等餐具，其基本用法同中餐相似。

四、西餐的用餐方法

西餐的吃法同中餐相比有很大的不同。只有掌握了西餐的正确用餐方法，才能既吃得好、又能吃出品位。

1. 开胃菜

开胃菜可以是色拉，也可以是由海鲜、蔬菜配成的拼盘，如果事先已经切割好了，就可以用餐叉直接食用。

2. 面包

面包一般放在自己的左前方，可在吃第一道菜时开始食用。正确的吃法是：用左手撕下一块大小合适、刚好可以一次吃下的面包，用黄油刀涂上黄油或果酱，再送入口中。不能拿起一大块面包，全部涂上黄油，双手托着吃，不能用叉子叉着面包或用刀叉切开面包吃，也不能把面包在汤内浸泡后再捞出来吃。但如果是烤面包片，则不要撕开。不过甜食上来后，最好就不要再吃面包了。

3. 汤

喝汤时，要用右手拇指和食指持汤匙，从汤盘靠近自己的一侧伸入汤里，向外侧将汤舀起。注意不要将餐匙盛得太满，身体也不要俯得太近。当汤盘内的汤所剩不多时，可用左手将盘子内侧稍稍托起，使其外倾，再用右手持汤匙舀取余汤来喝。

喝汤时，一是不要端起盘子来喝汤；二是不要在喝汤时发出"咝咝"的声音；三是不要将身子俯得太低，趴到汤盘上去吸食；四是不要用嘴吹或用汤匙搅拌降温。

4. 主菜

西餐的主菜花样品种繁多，以冷菜中的冻子、泥子和热菜中的鱼、鸡、肉等最为多见。冻子是用煮熟的肉、鱼等食物和汤汁冷却凝结而成的一种菜肴。泥子是以虾、蟹或动物的肝、脑为主料，配以鸡蛋、蔬菜，加上佐料搅拌而成的菜肴，一般用刀叉食用。在吃鱼时，可用餐刀将其切开，将鱼刺、鱼骨剥出后，再切成小块，用叉取食。在吃鸡时，也应先切下一块，用叉取食，直接用手去撕扯是失礼的。西餐的肉菜指的是猪、牛、羊肉，平常人们所说的主菜，一般都是指肉菜。在肉菜中，猪排、羊排、牛排，尤其是牛排，是西餐中的"重中之重"。吃肉菜时要用叉子摁住食物，用餐刀切下一小块，吃完后再切第二块。

5. 点心甜品

西餐中的蛋糕、饼干、三明治、土豆片等，可以直接用手拿着吃。

通心粉，又叫意大利面条，不能一根一根挑着吃或吸着吃，而应当右手握叉，左手用汤匙辅助，把面条缠绕在餐叉上再送入嘴中。

布丁和冰激凌应用餐匙取食。

6. 水果

(1)苹果。西餐中最正规的吃苹果的方法，是将一个苹果用刀切成大小相仿的 4 块，然后去皮、去核，再用刀叉食用。在现代生活中，最普遍的吃法是直接用手拿着去皮的小块苹果吃。

(2)香蕉。正规的吃香蕉的方法，是先用刀将香蕉皮纵向割一条线，用刀叉把皮剖开，再切成小块食用。一般不用手整个拿着香蕉，一边剥皮一边咬着吃。

(3)草莓。普通的草莓可直接用手取食；吃带调味汁的草莓，则要用餐匙。

(4)葡萄。食用葡萄时，可先取一小串，一粒一粒用手揪下来吃，其皮、核应先吐入手中，再放入餐盘内。吃餐盘内不成串的单粒葡萄时，则应借助餐叉取食。

(5)菠萝。应用餐刀把菠萝切成小块，用餐叉取食，而不要直接用手拿着吃。

第三节　宴请礼仪

宴请，是在国际交往活动中经常举行的一项活动，是为加强双方交流、增进彼此感情的一种重要的形式。在所有的宴请活动中，以宴会最为隆重，它是最高层次的社交活动之一，宴请礼仪在现代国际礼仪中占有非常重要的地位。由于各个国家、各个民族都有着自己独特的文化传统和生活习惯，因而形成了不同形式的宴请礼仪，若不注意学习、认真掌握，在宴请活动中就会出现礼仪失当，不仅会贻笑大方，损害个人的形象，甚至会影响到正常的国际交往和友好合作。

一、宴请形式

宴请可以根据不同的标准划分为多种形式，每种形式在菜肴、人数、时间、着装等方面有着不同的具体要求。目前，国际上通行的宴请主要有宴会、招待会、工作进餐三种形式，宴请活动具体采用何种形式，要根据活动本身的目的、邀请对象、参加人数、宴请时间、宴请地点以及经费开支等因素而确定。

1. 宴会

宴会是最为正式、最为隆重的宴请活动。宴会的种类繁多，按举办时间划分，可分为早宴、午宴和晚宴，以晚宴档次最高；按餐别划分，最常见的有中餐宴会、西餐宴会、中西合餐宴会等；按性质划分，可分为工作宴会、欢迎宴会、节庆宴会等；按礼宾规格划分，又可分为国宴、正式宴会、便宴和家宴。举办宴会时，需要提前发出请柬。除宾主双方外，往往还邀请其他人士出席作陪。一般情况下，宴会持续时间为两个小时左右。

(1)国宴。国宴是国家元首或政府首脑为国家庆典或欢迎外国国家元首、政府首脑而举行的规格最高的正式宴会。举行国宴时，宴会厅内要悬挂国旗，并由乐队演奏国歌和席间乐。国宴由国家元首或政府首脑主持，席间由主人和主宾致辞和祝酒。

国宴的礼仪要求最为严格，参加国宴者须着正装，按礼宾次序排列座次，就连餐具的多少，酒水、菜肴的道数，餐厅的陈设，侍者的仪态，赴宴者的衣着，都有专门规定。

(2)正式宴会。正式宴会的规格仅次于国宴，除了不挂国旗、不奏国歌以及出席人员的级别不同外，其余的安排大体与国宴相同，礼仪要求也比较严格，宾主双方按身份排定席次和座次，许多国家还会在请柬上注明对客人的服饰要求。正式宴会一般在席间也有致辞和祝酒，有时也设乐队演奏席间乐。正式宴会对服务人员以及餐具、酒水、菜肴的道数等均有一定的要求。

(3)便宴。便宴不属于正式宴会，相对比较亲切、随便，更适合于日常友好的交往。便宴形式简单，偏重人际交往，而不注重规模、档次。可不必排定座次，不做正式讲话或致辞，菜肴的道数亦可酌减。

(4)家宴。家宴即在家中设宴招待客人，是便宴的一种形式。家宴往往由主妇亲自下厨烹调，家人共同招待客人，更显得亲切、自然、融洽，给客人以宾至如归的感觉。

2. 招待会

招待会是只备一些食物、饮料，而不备正餐、不排座次的较为自由的一种宴请形式，它多用于节庆活动或同时接待多方来宾之时，在国际社会十分流行。与宴会相比，招待会在举办时间上可早可晚，持续时间可长可短，既不太讲究酒水、菜肴的道数，也不会对出席者的着装有太多的要求。招待会的形式很多，如酒会、茶会、咖啡会、冷餐会等，都是目前在国际社会较为常见的形式。招待会一般不排座次，可以自由活动。

(1)冷餐会。冷餐会又叫自助餐宴会，是一种非常流行、灵活、方便的宴请形式。根据主客双方的身份，冷餐会的规格和隆重程度可高可低，常用于官方的正式活动，以宴请人数众多的宾客。冷餐会可在室内、庭院、花园里举行，可设小桌、椅子，自由入座，也可以不设座椅、站立进餐。冷餐会的举办时间一般在中午12时至下午2时、下午5时至7时，菜肴以冷食为主，也可有热菜，连同餐具陈设在菜桌上，供客人自取，客人可自由活动，可以多次取食。酒水可陈放在桌上，也可由招待员端送。

(2)酒会。酒会又称鸡尾酒会，是一种形式比较活泼、便于广泛接触交谈的招待形式，招待品以酒水为主，略备小吃。酒会一般不设座椅，仅置小桌或茶几，以便于客人随意走动。酒会举行的时间也很灵活，中午、下午、晚上均可，请柬上往往注明整个活动延续的时间，客人可在其间任何时候到达和退席，来去自由，不受约束。

鸡尾酒是用多种酒调配成的混合饮料，但酒会上不一定都用鸡尾酒，通常所用的酒类品种较多，并配以各种果汁，一般不用或少用烈性酒。食品多为三明治、面包卷、小香肠、炸春卷等各种小吃，以牙签取食。饮料和食品由招待员用托盘端送，或放在小桌上。

(3)茶会。茶会是一种非常简便的招待形式，一般在上午10点或下午4点举行。茶会通常设在客厅，设茶几、座椅，不排席位、座次，但如果是专为某贵宾而举办的，就应该在入座时有意识地安排主宾同主人坐到一起，其他人随意就座。茶会顾名思义是请客人品茶，因此茶叶、茶具的选择要有所讲究，一般用陶瓷器皿，不用玻璃杯，也不用热水瓶代替茶壶。外国人一般用红茶待客，并略备点心和地方风味小吃；也有不用茶而用咖啡者，其组织安排与茶会相同。

3. 工作进餐

工作进餐也是当今国际社会所流行的一种特殊的非正式宴请形式，多为在工作之中以套餐的形式提供便餐，按用餐时间可分为工作早餐、工作午餐和工作晚餐。在国际交往活动中，往往会因日程无法安排正式宴请而采用这种招待形式。工作餐一般所用时间较短，菜肴道数较少，通常不备酒水，除工作人员之外，一般不邀请其他人员作陪。工作进餐一般不必排定座次，有时在双边的工作进餐时可以排席位，使用长桌以便于双方有关人员之间进行交流。

二、宴请的准备和组织

宴请之前，要首先确定宴请的目的、名义、参加者以及时间、地点等一系列问题。考虑这些问题时，必须兼顾政治气候、文化传统、民族习惯等因素的影响。

1. 制订宴请计划

制定宴请计划时，必须确定宴请目的、邀请名义和对象、宴请范围以及宴请形式等问题。

宴请的目的是多种多样的，可以是为某一个人，也可以是为某一事件，如为代表团来访，为庆祝某一节日、纪念日，为外交使节或外交官员的到任、离任，为展览会的开幕、闭幕，为某项工程的动工、竣工等。在国际交往中，还可根据需要举办一些日常的宴请活动。

确定邀请名义和对象主要是根据主、客双方的身份，也就是说，主客身份应该对等。例如，作为东道国宴请来访的外国代表团，出面主人的职务和专业一般应同代表团团长对口、对等，身份太低使人感到冷淡，规格过高亦无必要。又如外国使馆宴请驻在国部长级以上官员，一般由大使或临时代办出面邀请，低级官员请对方高级人士就不礼貌。如果邀请主宾携夫人一同出席，主人一般也会以夫妇名义共同发出邀请。

邀请范围是指宴会邀请人员、级别、数量以及主方由哪些人出面作陪的问题，这需要考虑多方面的因素，如宴请的性质、主宾的身份、国际惯例以及当前政治气候等。

邀请范围与规模确定之后，即可草拟具体的邀请名单，确定被邀请人的姓名、职务、称呼以及对方是否有配偶。多边活动尤其要考虑政治关系，对政治上相互对立的国家是否邀请其人员出席同一活动，则要慎重考虑。

宴请采取何种形式，在很大程度上取决于当地的习惯做法。一般来说，在正式、隆重、规格较高且人员较少的情况下以举行宴会为宜，在人数众多的情况下多以冷餐或酒会的形式更为合适，妇女界的活动多采用茶会方式。

目前各国礼宾工作都在简化，宴请范围趋向缩小，形式也更为简便。酒会、冷餐会被广泛采用，而且不少国家在举行正式宴会时也往往只请身份较高的陪同人员，而不请随行人员。

2. 确定时间、地点

宴请的时间应对主、客双方都合适。驻外机构举行较大规模的活动，应与驻在国主管部门商定时间，注意不要选择对方的重大节假日、有重要活动或有禁忌的日子和时间。例如，邀请信奉基督教的人士不要选在 13 号，更不要选在 13 号的星期五；伊斯兰教在斋月内白天禁食，宴请宜在日落后举行。小型宴请应首先征询主宾意见，最好相机口头当面约请，也可用电话联系。主宾同意后，方可最后确定宴请时间，并按此宴请时间再约请其他宾客。

官方正式隆重的宴请活动，一般安排在政府、议会大厦或宾馆内举行，其余则按活动性质、规模大小、形式、主人意愿及其他具体情况而定。选定的场所要能容纳全体人员。举行小型正式宴会时，在可能的条件下，应在宴会厅外另设休息厅(又称等候厅)，供宴会前简短交谈用，待主宾到达后一起进宴会厅入席。

3. 发出邀请

各种宴请活动，一般均发请柬，这既是礼貌，也能对客人起提醒、备忘之用；便宴约妥后，发或不发请柬均可；工作进餐一般不发请柬。在有些国家，邀请最高领导人作为主宾参加活动，需单独发邀请信，而对其他宾客则发请柬。

宴会请柬一般提前一周至两周发出，有的地方须提前一个月，以便被邀请人及早安排时间。已经口头约定的活动，仍需要补送请柬，在请柬右上方或下方注上"To Remind"(备忘)字样。需安排座位的宴请活动，为确切掌握出席情况，往往要求被邀者答复能否出席，为此，请柬一般写上 RSVP(请答复)字样，如只需不出席者答复，则可注上"Regrets Only"（因故不能出席请答复），并注明电话号码。也可以在请柬发出后，用电话询问能否出席。如果宴会是专门为某些特定对象而举行的，如洗尘宴会、庆贺宴会、生日宴会、饯行宴会等，则主人在确定宴会的具体时间、地点与邀请对象时，需要与对方进行友好协商，并且在原则上应当"主随客便"。假如不征求对方意见，便自作主张地先把请柬寄给了对方的"对头"，到时即便想要充当双方之间的"和事佬"，恐怕也没人领情。

请柬内容包括活动形式、举行的时间及地点、主人的姓名等，若以单位名义邀请，则用单位名称。请柬行文不用标点符号，所提到的人名、单位名、节日名称都应用全称。请柬可以印刷也可以手写，但手写字迹要美观、清晰。

请柬以及信封上被邀请人的姓名、职务一定要书写准确，如果是正式宴会，最好能在发请柬之前排好席次，并在信封下角写上桌次。请柬发出后，应及时落实出席情况，准确记载，以便安排并调整席位。即使是不安排席位的活动，也应对出席率有所估计。

4. 拟定菜单

不管宴请对象是谁，菜肴永远都是宴请活动的主要内容之一，在安排宴请时必须对菜肴的选择问题高度重视。在准备菜单时，除了要量力而行之外，关键是要对对方在饮食方面的好恶心中有数。

在拟定宴会菜单时，最重要的一点就是必须在菜单上剔除客人忌食之物，包括其宗教禁忌、民族禁忌、职业禁忌、健康禁忌和口味禁忌，此外还必须尽量在菜单上安排受外方来宾欢迎的食物。

5. 宴会布置

宴会厅和休息厅的布置取决于活动的性质和形式。官方正式活动场所的布置应该严肃、庄重、大方。不要用彩灯、霓虹灯装饰，可以用少量鲜花加以点缀。

宴会可以用圆桌，也可以用长桌或方桌。一桌以上的宴会，桌子之间的距离要适当，各个座位之间也要距离相等。如安排有乐队演奏席间乐，则不要离得太近，乐声宜轻。宴会休息厅通常放小茶几或小圆桌，与酒会布置类同，若参加人数少，也可按客厅风格进行布置。

冷餐会的菜台用长方桌，通常靠四周陈设，也可根据宴会厅情况，摆在房间的中间。如就座进餐，可摆一张能坐四五人的方桌或圆桌。座位要略多于全体宾客人数,以便客人自由就座。

酒会一般摆小圆桌或茶几,以便放花瓶、烟缸、干果、小吃等。也可在四周放些椅子,供妇女和年老体弱者就座。

根据宴请人数和酒、菜的道数准备足够的餐具。餐桌上的一切用品都要清洁卫生,桌布、餐巾都应浆洗洁白、熨烫平整,玻璃杯、酒杯、筷子、刀叉、碗碟等在宴会之前都应洗净擦亮,并准备好每道菜之后撤换菜盘。

6. 席位安排

正式宴会一般均排席位,也可只排部分客人的席位,其他人只排桌次或自由入座。无论采用哪种做法,都要在入席前通知到每一个出席者,使大家心中有数,同时现场还要有人引导。大型的宴会,最好是排定桌次和座次,以免混乱。排定的席位通知,除请柬上注明外,也可以在现场通过以下方式通知宾客:一是在宴会厅前陈列宴会简图,图上注明每人的位置;二是用卡片写上出席者的姓名和席位,发给本人;三是印出全场席位示意图,标出出席者姓名和席位,发给本人。

以上这些做法各有特点。人多的宴会宜采用后者,便于通知。各种通知卡片,可当客人在休息厅时分发,有的国家是在客人从衣帽间出来时,由服务员用托盘将其卡片递上。如果是口头通知,则由工作人员在休息厅通知每位客人。

按照国际惯例,桌次高低以离主桌位置的远近而定,右高左低。桌数较多时,要摆桌次牌。在同一桌上,座次高低以离主人座位的远近而定。西方习惯于男女交叉安排,以女主人为准,主宾在女主人右方,主宾夫人在男主人右方。中国习惯于按各人职务排列以便交谈,如夫人出席,通常把女方排在一起,即男主宾坐在男主人的右方,其夫人坐在女主人的右方。两桌以上的宴会,其他各桌第一主人的位置可以与主桌主人位置同向,也可以把面对主桌的位置作为主位。

礼宾次序是安排席位的主要依据。在安排席位之前,要把已经确定的主、客双方出席名单分别按礼宾次序开列出来。除了礼宾顺序之外,在具体安排席位时,还需要考虑其他一些因素。多边的活动则需要注意客人之间的政治关系,政见分歧大的客人尽量避免排到一起。此外,适当照顾各种特殊情况,例如身份大体相同,使用同一语言者,或属同一专业者,可以排在一起。译员一般安排在主宾右侧;在主宾席是长桌的情况下,译员也可以考虑安排在对面,便于交谈。但一些国家忌讳以背向人,因而译员的座位就不能做此安排,在用长桌做主宾席时,主宾席背向群众的一边和下面第一排桌子背向主宾席的座位均不安排坐人。在许多国家，译员不上席，但为了便于交谈，译员常坐在主人和主宾背后。

以上是一些安排宴会席位的国际常规。在一些特殊情况下，可根据常规做出灵活处理，比如，如果主宾身份高于主人，为表示对他的尊重，可以把主宾摆在主人的位置上，而主人则坐在主宾的位置上，第二主人坐在主宾的左侧；如果东道国出席人员中有身份高于主人者，譬如部长请客，总理或副总理出席，可以让身份高者坐主位，主人坐身份高者左侧，但少数国家也有将身份高者安排到其他席位上的做法；如果主宾携夫人一同赴宴，而主人夫人又不能出席作陪时，通常可以请其他身份相当的妇女做第二主人，如无适当身份的妇女出席，也可以把主宾夫妇安排在主人的左右两侧。

7. 宴会程序

在宴会开始前，主人一般在门口迎接客人。在官方宴请活动中，除男女主人外，还有少数其他主要人员陪同主人排列成行迎宾，通常称为迎宾线，其位置宜在客人进门存衣以后、进入休息厅之前。主客双方握手寒暄后，工作人员把客人引进休息厅，休息厅内有相应身份的人员照料客人。若无休息厅则直接进入宴会厅，但不马上入座。有些国家的官方隆重场合，在客人（包括本国客人）到达时，有专门人员负责唱名。

主宾到达后，由主人陪同进入休息厅与其他客人见面。若此时尚有其他客人未到，则由迎宾线上的其他人员代表主人继续在门口迎接。

主人陪同主宾进入宴会厅后，全体客人随后入席、就座，宴会即开始。如休息厅较小，或宴会规模大，也可以请主桌以外的客人先入座，贵宾席最后入座。

如有正式讲话，各国在安排讲话的时间上不尽一致。一般正式宴会可在热菜之后甜食之前由主人讲话，接着由客人讲话，也有一入席双方即讲话的情形。冷餐会和酒会的讲话时间则更为灵活。

吃完水果后，主人与主宾起立，宴会即告结束。

国外日常宴请在以女主人为第一主人时，往往以她的行动为准。入席时女主人先坐下，并由其招呼客人开始就餐。餐毕，女主人起立，邀请全体女宾共同退出宴会厅，然后男宾起立，尾随进入休息厅或留下抽烟（吃饭过程中一般是不能抽烟的）。男女宾客在休息厅会齐，即上热茶或咖啡。

主宾告辞时,主人要送至门口。主宾离去后,其他客人再与主方送别人员依次握手、告别。

家庭便宴则比较随便。客人到达时,主人应主动趋前握手;若主人正与其他客人周旋,未发觉客人到来,则客人应主动前去握手问好。饭后若无余兴,即可陆续告辞。通常男宾先与男主人告别,女宾与女主人告别,然后交叉告别,最后再与主人其他家庭成员一一握手告别。

三、应邀赴宴

接到宴会的邀请,本身就是一种荣耀,不能把宴请活动仅仅视为一般的进餐,它更多地承担着礼仪与交往的功能,所以作为应邀出席宴会的宾客,必须遵守宴会的相关礼仪,举止得当、讲究文明,维护国家、单位以及个人的良好形象。

1. 应邀

接到赴宴邀请后,通常不论能否出席,都应当尽快决定,并尽早向主人通报。在正式的宴会上,主人需要为全体出席者排定桌次与座次,若是届时有人临时缺席,使座位空置、酒菜浪费,则是对主人的极不尊重。一旦决定赴宴并告知主人后,就不宜再作变动,迟迟不作决定或反复变更决定,都是不礼貌的。万一不能如约赴宴,务必尽早告诉主人,并为此诚心诚意地进行道歉。如果临时不能出席的话,亦须尽快告诉主人,事后还应当专门登门向主人当面道歉。主人在邀请客人出席宴会时,如果在请柬上或口头上通知有什么要求,诸如是否携带配偶、要不要穿礼服、应当何时到场等,都应遵守其要求。

规模盛大的宴会,尤其是西餐宴会,往往约请客人夫妇一同参加。假定一方的配偶不在本地,或是尚未成婚,应提前告知主人。如果有必要的应酬,请自己的子女、兄妹或秘书一同出席宴会是可以的,但需提前征得主人的同意。

比较正式的宴会,特别是举行于晚间的盛大宴会,对出席者的服饰大都有所规定。如果要求赴宴者穿礼服,通常男士应着黑色或其他深色的礼服,女士穿应时、应景、高雅、端庄的裙式服装。在普通的宴会上,对着装可能没有明确的规定,即便如此,赴宴者也不可掉以轻心,着装过于随便,诸如穿着T恤衫配牛仔裤、背心配西式短裤、宽松式上衣配健美裤等,在风格上散漫、休闲,都极不合时宜。

在请柬上，对于举行宴会的具体地点与时间，多有明确的通知。若发现无此项内容，则需打电话事先了解一下，免得到时出现差错。

2. 赴宴

一般认为，宴会出席者抵达宴会现场的时间早晚，与对主人和其他出席者的尊重与否是密不可分的。从总体上讲，出席宴会不宜晚到，也不宜早到——晚到会让人久等，早到会令主人因未准备妥当而措手不及、手忙脚乱。具体而言，出席宴会的主宾应正点到场，稍晚一点的话，至多也不要超过五分钟。其他的宴会出席者，如出席宴会作陪者等人，按照礼仪规范都不应晚于主宾到场，通常应提前一两分钟或正点入场。

应邀赴宴，不一定非要给主人带去礼品。如果出席规模盛大、人数众多的宴会，更没有必要这样做。要是参加亲友举办的小型宴会，如家宴、生日宴会，则可以为主人预备上一份小礼品。在这种情形下，既拿得出手、又让主人开心笑纳的礼品，当首推鲜花。除此之外，带上一瓶上档次的美酒，也会大受欢迎。

到达宴会现场后，须先往专设的衣帽间去存一下自己的外套、帽子与皮包等。在衣帽间脱下外套时，男士有义务协助自己的配偶或其他与自己一起入场的女士。有时，当贵宾脱外套时，男主人还会亲自动手予以协助。遇到这种情况，被协助者应表现得落落大方，同时还应向协助者表示感谢。

走出衣帽间后，宴会的出席者按照惯例应当主动去问候主人，并感激对方的邀请。如果男女主人同时在场，应当先问候女主人，后问候男主人。若主人此时正在与主宾寒暄，或正忙得焦头烂额，则应推迟一些再对其表达问候和感谢。在主人或接待人员没有邀请或引导来宾入席时，切勿擅自提前闯入宴会厅，可以在宴会厅门外不远处静候，或在主人指定的地方集合，或是在休息厅内稍事休息。

当主人邀请大家入席时，不可争先恐后、一拥而上。依照宴会礼仪，首先入席的应当是主人夫妇与主宾夫妇，在此之后，其他人方可按照由尊而卑的先后顺序井然有序地依次入席。若是规模盛大的宴会，也有先请普通客人入席坐定后再请贵宾席客人入席的安排。

3. 席间表现

不论是西式宴会还是中式宴会，桌次与座次的排列摆放都非常讲究。通常在每张餐桌的中间都摆放有桌次牌，在每个人的座位前方也有写着姓名的座次牌，这些大都会在请柬上注明。入席的时候，一定要"客随主便"，不要到处乱坐，不要随便提议与他人换桌或换座，更不要在这个问题上挑肥拣瘦、小题大做，以"挑礼"为由向主人发难。在宴会上入座时，应从自己行进方向的左侧就座，拉动座椅时应同时使用双手，轻挪轻放，不要把桌椅弄得吱嘎乱响。

与他人一同就座时，应先请同桌的女士、长者、职位高者或嘉宾落座，必要的时候还须主动协助他们拉出座椅。坐下时椅面不要距离餐桌过近或过远——20厘米左右的间隔最好。坐姿要端庄而稳重，不要仰在椅背上歇息，也不要双手托腮左顾右盼，或双臂支在餐桌上"研究"饭菜，避免双腿在餐桌下面动来动去，或是双脚到处乱踩、乱蹬。另外，在进餐之前，勿动餐桌上的一切器具，也不要猜测或向周围的人打听宴会的饭菜。

如果有衣帽间，就不要将自己的大衣、帽子、皮包等带入宴会厅。即使没有衣帽间，也不能将自己带入宴会厅的东西乱放，不能把它们放在桌上、地上或窗台上。最好不要带大的提包去赴宴，一则它可能会让主人误以为那是你带来的一箱礼物；二则会让人以为你是为了连吃带拿地打包而有备而来的。

除了上述餐前礼仪之外，在应邀赴宴时还有三个细节需要注意：一是用餐期间不宜随便走动、东游西逛，或是去找熟人打招呼。二是在宴会举行当中，如无要事不能退席，否则会被认为是在向主人表示抗议。若需中途退场，应在离去之前向主人解释，并为此而道歉。三是在吃饱之后，不要急于退席。只有当主宾离开之后才可以告退。退场时，应向主人再次表示谢意，若来不及当面致谢，也应在事后打电话或专门写信致谢。如果参加家宴，餐后至少应停留一刻钟以上，再与主人谈上一会儿，马上就走等于有意表明自己是专门为吃而来的。

在宴会过程中，如果不慎发生异常情况，如用力过猛，刀叉撞击盘子、发出声响，或碰掉餐具、碰倒酒水等，应沉着冷静，不要着急。餐具发出声音，可向邻座或主人说声"对不起"。餐具落地后，不能自己捡起来擦拭一下继续再用，而应请服务人员另上一副。酒水打翻在桌上，可用餐巾覆盖；若把酒水溅到了邻座身上，应表示歉意，协助擦干；如果对方是女士，只要把干净的餐巾或手帕送给对方并道歉即可，由她自己擦干净。遇到特殊情况，要随机应变，不要慌乱，用智慧和语言妥善解决。

4. 席间禁忌

由于宴会是一种高层次的社交应酬，所以宴会上的一切言谈举止都应当端庄、文雅、得体，坚持有所为有所不为的原则，避免出现下列不良行为。

（1）用餐时响声大作。在餐桌上吃食物、喝饮料时，一定要入口少、慢慢用，闭嘴咀嚼，尽量避免发出声响。如果吃得忘乎所以、响声大作，那样既不雅观，又影响他人的食欲。

（2）剔牙时毫不掩饰。有时餐桌上会备有牙签，但并不是非用它不可。即使要用，也不宜当众表演，应用手或餐巾加以遮挡，剔出来的东西也应悄悄进行处理。

（3）乱吐废物。在餐桌上，遇到不宜下咽之物时，应用一只手或餐巾遮口，将它轻轻吐在另一只手所拿的勺子或叉子上，然后再将其放入自己面前的食盘上端，待侍者一会儿取走。不要把它吐在手上，也不能直接用手从嘴里取出，尤其不能把它随口吐在餐桌上，或是吐在地上。

（4）一次入口过多。用餐时只有细嚼慢咽，吃相才能好看。无论是吃东西还是喝饮料，都应当取用适量，不要一次入口过多，应以不妨碍咀嚼、下咽为宜。

（5）用餐时满脸开花。在用餐过程中，吃完或喝完一口之后，特别是在准备与邻座交谈时，务必要用餐巾或纸巾先揩干净嘴角；如果吃得冒汗，则应随时用纸巾把汗擦干。

（6）咳嗽、打喷嚏、吐痰。在餐桌上咳嗽、打喷嚏、吐痰，是一种极为不自尊、不自爱的表现，它不仅不卫生，还可能污染环境、传播病菌，有悖于社会公德，破坏人们的食欲，令人厌恶。若实在忍不住，可用餐巾遮口，尽量轻声地清理一下嗓子，并向邻座致歉。如果不见好转，应到卫生间去处理一下。

（7）用餐时吸烟。在宴会上是不宜吸烟的，这一点并不需要明文禁止。在用餐时不吸烟，是对在座不吸烟者的尊重，也是为了净化空气、有利健康，使大家能够更好地用餐。

（8）当众"宽衣解带"。有的人在宴会上吃得开心了，就喜欢脱去外衣，松开领带，放松腰带，挽起袖子，敞开领口，这一系列的做法，不仅有损自我形象，还会失敬于人。

（9）在餐桌上整理发型或补妆。整理发型或补妆，应当餐前或餐后在化妆间、休息厅或洗手间内进行，若当众上演这一过程，只会显得自己轻浮、浅薄，而且还会妨碍他人。

（10）口含食物与人交谈。在餐桌上与别人交谈时，声音宜小不宜大，不应口含食物，边吃边说。讲话时嘴里若有东西，就难以让人听清楚，弄不好还可能会喷出饭渣，令人尴尬。原则上食物进口之后就不准再吐出来，因此吃东西应当一次一小口，这样在有人找您谈话时，就可以迅速咽下食物，去跟别人应酬。当对方口含食物时，也应避免与对方交谈。

(11)替人布菜。在用餐时，每个人想吃什么，想吃多少，都可以自己照顾自己，主人只要在口头上对来宾相劝即可，不必越俎代庖、替别人布菜，避免让别人勉为其难，因为如果主人用自己的筷子替人布菜，会影响卫生，实属不当之举。

(12)不断劝酒。宴会饮酒，主要是借酒助兴、表达友好和祝愿。无论祝酒、敬酒还是劝酒，都应点到为止，不能勉强别人。

(13)猜拳行令。若亲朋好友在聚餐时借猜拳行令祝酒兴，自娱自乐，未尝不可。但如果在正式的宴会上饮酒划拳，则会破坏宴会的气氛，非常不文明。

(14)以手替代餐具。不论是吃中餐，还是吃西餐，绝大多数菜肴均应用相应的餐具取用。在一般情况下，切不可直接下手抓取。遇到有些没见过的菜肴，若不知如何取用，不妨先耐心观察，看别人如何操作，然后效仿，以防出错。

(15)起身取菜。在有些大型宴会上，每张餐桌都很大，菜也很多，想吃自己够不到的菜时，可以请侍者或周围的人帮忙传递一下，再对他们道谢即可。千万不要起身够菜，更不要离开自己的座位，直接走过去取用。

(16)对食物挑三拣四。取用食物之前，应先看准目标，然后又快又准地把它取过来。不管取什么东西，只要自己的餐具夹住了，就不准再放回去。在公用的餐盘里，切不可对食物翻来翻去、挑肥拣瘦。

(17)餐具作响。在使用餐具时，应当小心谨慎、轻拿轻放，不要使其彼此之间无故碰撞。在吃西餐使用刀叉时，两肘应夹在腰部两侧，以控制动作的大小，不然就如同拉锯，既影响他人，又容易出声。

(18)用餐具指点他人。在与人交谈时，非但不宜吃东西，同时也应放下手中的餐具，准确地讲，是应放在自己面前的食盘上。筷子应当并排而放，勺子应当平躺，刀叉应当呈"八"字形摆放，不要把它们摆在公用菜盘上或插在自己的碗、盘之中，切勿一面与人高谈阔论，一面挥舞餐具。

(19)乱用餐具。不同的餐具在用法上都自成一套，在宴会上使用它们时，务必遵守成例。例如，使用筷子是为了夹取食物，而不可用来挑起食物；勺子只宜取用汤菜或流质食物，不宜用其舀菜；使用刀叉讲究左叉右刀；单独用叉子时，则只需用右手拿它等。

（20）"品味"餐具。在宴会上，餐具只能用以取用食物，切勿当众将其呷来舔去，或是长时间含在嘴里。

（21）同人抢菜。在取用食物时，不要不讲先后、不讲顺序，与人争抢。在他人尚未取好之前，避免与别人同时取用同一公用菜盘里的食物，万一出现同时取用的情况，也应当主动退让，示意对方先取。

（22）端着碗、盘用餐。在宴会上用餐时，应当用筷子、刀叉或勺子将食物送入口中，端起碗、盘吃饭或喝汤的做法是不允许的。除此之外，也不宜低下头趴到餐桌上去俯就食物进餐。

（23）捡食掉出的食物。出于卫生方面的考虑，掉到餐桌上、椅子上、衣服上或地面上的任何食物，都不可捡起来再吃。

（24）边走边吃喝。除非是参加准许边吃边走的酒会或冷餐会，在固定座位上就座就餐时，不许一边吃喝，一边走来走去。

（25）乱吹、乱搅汤菜或饮料。在餐桌上，有时会为用餐者提供热汤、热菜、热咖啡。如果太烫太热，可稍等片刻，或用勺子轻轻搅动一下，万万不可用嘴去吹、用勺子乱搅，或是用两个碗、两只杯子折来倒去。除了喝汤应用勺子舀食外，喝茶或咖啡时是不准用勺子舀食的。

（26）双手乱动、乱放。在餐桌旁坐定之后，最好安分守己地把双手放在餐桌边缘，或者放在大腿上，切不可将双肘支在餐桌上、端在胸前、抱在脑后、插在口袋里，或是随意扶在他人的椅背上，那样既不礼貌，也不雅观。在正式场合与他人一同用餐时，千万不要对他人或饭菜指指点点，不要掩口而笑或与人低语，也不要搔痒、摸鼻子、抓耳朵、玩弄餐具或双手在餐桌底下动来动去。

（27）在别人致祝酒词时表现得迫不及待。当宾主在宴会开始之初先后致祝酒词时，应目视发言者，静听其讲话。此时与人聊天、闭目养神等做法都会失敬于人。只有在宾主致完祝酒词、宣布开宴后，才允许赴宴者开始活动。

（28）不搭理别人。宴会既然是一种社交形式，那么赴宴者在有必要与他人进行交流时，不应该一言不发，这样表现得自己好像只是专门为吃而来，除了吃喝，对其他一切都漠不关心。在许多宴会上，主人往往把身份、地位相似的人安排坐在一起,有时还有意将素不相识者组织在一起,以便大家相互结识。对于这样的好机会,主动放弃实在可惜。在适当的时候,不妨主动找人攀谈几句,若有人找自己聊天,亦应友好回应;当别人对自己表示友好时,比如敬酒,应起身示意。

(29)谈话内容隐晦、不健康。在用餐时,所谈论的内容应当愉快、健康、有趣,倒人胃口的内容,绝对不要提及。比如,不要谈论死亡、疾病、凶杀等内容或令人厌恶的东西。

(30)非议饭菜。在任何宴会上,对于饭菜口味,都难免众口难调。遇上自己不喜欢的菜肴,不用即罢,千万不要告诉主人。当主人征求对饭菜的意见时,也应当好话多讲、不足莫提。对饭菜品头论足或拿它们与别处的饭菜比较,都会令主人难堪。

四、宴会服务

服务工作的质量直接关系到宴请活动能否顺利进行,因此国际上对服务人员的礼节、服务水平乃至服饰穿戴都要求很高,特别是隆重的官方宴请活动,要求更为严格。在宴会进行过程中,服务人员大体应注意以下几个方面。

第一,服饰整洁、熨平,头发梳理平整、指甲修剪清洁。

第二,讲礼貌,待人和气谦逊,面带笑容。说话声音要轻,语言亲切,用词得当,多带"请""谢谢""对不起""请原谅"等礼貌用语。

第三,掌握宴请礼仪并熟练运用。客人入座时应协助挪动椅子;熟悉菜单,掌握上菜速度;正餐上菜,应按先客人、后主人,先女宾、后男宾,先主要客人、后其他客人的顺序;若只有一人负责上菜,也可以从主人右侧的客人开始,按顺时针顺序上菜;隆重的宴会上,也有要求严格按礼宾顺序上菜的。上菜时,左手托盘,右手夹菜,从客人左边上;倒酒水则应右手持瓶,从客人右侧倒。每道菜上完第一轮后,待一些客人吃完,再上第二轮;添菜时应先询问客人是否需要,不要勉强;如果不上第二轮,可将余下的菜肴稍作整理再放到桌上,供客人自取,待下一道菜上来后再撤下;上菜与撤盘时,宜选在两位主方陪客之间进行,并先打招呼,以免不慎碰洒菜汁。客人吃完,应从右侧撤换餐具,但撤前一定要注意客人是否已吃完,如无把握,可轻声询问,切忌当客人正吃时撤换,这是很不礼貌的。撤换餐具时，动作要轻，还需要继续使用的餐具若正好放在盘上，可轻轻拿开，再把盘子取走。

第四，工作时不吃东西、不抽烟、不饮酒，工作前不吃葱蒜。在一旁侍立时，姿势要端正，不要歪身倚在墙上或服务台上，更不要互相聊天、谈笑。多人侍立，应排列成行。正式宴请，主人或客人发表讲话时，应保持肃静，停止上菜、斟酒，在附近备餐间亦应安静，不要发出声音。演奏国歌时更应肃立，停止走动。在宴会厅内走动，脚步要轻快，动作要敏捷，轻拿轻放。

第五，如果自己或客人不慎打翻酒水，应马上处理，撤去杯子，用干净的餐巾临时垫上。若溅在客人身上，要协助递送毛巾或餐巾，帮助擦干，并向客人道歉；若对方是女士，男服务员就不要动手帮助擦拭了。

第四节　饮品礼仪

世上饮料品种难以计数，各具特色，其中酒水、茶水和咖啡是正式待客场合常用的饮品，并且在饮用过程中有着各自独特的礼仪规范。

一、饮酒礼仪

"无酒不成席"。各种宴会、聚餐，无论中餐还是西餐，酒几乎是不可缺少的。不论是国酒还是洋酒，尊重不同酒的文化最为重要，优雅并且正确地掌握饮酒礼仪，体现了现代人的品位和魅力。

（一）酒水的种类

作为饮料之中的排头兵，酒水的具体种类成百上千，非常之多。然而其中名声显赫、家喻户晓的，却也并不太多。就目前而言，最常见的酒水主要有白酒、啤酒、葡萄酒、香槟酒、白兰地酒、威士忌酒、鸡尾酒等。它们既是各种酒类之中的佼佼者，同时也颇有一定的代表性。

1. 白酒

白酒，亦名烧酒、白干，它是由高粱、玉米、甘薯等粮食或某些果品发酵、蒸馏制成的一种酒类。

（1）白酒的特色。白酒通常没有任何颜色，而且酒精含量大都比较高，属于典型的烈性酒。白酒在中国各地均能生产，但因工艺的不同，而分成各种香型，当前最著名的白酒有茅台酒、五粮液酒、剑南春酒、酒鬼酒等。

（2）白酒的饮用。白酒可以净饮干喝，也可以用来帮助吃菜下饭，有时候甚至还可以泡药作引。不过，白酒不能与其他酒类或汽水、可乐等软饮料混合同饮，否则极易醉酒。

在正式场合喝白酒，讲究以专用的瓷杯或玻璃杯盛酒。它们"肚量"不大，所以喝白酒讲究"酒满敬人"和"一饮而尽"。喝白酒时，通常不必加温、加冰，也不宜加水稀释。

2. 啤酒

啤酒是一种历史悠久的酒类。在西方，人们主要把啤酒当成是一种日常饮料，而并不把它当作真正的酒。

（1）啤酒的特色。啤酒，又叫麦酒。是一种用大麦和啤酒花为主要原料发酵制成的酒类。它含有大量的泡沫和特殊的香味，味道微苦，酒精含量较低，一般在 4 度左右。此外，它还是消暑解渴的最佳饮品。

目前，世界各国都出产啤酒，主要分为德国式、捷克式、丹麦式三大类型。根据工艺的不同，又有生啤、熟啤之分，黄啤、黑啤、红啤之别。较为知名的啤酒品牌有德国的贝克，荷兰的喜力，丹麦的嘉士伯，美国的百威，日本的朝日，中国的青岛和燕京。

（2）啤酒的饮用。饮用啤酒，一般应使用倒三角形或带把的啤酒杯，饮用的最佳温度是 7 摄氏度左右，所以不要加冰或久冻。喝啤酒时，讲究大口饮用。

3. 葡萄酒

目前，在饮酒时尚方面与国外同步的，恐怕只有国人对葡萄酒的欣赏了。作为正式宴会中的佐餐酒，葡萄酒一直地位至尊。

（1）葡萄酒的特色。葡萄酒，即以葡萄为主要原料发酵酿制而成的一种酒类。它的酒精含量不高，味道醇美，富含营养。根据其色彩的不同，葡萄酒有白葡萄酒、红葡萄酒、桃红葡萄酒之分；根据其糖分含量的不同，又可将葡萄酒分为干、半干、微干、微甜、半甜、甜等几种。现在，干葡萄酒最流行。这里所谓的"干"，意即它基本不含糖分。葡萄酒的酒精含量一般在 12 度左右。世界上最有名气的葡萄酒产地在法国的波尔多地区。

(2)葡萄酒的饮用。葡萄酒可以佐餐，也可以单独饮用。不同的葡萄酒，对温度的要求也不同。白葡萄酒宜在 7 摄氏度左右饮用，故应加冰块。而红葡萄酒则在 18 摄氏度左右饮用最佳，故不宜加冰块。喝葡萄酒要用专门的高脚玻璃杯，但在喝白葡萄酒时，要捏着杯脚；而喝红葡萄酒时，则讲究握住杯身。喝葡萄酒时兑可乐、雪碧的做法是不正确的。

桃红葡萄酒，又叫玫瑰红葡萄酒。它的口味、喝法与白葡萄酒略同，同时又因其色泽柔美，多为妇女所喜爱。

4. 香槟酒

在国内香槟酒的知名度一直比较高，实际应用也较为广泛。

(1)香槟酒的特色。香槟酒，也叫发泡葡萄酒或"爆塞酒"，是一种以特种工艺制成的、富含二氧化碳、起泡沫的白葡萄酒。因其以法国香槟地区所产最为有名，故而得名。其酒精含量约在 10 度，口感清凉、酸涩，且有水果香味。

(2)香槟酒的饮用。香槟酒以在 8 摄氏度左右饮用为佳，故在饮用之前须将其暂时冷藏于冰桶之内。开瓶时，可稍稍摇晃，然后再起去瓶塞。饮用香槟须用郁金香形的高脚玻璃杯，并用手捏住杯脚。香槟酒可用来佐餐、祝酒，也可以单独饮用，或者是在庆典、仪式上用来助兴。

5. 白兰地酒

在所有洋酒中，白兰地酒是最为名贵的，它曾一度与威士忌酒、茅台酒并称为"世界三大名酒"。

(1)白兰地酒的特色。白兰地酒是葡萄酒大家族里特殊的一员，是用葡萄干发酵之后蒸馏精制而成的，故又称其为蒸馏葡萄酒，它的酒精含量约为 40 度，色泽金黄，香甜醇美。世界上知名的白兰地酒的品牌有马爹利、轩尼诗、人头马、拿破仑等，并以产于法国干邑地区、储藏时间较长者为佳。

(2)白兰地酒的饮用。与白酒有所不同，以白兰地为代表的洋酒大都以盎司计量，故此它不讲究"酒满敬人"。饮白兰地酒的最佳温度为 18 摄氏度，故应将其盛在专用的大肚、收口、矮脚杯内。先以右手托住杯身观其色泽，并用手掌为其加温，待其香味洋溢后，再慢慢小口品味。

6. 威士忌酒

如果说白兰地酒是洋酒之中的"贵族",那么物美价廉的威士忌酒则更"平易近人"。

(1)威士忌酒的特色。威士忌酒,是一种用谷物发酵酿造而成的烈性蒸馏酒。它的口味浓烈、刺激,酒精含量约为 40 度。在世界各国生产的威士忌酒中,首推英国苏格兰地区生产的威士忌酒。知名的威士忌酒品牌有尊尼获加、老伯、添宝等。

(2)威士忌酒的饮用。威士忌酒可以干喝,加入冰块、苏打水或姜汁后,其味道更好。喝威士忌酒时,最好采用专门的平底小玻璃杯,耐心细致地慢慢品尝。

7. 鸡尾酒

鸡尾酒是目前在国际交往场合中经常遇到的一种酒水,不少人对它都有一定的了解。

(1)鸡尾酒的特色。准确地讲,鸡尾酒并非某一种类的酒,而是一种混合型的酒。它是用各种不同的酒以及果汁、汽水、蛋清、糖浆等饮料,按照一定比例,采用专门的技法调配而成的。它的口味有浓有淡,酒精的含量有高有低,但其共同特点则是异彩纷呈,层次分明,闪烁不定,好似雄鸡之尾,故被称作鸡尾酒。鸡尾酒中的知名者,有好几千种,其中大名远扬的包括马提尼、曼哈顿、红粉佳人、血腥玛丽、亚历山大、螺丝起子、天使之吻等。

(2)鸡尾酒的饮用。为了便于观赏其独具特色的丰富色泽,最好用高脚广口的玻璃杯盛鸡尾酒。

(二)饮酒礼仪

要真正做到善用酒水,合乎礼仪,一般需要特别注意搭配菜肴、敬酒干杯和酒量适度三大问题。

1. 搭配菜肴

酒水的主要功能,是在用餐时开胃助兴。然而欲使酒水正确地发挥这一作用,就必须懂得酒菜搭配之道。唯有如此,两者才会相得益彰,否则,很有可能适得其反。

下面分别就中餐与西餐宴饮时酒水与菜肴的正确搭配方法予以略微介绍。

(1)中餐的酒菜搭配。若无特殊规定,正式的中餐宴会通常要上白酒与葡萄酒两种酒。因为饮食习惯方面的原因，中餐宴请中上桌的葡萄酒多半是红葡萄酒，而且一般都是甜红葡萄酒。选用红葡萄酒，是因为红色充满喜气，而选用甜红葡萄酒，则是因为不少人对口感不甜、微酸的干红葡萄酒不太认同。

正式的中餐，通常在各位用餐者正前方的桌面上，排列着大小不等的三只杯子，自左而右，它们依次分别是白酒杯、葡萄酒杯和水杯。

具体来讲，在搭配菜肴方面，中餐讲究不多。爱喝什么酒就可以喝什么酒，想搭配什么菜肴亦可完全自便。

正规的中餐宴会一般不上啤酒，但在便餐、大排档中却极为常见。客观地讲，啤酒搭配凉菜，效果要更好一些。

(2)西餐的酒菜搭配。在正式的西餐宴会上，酒水是主角，它与菜肴的搭配十分严格。一般来讲，吃西餐时，每道不同的菜肴要配不同的酒水，吃一道菜便要换上一种新的酒水。

西餐宴会上所上的酒水可分为餐前酒、佐餐酒、餐后酒三种，每一种又各自分为许多具体的种类。

餐前酒别名开胃酒，在开始正式用餐前饮用或在吃开胃菜时与之配饮。在一般情况下，人们喜欢在餐前饮用的酒水有鸡尾酒、味美思和香槟酒。

佐餐酒又叫餐酒，是在正式用餐期间饮用的酒水。西餐里的佐餐酒均为葡萄酒，而且大多数是干葡萄酒或半干葡萄酒。

在正餐或宴会上选择佐餐酒，有一条重要的讲究不可不知，即"白酒配白肉，红酒配红肉"。这里所说的白肉，即鱼肉、海鲜、鸡肉，吃白肉时须以白葡萄酒搭配；红肉即牛肉、羊肉、猪肉，吃红肉时则应配以红葡萄酒。鉴于西餐菜肴里的白肉多为鱼肉，故又一说法为："吃鱼喝白酒，吃肉喝红酒"。其实这两种说法的本意完全相同，而且两者所说的"白酒""红酒"，都是葡萄酒。

餐后酒指的是在用餐之后饮用，用来帮助消化的酒水。最常见的餐后酒是利口酒，它又叫香甜酒。最有名的餐后酒则是有"洋酒之王"美称的白兰地酒。

一般情况下，在西餐中饮不同的酒水，要用不同的专用酒杯。在餐桌右边餐刀的上方，大都会横排放置着三四只酒水杯，其中香槟杯、红葡萄酒杯、白葡萄酒杯以及水杯，往往是必不可少的。使用酒杯时，可依次由外侧向内侧逐次取用，若实在不知其取用顺序，可先看他人如何使用，然后效仿。

2. 敬酒干杯

在较为正式的场合，饮用酒水颇为讲究具体的程式。在常见的饮酒程式中，斟酒、祝酒、干杯应用得最多。

(1)斟酒。在侍者斟酒时，勿忘道谢，但不必拿起酒杯。有时，男主人为了表示对来宾的敬重、友好，还会亲自为其斟酒。在男主人亲自来斟酒时，则必须端起酒杯致谢，必要时还须起身站立，或欠身点头为礼。有时，亦可向其回敬以叩指礼，即将右手拇指、食指、中指捏在一起，指尖向下，轻叩几下桌面。这种方法适用于中餐宴会上，意即向对方致敬。

主人为来宾所斟的酒，应是本次宴会上最好的酒，并应当场启封。主人斟酒时要注意三点：其一，要面面俱到，一视同仁，切勿有挑有拣，只为个别人斟酒。其二，要注意顺序。可以依顺时针方向，从自己所坐之处开始，也可以先为尊长、嘉宾斟酒。其三，斟酒需要适量。白酒与啤酒均可以斟满，而其他洋酒则无此讲究，要是斟得过满乱流，显然未必合适，而且也是浪费。

除主人与侍者外，其他宾客一般不宜自行为他人斟酒。

(2)敬酒。敬酒，亦称祝酒，是指在正式宴会上由主人向来宾提议，为了某种事由而饮酒。在敬酒时，通常要讲一些祝愿、祝福之言。在正式的宴会上，主人与主宾还会郑重其事地发表一篇专门的祝酒词。因此，敬酒往往是酒宴中必不可少的一项程序。

敬酒，可以随时在饮酒的过程中进行。频频举杯祝酒，能够活跃现场氛围。不过，如果致正式的祝酒词，则应在特定的时间进行，以不影响来宾用餐为首要考虑。

在通常情况下，致祝酒词最适合在宾主入席后、用餐开始前进行，有时也可以在吃过主菜之后、甜品上桌之前进行。

不管是致正式的祝酒词，还是普通情况下的祝酒，内容均应愈短愈好，千万不要长篇大论、喋喋不休，让他人等候良久。

在他人敬酒或致辞时，其他在场者应一律停止用餐或饮酒，应该坐在自己的座位上，面向对方认真倾听。

(3)干杯。干杯，通常是在饮酒时，特别是在祝酒、敬酒时，以某种方式劝说他人饮酒，或是建议对方与自己同时饮酒。在干杯时，往往要喝完杯中之酒，故称干杯。有的时候，干杯者相互之间还要碰一下酒杯，所以又称为碰杯。

干杯，需要有人率先提议。提议干杯者，可以是致祝酒词的主人、主宾，也可以是其他任何在场饮酒之人。提议干杯时，应起身站立，右手端起酒杯，或者用右手拿起酒杯后，再以左手托扶其杯底，面含笑意，目视他人，尤其是自己祝福的对象，口颂祝颂之词，如祝对方身体健康、生活幸福、节日快乐、工作顺利、事业成功以及双方合作成功等。

在主人或他人提议干杯后，应当手持酒杯起身站立。即便滴酒不沾，也要拿起水杯装装样子。在干杯时，应手举酒杯，至双眼高度，口道"干杯"之后，将酒一饮而尽，也可视情况饮去一半或适当的量，然后还须手持酒杯与提议干杯者对视一下，这一过程方告结束。

过去吃中餐喝白酒时，干杯必须一饮而尽，杯内不剩残酒，现在则不必非得如此。在西餐里，祝福干杯则讲究只用香槟酒，而绝不可以用啤酒或其他葡萄酒充数。饮香槟酒干杯时，以饮去杯中之酒的一半为宜，但也要量力而行。

中餐宴会上的干杯还有一个讲究，即主人亲自向客人敬酒干杯后，客人应当回敬主人，与他再干一杯。回敬时，客人应右手持杯，左手托底，与对方一同将酒饮下。

3. 饮酒适度

（1）饮酒限量。在任何时候，都不要争强好胜、故作潇洒，非要一醉方休不可。在饮酒之前，应根据既往经验，对自己的酒量心知肚明。不论碰到何种情况，都不能饮酒过量，特别是在正式的酒宴上，要主动将饮酒限制在自己平日酒量的一半以下，免得醉酒误事。

（2）依礼拒酒。假如因为生活习惯或健康等原因而不能饮酒，可用下列合乎礼仪的方法之一，拒绝他人的劝酒。方法有：声明不能饮酒的客观原因；主动以其他软饮料代酒；委托亲友、部下或晚辈代为饮酒；执意不饮杯中之酒。不要在他人为自己斟酒时又躲又藏，乱推酒瓶，敲击杯口，倒扣酒杯，或偷偷把酒倒掉。把自己的酒倒入别人杯中，尤其是把自己喝过了的酒倒入别人杯中，都是极不礼貌的。

（3）移风易俗。在饮用酒水时，不要忘记律己敬人之规，特别是要抛弃下列既有害于人，又有损于己的陋习恶俗。

第一，不要酒疯。极个别的人，在饮酒时经常"酒不醉人人自醉"，借机生事，装疯卖傻，胡言乱语。这一做法，实在令人厌烦。

第二，不要酗酒。有的人嗜酒如命，饮酒成瘾，这不仅有害身体健康，而且也有损个人形象。

第三，不要灌酒。祝酒干杯，需要两相情愿，千万不可强行劝酒。

第四，不要划拳。有人饮酒时喜欢猜拳行令，大吵大闹，哗众取宠。如此做法，显得野蛮粗俗，非常失礼。

二、饮茶礼仪

中国是茶树的原产地，是世界上产茶、饮茶最早的国家，并经过漫长的种茶、制茶、饮茶的历史过程，形成了历史悠久、层次复杂、内容丰富多彩的茶文化。目前，全世界有一百多个国家和地区的居民都喜欢喝茶，茶已成为国际交往活动中迎宾待客的正式饮品之一。

(一)茶叶的品种

饮茶，首先要区别茶叶的品种。不同的地区、不同的民族、不同的饮茶者，对茶叶的品种往往会有不同的偏好。茶叶的种类很多，大致可分为绿茶、红茶、乌龙茶、花茶等品种。

1. 绿茶

绿茶，是对新鲜茶叶进行炒制，利用高温破坏其中所含的酶，在制止其发酵之后制作而成的。饮用绿茶，讲究要选用当年的新茶，尤其是要选用"明前茶"，即清明之前所采的茶叶。

精心沏出来的绿茶，茶叶碧绿、茶汤清澈，饮用入口之后，饱含沁人心脾的清香，并且清凉宜人。在夏日饮用还可消暑降温。

中国生产的绿茶品种很多，其中闻名遐迩的有浙江杭州的龙井茶，江苏太湖洞庭山的碧螺春，安徽黄山的黄山毛峰，湖南洞庭湖青螺岛的君山银针，安徽六安齐云山的六安瓜片，河南信阳大别山区的信阳毛尖，贵州黔南都匀山区的都匀毛尖等。

2. 红茶

红茶的加工制作方法恰好与绿茶相反，它是以新鲜的茶叶在经过控制、完全发酵之后制作而成的。冲泡沏水之前，色泽油润乌黑，冲泡沏水之后，则具有独特的浓香与爽口，并且暖胃补气，提神益智。一般而言，红茶其性温热，适宜在冬天饮用，而不宜作为夏日饮品。

中国生产的红茶品种不少，其中最著名的当推产于安徽祁门的祁门红茶。此外，还有产于云南西双版纳的滇红等。

3. 乌龙茶

乌龙茶的制作加工方法介乎绿茶、红茶之间，准确地说，它是一种半发酵的茶叶。其外形粗硕、松散，茶叶边缘发酵，中央不发酵，整体外观上呈黑褐色。乌龙茶还有一个别名，叫作青茶。

沏水冲泡后的乌龙茶色泽凝重鲜亮，芳香宜人。喝过之后，不仅可以化解油腻，而且健胃提神，令人心旷神怡。

中国著名的乌龙茶多产于福建省，其中大名鼎鼎的有产于闽南安溪的铁观音，产于闽北武夷山区的武夷岩茶等。

4. 花茶

花茶，又叫香片，它是将绿茶用各种香花熏制而成的茶叶。花茶最大特点是冲泡沏水之后芳香扑鼻，口感浓郁，味道鲜嫩。一年四季都可以饮用花茶。

根据用来熏制花茶的鲜花的具体品种的不同，花茶又可分为茉莉花茶、桂花茶、玫瑰花茶、白兰花茶、珠兰花茶、米兰花茶等多个品种。其中，尤其以茉莉花茶最为知名。

概括地讲，生活于不同地区的人们对茶叶品种的偏好往往大相径庭。在一般情况下，中国南方人爱喝绿茶，北方人爱喝花茶，东南沿海一带爱喝绿叶红镶边的，被称为"大红袍"的乌龙茶；而欧美人则爱喝红茶，尤其是袋装红茶。

(二)茶具的选择

饮茶是一种文化，所以在选择茶具时，既要干净、卫生、实用，又要美观、大方、悦目。饮茶时，所选茶叶的具体品种不同，所需茶具的品种也会有所不同。下面简单介绍一下选择茶具时应注意的要点。

1. 储茶用具

储茶用具指的是平日存放茶叶的专用器皿，其基本要求是：防潮、避光、隔热、无味。因此，用来存放上佳的茶叶，最好选用特制的茶叶罐，如铝罐、锡罐、竹罐，尽量不要使用不符合要求的玻璃罐、塑料罐，更不要长时间以纸张包装、存放茶叶。

待客饮茶之际，最好不要当着客人的面从储茶用具之内取茶冲泡。万一非此不可，则切记不要直接用手抓取茶叶，而应以匙去取，或是直接将茶叶倒入茶壶、茶杯。

2. 泡茶用具

讲究饮茶的人，对泡茶用具是十分挑剔的。在比较正规的情况下，泡茶用具与饮茶用具往往一分为二，以确保饮茶有滋有味，有模有样。

最常见的正规的泡茶用具是茶壶。其大小各异，外观不同，但多以有助于茶水味道醇正的紫砂陶、陶瓷制成。

使用茶壶泡茶之前，应将茶壶茶垢洗涮干净。不要使用浑身伤残的茶壶去招待尊贵的客人。特别要注意的是，不要使用茶壶内剩余的旧茶待客。

3. 饮茶用具

饮茶用具指的是饮茶时所用的茶具。在大多数情况下，饮茶用具主要是茶杯、茶碗。就目前而言，使用茶杯饮茶比使用茶碗更为常见，也更加正规些。使用茶碗饮茶，则多见于古色古香的茶馆之内。

最好的茶杯，应当有助于茶水醇正味道的发挥，而符合这一要求的当首推紫砂陶茶杯和陶瓷茶杯。若为了欣赏茶叶的形状与茶水的清澈，也可以选用玻璃茶杯，但一般不宜选用搪瓷茶杯。若非自己使用，千万不要选用破损、残缺、有裂纹的茶杯，尤其勿以带有茶垢、污垢的茶杯装茶待客。

若饮茶时同时使用茶壶，则最好使茶杯与其配套，以便美观而和谐。尽量不要东拼西凑，使两者质地不一、造型各异。若同时使用多个茶杯，也应注意其配套问题，不要搞得千差万别。

(三)品茶的方法

在国际交往场合，饮茶应当文明、礼貌。具体而言，需要在以下两个方面特别加以注意。

1. 态度谦恭

既然以茶待客是一种礼仪，主人在以茶待客时处处以礼待人，那么作为接受款待的一方，客人在饮茶之时，也应对主人投桃报李，勿失谦恭与敬意。

第一，在主人上茶之前向自己征求意见、询问大家"想喝什么"的时候，如果没有什么特别的禁忌，可以在对方提供的几种选择之中任选一种。在一般情况下，向主人提出过高的要求，是很不礼貌的。

第二，如果自己不习惯饮茶，应及时向主人说明。

第三，若主人、特别是女主人或者长辈为自己上茶时，在可能的情况下，应当即身站立，双手捧接并道谢。当主人为自己续水时，亦应以礼相还。其他人员为自己上茶、续水时，也应及时以适当的方式向其答谢。

第四，如果对方为自己上茶、续水，自己难以起身站立、双手捧接并道谢时，至少应面含微笑，向其点头致意或者欠身施礼。

第五，与交往对象交谈时最好不要饮茶。不论是自己或是对方正在讲话时，要是自己突然转而饮茶，不但会打断谈话，而且也会显得用心不专。

2. 认真品味

在饮茶时，要懂得悉心品味。这样做不仅体现了自身的教养，而且也是待人的一种礼貌的做法。

第一，饮茶时应当小口地细细品尝。每饮一口茶水后，应使其在口中稍作停留，再慢慢地咽下去，这样才能达到细品茶香的目的。

第二，在端起茶杯时，应以右手持杯耳。端无杯耳的茶杯，则应用右手握住茶杯的中部。不要双手捧杯，以手端起杯底，或是用手握住茶杯杯口，那样做只会被视为动作粗鲁，或是不讲卫生。

第三，饮茶的时候，切忌连茶水带茶叶一并吞入口中，更不能用手将茶叶从茶水中取出，甚至放入口中吞食。万一有茶叶进入口中，切勿将其吐出，可稍加咀嚼后食之。

第四，饮盖碗茶时，可用杯盖轻轻将漂浮于茶水之上的茶叶拂去，不要用嘴去吹。

第五，饮用红茶或奶茶时，不要用茶匙舀茶，也不要将其插放在茶杯中。不用时，可将其放在杯托上即可。

(四)敬茶的程序

自古以来，中国人待客就有"坐，请坐，请上坐；茶，上茶，上好茶"的说法，由此可见，以茶敬客在待客之际是一种不可或缺的重要礼仪。

以茶敬客时，最重要的是要注意客人的嗜好、上茶的规矩、敬茶的方法、续水的时机等几个要点。

1. 客人的嗜好

俗语说："众口难调"，饮茶其实也是如此。有人喜欢喝绿茶，有人喜欢喝红茶；有人喜欢喝热茶，有人喜欢喝凉茶；有人喜欢喝糖茶，有人喜欢喝奶茶。在以茶待客时，若有可能，应尽可能照顾到来宾，尤其是主宾的偏好。

有可能的话，应多备几种茶叶，使客人可以加以选择。在上茶之前，应先询问一下客人喜欢用哪一种茶，并为其提供几种可能的选择，当然，若只有一种茶叶，则务必实事求是地说清楚，不要客套过了头。若客人点出自己没有的茶叶品种，可就难以下台了。

与此同时，也应考虑到有一些人出于各种原因不喜欢饮茶。因此，如有可能，在上茶前应征询一下来宾的个人意见："请问您想喝一点什么饮料?"并为之提供自己力所能及的几种选择。

一般认为，饮茶不宜过浓，否则极可能使饮用者"醉茶"，即因摄入过量的咖啡因而令人神经兴奋。所以，若客人没有特殊要求，为之所上的茶水不应过浓。通常以茶待客时讲究要上热茶，而且中国还有"茶满欺人""七茶八饭十分酒"之说，其含义是说斟茶不可过满，而以七分满为佳。这样，热茶便不会从杯中溢出来以致烫伤人。

2. 上茶的规矩

上茶的规矩主要包括奉茶之道和奉茶顺序两个方面。

(1)奉茶之道。以茶待客时，由何人为来宾奉茶，往往涉及对来宾重视程度的问题。在家中待客时，通常可由家中的晚辈或家庭服务员为客人上茶。接待重要的客人时，则应由女主人，甚至由男主人自己为之亲自奉茶。

在工作单位待客时，一般应由秘书、接待人员、专职人员为来宾上茶。接待重要的客人时，则应由本单位在场的职位最高者亲自为之上茶。

(2)奉茶顺序。若来访的客人较多时，上茶的先后顺序一定要慎重对待，切不可肆意而为。合乎礼仪的做法应当是：其一，先为客人上茶，后为主人上茶；其二，先为主宾上茶，后为次宾上茶；其三，先为女士上茶，后为男士上茶；其四，先为长辈上茶，后为晚辈上茶。

如果来宾甚多，且彼此身份差别不大时，可采取下列四种顺序上茶：其一，以上茶者为起点，由近而远依次上茶；其二，以进入客厅之门为起点，按顺时针方向依次上茶；其三，以客人到来的先后顺序为其上茶；其四，上茶时不讲顺序，或是由饮用者自己取用。

3. 敬茶的方法

以茶待客时，一般应当事先将茶沏好，装入茶杯，然后放在茶盘之内端入客厅。如果来宾较多，务必要多备几杯茶，以防供不应求。

在上茶时，应当借机向客人表达自己的谦恭与敬意。标准的上茶步骤是：双手端着茶盘进入客厅，首先将茶盘放在临近客人的茶几上或备用桌上，然后右手拿着茶杯的杯托，左手附在杯托附近，从客人的左后侧双手将茶杯递上去。茶杯放置到位之后，杯耳应朝向外侧。若使用无杯托的茶杯上茶时，亦应双手捧上茶杯。从客人左后侧为之上茶，意在不妨碍其工作或交谈的思绪。万一条件不允许，至少也要从其右侧上茶，尽量不要从其正前方上茶。

有时，为了提醒客人注意，可在为之上茶的同时，轻声告之："请您用茶"。若对方向自己道谢，不要忘记答以"不客气"。如果自己的上茶打扰了客人，应对其道一声"对不起"。

为客人敬茶时，一定要注意尽量不用一只手上茶，尤其是不要只用左手上茶。同时，双手奉茶时切勿将手指搭在茶杯杯口上，或是浸入茶水，避免污染茶水。

在放置茶杯时，一定不要碰撞客人，也不要把茶杯放在客人的文件上，或是其行动时容易碰到的地方。将茶杯放在客人右手附近，是最适当的做法。

4. 续水的时机

为客人端上头一杯茶时，通常不宜斟得过满，更不能使茶水溢出杯外。得体的做法，是应当斟到杯深的三分之二处，不然就会有厌客或逐客之嫌。

主人若是真心诚意地以茶待客，最适当的做法就是为客人勤斟茶、勤续水。一般来讲，客人喝过几口茶后，即应为其续水，绝不可以让其杯中的茶叶见底。这种做法的寓意是："茶水不尽，慢慢饮来，慢慢叙"。

当然，为来宾续水让茶一定要讲究主随客便，切勿神态做作，再三地以斟茶续水搪塞客人，而始终一言不发。以前，中国人待客有"上茶不过三杯"之说：第一杯叫敬客茶，第二杯叫续水茶，第三杯则叫送客茶。如果一再劝人用茶却没有交谈，则往往意味着在提醒来宾"应该打道回府了"。有鉴于此，在以茶招待较为守旧的老年人或海外华人时，切勿再三为之斟茶。

在为客人续水斟茶时，仍以不妨碍对方为佳。如有可能，最好不要在其面前进行操作。非得如此不可时，则应一手拿起茶杯，使之远离客人的身体、座位，另一只手将水续入。

在续水时，不要续得过满，也不要让自己的手指、茶壶或者水瓶弄脏了茶杯。如有可能，在续水时应在茶壶或水瓶的口部附上一块洁净的毛巾，以防止茶水"自由泛滥"。

三、喝咖啡的礼仪

咖啡诞生于埃塞俄比亚的咖发(Kaffa)，而"咖啡"这一名称则源于阿拉伯语"Qahwah"，意为"植物饮料"，后来咖啡流传到世界各地，刚开始以其来源地"Kaffa"命名，直到 18 世纪才正式以"Coffee"命名。饮用适量的咖啡有助于消除疲劳、提神清脑，所以咖啡已成为当今世界最受欢迎的饮品之一。

(一)咖啡的种类

与茶叶一样，咖啡的种类也非常之多。在正式场合，选用何种咖啡，不仅仅是个人习惯问题，还涉及选择者的身份、教养、见识问题，故此应当对这一问题充分了解，认真对待。

由于依据的标准不同，咖啡分类广泛。目前，区分咖啡的种类主要是依据其配料的添加与制作的方法。

1. 根据配料区分

依据饮咖啡时添加的配料的不同，咖啡可被分为多个品种。其中，最为常见的有以下六种。

(1)黑咖啡。它所指的是既不加糖，也不加牛奶的纯咖啡。在正统的西餐里压轴的就是这种宜于化解油腻的黑咖啡。时至今日，饮用黑咖啡仍被西方人视为身份高贵或出身于上流社会的一个标志。

(2)白咖啡。它是指饮用之前加入牛奶、奶油或特制的植物粉末的咖啡。饮用这种咖啡时，加糖与否完全可以自作主张。它适合在各种情况之下，尤其是在非正式场合饮用。

(3)浓黑咖啡。它的全名叫意大利式浓黑咖啡，它以特殊的蒸汽加压的方法制作，极黑极浓，不宜多饮。在饮用时，可加入糖或少量的茴香酒，但不宜加入牛奶或奶油。

(4)浓白咖啡。它的全名叫意大利式浓白咖啡，其制作方法基本上与浓黑咖啡类似，只是加入了用牛奶打制出来的奶油或奶皮，故此显得又稠又浓，口味甚佳。在饮用时，不宜再添加牛奶，加入少许用柠檬皮榨取的汁液则是允许的。至于是否加糖，则可自由决定。

(5)爱尔兰式咖啡。爱尔兰式咖啡的最大特点，不是在饮用咖啡之前加入牛奶，而是加入一定量的威士忌酒。是否加糖可自由决定。它的味道浓烈，刺激提神。

(6)土耳其式咖啡。土耳其式咖啡与白咖啡类似，在咖啡之中可以酌情加入适量的牛奶与糖。但是，与其他种类所不同的是，它的咖啡渣并未除去，而是被装入杯中与咖啡一起上桌，供人饮用。它的杯子甚大，稍显混浊，深受中东地区人民的喜爱。

2. 根据制作的方法区分

根据制作方法的不同，咖啡大体上可被分为现煮的咖啡与速溶的咖啡两种。

(1)现煮的咖啡。这里指的是在饮用咖啡之前，当场将一定数量的咖啡豆放入特制的咖啡具中，现磨现煮而成的咖啡。与速溶咖啡相比，它费时费力，并且不易把握火候，技术水平要求较高。

在西方国家里，是否会煮咖啡是一位家庭主妇是否称职的一大标准。因此，西方人有一个习惯，家里来了客人，若有可能，一定要待之以现煮的咖啡，并由女主人亲自为客人煮咖啡、上咖啡。这既是一种礼遇，又体现着一种档次。所以，遇上女主人这般厚待时，来宾无论如何都不能忘了当面称道一下女主人为自己所煮的咖啡"味道好极了"，否则是很不礼貌的。

(2)速溶的咖啡。速溶咖啡是以现代工艺将咖啡提纯、结晶、装罐，饮用时只需冲入适量的热开水即可，因此非常方便省事，深受快节奏的现代人的欢迎。不过它毕竟属于一种方便食品，口味比较单一，档次上难与现煮的咖啡相提并论。

应当切记，在较为正式的场合，或在款待重要客人时，最好不要上这种咖啡，尤其是不要把它视为一种高档咖啡而正式介绍给客人。

(二)饮用咖啡的礼仪

在较为正式的场合，特别是在大庭广众之下饮用咖啡时，务必要在个人举止方面处处谨慎、依礼而行。其中最主要的是要在饮用的数量、配料的添加、饮用方法三个具体方面多加检点。

1. 饮用的数量

在正式场合饮用咖啡的具体数量，应注意如下两点讲究。

（1）杯数要少。在正式场合饮咖啡，与其说咖啡是一种饮料，不如说它是一种休闲或交际的陪衬，所以完全可以说人们饮咖啡时多是"醉翁之意不在酒，在乎山水之间也"。在一般情况下，饮咖啡一杯足矣，至多不应多于三杯。

（2）入口要少。饮咖啡既然不是为了充饥解渴，那么在饮用时切勿饮相粗鲁，贻笑大方。端起咖啡杯扬脖一饮而尽，或是大口吞咽咖啡，喝时响声大作，都是失礼的。饮咖啡时，一杯咖啡总要喝上十来分钟，并且应分为十来口慢慢地喝。唯有小口慢品，才能悟出其难言之妙，并且显得自己举止优雅脱俗。

2. 配料的添加

在某些情况下饮咖啡时，需要饮用者自己动手，根据个人的需要和爱好，往咖啡里面添加一些诸如牛奶、方糖之类的配料。遇到这类情况，一定要牢记自主添加、文明添加这两项要求。

（1）自主添加。在添加咖啡的配料时，要求自主添加，就是要求大家自己为自己负责，完全自行其是，不要越俎代庖，为他人添加配料。因为个人的需要与偏好往往相去甚远，唯有自己才最了解。自作主张地为他人添加配料，弄不好就会强人所难，令对方反感或者不快。当然，遇他人为自己添加配料时，还是应当真诚地向其道谢，而不宜责怪对方。

（2）文明添加。在添加咖啡的配料时，要求文明添加，就是要求在具体操作时自然大方、温文尔雅，尽量避免不卫生、不得体的做法。比如，若大家同时需要添加配料，彼此要相互谦让，不要你争我抢。若某种配料用完，需要补充时，不要大呼大叫，责怪侍者。需要加牛奶时，动作要稳重，不要倒得满桌都是。给咖啡加糖时，砂糖可用咖啡匙舀取，直接加入杯内，也可先用夹子把方糖夹在咖啡碟的近身一侧，再用咖啡匙把方糖加在杯子里。如果直接用夹子把方糖放入杯内，有时可能会使咖啡溅出，从而弄脏衣服或台布。加糖时，不要用自己所用的咖啡匙去取，更不要直接用手去取。

3. 饮用方法

饮用咖啡时，有许多讲究与禁忌。其中，在礼仪方面要求最多的则包括持杯方法、匙的使用、取食甜点、交谈须知四个方面的问题。

(1)持杯方法。饮用咖啡时，不可以双手握杯，不可以用手托着杯底，不可以俯身就近杯子去喝，不可以用手端着碟子而去吸食放置于其上的杯中的咖啡。

持握咖啡杯的得体方法，是应当伸出右手，用拇指与食指握住杯耳之后，再轻缓地端起杯子。若是用一只手大把握住杯身、杯口，或者将手指穿过杯耳之后再握住杯身，都是不正确的方法。

在正式场合，咖啡都是盛入杯中，然后放在碟子上一起端上桌的。碟子的作用，主要是用来放置咖啡匙，并接收溢出杯子的咖啡。若碟中已有溢出的咖啡，切勿泼在地上或倒入口中，应用纸巾将其吸干。饮咖啡时，若离桌子较近，通常只需端杯子，而不必端碟子。若距桌子较远，或在站立、走动时饮咖啡，则应用左手将杯、碟一起端起至齐胸高度，再以右手持杯而饮。这种方法既迷人，又安全，说它迷人是因为姿势好看，说它安全则是可以防止溢出杯子的咖啡弄脏衣服。

(2)匙的使用。咖啡匙有以下作用：第一，加入牛奶或奶油后，可以用匙轻轻搅动，使其与咖啡相互融合；第二，加入方糖之后，可以略加搅拌，促使其迅速溶化；第三，若嫌咖啡太烫，可用咖啡匙稍作搅动，使其变凉。

咖啡匙的使用，有两点禁忌：其一，不可以用匙去舀起咖啡来饮用。其二，不可以让它在咖啡杯中"立正"，不用的时候，应将其平放在咖啡碟里。

(3)取食甜点。在饮用咖啡时，为了不伤肠胃，往往会同时备有一些糕点、果仁、水果之类的小食品，供饮用者自行取用。

需要取食甜点时，首先要放下咖啡杯。在饮用咖啡时，手中也不宜同时拿着甜点品尝。切勿双手左右开弓，一边大吃、一边猛喝。这种做法，会显得吃相不雅。另外，切勿只吃不喝，弄得本末倒置。

(4)交谈须知。在饮用咖啡时，应适时地与交往对象进行交谈。在交谈时，务必要细语柔声，千万不可大声喧哗，更不要与人动手动脚，追追打打，这样做只会破坏现场的氛围。

不要在他人饮咖啡时，向其提出问题。自己饮过咖啡要讲话以前，最好先用纸巾揩一揩嘴，免得咖啡顺嘴流淌，或弄脏嘴角。

6 | 第六章
通信礼仪

在国际交往活动中，除了面对面的直接交流之外，还有通过电话（包括手机）进行的口头语言的沟通和通过书面语言进行的交流。电话交谈是间接言谈的主要方式，而书面交流往往借助一定的文体、按照一定的行文规范和格式进行，一般要比口头语言更为郑重，在礼仪方面的规范和要求也更加严格、系统。在现代社会，通信是国际交往活动必不可少的桥梁和工具，随着国际交往活动的日趋频繁，交往范围的日益扩大，交往程度的日趋加深，其重要地位正日益凸显，而与通信相关的礼仪规范，也已引起交往各方越来越多的关注和重视。

第一节 外交文书

外交文书又称外交文件、外事文书、对外文书等，是进行国际联络和外事活动时使用的专用文书，用于国家及其外交机关、派出机构、外交代表与他国及其外交主管机关之间，或国家与联合国等国际组织之间。外交文书是对外交往的书信形式，是进行对外交涉和礼仪往来的一种重要手段，在国际交往活动中具有不可替代的重要作用。

从总体上进行分析，外交文书通常具有如下五个基本特征。

第一，形式众多。就具体形式而言，外事文书的种类纷繁复杂，用途不一，适用对象各异，发挥着各自不同的作用。

第二，内容丰富。从宏观上看，无论何种国际交往活动都难以离开外交文书的使用。因此，外交文书涉及的内容极其广泛。

第三，要求严格。外交文书总是以成文的形式面世，在不同程度上代表着国家、政府、党派、单位，因此不容出现任何纰漏。

第四，时效性强。任何文书的写作与使用，都受到一定的时间限制。外交文书的使用必须把握时机，不得延误。

第五，讲究礼仪。写作外交文书必须遵守礼仪规范。具体而言，大到其适用场合、适用时机、适用对象，小到其格式、用语、文字、用纸、印章，都有其固定的格式。

一、常见类型

外交文书种类繁多，而且还在随着国际交往活动的进一步发展而不断增加。广义的常用外交文书有二三十种，包括公约、条约、协定、议定书，外交声明、公报、宣言，照会、备忘录，外交信函、电报，国书、颂词、答词，全权证书、批准书、委托书、领事任命书、领事证书，护照、签证等。狭义的外交文书仅指照会、备忘录、函件三类。

1. 照会

照会是形式上最严肃的外交文书，用于交涉国的外交部、大使馆、总领事馆及外交代表（大使、公使、代办等）之间，在外事交涉时表明立场、观点、态度、做法或通知事项等，分为正式照会和普通照会两种。

正式照会一般用第一人称写成，由具有全权代表身份的国家元首、政府首脑、外交部部长、大使、代办等签署发出。它用于正式通知重大事情，如国家之间的承认、建交、断交、复交，国家领导人的变更，大使、领事的更换等；交涉重要问题，如建议缔结或修改条约、召开国际会议、互设领事馆、委托代管本国财产等；隆重的礼仪表示，如庆贺、吊唁，通知外交使节就任、离任、返任等。

普通照会用第三人称写成，加盖发照机关印章而不用签署。它用于外交部及部内的有关单位与驻该国的各国大使馆之间进行外事交涉、行政性通知、交际酬答等，如接受邀请、转送材料、通告丧事、通告假日，批准某协定，提出抗议或警告等。普通照会是一种最常用的外交文书，其庄严性仅次于正式照会。

2. 备忘录

备忘录是国家间或外交代表机关之间在外交活动与事务交涉中，经口头通知、谈话、事实叙述之后，为便于对方记忆，避免发生误解，将所谈内容以书面形式送交对方的一种外交文书，其郑重性次于照会，主要用于叙述事实或陈述与补充本方的观点、意见或驳复对方；或举行会谈时记录下本方提出的观点；或以一种客气的催询方式提醒某件事等。备忘录一般不加标题，开头直叙事实，头尾均不加客套语，文尾不加签署与盖章。递送方式分当场面交、会谈后送交、作照会的附件三种。会谈后送交的多附简短的说明信。

3. 外交函件

外交函件是国家领导人、外交代表之间进行外事交涉的来往信函，用于交流双方的观点、意见，协商与联系解决问题。根据通信者双方的身份及通信内容的重要程度，分正式函件和便函。正式函件用于国家领导人、外交部部长、大使、代办等有全权代表身份者交涉重要事项，如邀请、应邀、致谢、建议、表态、吊唁、慰问等，是庄重的外交信件，一般机密性较高，文首写明国名或首都名、受函者职衔、姓名、尊称，文尾写致敬语、发函者职衔、亲笔署名、发函年月日与地点，以示郑重。便函用于事务性内容，如一般的祝贺、吊唁、馈赠、邀请进餐或观看演出、借还物品等，格式比较随便。外交函件有时也用于国家机关、团体、企事业单位和地方政府领导人致他国相应机构和人士交涉事务。

4. 外交电报

外交电报是一国的领导人、外交机关及其派出机构或代表发给他国或国际组织和代表的公务电报。是一种常用的快速通信的外交文书，其内容与用法同外交函件相似，有邀请电、贺电、唁电、慰问电、感谢电等，电文简短，文字精练。按发电者形式可分为单发与联发两种：单发电报系由单一组织或个人名义拍发的电报；联发电报系由两个或两个以上组织或多人名义联名发出的电报。按内容及保密要求可分为密电和明电。传递方式有通过电讯信号传输文字内容的电报，有直接传送文件、图表和照片的传真电报。

5. 国书

国书是一国派遣或召回大使、公使时，由国家元首致接使国元首的正式文书，由派使国的元首签署、外交部部长副署，按其内容分为派遣国书和召回国书。派遣国书又称就任国书，是派遣使节赴他国执行外交任务的信任状和介绍信，其正文主要包括所派使节的姓名、官职与特别头衔，派遣使命，对其忠实可靠与工作才能的赞赏，希望接使国给予信任和工作上的支持与帮助等。派遣国书一式两份，副本开封，于使节抵达驻在国后，呈送驻在国外交部部长；正本密封，于觐见驻在国元首时当面递交。驻在国元首接受国书时，一般均举行隆重的仪式，除此之外，在许多国家的仪式上，派遣大使和接使国元首还会同时分别致颂词与答词。召回国书又称辞任国书，用于派遣使节任届期满或由于其他原因需召回时，向驻在国元首说明缘由。一般由使节在辞别时面交，如该使节业已提前返国，则由继任使节连同其就任国书一并递交。有时也将派遣后任与召回前任使节的内容合并为一份国书。

6. 颂词

颂词是派遣国大使向接使国元首及政府所致的友好祝愿文书，主要内容为表述自己被任命为大使的心情，转达派遣国元首及其他领导人对驻在国元首及其他领导人、政府和人民的问候，赞颂与评价两国的关系，赞颂驻在国所取得的成就，表示自己将努力完成所负使命的愿望，并希望驻在国予以协助和支持等。颂词的正本由派遣国大使于递交国书时当面对驻在国元首诵读后递交；颂词副本于抵达驻在国后，连同国书副本一起呈送给驻在国外交部部长。

7. 答词

答词是接使国元首对派遣国大使所致颂词的回答文书，内容主要是表示接受和欢迎派遣国大使，感谢派遣国元首及其他领导人的问候，对国际形势及所关心的问题的评论，对两国关系的评价与颂扬，赞颂派遣国的成就及表示愿意协助和支持派遣国大使的工作等。答词由接使国元首诵读后面交派遣国大使。纵览近代的外交实践，外交礼仪与外交文书一直在不断改革，有些国家已经免去互致颂词、答词，采取较简便自由的觐见谈话方式。

8. 外交声明

外交声明是以国家、政府、政党、团体或其领导人名义，就某个或某些问题和事件表明立场、观点、态度或主张的外交文书，用于在报刊上公开发表，或向对方宣读后交给对方，按内容和作者可分为单发声明和联发声明。单发声明是以一个国家、政府、政党、团体及外交机关、新闻单位或其领导人名义发表的，性质庄严、郑重，在国际上特别重视和慎重使用，其中尤以以国家政府名义发表的声明为重，因为这实际上是国家的一种庄严宣言；以外交部名义发表的声明，根据需要可加些事实材料作为其附件；新闻单位奉命发表的声明，既是一种新闻消息的发布，又是代表政府对某些问题所做的表态；以国家的一定单位（如外交部新闻司）或个人（如外交部发言人）用发表谈话的形式发表的声明，一般语调较客气，涉及的问题较具体，其郑重性次于新闻单位奉命发表的声明。联发声明又叫联合声明、共同声明，是由两个以上国家、政府、政党、团体或其领导人联名发表的，其中由两国、两党或团体发表的，具有共同的宣言性质，或具有双方共同承担某些权利、义务的条约性质。由两国领导人共同发表的，一般是在一方访问另一方时经协商、谈判之后，就某些问题发表的共同立场、观点，或就某些问题表明共同承担的权利与义务。会议声明多属政治性宣言，意在表达到会各国对某些问题的共同意愿、态度、主张或应共同遵守的原则等。

9. 外交公报

外交公报是国家、政府、政党、团体向国内外公布重大事件或重要会议情况与决议的正式报道，分为单发公报和联发公报。单发公报主要用于以一国或其政府的名义，正式向外报道关于国家领导人出访、来访的消息等；联发公报通常称为联合公报，是两个或两个以上国家、政府、政党、团体所共同发表的，关于国际重大问题、事件的会谈进展情况、经过、达成的协议的正式文件，用以表明双方或多方的共同看法，或作为对会议情况的正式报道，或作为经过谈判达成的具有承担一定权利与义务的协议文书。其中政治性、新闻报道性的联合公报报道的对国际重大问题的讨论情况，多无实质性内容，属于对礼节性友好往来的正式报道，它不需要双方代表签署，仅由双方议定文稿，在各自首都的重要报刊上发表。条约性联合公报反映双方或多方对共同关心的事件经过谈判达成的协议，规定各方承担的权利与义务等，须经各自全权代表签署，以昭信守。另外还有建交、复交的联合公报等。

10. 条约

条约是国家或政府之间缔结的据以确定其相互权利和义务的协议文书，多用于关于重大的政治、经济、军事、法律等问题的协议，有双边的，也有多边的。狭义的条约仅指以条约命名的协议，如同盟条约、友好条约、和平条约、互不侵犯条约等；而广义的条约是指不论以何种名称或形式缔结的协议，如条约、公约、协定、联合宣言、联合公报、联合声明、议定书、会谈纪要、换文、合同等。条约、公约等属于国际法律文件，是最重要的外交文书，其缔结和生效的法律程序很严格，须由国家宪法规定的机关批准。一般由缔约国各方派代表经正式谈判达成原则协议后，共同拟定条文，并经缔约方国家元首批准，再按商定日期和地点举行换文仪式，交换批准书。通常规定双方缔结的条约，自互换批准书之日起开始生效。条约或公约签订后，在其有效期内对各缔约国均具有约束力。

协定用于缔结意义不十分重大或短期性的协议，其应用较广泛，如贸易协定、海运协定等。议定书通常用于某些具体问题的协议，或用于对已经缔结的条约进行解释、补充、修改或延长其有效期等。协定和议定书的有效期较短，缔结手续也比较简单。

换文指双方用互换照会的形式对达成协议的内容予以确认，有时文书是条约、协定等的附件。

合同用于两国的企业、单位之间有关某项具体业务问题的协议，如驻外使领馆购置或租用房屋、地产时使用的合同。

11. 全权证书

全权证书是国家元首或政府首脑授予其代表，以全权谈判并签订条约或出席国际会议的证明文书。按照国际惯例，除国家元首、政府首脑、外交部部长外，其他官员和代表在谈判并签订条约或出席国际会议时，均应具备全权证书。其内容主要写明授权者、被授权者的职务、姓名，委派其行使的权力与执行的任务等。全权证书一般由国家元首或政府首脑签署和颁发。由国家领导人、政府有关部门及其负责人，授权其代表同他国磋商、谈判与签订一般性协议的证明书，称为授权证书。各国颁发授权证书的做法不同，国际上无统一规定。

12. 领事任命书

领事任命书是一国政府颁发给其总领事、领事前往驻在国政府赴任的任命状，也是领事行使其职权的合法身份依据和凭证。内容主要写明被任命者的职务、姓名、任务、赴任地点，以及希望接领国承认，给予其应享受的优遇和权利，对其工作给予协助和支持等。

13. 领事证书

领事证书是一国政府承认外国派驻本国的领事官，并确认其在领事区域内执行领事职务的证件，由接领国外交部颁发。

14. 护照、签证

护照是发给本国出国人员的身份证明文件，由外交部制发。按出国人员的具体情况，一般可分为4种：外交护照，发给有外交官身份和适于外交部规定的政府官员。公务护照，发给无外交官身份的因公外出的政府官员。普通护照，发给出国探亲、求学、观光等的一般公民。团体护照，发给出国代表团集体。签证是出国和归国人员所持的准许入境、过境和出境的证明文件，由目的国驻本国大使馆或其所属机构发给本国申请出国人员赴该国的入境或过境的签证，和目的国外交部或其所属机构发给本国人员自该国出境的签证。按出国人员情况，签证也分外交签证、公务签证、普通签证等。

二、写作要求

在写作外交文书时，应认真遵守格式规范、文字通畅、内容得体、译文正确四项最基本的要求。

1. 格式规范

在国际交往中，外交文书发挥着重要的礼仪作用，因此其写作格式必须中规中矩，符合有关规范。

一般来讲，在写作外交文书时，应参照既定的规范化格式行文，使标题、抬头、落款、日期以及礼仪用语等细节之处，完全符合规范化的要求。对于以下几点，在写作时尤须重视。

（1）国名。在外交文书中所出现的外国国名，通常应采用全称。特别是写于文书封套或正文抬头之处的国名，应一律使用全称。若同一国名出现数次，则至少应在第一次出现时使用全称。若该国习惯使用简称，则可使用其正式简称。但对有些特殊的国名，任何时候都不宜使用简称。

（2）称呼。在外交文书抬头部分所出现的受文人的姓名、职衔，一律使用全称。若以有关机构、组织、团体作为抬头，亦应采用其全称。当个人或机构、组织、团体的名称第一次在正文中出现时，一般都要使用全称，此后方可使用简称。

（3）人称。外交文书中所使用的人称，应当与其格式相适应。一般而言，正式照会、外交函件(电报)等均应以签署者的口气用第一人称写成。普通照会、备忘录等则应以机构的名义采用第三人称；在称呼对方时，亦应采用第三人称。凡以机构名义发出的外交函件(电报)，通常均应采用第三人称。

（4）印章。凡需要盖印章的外交文书，一定要认真盖好。印迹要端正而清晰，印章位置要适当，一般以骑年压月、上大下小为宜。如印章带有国徽，国徽位于机构名称之上。

2. 文字通畅

书写外交文书，因其事关国家形象、单位形象以及己方对待外方的立场与态度，因此必须做到文字通顺、表达流畅、语言优美、用词准确。具体应注意以下六点。

（1）逻辑严密。书写外事文书时，务必要在形式逻辑上前呼后应、一气呵成，使之无懈可击。

（2）文字精确。对于相关国名、人名、职称、时间、地点、数据、事件、史实以及法律、外交政策等，尤其不允许出现文字错误。因此，务必进行严格的校对。

（3）字斟句酌。在具体写作外交文书的过程中，必须字斟句酌，反复推敲，三思而行,既要做到不失礼貌、符合规范,又要做到用词恰到好处。

(4)注意标点。标点符号在外交文书中虽然所占篇幅不大,但其作用十分重要。倘若在写作中,标点符号当用未用,或者使用不当,就会产生歧义,导致重大失误。

(5)言简意赅。一般而言,外交文书的篇幅大都不长,书写时要做到言简意赅,短小精悍。

(6)书写工整。在撰写外交文书时,不论是手书还是打印,通篇均应干净整齐,字迹美观清楚,便于阅读。

3. 内容得体

在写作外事文书时,对其具体内容应予重视。以下四点尤其不容忽略。

(1)语态庄重。外交文书语态应庄重而严肃,与其正式程度相一致。

(2)语气礼貌。在外交文书中,要自始至终表现自尊与敬人之意。

(3)层次清楚。外交文书必须条理清楚,层次分明。

(4)一文一事。在一般情况下,外交文书的内容讲究单一性,即应当一文一事。

4. 译文正确

在国际交往中,外交文书通常均应以本国官方文字为正本,必要时附以外文译本。外文译本的具体文种,既可以是交往对象国的官方文字,也可以是国际社会所通用的英文、法文。但是,若非另有规定,外文译本一般只应使用一种外文。

附在正文之后的外文译本,通常采用不带机关名称的白纸,但应在其右上角注明“译文”字样。

我国外交文书的译文不必套用中文格式,但应当采用外文的习惯格式。按照常规,我驻外机构的一般事务文书,可直接使用其驻在国的官方文字或国际通用的外文。

需要使用外文时,应当确保其正确无误。这一要求,在任何情况下都不能改变。

第二节　英文信函

在现代国际社会中,英语已越来越成为一种通用的语言,国际交往活动中的书信交往,多数是用英文进行的,所以了解和掌握英文书信的相关礼仪要求,不仅有助于提高个人文化礼仪素养,而且还有助于加深友谊、增进国际交流。

一、请柬

在国际交往活动中，欲邀请别人出席某项活动，最常见也是最正式的邀请方式，就是呈送或寄送请柬。

1. 请柬内容

请柬一般应包括以下内容。

第一，邀请人姓名。

第二，邀请目的，如参加婚礼、祝贺生日、节日聚会等。

第三，日期和星期，如 Saturday, August 29th；或采用更为正式的写法：Saturday, the twenty-ninth of August。月份和星期不能用缩写形式，如果是正式场合，还应写上年份，并且拼写出来，而不能阿拉伯数字，如 two thousand and five。

第四，时间，如 6：00 pm 或者 six o'clock in the evening，但后一种表达方式更为正式。

第五，地点，如 Opah's Restaurant。

第六，地址，如果被邀请方不住在当地，则必须写全州（省）名、城市名、街道名。

第七，服装要求，如西装，黑色领带。

第八，请答复，在请柬的左下角印（写）上 RSVP（法语词组缩写），意即"Please reply"。

有时，在 RSVP 下面印上接受答复人的姓名、电话号码，以便联系；有时印上"Acceptance Only"或"Regrets Only"；或随同请柬寄上 RSVP 卡和信封，只需对方填上寄回即可。

另外，在请柬的内容上还需要注意三点。一是不能提及"no children allowed"；二是不能提及礼物，因为你所需要的是亲朋好友的光临，而不是其他；三是一般情况下不必作服饰方面的要求，如果仪式或庆典的时间是在晚上 6 点以后，对方就能断定那是一种正式场合，自然会穿着礼服出席；在非正式场合，如何穿衣戴帽，可完全听从对方的建议。

2. 请柬的格式

第一，正文行文用第三人称，如：John and Sally announce the birth of their son…

第二，不用缩略语。

第三，在特别正式的请柬中，时间、地名、日期、星期等都需要拼全，如：California, Monday, September, Four o'clock in the afternoon。

第四，行末不用标点符号，如：John and Sally invite you to join the fun（这一行末尾不用任何标点符号），但在一行中间可以用逗号来分离信息，如：Rochester, New York。

第五，除句首字母之外，只有专有名词的首字母才可以大写，但年份的拼写可以例外，如：Two thousand and five。

第六，英、美英语中不同拼法的单词，如 honour/honor, favour/favor 等，在一般情况下，英国英语的拼写方式更为正式一些。但不管如何拼写，都应当保持同一种风格的拼写方式，不能出现混乱。

另外，发出邀请的时间应当和所举办活动的正式程度一致，越是正式、隆重的活动，越应当及早寄送请柬。按照传统，一般活动应在举行前 8 周发出邀请，特别重大的场合，如婚礼，还需要更早一些。

Mr. and Mrs. Roger Clark

request the pleasure of

Mr. and Mrs. Peter Kenway's company

at dinner

on Saturday evening, August the tenth

at seven o'clock

45，The Maple Street

3. 婉拒信

有时候，邀请人为了活动安排需要，会随请柬一同寄送或呈送应邀卡和婉拒卡，要求受邀方及时答复是否接受邀请。当然，在无法接受邀请的情况下，若能写信表示遗憾并能够具体解释不能出席的原因，效果会更好。如：

Dear Dr. and Mrs. Carvin,

Thank you very much for your kind invitation for the party on Sunday, the twenty-sixth of September, 2010. It sounds a great party. However, much to my regret, I shall not be able to accept the invitation because I'll be on a business trip in Hong Kong at that time.

It's a pity that I miss the opportunity of meeting you and all other. I wish you have a wonderful party and enjoy yourselves.

Sincerely yours

二、英文书信

书信是人们生活中最为普通、最为古老的一种沟通方式。把握书信的格式和要求，有助于更好地发挥书信的功能，增进感情交流、信息传递和联络沟通。英文书信虽然种类繁多，但不论是商业信、社交信或是私人信件，其基本书写格式却大同小异，也不难掌握。

(一)信封格式

英文书信信封的写法(Superscription)与中文不同，通常按照下列方式安排内容。

第一，寄信人的姓名、地址写在信封的左上角，收信人的姓名、地址写在信封中间靠下或靠右的地方。姓名要单独成行；姓名、地址的写法同信头和信内地址一样。所用格式(并列式或斜列式)也同信内的安排一致；注意写上邮政编码。(图6.1)

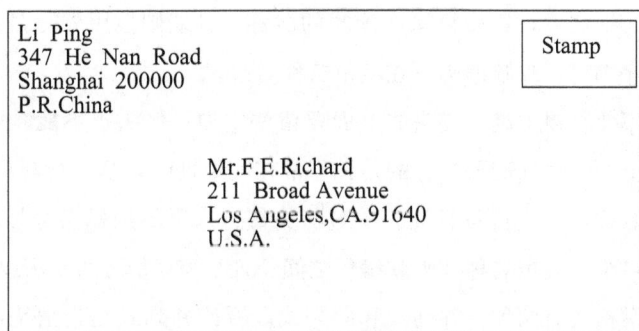

```
Li  Ping
347  He  Nan  Road                          ┌──────────┐
Shanghai  200000                            │  Stamp   │
P.R.China                                   │          │
                                            └──────────┘



            Mr.F.E.Richard
            211  Broad Avenue
            Los Angeles,CA.91640
            U.S.A.
```

图6.1 信封格式

第二，信封左下角可以写些说明语，如 General Delivery(平信)，Registered(挂号信)，Express(快件)，Air Mail(航空)，Personal(亲启)，Please Forward(请转交)，Printed Matter(印刷品)，Book Post(图书邮件)，Manuscripts(稿件)，Photos Enclosed(内有照片)，Top Secret(绝密件)等。

第三，若信封通过邮局寄给第三者转交给收信人，则需在收信人的姓名下面写

明转交人的姓名,并在前面加上 c/o(care of)。如:

Mr. Thomas Green

C/O Mr. William Scott

101 St. Lawrence Ave.

Montreal 18,Canada

第四,Jr.(Junior)、Sr.(Senior)可以和 Mr.(Mister)一起用,以示父子的分别。中国人父子不同名,则没必要用。另外 Sr. 一般省去不用。

(二)信文格式

英文书信的信文一般由六部分组成,即信头(Heading)、信内地址(Inside Address)、称呼(Salutation)、正文(Body of Letter)、结束语(Complimentary Close)、署名(Signature)。有时在书信后面还有附言(Postscript)、附件(Enclosure),这得视具体情况而定。下面将分别说明。

1. 信头

英语书信的信头包括发信人的地址和发信的具体日期两部分。信头放在信纸的右上角,一般分行写出。要先写发信人地址,再写发信的日期。写发信人地址时依据从小到大的原则,即先写门牌号码、街道名或路名,再写区(县)及所在市名称,然后是省或州、郡名称,最后再写上国家的名称。日期则按照先写月份再写日期然后是年份的顺序书写。邮政编码写在城市名称后边。

信头一般不要写得太高,信头的上面要留些空白;信头也不能越过信纸中间而写到信纸的左上面。另外需要注意的是,通常在写地址时,第一行写门牌号和街名,第二行写地区名称,第三行是日期。一般信头每行末尾不用标点符号,但每行中间应用的标点不可少,城市名称和邮政编码之间、日月和年份之间要用逗号隔开。

信头的书写格式有两种:并列式和斜列式。所谓并列式是指信头各行开头上下排列整齐;而所谓斜列式是下一行开头较上一行的开头向右移一两个字母的位置。如:

并列式:

6P Park Ave.

New York,NY 11215,U. S. A.

May 1,2010

斜列式：

6P Park AVe.

　New York，NY 11215，U. S. A.

　　May 1，2010

2. 信内地址

信内地址包括收信人的姓名称呼和地址两部分。私人社交信件的信内地址通常会省略。信内地址的位置位于信头的左下方，它的开始行低于信头的结尾行，位于信纸中央的左边。

信内地址先写收信人的头衔和姓名，再写地址，书写格式同信头一样包括两种：并列式和斜列式。一般来讲，信头和信内地址所用的格式总是保持一致；标点符号的使用也与信头一样。

关于信内地址中对收信人的头衔和姓名的称呼，一般有以下几种情况：

(1)无职称的男子用 Mr.(加姓)；

(2)已婚的女子用 Mrs.(加女子丈夫的姓)；

(3)未婚的女子用 Miss；

(4)婚姻状况不明的女子用 MS. ；

(5)博士或医生用 Dr.(Doctor)；

(6)有教授职称的用 Prof.(Professor)；

(7)总经理、校长、会长、总统用 Pres.(President)。

3. 称呼

称呼是对收信人的尊称语，自成一行，与信内地址上下排齐。在美国用"My Dear"比用"Dear"还要客气，而英国的用法恰巧相反。与一个陌生人通信一般用"Dear Sir"或"Dear Madam"。称呼后面的标点英国人习惯用逗号，而美国人习惯用冒号(亲朋好友之间可用逗号)。

4. 正文

正文是书信的核心部分。正文的写作必须注意以下几点。

(1)正文从低于称呼一至二行处写起，每段第一行向内缩进约五个字母，转行顶格。如果正文采用并列式的写法，即每行都顶格，段与段之间就需空出两三行表示分段。

(2)对于非正式的书信,除客气外,没有什么一定的规则,但究竟用怎样的措辞,也应事先想好。

(3)对于非常正式的书信,要知道开头句是很重要的。另外,信的每个段落,只能有一个中心思想,这样方便看信的人可以清楚、明白你所要表达的内容。为了表达清楚,还要尽可能地用短句,少用长句、难句。段落也宜短不宜长,尤其开头和结尾两段更应简短。

(4)潦草的字同不整洁的衣服一样不雅观,书写一定要整齐规范。拼写也不能出现错误。对拿不准的词一定要求助于字典。

(5)凡正式的书信,应将该信的全部内容写在一张信纸上。若一张不够,可用同样质地、大小的信纸继续书写,但若仅多出一两行则设法排得紧些放在一张上,或平均分为两页也好。信要写得美观大方。

(6)正式书信,措辞要庄重,绝不可用俗语和省略语。

5. 结束语

结束语就是结尾的客套语。一般写于正文下空一两行后,从信纸中央处起笔写,第一个字母大写,末尾用逗号。结束语措辞的变化依据情况而定,通常有以下几种。

(1)写给单位、团体或不相识的人的信可用:Yours(very)truly, (Very)Truly yours, Yours(very)faithfully, (Very)Faithfully yours 等。

(2)写给尊长上级的信可用:Yours(very)respectfully, Yours(very)obediently, Yours gratefully, Yours appreciatively, 也可以将 Yours 放在后面。

(3)写给熟人或朋友的信可用:Yours, Yours ever, Yours fraternally, Yours cordially, Yours devotedly, 也可以将 Yours 放在后面。

(4)给亲戚或密友的信可用:Yours, Yours ever, Yours affectionately, Yours devoted friend, Lovingly yours, Yours loving son(father, mother, nephew...)等。

以上各种情况,yours 无论放在前面或是放在后面都行,但不可缩写或省去。

6. 签名

签名是在结尾客套语的下面,稍偏右,这样末一个字可以和上面的正文一样齐。签名当用蓝钢笔或圆珠笔书写,不能用打字机打。签名上面可以用打字机打出所在公司单位名称,下面也可打出职位。若写信人为女性,则可在署名前用括号注明 Mrs. 或 Miss。

签名的格式不能常变换。如果第一封签 G. Smith，第二封签 George Smith，第三封用 G. B. Smith，就容易引起混乱。男子签字前不可用 Mr. 或 Prof. 或 Dr. 等字样。

7. 附言

一封信写完了，若突然又想起遗漏的事情，这时用 P. S. 表示，再写上遗漏的话即可，要长话短说。附言通常加在信末签名下面几行的左方，应与正文齐头。

但一定要注意，在正式的信函中应避免使用附言。

8. 附件

信件如果有附件，可在信纸的左下角，注上"Encl："或"Enc："，例如 Encl：2 photos（内附两张照片）。如果附件不止一项，应写成"Encls："或"Encs："。

我们有时可看到在称呼与正文之间有"Re："（答复）或"Subject："（事由）字样。"答复"和"事由"一般在公务信函中使用，通常在信纸的中间，也可与"称呼"对齐，还应在底下加横线，以引起读信人的注意，使收信人便于在读信之前就可了解信中的主要内容。

以上英文书信信文结构的八个部分在信内的位置如下（图 6.2）：

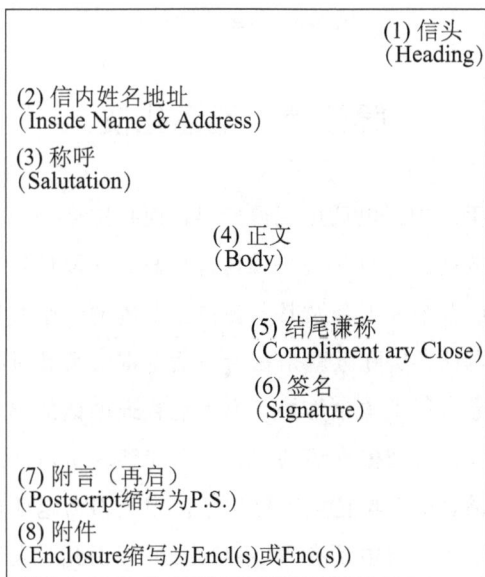

```
                                              (1) 信头
                                              (Heading)
(2) 信内姓名地址
(Inside Name & Address)
(3) 称呼
(Salutation)

                            (4) 正文
                            (Body)

                                  (5) 结尾谦称
                                  (Compliment ary Close)
                                  (6) 签名
                                  (Signature)

(7) 附言（再启）
(Postscript缩写为P.S.)
(8) 附件
(Enclosure缩写为Encl(s)或Enc(s))
```

图 6.2　信文格式

(三)信纸的折叠方法

当前，大多数国家都普遍采用十六开信纸，它的折叠方法须视信封大小而定。凡是用大信封的，一般将信纸折成三折，信文折在里面，先从下面叠起三分之一，再从上面向下叠三分之一，然后装入本信封内。另外还有其他一些叠法。(图 6.3)

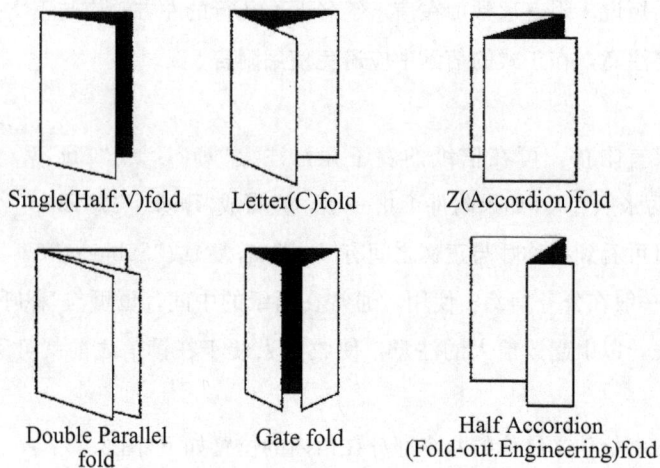

Single(Half.V)fold   Letter(C)fold   Z(Accordion)fold

Double Parallel fold   Gate fold   Half Accordion (Fold-out.Engineering)fold

图6.3 信纸折叠方法

第三节 电话礼仪

在所有电子通信手段中，电话出现得最早，而且迄今为止，它也是使用最为广泛的。在现代社会，电话已不仅仅是一种传递信息、获取信息、保持联络的寻常工具，它已成为展现通话者个人形象及其所在单位形象的一个载体。在国际交往活动中，普普通通的接打电话，实际上就是在为通话者本人及其所在的单位绘制出一幅生动而深刻的电话形象。所谓电话形象，即人们在通电话的整个过程中的语言、声调、内容、感情、态度、时间概念等的集合，它能够真实地体现出个人的素质、待人接物的态度以及通话者所在单位的整体水平。正是因为电话形象在现代社会中无处不在，而国际交往活动又与电话有着"不解之缘"，因此，人们无不对电话的使用给予高度的关注，电话礼仪已经成为一门学问、一门艺术。

使用电话通信，有主动拨打电话与被动接听电话之别。从礼仪方面来讲，拨打电话与接听电话有着各自不同的操作标准和礼仪规范。

一、拨打电话

任何人打电话，总是有一定目的的，或是表示问候，或是商洽业务，或通知事情，或偏劳于人。无论要谈的事情是复杂还是简单，都应当在拿起话筒前，有一个认真的思考过程：接通电话后，如果你要找的人不在该怎么办？如果正好是要找的人，该怎样问候？怎样开头？如何阐述自己的观点或请求？当要求被拒绝时怎么办？对于这些问题都应有所考虑。简单的问题有一个腹稿即可，稍微复杂一些的事情最好先列个提纲。否则，如果电话接通后再边想边说，难免造成词不达意、结结巴巴的情况。这不仅有失体面，而且对对方也很不礼貌。如果你是代表单位通话，还可能因此破坏单位的形象。当给陌生人、上司、名人打电话时，尤其应当注意事先做好充分的准备，以便给对方留下良好的印象。在一般情况下，准备拨打电话时应事先考虑以下三个问题。

第一，这个电话该不该打。需要通报信息、祝贺问候、联系约会、表示感谢等时候，都有必要利用一下电话。而毫无意义、毫无内容的"没话找话"式的电话，则最好不要打。即使非常地想打电话聊聊天，也要两相情愿，要先征得对方首肯，并选择适当的时间。不要用办公电话打私人电话，更不要在公用电话亭"煲电话粥"。

第二，这个电话应当何时去打。有关公务的电话，应当公事公办，最好在上班时间打。双方约定的通话时间，轻易不要更改。要想使通话效果好一些，使之不至于受对方繁忙或疲劳的影响，则通话应选择在周一至周五，而不应在周末，也不要在对方刚上班、快下班、午休或快吃午饭时打电话。因紧急事宜而需要打电话到对方家里去，通话之初先要为此说声抱歉，而且尽量避开对方用餐、睡觉、过节、度周末的时间。国际交往中的电话，需顾及对方作息时间上的特点，并且还要考虑时差问题。

第三，这个电话的内容应当如何准备。电话被称为"无形造访的不速之客"，在很多情况下它都有可能出其不意地打搅别人的正常工作或生活。因此，拨打电话时务必要有一个明确的指导思想，除非万不得已，每次打电话的时间不应超过3分钟，这叫作"通话三分钟原则"，已得到国际社会的广泛接受。鉴于此，为节省时间，在打电话前一定要去粗取精、条理清晰地预备好提纲，应根据腹稿或文字稿直截了当地通话。若拨通电话时对方正忙，则不应强人所难，可以另约时间，或过一会儿再打。此外，与不熟悉的单位或个人联络，应把对方的名字与电话号码弄清楚，以方便进一步联系。

拨打电话时，首先要保持良好的心情。即使对方无法看到自己的表情，但欢快的语调仍然能够感染对方。由于面部表情会影响声音的变化，所以，即便是在打电话，也要抱着"对方能够看到我"的心态去交流，并保持端正的站姿或坐姿，使自己的声音亲切悦耳，充满活力。

打电话时，每个人开口所讲的第一句话，都关乎自己给对方留下的第一印象，应当慎之又慎。如果电话接通后，第一句话是"喂，喂"，或"××公司吗?"或"×××在不在?"则既不礼貌，也不规范。打电话时所用的规范的"前言"有两种。第一种适用于正式的公务交往，要求用礼貌用语把双方的单位、职衔、姓名表述清楚，既郑重其事，又准确无误。第二种适用于一般性的人际交往，在使用礼貌性问候以后，应同时准确地报出双方完整的姓名。

如果电话是由总机接转，或双方的秘书代接的，在对方礼节性问候之后，应当礼尚往来，使用"您好""劳驾""请"之类的礼貌用语与对方应对，避免粗声大气，出口无忌，或是随随便便将对方呼来唤去。如果自己要找的人不在，可请代接电话者帮忙找一下，也可过后再打。若电话中途中断，按礼节应由拨打电话者再拨一次。拨通以后，须稍作解释，以免对方误解为是拨打电话一方不高兴而挂断的。一旦自己拨错了电话，切记要向无端被打扰的对方道歉，不要连个"回音"都不给，就把电话挂掉。

打电话时对个人电话形象影响最大的，当首推通话者的语言与声调。从总体上来讲，拨打电话时应保持声音清晰柔和，语言简洁明了、文明礼貌。在通话时，声音应当清晰而柔和，吐字应当准确，句子应当简短，语速适中，语气应当亲切、和谐、自然。不要在打电话时被自己的情绪所左右，或亢奋激动，大声吼叫，震耳欲聋；或情绪低沉，断断续续，如同窃窃私语，让对方听不清楚。有一点需要注意的是，打电话时最好双手持握话筒。讲话时嘴部与话筒之间应保持3厘米左右的距离，这样能保证声音清晰，且音高稳定，对方接听时也会感觉比较舒服。

打电话时所使用的语言，应当礼貌而谦恭，尽快地用三言两语把要说的事情讲完，不要啰哩啰唆，浪费别人的时间。若非事关重大的时间、数据，一般没有必要再三复述。

当通话结束时，别忘了向对方道一声"再见"或是"早安""晚安"。按照惯例，电话应由拨电话者挂断。挂断电话时，应双手轻放，不要在通话终了时再给对方的听觉以"致命一击"。

二、接听电话

在通话过程中，接听电话的一方显然是被动者，但接听电话往往能表现出接听电话者的个人修养及其对待拨打电话者的态度，所以在接听电话时，也应表现得专心致志、彬彬有礼。

凡事都有分寸。接电话时，速度快、态度好、姿势雅才合乎电话礼仪的分寸。

与拨打电话一样，接听电话时也要首先注意自己的态度与表情。虽说通电话是一种视觉之外的交谈，似乎对方根本看不到自己的态度和表情，但在实际上，这一切完全可以从自己的声音中感受得到。通话过程中，不要对着话筒打哈欠、吃东西，也不要同时与他人闲聊，让对方产生遭受慢待的感觉。

电话铃响，接听方应迅速、准确地接听电话。国际上有"铃响不过三声"之说，就是最好在铃响3声之内接听，若长时间不接听电话，让对方久等，则是很不礼貌的。即使离电话的距离很远，附近又没人接听时，也要迅速赶过去接听。如果铃响5声之后才接电话，应先向对方道歉，这样才能消除对方的急躁和不满，给对方留下好的印象。

接听电话时，态度应殷勤、谦恭。尤其是有客人在场的时候，应走近电话，双手捧起话筒，以站立的姿势，面含微笑地与对方友好通话。此外还要注意自己的语言和语气。在这方面若漫不经心、随随便便、过分放任自己，都可能会引起不良后果。

在公务交往中，拿起话筒接听电话时所讲的第一句话，也有一定的规范，常见的有三种形式：第一种是以问候语加上单位、部门的名称以及个人的姓名，它最为正式。第二种是以问候语加上单位、部门的名称，或是问候语加上部门名称，它适用于一般场合。第三种是以问候语直接加上本人姓名，它仅适用于普通的人际交往。需要注意的是，在公务交往中，不允许接电话时以"喂，喂"或者"你找谁"作为"见面礼"，尤其避免一开口就毫不客气地查对方"户口"，一再询问对方"你是谁""你找谁"或者"你有什么事儿"。

接听电话，理应一视同仁，不卑不亢。通话时，接听方不宜率先提出中止通话的要求。万一因开会、会客等原因不宜长谈，或另有其他电话打进来，需要中止通话时，应告知对方，说明原因，并另约时间主动给对方打回电话，免得对方产生厚此薄彼之感。

代接电话要慎重。若电话接听者并非对方指定的受话人时，应立即帮助寻找指定受话人；若指定受话人因外出等原因不能接听时，应礼貌地询问对方是否留言或需要转告，而不宜立即挂断电话或对来电者进行无端盘问。表示自己可以代为转告之意时，应当含蓄一些，例如："需要我为您效劳的话，请吩咐"，听上去就可进可退，而不要一开口就大包大揽，导致双方尴尬。只有在熟人之间，才可直接询问："您有留言吗"或"是否要我转告他（她），一回来就给您回电话"。对方如有留言，应当记录下来，还应再次复述一次，以免有误，之后应及时、准确地转达以免误事。做电话记录，要随时牢记5W1H技巧。所谓5W1H是指：When—何时，Who—何人，Where—何地，What—何事，Why—为什么，How—如何进行，无论公务电话还是私人电话，要把电话记录做得既简洁又完备，这些信息都是十分重要的。

如果接到错打的电话，也要以礼相待，礼貌地向对方说明后轻放话筒，而不能恶言相向、粗鲁无礼。万一对方拨错电话，则要保持风度，勿发脾气。确认对方拨错了电话，应先自报"家门"，然后再告之电话拨错了；对方如果道歉，要表示谅解；如是公务电话，不妨问一问对方，是否需要帮助查一下正确的电话号码，这样能够借机树立本单位以礼待人的良好形象。

结束通话时，应礼貌道别，而且要恭候对方先放下电话，不宜越位抢先。

三、手机礼仪

手机，就是"移动电话"，是一种小型化、智能化的无线式电话，它摆脱了固定电话的通话区域限制，能够随时随地传送信息，并以其便携性和可移动性，迅速取代了固定电话而成为全球用户最多、使用最频繁的电子通信工具。然而，无论是在社交场所还是工作场合，由于人们放肆地使用手机，已使手机成为一种礼仪"公害"，手机礼仪也越来越受到人们关注。澳大利亚电讯的各营业厅就采取了向顾客提供"手机礼节"宣传册的方式，宣传、推广手机礼仪。

在日常交往中使用手机时，大体有如下五个方面的礼仪规范必须严守不怠。

第一，要置放到位。手机使用者应将自己的手机放置在适当之处，大凡正式的场合，切不可有意识地将其展示于人。道理其实很简单，手机就是手机，它终究不过是通信工具而已，哪怕再尖端、再贵重的手机，也绝不能视为可以炫耀的装饰品，绝无必要随手把玩，或别在衣服外面，或有意当众摆弄。

按照惯例，外出之际随身携带手机的最佳位置有二：一是公文包；二是上衣口袋。穿着套装、套裙时，切勿将其挂在衣内腰带上，否则撩衣取用或观瞧时，即使不会使自己与身旁之人"赤诚相见"，也容易因此举动而惊吓到对方。

第二，要遵守公德。使用手机，当然是为了方便自己。不过，这种方便是不能够建立在他人的不便之上的。换而言之，在必须使用手机时，一定要讲究社会公德，切勿使自己的行为骚扰到他人。

现代国际礼仪要求，在公共场所尽量不要使用手机，当其处于待机状态时，应将其调为静音或震动模式。确实需要与他人通话时，应寻找无人之处，而切勿当众自说自话，旁若无人。在出席公务、社交活动，或前往影剧院、音乐厅、图书馆、美术馆、展览馆等公共场所时，尤须切记此点。

在工作岗位上亦应注意，在使用手机时不得有碍于工作、有碍于他人。在写字间、办公室，尽量不要让手机大呼小叫，尤其是在开会、会客、上课、谈判、签约以及出席重要活动时，必须要自觉地提前采取措施，将手机调为静音或震动模式；必要时，可暂时关机，或委托他人代为保管。这样做，表明自己一心不会二用，因而也是对交往对象的一种尊重和对有关活动的一种重视。

第三，要保证畅通。使用手机的主要目的是保证自己与外界的联络畅通无阻，对于这一点不仅必须重视，而且还需为此而采取一切行之有效的措施：告诉交往对象自己的手机号码时，务必准确无误；如系口头相告，应重复一两次，以便对方进行验证；若自己的手机变换号码，应及时通知重要的交往对象，免得双方的联系一时中断；必要时，除手机号码外，不妨同时再告诉交往对象其他几种联系方式，以有备无患。

在别人拨打自己的手机而自己暂时不方便立即接听的情况下，一般应在稍后及时与对方联络。没有极其特殊的原因，与对方进行联络的时间不应超过来电之后的五分钟。拨打他人手机之后，若对方没有立即接听，也应保持耐心，一般应当等候对方十分钟左右的时间，且在此期间不宜再同其他人进行联络，以防电话频频占线。不及时回复他人电话，或拨打他人手机后迅速离去，或是转而接打其他电话，都会被视作恶意犯规。

若因故暂时不方便使用手机，可在寻呼台、语音信箱上留言，说明具体原因，并留下自己的其他联系方式。有时，还可采用转移呼叫的方式与外界保持联系。

第四，要重视私密。通信自由，是受到法律保护的。在通信自由之中，秘密性即指通信属于个人私事和个人秘密，此乃通信自由的重要内容之一，使用手机时亦应对此予以重视。

一般而言，私人电话号码，尤其是手机的号码，不宜随便告之于人，即便在名片上，也不宜包含此项内容。因此，不应当随便打探他人的手机号码，更不应当不负责任地将别人的手机号码转告他人，或是对外界广而告之。

出于自我保护和防止他人盗机、盗码等多方面的考虑，通常不宜随意将本人的手机借与他人使用，或是前往不正规的维修点对其进行检修。考虑到相同的原因，随意借用别人的手机也是不适当的。

第五，要注意安全。使用手机时，对有关安全事项绝不可马虎大意，任何时候都要保护好自己或他人的安全。

按照常规，在驾驶车辆时，不宜使用手机，乘坐飞机时，应自觉关闭随身携带的手机；在加油站或是医院停留期间，也应关闭手机。此外，在一切标有文字或图示禁用手机的地方，均须遵守相关规定。

第四节　传真礼仪

在国际交往中，经常需要将某些重要的文件、资料、图像、图表等即刻送达到远方的交往对象手中，而传统的邮寄书信的联络方式，已难以满足这一要求。在此背景之下，传真便应运而生，并且在国际交往活动中迅速走红，至今已普及成为不可或缺的办公设备之一。

传真，又叫传真电报，它是利用光电效应，通过安装在普通电话网络上的传真机，对外发送或是接收外来的文件、书信、资料、图表、照片真迹的一种现代化通信方式。利用传真通信的主要优点是操作简便，传送速度非常迅速，而且可以将包括一切复杂图案在内的真迹传送出去。它的缺点主要是发送的自动性能较差，需要专人在旁边进行操作，并且有些时候，难以确保它的清晰度。

在利用传真进行对外通信联络时，必须注意下述四个方面的礼仪问题。

第一，规范操作。如有可能，在发传真之前，应先打电话通知对方，因为很多单位的传真机是大家共用的，如果不通知对方，信件很可能会落到别人的手里或因别人不知道是谁的信件而被丢入垃圾桶。

传真机有自动和手动两种方式。手动方式需要接听传真电话的人给传真开始的信号，传送者在听到嘀嘀的长音后再开始传真文档。自动方式不需对方人工操作，在拨通传真电话后，在几声正常电话回音后，就会自动出现嘀嘀的长音，此后就可以开始传真文档。

不应用传真机传送太长的文件，由于传真机所用的纸张质量一般不高，印出的字迹可能不太清楚，若要长久保存则需将传真件复印。如果接收人需要原件备案，诸如一些需要主管人员亲笔签字的合同等资料，则应在传真后将原件用商业信函的方式寄出。

第二，明确信息。为了明确传真的有关信息，正式的传真必须有封面，封面页一般较为正式。有的单位使用"填空式"或封面专用纸。发急件时应在封面正面页注明，因为有的单位定时分批发送公函和信笺，如不标明急件，就容易被耽误。

封面上应注明传送者与接收者双方的单位名称、收件人姓名、日期、总页数等，如此接收者可以一目了然。即使是非正式的文件，也必须认真标明传真页码，如果其中某一张传真不清楚或是未收到，则可以请发送者将此页再传一次。

第三，注意保密。未经事先许可，不应传送保密性强的文件或材料，因为公共传真机保密性不高，任何刚好经过传真机旁边的人，都可以轻易看到传真纸上的内容，所以传真件不能确保完全保密。因此，任何事关保密的文件，最好不要用传真机传达。

第四，行文礼貌。书写传真件时，在语气和行文风格上，应做到清楚、简洁，且有礼貌。传真信件时必须用写信的礼仪，如称呼、敬语等均不可缺少，尤其是信尾签字不可忽略，这不仅是礼貌问题，而且只有签字才代表这封信函是发信者同意的。

第五节　电子邮件礼仪

电子邮件，又称电子函件或电子信函，是利用电子计算机所组成的互联网络，向交往对象所发出的一种电子信件。使用电子邮件进行对外联络，不仅节省时间，而且不受篇幅的限制，清晰度极高，还可以大大降低通信费用。

据统计，如今互联网每天传送的电子邮件已达数百亿封，但有一半是垃圾邮件。在国际交往中要尊重一个人，首先就要懂得替他人节省时间，电子邮件礼仪的一个重要方面就是节省他人时间，只把有价值的信息提供给需要它的人。

写电子邮件能反映出一个人为人处世的态度。当你作为发信人写电子邮件时，要想到收信人会怎样看这封邮件，应懂得换位思考，时刻站在对方的立场考虑问题。同时勿对别人的答复抱过度期望，当然更不应对别人的回答不屑一顾。

一、语言的选择和汉字编码

在对外交往活动中，使用何种语言撰写电子邮件，也是一个值得慎重考虑的问题。使用母语，还是外语？若必须使用外语，是用英语，还是其他外语？

(1)只在必要的时候使用英文邮件。英文邮件只是交流的工具，而不是用来炫耀和锻炼英文水平的。如果收件人是英语国家的外籍人士，就应该使用英文邮件交流；如果收件人是其他国家和地区的华人，也应采用英文交流，因为存在中文编码的问题，你的中文邮件在其他地区可能显示成为乱码。

(2)尊重对方的习惯，不主动发起英文邮件。如果对方与你的邮件往来是采用中文，请不要自作聪明地发送英文邮件给对方；如果对方发英文邮件给你，也不要固执地用中文回复。

(3)对于一些信息量丰富或重要的邮件，建议使用中文。你很难保证你的英文表达水平以及收件人的英文理解水平，因而如果这些方面存在问题，就会影响邮件所涉及问题的解决。

（4）选择便于阅读的字号和字体。若用中文撰写邮件，最好还是老老实实地使用宋体或新宋体；英文就用 Verdana 或 Arial 字形；字号用五号（中文）或十号（外文）字即可。这些格式是经研究证明最适合在线阅度的字号和字体。不要用稀奇古怪的字体或斜体，最好不用背景信纸，特别是在撰写公务邮件的时候。

二、主题

主题是接收者了解邮件的第一信息，因此要提纲挈领，使用有意义的主题行，这样可以让收件人迅速了解邮件内容并判断其重要性。

第一，一定不要空着标题，这是最失礼的。

第二，标题要简短，不宜冗长。

第三，确保标题能够反映文章的内容和重要性，切忌使用含义不清的标题，如"×××先生收"。

第四，一封信尽可能只针对一个主题，避免在一封信内谈及多件事情，以便于日后整理。

第五，可适当使用大写字母或特殊字符（如"＊""！"等）来突出标题，以引起收件人注意；但应适度，特别是不要随便就用"紧急"之类的字眼。

第六，回复对方邮件时，可以根据回复内容需要更改标题，不要"RE：""RE："一大串。

三、称呼与问候

要在电子邮件中恰当地称呼收件者，并把握好尺度。

第一，邮件的开头要称呼收件人，这样既显得礼貌，也明确提醒了某收件人，此邮件是面向他的，要求其给出必要的回应；在发送给多个收件人的情况下，可以称呼"大家""ALL"。

第二，如果对方有职务，应按职务尊称对方，如"×××经理"；如果不清楚职务，则应按通常的"×××先生""×××小姐"称呼，但首先要把性别搞清楚。

第三，不熟悉的人不宜直接称呼英文名，对级别高于自己的人也不宜称呼英文名。称呼全名而不用尊称也是不礼貌的，不要随便对人称呼"Dear×××"，显得与别人很熟络一样。

第四，在电子邮件的开头和结尾最好要有问候语。

四、正文

电子邮件正文要简明扼要，行文通顺。

第一，行文简洁、通顺。电子邮件正文应简明扼要地说清事情，如果具体内容确实很多，正文应只作摘要介绍，然后单独写个文件作为附件进行详细描述。

正文行文应通顺，多用简单词汇和短句，准确清晰地表达，不要出现晦涩难懂的语句。同时，最好也不要让收信人拉滚动条才能看完邮件，邮件内容避免过于啰唆。

第二，注意语气。根据本人与对方的熟悉程度、等级关系，以及邮件是对内还是对外的不同性质，选择恰当的语气进行论述，以免引起对方不适。多用"请""谢谢"之类的礼貌用语，以表现出对对方的尊重。

电子邮件可轻易地转给他人，因此对别人意见的评论必须谨慎而客观。"邮件门"就是深刻的教训！

第三，善用列表，保证清晰。如果事情复杂，最好用1、2、3、4等数字标示、罗列几个段落进行清晰明确的说明。保持段落的简短性，因为没人有时间去仔细看那些未做分段处理的长篇大论。

第四，确保信息完整。最好一封邮件就能一次性地把相关信息全部说清楚、说准确，不要两分钟之后再发一封什么"补充"或"更正"之类的邮件，这会让人很反感。

第五，避免拼写错误、错别字。书写正确是对别人的尊重，也是自身认真态度的体现。如果是英文邮件，最好把拼写检查功能打开；中文邮件则要特别注意拼音输入法带来的同音别字。在邮件发送之前，务必仔细阅读一遍，检查行文是否通顺，拼写是否有错误。

第六，合理提示重要信息。用英文大写字母行文是个非常恶劣的习惯，这与对着别人大声吼叫没有什么区别。同时，也尽量不用粗体、斜体、颜色字体、加大字号等手段对一些信息进行提示。合理的提示是必要的，但过多的提示则会让人抓不住重点，影响阅读。

第七，运用辅助图表。对于很多技术性问题，单纯以文字形式很难描述清楚。如果配合图片、表格加以辅助阅读，收件人一定会表扬你的体贴。

第八，慎用缩略语和字符表情。缩略语在电子邮件中无处不在。为了少敲键盘，网络时代的人们发明了各种各样的缩略语（特别是英语），来替代一目了然的全称。但在使用它们的时候，一定要确保双方都能够明白其含义，不能随意"自造"缩略语，或使用晦涩难解的缩略语，导致对方的误解，或把对方搞得一头雾水。

字符表情的使用也应当遵循同样的规则。一定程度上，视觉、听觉提示是成功沟通的关键，但由于电子邮件无法使用视觉或听觉提示，所以人们发明了"字符表情"。它们是一些简单的字符串，穿插于邮件之间，用于表达作者的情绪（或暗示）。它们通常出现在句末，其含义要联系上下文来解释。

电子邮件中可使用的字符表情不仅数量惊人，而且很多含义也模棱两可。所以，在电子邮件中使用字符表情要适可而止，千万不要因一不小心"表错情"而惹火上身。

五、附件

如果邮件带有附件，应在正文里应提示收件人查看附件。

第一，附件文件应按有意义的名称命名，不可用外星人才看得懂的文件名。

第二，正文中应对附件内容做简要说明，特别是带有多个附件时。

第三，附件数目不宜过多，一般不要超过 4 个。数目较多时应打包压缩成一个文件。

第四，如果附件是特殊格式文件，应在正文中说明打开方式，以免影响使用。

第五，如果附件过大（通常不宜超过 2MB），应分成几个小文件分别发送。

六、结尾签名

每封邮件在结尾都应签名，这样对方可以清楚地知道发件人信息。虽然对方可能从发件人中认出你，但不要为你的朋友安排这样一个多余的工作程序。

第一，签名信息不宜过多。电子邮件消息末尾加上签名档是必要的。签名档可包括姓名、职务、公司、电话、传真、地址等信息，但信息不宜行数过多，一般不宜超过 4 行。你只需将一些必要信息放在上面，对方如果需要更详细的信息，自然会与你联系。

引用一个短语作为你签名的一部分是可行的，比如你的座右铭，或公司的宣传口号。但是要分清收件人对象与场合，切记一定要得体。

第二，不要只用一个签名档。对内、对外，对公、对私，熟悉、陌生，与不同交往对象的邮件往来，签名档的设计应有所不同。对内、对私、对熟悉的交往对象，签名档应该简化，对外、对公、对陌生的交往对象，签名档应设计得相对正式一些。可以在 Outlook 中设置多个签名档，灵活调用。

第三，与正文匹配。签名档无论使用简体、繁体或英文，都应选择与正文匹配的文字，以免出现乱码，字号则一般应选择比正文字体小一些的。

七、回复技巧

与面谈、电话等交际方式不同，电子邮件不是一种即时交流。即便如此，及时回复电子邮件，仍不失为电子邮件礼仪的最基本要求。

第一，及时回复。收到他人的重要电子邮件后即刻回复对方，往往是最起码的礼仪要求，这是对他人的基本尊重。理想的回复时间是两小时内，特别是对一些紧急重要的邮件。

立即处理每一份邮件是很占用时间的，那么对于一些优先级低的邮件可集中在一个特定的时间处理，但一般不要超过 24 小时。

如果事情复杂，一时无法详细答复，那至少也应该及时地回复说"收到了，我们正在处理，一旦有结果就会及时回复"云云，不要让对方苦苦等待。请记住：及时做出响应，哪怕只是确认"邮件已经收到"也好。

如果你正在出差或休假，应该设定自动回复功能，以提示发件人，以免影响正常交往和工作。

第二，针对性回复。回件答复问题的时候，最好把相关的问题抄到回件中，然后附上答案。回复不得少于 10 个字，因为如果对方给你发来一大段邮件，你却只回复"是的""对""谢谢""已知道"等字眼，那样就显得太生硬了，也非常不礼貌。应该进行必要的阐述，显示出你的尊重，同时也让对方能够一次性理解，避免再反复交流，浪费资源。

第三，不要就同一问题多次回复讨论。如果电子邮件的收发双方就同一问题的交流回复超过三次，只能说明交流不畅，问题没说清楚。此时应采用电话沟通等其他方式进行交流后再做判断。由此可见，电子邮件有时并不是最好的交流方式。

对较为复杂的问题，多个收件人频繁回复，发表看法，邮件的回复越来越多，导致邮件过于冗长而不便阅读。此时应及时对之前讨论的结果进行小结，删减瘦身，突出有用信息，不要"盖高楼"。

第四，区分"Reply（单独回复）"和"Reply All（回复全体）"。如果只需要单独一个人知道的事，单独回复给他一个人就行了。

如果你对发件人提出的要求做出结论性响应，则应该"reply all"，让大家都知道；不要让对方帮你完成这件事情。

如果你对发件人提出的问题不清楚，或有不同的意见，应该与发件人单独沟通，不要当着所有人的面，与发件人讨论，而应该在你们讨论好了之后再告诉大家。不要向上司频繁发送没有确定结果的邮件。

点击"回复全部"前，要三思而后行！

第五，控制邮件往来。为避免一些无谓的回复，浪费资源，可在文中指定部分收件人给出回复，或在文末添上以下语句："全部办妥""无须行动""仅供参考，无须回复"等字样。

八、正确使用"发送""抄送""密送"

要区分"TO（收件人）""CC（抄送人）"和"BCC（密送人）"。

（1）"TO"的人是要受理这封邮件所涉及的主要问题的人，他理应对邮件予以回复响应。

（2）而"CC"的人则只是需要知道这回事，"CC"的人没有义务对邮件予以响应。当然，如果"CC"的人有建议，也可以回复邮件。

（3）而"BCC"是密送，即收信人不知道你给其他"BCC"的人也发送了邮件。这个可能用在非常规场合。

(4)"TO""CC"中的各收件人的排列应遵循一定的规则。比如按部门排列；按职位等级从高到低或从低到高都可以。适当的规则有助于提升你的形象！

(5)只给需要信息的人发送邮件，不要占用他人的资源。

(6)转发邮件要突出信息。在你转发消息之前，首先确保所有收件人需要此消息。除此之外，转发敏感或者机密信息要小心谨慎，不要把内部消息转发给外部人员或者未经授权的接收人。如有必要，还应对转发邮件的内容进行修改和整理，以突出信息，不要将回复了几十层的邮件发给他人，让人坠入云里雾里，摸不着头脑。

总之，电子邮件礼仪的核心只有两句话：只发有必要的邮件；认真发邮件！

7 第七章

节庆礼仪

　　节庆礼仪包括节日礼俗和人生仪礼。节日是体现一个国家和民族的传统与文化的重要方面，每一个国家和民族都有自己独特的节日习俗和礼仪，每逢重大节日，各国都要以各自的方式举行庆祝和纪念活动，长此以往，形成了丰富多彩的节日礼俗。而对个体而言，人的一生必须经历几个重要的生活阶段，人们也总是借助一些特定的、有见证性的仪式作为人生里程碑的标志，以表明其社会属性，或宣示其社会角色的转变，并借此获得社会的承认。这些仪式就是人生仪礼。

　　节庆礼仪具有约定性特征，它有具体规定的时间；同时，绝大多数节庆来自民族习俗或宗教习俗，这也就使节庆礼仪带有了非常明显的民俗性特征。了解不同国家和民族的节庆礼仪，对于扩大我们的视野、促进国际交往都有着重要的意义。

第一节　中国传统节日礼俗

　　中国的传统节日形式多样，内容丰富，是我们中华民族悠久历史文化的重要组成部分。中国的传统节日有很强的内聚力和广泛的包容性，一到过节，举国同庆，这与我们民族源远流长的悠久历史一脉相承，是一份宝贵的精神文化遗产。

一、春节

　　春节是中国民间传统中最为隆重和盛大的节日，代表着新的开始与新的希望。历朝历代，无论是达官显贵，还是贩夫走卒，所有的中国人都把春节看作喜庆团聚的好日子。

　　据民间习俗，从腊月二十四起到新年正月十五闹元宵止都称春节。现在春节的庆祝活动一般从大年三十开始。春节期间，家家户户清扫一新，贴春联、贴年画、守岁、放鞭炮、拜年等活动丰富多彩。

　　第一，扫尘。每年从农历腊月二十三日起到除夕止，我国民间把这段时间叫作迎春日，也叫扫尘日。扫尘就是年终大扫除，北方称扫房，南方叫掸尘。每逢春节来临，家家户户都要打扫卫生，清洗各种器具，拆洗被褥窗帘，洒扫六闾庭院，掸拂尘垢蛛网，疏浚明渠暗沟，到处洋溢着欢欢喜喜搞卫生、干干净净迎新春的气氛。

　　第二，办年货。一到腊月，人们都要上街采办过年的物品，购买年画、春联。

第三，吃团年饭。团年饭意为一家团圆。腊月的最后一天要全家团聚吃一顿丰富的年饭。凡家中在外地工作或学习的家人都会尽可能赶回家团聚。这顿饭要吃得欢欢乐乐，食品菜肴也都有吉利的象征意义，如鱼（年年有余）、整鸡（大吉大利）、青菜（清洁平安）、年糕（年年高）等。吃饭时，不要说丧气、不吉利的话，不能失手打破碗碟杯盏，不要碰翻椅凳，因为这些会被视为不吉利的征兆。

第四，守岁。除夕之夜，灯火通明，家人围坐一起畅谈，长辈要将事先准备好的压岁钱分给晚辈，"岁"与"祟"谐音，晚辈得到压岁钱就可以平平安安度过一岁。除夕之夜，我国北方家家都要包饺子。

第五，鞭炮迎新。"爆竹一声除旧，桃符万户更新"，古代燃放鞭炮是为了驱鬼祛邪，而如今则表示节庆欢乐。

第六，拜年。新年伊始，人们走亲访友，登门拜年互致节日祝贺，联络感情。拜年的习俗各地并不相同，但一般初一上午不走亲访友。出去拜年要穿戴整洁；出门遇到熟人、朋友要恭贺新年，说些吉利话，即使遇到平时爱开玩笑之人也不能随便开玩笑；见到长辈要行拱手礼；走亲访友要携带礼物。

过年时，招待宾客的食物有讲究，通常以谐音讨口彩，比如吃柿子苹果，寓意事事平安；吃年糕则意味着年年高升。

春节期间，人们还经常走上街头，参加舞狮子、耍龙灯、踩高跷、逛花会等娱乐项目。

二、元宵节

农历正月十五是新的一年里第一个月圆之夜，俗称元宵节，又称上元节或灯节。自唐朝开始，民间就有元宵之夜观灯的风俗。现在元宵节也有很多节俗活动。

吃元宵是元宵节最主要的活动。古时候人们把元宵这种食品叫汤圆、汤团或团子。元宵的形状是圆形，又含着一个"圆"字的同音字，象征着团圆、美满、吉祥、和睦的家庭，所以人们多取其意，这一天要吃元宵。

灯会在夜间举行，一般从正月初十就开始行动起来，人人动手，家家户户扎花灯、点花灯，特别是到了元宵节的夜晚时分，更是举烛张灯，结彩为戏，供人观赏，所以元宵节又称灯节。在明清时，花灯的样式最为繁多，数不胜数。现在政府、民间都会组织大型灯会。

三、端午节

农历五月初五为端午节，又称端阳节、午日节、五月节、艾节、重午、午日、夏节。相传爱国诗人屈原在农历五月初五这天怀抱石头投汨罗江自尽，两岸百姓知道后，纷纷划船打捞他的尸体，并向江中投放粽子，使鱼虾饱食后不吃他的尸体。此传说历代沿袭下来，演变成如今端午节吃粽子、赛龙舟的习俗。端午节的习俗礼仪有以下几点。

第一，挂菖蒲、艾叶。民间特别是农村家庭，门窗上要挂菖蒲、艾叶，用以驱鬼辟邪保平安。虽然这是迷信，但因艾叶、菖蒲具有杀虫、驱寒、消毒之用，故这一习俗一直保持下来，城乡许多家庭都在这一日采集艾叶，以备常年家用。

第二，吃大蒜头，喝雄黄酒。端午节，家家要备一桌丰盛的饭菜，让全家共享。这一餐习惯上要吃大蒜头煮肉，喝雄黄酒。大人会在不能喝酒的孩子额头上沾上雄黄，或画一个"王"字，去病消灾。但这种习俗在现代城市已逐渐被人遗忘。

第三，吃粽子。端午节吃粽子是我国民间长久盛行的习俗。早在1 300多年前的唐朝，吃粽子就已经流行。在湖南岳阳、益阳一带，端午还兴吃麻花，当地把它称作油绞，女婿去丈母娘家拜节，也要提一串麻花。据说，吃麻花也是为了纪念屈原。

第四，赛龙舟。屈原投江而亡，许多人划船追赶拯救，借划龙舟驱散江中之鱼，以免鱼群吃掉屈原的尸体。竞渡之习，盛行于吴、越、楚。

第五，佩香囊。端午节小孩佩戴香囊，不但有避邪驱瘟之意，而且有襟头点缀之风。香囊内有朱砂、雄黄、香药，外包以丝布，清香四溢，再以五色丝线弦扣成索，做成各种不同的形状，结成一串，形形色色，玲珑夺目。

四、七夕(乞巧节)

农历七月初七是传说中牛郎、织女一年一度在鹊桥相会的日子，最期待这个节目的当属年轻女子。在这一天，她们穿新衣，拜双星，并许愿乞巧。

穿针乞巧是七夕中小姑娘们的节目之一，据说在汉代就已经盛行。《荆楚岁时记》中说：七月七日，为牛郎织女聚会之夜，是夕，人家妇女结彩缕穿七孔针。也有把"穿针"转为"丢针"的，形式是在七夕夜晚，盛一碗水，放在星光下，把绣花针丢入水里，让它漂浮在水面上，星光辉映下的针影，照在碗底，会出现浮动的阴影，变化多端。依其形状，就可以占卜投针姑娘的针绣手艺是拙是巧。

还有一种游戏节目是七位姑娘互相邀约，在七夕之夜结伴，各以巾帕遮目，然后仰首向天，面对牛郎织女星，根据所看到的景象预卜自己的终身大事。不过这样怎能看到天象呢？自然不是看双星，而是闭目幻想了。

七夕是我国神话传说中的一个"情人节"，寓意深远美好，应该作为传统文化来继承发扬。

五、中秋节

农历八月正好在秋季的中间，古人谓"仲秋"，八月十五又在仲秋之中，所以称中秋，亦称八月节、八月半、月节、月夕，因与圆月相关，继而引申为以圆月为象征的"团圆节"。人们邀请亲朋好友，夜饮玩月，连回娘家的媳妇在这天都必须返还夫家。

中秋晚上，我国大部分地区有烙"团圆"的习俗，即烙一种象征团圆、类似月亮的小饼，即月饼。饼内包糖、芝麻、桂花和蔬菜等，外压月亮、桂树、兔子等图案。祭月之后，由家中长者将饼按人数分切成块，每人一块，即使有人不在家，也会为其留下一份，表示合家团圆。

六、重阳节

农历九月九日，是我国传统的重阳节，又名重九节、登高节、菊花节、茱萸节。我国古代把九定为阳数，农历九月九日，月日并阳，两阳相重，两九相叠，故名"重阳"，又名"重九"。

每到这一天，人们出游登高，赏菊花，饮菊花酒，佩茱萸，吃重阳糕。时至今日，一些地区仍保留着这种风俗。政府还把重阳节定为"敬老节"，旨在向老年人表达敬意并帮助他们解决困难等。

七、冬至与腊八

冬至是我国一个重要的节气，时间是 12 月 22 日或 23 日。过了冬至，我国大部分地区将进入最寒冷的时期。俗话说："冬至大如年"，古代在这一天有祭天、祭祖、拜贺、食百味馄饨等习俗，今天人们也在这一天祭祀先祖。腊八为阴历腊月初八，有吃腊八粥的风俗。

第二节　西方传统节日礼俗

西方文化由于长久受基督教的影响，其传统节日起源带有浓厚的宗教色彩，如情人节、复活节、万圣节、圣诞节，这些节日的起源大多与宗教有关。当然，西方节日中也有和农业有关的节日，但他们以农业为主的节日的演变历史不如中国漫长。

一、新年(New Year's Day)

目前世界上大多数国家都是用公元纪年，公历的 1 月 1 日即新的一年的开始，含有一元复始的意义，因而也被称为元旦。

由于文化和习俗的不同，各国人民庆祝新年(元旦)的方式和形式也有一定的差异。在西方国家，尽管圣诞节才是最大的节日，但新年在人们心目中仍占有不可替代的重要地位。除夕之夜(New Year's Eve)的晚会是庆祝新年到来必不可少的活动。西方各国的人们都喜欢在欢快的乐曲和绚丽的光彩中喜气洋洋地度过一年的最后一个夜晚。此时，化装晚会特别受欢迎。来宾们把尊严和谨慎藏在面具之后，打扮得稀奇古怪，大家无拘无束，尽情玩乐，与平日的行为大相径庭。

在英美两国，午夜钟声一响，参加晚会的人们还要手拉手高唱《友谊地久天长》这首著名的苏格兰民歌。《新年好》也是一首非常流行的节日歌曲。

在新年这一天，各国一般都要举行辞旧迎新活动，形式各异，内容不一，但都含有辞旧迎新、祝福、祈求来年幸福之意。元旦期间，各友好国家领导人之间或友好人士之间，常常互赠贺年卡，祝贺新年快乐，有些国家还要组织团拜活动，各界人士相聚在一起，相互表示祝贺。

二、圣诞节(Christmas)

圣诞节是基督教徒纪念耶稣诞生的日子，公认的日期是 12 月 25 日。圣诞节本是一个宗教性的节日，后来逐渐演变成一个具有民族风格的全民性的节日，在美国、英国、加拿大、德国、意大利、澳大利亚等西方国家，甚至非洲、东南亚一些国家都很盛行。

圣诞节指圣诞日(Christmas Day)或圣诞节节期(Christmas Tide)，即 12 月 24 日至第二年的 1 月 6 日这段时间。另外人们把 12 月 24 日夜称为圣诞前夜(平安夜，Christmas Eve)。

1. 耶稣基督(Jesus Christ)

耶稣是基督教的创始人，上帝的儿子。约公元前 6 年，耶稣由圣母玛丽亚(St. Mary)因圣灵降孕而生，降生在耶路撒冷附近伯利恒一家客店的马棚里。耶稣长大后开始传道，并召集了十二门徒。他认为要想拯救地球人类，就要对当时的犹太教进行改革，于是提出了一系列自己的宗教主张，但是由于他的言论和行为与当时的犹太统治者及社会当权者发生了冲突，耶稣被门徒之一犹大出卖，后被钉死在十字架上。耶稣死后三天升天。他的门徒继承他的事业继续传教布道。

2. 圣诞树(Christmas Tree)

圣诞树可以说是圣诞节最重要的装饰点缀物。圣诞树通常使用整棵塔形常绿树(如杉、柏等)，或用松柏树枝扎成一棵塔形圣诞树。树上挂满了闪闪发光的金银纸片、用棉花制成的雪花和五颜六色的彩灯、蜡烛、玩具、礼物等装饰品。树顶上还装有一颗大星星，树上的彩灯或蜡烛象征耶稣是世界的光明，大星星则代表耶稣降生后将三位东方贤人引到伯利恒的那颗星。

3. 圣诞老人(Santa Claus/ Father Christmas)

圣诞老人是西方妇孺皆知的典型形象，是圣人与神灵的结合体，是仁爱与慷慨的代名词。一般认为圣诞老人是一位留着银白胡须、和蔼可亲的老人。他头戴红色尖帽，身穿白皮领子的大红袍，腰间扎着一条宽布带。传说圣诞老人在圣诞夜驾着八只鹿拉着满载礼品的雪橇，从北方雪国来到各家，由烟囱下来，经过壁炉到房间内，把糖果、玩具等礼品装进孩子们吊在壁炉和床头上的袜子里。

相传圣诞老人是罗马帝国东部小亚细亚每拉城（今土耳其境内）的主教圣尼古拉的化身。17 世纪荷兰移民把圣诞老人的传说带到了美国。美国英语中的圣诞老人为Santa Claus，在荷兰语中原为"圣尼古拉"。圣尼古拉主教生前乐善好施，曾暗地里赠送金子给一农夫的三个待嫁的女儿做嫁妆，他将一袋金子从烟囱扔进去，恰好掉在壁炉上的一只长筒袜中。所以在圣诞夜有不少天真的孩子，都把袜口朝上、小心翼翼地吊在壁炉旁或床头，期待圣诞老人送来礼物。

在现代英美等国家，有不少百货商店为吸引和招揽顾客，在圣诞节期间会专门派人扮成圣诞老人，向来商店购物的顾客（尤其是顾客带的孩子）分发糖果和礼品。

4. 圣诞卡和圣诞礼物（Christmas Cards and Christmas Presents）

按照习俗，过圣诞节时人们都互赠圣诞贺卡和圣诞礼物。贺卡可以在商店买到，也可以自制，只要写上一句祝词，写上自己的姓名就行了。赠贺卡一般要根据对方的年龄、兴趣、爱好以及与自己的关系而定，不仅同事、同学、朋友之间会互赠贺卡，家庭成员之间也有互赠贺卡和礼品的习惯。这是一种最普通的庆祝圣诞节的活动。

5. 圣诞餐（Christmas Dinner）

圣诞餐是圣诞节当天的主餐，有的家庭把它安排在中餐，有的把它安排在晚餐。这餐饭主要是家人聚餐，一般不邀请客人。圣诞餐主要食品为：火鸡或烤鹅、布丁以及各类小甜饼（如 golden butter cookies，fruit cookies）等。

按照习俗，吃圣诞餐时，往往要多设一个座位，多放一份餐具，据说这是为"主的使者"预备的，也有的说是为需要帮助的过路人而准备的。

6. 圣诞颂歌（Christmas Carol）

在圣诞夜（12 月 24 日晚至 25 日晨），基督教徒们组织歌咏队到各教徒家去唱圣诞颂歌，传报佳音。据说，这是模仿天使在基督降生的那天夜里，在伯利恒郊外向牧羊人报告基督降生的喜讯。颂歌很多，比如《平安夜》《铃儿响叮当》《小伯利恒》、《东方三贤士》等，内容大都与耶稣的诞生有关。

三、复活节（Easter）

复活节是基督教耶稣复活的重大节日，对基督徒而言，复活节的重要性仅次于圣诞节。

公元325年，尼西亚会议决定，为纪念基督教的创始人耶稣复活，将每年春分月圆后的第一个星期日定为复活节，所以，复活节每年的具体日期并不确定。又因为复活节总是在星期天，所以它的英文说法可以是Easter/Easter Day，也可以是Easter Sunday。从复活节开始以后的一周称为复活节周(Easter Week)，在此期间，教徒每天进行祈祷。

复活节前40天有一个大斋期称为四月斋(Lent)，是从基督教的圣灰星期三(Ash Wednesday)起至复活节前一天为止的40天，这主要是为了纪念耶稣在荒野禁食(fasting)40天而或绝食或忏悔。大斋期为信徒们提供了一个赎罪(penance)、斋戒(fasting)、自制(self-denial)和忏悔(repentance)的机会，要求信徒们涤净过去一年中的劣行与罪过。

按照基督教的习惯，在复活节的前一天，教徒们要举行夜间祈祷。这天晚上，教堂里的灯火全部熄灭，寓意世界一片黑暗。等到午夜的钟声一响，神父手持一支点燃的蜡烛(象征基督光芒)，走进教堂，将各个教徒手中的蜡烛点燃，不一会儿，整个教堂就被众多的蜡烛光照得通明，祈祷也就随之结束。

复活节这一天要举行宗教仪式和活动，如圣餐等，人们见面的第一句话就是"主复活了"(The Lord's risen)，然后互赠彩蛋(Easter egg)，小孩吃兔子糖，讲兔子的故事。按西方国家的习俗，彩蛋和兔子是复活节的典型象征和吉祥物。

四、感恩节(Thanksgiving)

感恩节是美国民间传统节日。时间是每年11月的第四个星期四。

(一)起源

感恩节的起源有一段有趣但很复杂的历史，这一段历史要从英国的宗教史说起。大约16世纪中叶，在英国教会内出现了改革派。他们主张清除教会内残留的天主教旧制和烦琐的礼仪，取消教堂内华丽的装饰，反对封建王公贵族的骄奢淫逸，主张过勤俭清洁的简朴生活，因而被人称为清教徒(Puritan)。清教徒中又分为温和派和激进派。温和派主张君主立宪，代表大资产阶级和上层新贵族的利益；激进派则提倡共和政体，坚持政教分离，主张用长老制改组国会，代表中小资产阶级贵族的利益，后来遭到当局的迫害，于是部分清教徒被迫逃亡国外。1620 年 9 月，102 名英国清教徒乘坐"五月花"号木船（May Flower）从英格兰的普利茅斯（Plymouth）出发，经过将近 3 个月的海上漂泊，于当年 12 月 23 日来到美洲马萨诸塞（Massachusetts）东南部的普利茅斯港，并在附近意外地找到一个印第安人的村落，发现村内无人便在此定居下来。时值冬天，清教徒们人生地不熟，又白手起家、缺衣少食，再加上疾病侵袭等原因，到第一个冬天结束时，活下来的只有 50 人左右。但幸运的是，第二年的春天，这批幸存下来的移民得到了当地印第安人的热心帮助，善良的印第安人给他们种子，教他们打猎，教他们根据当地的气候特点种庄稼等。就这样，在印第安人的帮助以及移民们的艰苦奋斗下，终于迎来了 1621 年的大丰收。

为了感谢上帝赐予的大丰收，同时也是为了感谢印第安人的热心帮助，移民们决定举行一次盛大的庆祝活动。他们在 1621 年 11 月下旬的一个星期四，与邀请来的曾帮助过他们的印第安人一起举行了一个庆祝活动。他们在天亮时鸣放礼炮，举行宗教仪式，虔诚地向上帝表示感谢。然后他们用自己猎取的火鸡以及自己种的南瓜、红薯、玉米等做的美味佳肴，隆重庆祝上帝的赐予，这便是美国历史上感恩节的开始。1789 年美国第一任总统华盛顿正式宣布将 11 月 26 日定为感恩节。直到 1941 年，美国国会通过了一项决议，将每年 11 月的第四个星期四作为全国统一庆祝感恩节的日子。

（二）庆祝

每逢感恩节这一天，美国举国上下热闹非常，基督徒按照习俗前往教堂做感恩祈祷，城市乡镇到处都有化装游行、戏剧表演或体育比赛等，学校和商店也都按规定放假休息。孩子们还模仿当年印第安人的模样穿上离奇古怪的服装，画上脸谱或戴上面具到街上唱歌、吹喇叭。散居在他乡外地的家人也会回家过节，一家人团团围坐在一起，品尝以火鸡为主的感恩节大餐，并且相互表达感谢。感恩节后，学校会让同学们画一张感恩节的画，大部分学生都画的是火鸡。

同时，好客的美国人也不忘在这一天邀请好友、单身汉或远离家乡的人共度佳节。从 18 世纪起，美国就开始出现一种给贫穷人家送一篮子食物的风俗。当时有一群年轻妇女想在一年中选一天专门做善事，认为选定感恩节是最恰当不过的，所以感恩节一到，她们就装上满满一篮食物亲自送到穷人家。这件事远近闻名，不久就有许多人学着她们的样子做起来。不管遇到谁，人们之间都会相互说"谢谢"。

（三）节日游戏

感恩节宴会后，有些家庭还常常做些传统游戏。第一次感恩节，人们进行了跳舞、比赛等许多娱乐活动，其中有些一直流传至今。有种游戏叫蔓越橘竞赛，是把一个装有蔓越橘的大碗放在地上，4 到 10 名竞赛者围坐在周围，每人发给针线一份。比赛一开始，他们先穿针线，然后把蔓越橘一个个串起来，3 分钟一到，谁串得最长，谁就得奖。至于串得最慢的人，大家还开玩笑地发给他一个最差奖。

还有一种玉米游戏也很古老，据说这是为了纪念当年在粮食匮乏的情况下发给每个移民 5 个玉米而流传下来的。游戏时，人们把 5 个玉米藏在屋里，由大家分头去找，找到玉米的 5 个人参加比赛，其他人在一旁观看。比赛开始，5 个人就迅速把玉米粒剥到一个碗里，谁先剥完谁得奖，然后由没有参加比赛的人围在碗旁边猜里面有多少玉米粒，猜得数目最接近的奖给一大包玉米花。

人们最喜爱的游戏要算南瓜赛跑了。比赛者用一把小勺推着南瓜跑，规则是绝对不能用手碰南瓜，先到终点者获奖。比赛用的勺子越小，游戏就越有意思。

除去这些活动，有些家庭还会在节日里驱车到乡间去郊游，或是坐飞机出去旅行，特别是当年移民们安家落户的地方——普利茅斯港，更是游客们向往的地方。在那里，可以看到按照"五月花"号仿制的船和普利茅斯石，还可以花几个小时在移民村里参观。移民村是仿照当年的样子建成的。参观时，还有专门人员扮成清教徒同游客们谈天，给人以身临其境的感觉。

五、愚人节(April Fool's Day)

愚人节是一个比较特殊的节日，时间是每年的 4 月 1 日。按照西方国家的习俗，在愚人节这一天，人们可以任意说谎骗人，愚弄他人，骗术越高，越能得到推崇。在愚人节受到愚弄的人被称为"4 月愚人"(April Fool)。按照他们的习惯，当一个人成功地使别人受到愚弄时，他就会笑着说"April Fool"，这时受愚弄的人恍然大悟，也会跟着哈哈大笑。

按照比较普遍的说法，愚人节起源于法国。1564 年，法国首先采用新改革的纪年法——格里高利历（目前通用的公历），以 1 月 1 日为一年之始。但一些因循守旧的人反对这种改革，依然固执地按照旧历以 4 月 1 日为新年的开端，并在这一天赠送礼品、庆祝新年。主张改革的人对这些守旧者的做法大加嘲弄，聪明、滑稽的人就在 4 月 1 日给保守派送假礼品，邀请他们参加假招待会，并把上当受骗的保守分子称为

"四月傻瓜"或"上钩之鱼"。从此,人们在 4 月 1 日便互相愚弄,成为法国流行的风俗。18 世纪初,愚人节习俗传到英国,接着又被英国的早期移民带到了美国。

起初,任何美国人都可以炮制骇人听闻的消息,而且不负丝毫的道德和法律责任,政府和司法部门也不会追究。相反,谁编造的谎言最离奇、最能骗取人们相信,谁还会荣膺桂冠。不过这种做法给社会带来了不少混乱,也引起人们的不满。现在,人们在节日期间的愚弄欺骗已不再像过去那样离谱,而是以轻松欢乐为目的。

愚人节时,人们常常组织家庭聚会,用水仙花和雏菊把房间装饰一新。典型的传统做法是把房间布置得像过圣诞节一样,也可以布置得像过新年一样。待客人来时,则祝贺他们"圣诞快乐"或"新年快乐",令人感到别致有趣。

4 月 1 日的鱼宴,也是别开生面的。参加鱼宴的请柬,通常是用纸板做成的彩色小鱼;餐桌用绿、白两色装饰起来,中间放上鱼缸和小巧玲珑的钓鱼竿,每个钓竿上系一条绿色飘带,挂着送给客人的礼物或是一个精巧的赛璐珞鱼,或是一个装满糖果的鱼篮子。不言而喻,鱼宴上所有的菜都是用鱼做成的。

在愚人节的聚会上,还有一种做假菜的风俗。有人曾经描述过一个典型的愚人节菜谱:先是一道"色拉",莴苣叶上撒满了绿胡椒,但是把叶子揭开后,才发现下面原来是牡蛎鸡尾酒;第二道菜是"烤土豆",其实下面是甜面包屑和鲜蘑;此后上的菜还有用蟹肉作伪装的烧鸡和埋藏在西红柿色拉下面的覆盆子冰淇淋。饭后,客人还可以从药丸盒里取食糖果。

不过愚人节最典型的活动还是大家互相开玩笑,用假话捉弄对方。有的人把细线拴着的钱包丢在大街上,自己在暗处拉着线的另一端。一旦有人捡起钱包,他们就出其不意地猛然把钱包拽走。还有人把砖头放在破帽了下面搁在马路当中,然后等着看谁来了会踢它。小孩们会告诉父母说自己的书包破了个洞,或者脸上有个黑点,等大人俯身来看时,他们就一边喊着"四月傻瓜",一边笑着跑开。每逢愚人节这一天,动物园和水族馆还会接到不少打给菲什(鱼)先生、泰歌(老虎)先生的电话,常常惹得工作人员掐断电话线,以便减少麻烦。

六、母亲节(Mother's Day)

母亲节是英美等国家为了表达对母亲的敬意而设的一个节日。日期是每年 5 月的第二个星期日(the 2nd Sunday in May)。

母亲节起源于 19 世纪 60 年代的美国。据说当时在美国费城有一个小地方，人们彼此之间的关系不十分友好，经常打架。当时有一位叫 Mrs. Jarvis 的女士希望能改变这种状况，于是她就发起了一个所谓的"母亲友谊节"(Mother's Friendship Day)。在母亲友谊节这一天去看望其他人的母亲，并劝她们能和好如初。Mrs. Jarvis 于 1905 年 5 月 9 日去世，她的女儿 Miss Anna Jarvis 继承了她的事业，继续努力，并决心建立一个纪念母亲的节日。于是她开始给当时有影响的人写信，提出自己的建议。在她的努力下，费城于 1908 年 5 月 10 日第一次庆祝了母亲节。1914 年，美国国会正式确定每年 5 月的第二个星期日为母亲节。此后，母亲节便在世界各地流行开来。

每逢母亲节，做儿女的会送给自己的母亲节日贺卡(Mother's Day Cards)、鲜花以及母亲们喜欢的精美礼物等。同时，在这一天做父亲的会领着子女们包揽家务，以便让做母亲的有个休息的机会。

七、父亲节(Father's Day)

父亲节是一年中特别感谢父亲的节日，日期是每年 6 月的第三个星期日(the 3rd Sunday in June)。

父亲节起源于 20 世纪初的美国，据说是由华盛顿州的多德夫人(Mrs. Dodd)倡导的。多德夫人年幼丧母，兄弟姐妹六人全靠父亲抚养成人。父亲的这种既为人父、又为人母的自我牺牲精神极大地感动了她。长大后，她积极倡导设立父亲节，并说服当时华盛顿州州政府作一次特殊的礼拜仪式向父亲们表达敬意。1966 年，约翰逊总统签署总统公告，宣布当年 6 月的第三个星期天为美国的父亲节；1972 年，美国总统尼克松签署正式文件，将每年 6 月的第三个星期日定为全美国的父亲节，并成为美国永久性的纪念日。

按照习惯，父亲节这一天，做孩子的通常一大早就起床，给父亲做一顿丰盛的早餐，端到父亲的床头，感谢父亲的养育之恩。另外，父亲节这一天，孩子们还会向父亲赠送礼物，所送的一般是父亲喜欢的衣服和爱喝的酒。

八、情人节(Saint Valentine's Day)

情人节是西方国家的一个十分重要的节日,时间是每年的 2 月 14 日。关于情人节的起源有许多不同的解释,现在大多无法考证,其中比较流行的说法是:它是为了纪念罗马基督教殉道者圣·瓦伦廷(St. Valentine)而设的。

公元 3 世纪,罗马帝国皇帝克劳迪乌斯二世在首都罗马宣布废弃所有的婚姻承诺,当时是出于战争的考虑,为了使更多无所牵挂的男人可以走上争战的疆场。一位名叫圣·瓦伦丁(Sanctus Valentinus)的神父没有遵照这个旨意而继续为相爱的年轻人举行教堂婚礼。事情被告发后,圣·瓦伦丁神父先是被鞭打,然后被石头掷打,最后在公元 270 年 2 月 14 日这天被送上了绞架。14 世纪以后,人们就开始纪念那位为情人做主而牺牲的神父。

在情人节习俗中,鲜花和巧克力是情侣们庆祝节日不可或缺的礼物。众所周知,玫瑰花代表爱情,不同颜色、不同数量的玫瑰花有不同的吉意。

值得注意的是,情人节不仅是年轻人的节日,也是一个大众化的节日。情人节这一天,不仅情侣们互赠卡片和礼物,人们也会给自己的父母、老师以及其他受自己尊敬和爱戴的人赠礼物和卡片。

九、万圣节(All Saints' Day)与万圣节前夕(Halloween)

按照基督教的习惯,每年的 11 月 1 日为万圣节,是纪念所有圣徒的日子。万圣节前夕便是万圣节的前一天,即 10 月 31 日。在中世纪的英格兰,万圣节被叫作 All Hallow,大家知道,"前夕"的英语是 eve,所以万圣节前夕便由 Hallow+eve 演变成 Halloween。

在英国,万圣节前夕可以说是一个鬼节,因为大多数活动都与"鬼"有关。每到万圣节前夕,人们就围坐在火炉旁,讲述一些有关鬼的故事。有的人把萝卜或甜菜头挖空,做成一个古怪的头形的东西,在上面刻上嘴和眼睛,在其内放上一支点燃的蜡烛,看上去古怪、让人害怕,然后把它挂在树枝上或大门上,据说这样可以驱逐妖魔鬼怪。

在美国，人们制作杰克灯或叫南瓜灯(Jack-o'-lantern)。小孩们身穿古怪的服装，头戴面具，装扮成鬼怪的形象，手里提着一盏南瓜灯，从一家走到另一家，在大门口大声叫着"是请客还是要我们捣乱(Trick or Treat)"。主人若不请客，这些顽皮的孩子就会搞恶作剧捣乱，有的在主人的门把手上涂肥皂或往玻璃上洒肥皂水；有的干脆把主人的门给卸下来；还有的顺手拿走主人放在门口的日常小用品等。但人们对这些天真可爱的小客人一般还是欢迎的，并且事先都准备好糖果或零钱，听到这些小孩来到时，马上迎出来，给孩子们分发糖果或零钱。

第三节　人生仪礼

人生仪礼又称生命仪礼或个人生活仪礼，国际上称为通过仪礼或过渡仪礼。每个人在一生中必须经历几个重要的生活阶段，人的社会属性是通过这些重要阶段而不断确立的。进入各个阶段时，总有一些特定的仪礼作为标志，以便获得社会的承认和评价。

民俗学家把人生仪礼分为三种类型。一是脱离前状况的仪式：如从孕育到诞生是人生异常重要的变化，婴儿脱离母胎表明脱离了孕育状态，诞生礼就是脱离前状况的仪礼；同样，死亡标志着生命的结束，因此丧葬礼也是脱离前状况的仪礼。二是过渡阶段的仪礼：如出生到成年之间、结婚到死亡之间所经历的各项有关仪式都属此类。三是进入新状况的仪礼：如成年礼、结婚礼等都表明进入新的人生阶段。

人生仪礼既是社会物质生活的反映，也表现了一个民族的心理状态。人生仪礼在实践时往往与信仰、民俗发生极大的关联，仪式所包含的社会特征与信仰特征交织在一起，形成复杂、多样的民俗结构，这在各国的人生仪礼习俗中都表现得十分突出。因此，人生仪礼体现了世界各族人民趋吉避凶的合理愿望，但也往往会不可避免地带有很多封建、迷信、落后的因素。

世界上大多数民族都有比较丰富的人生仪礼，这种人生仪礼贯穿人的整个生命过程。它从一个新生命的诞生开始，至生命的逝去而结束，中间经过了成长、成年、婚姻等环节。人生仪礼是生命历程中柔软的节点，它承接了上一段生命历程，又开启了新的生命前景。人生仪礼是人生的一个个驿站，对于年轻的生命来说，人生仪礼带来的是新鲜、喜悦、兴奋，如同追日的少年，登上山顶目睹太阳喷薄而出，憧憬在心中荡漾，壮丽的生命前景在眼前展开。而对于成熟的生命个体，人生仪礼则像冬日暖阳般的温暖，如同雨夜疲惫的路人歇脚的驿站，在历尽跋涉的人生艰辛之后，由年少时对生命的憧憬转化为感悟，回望来时之路，心中充满着回味与感慨。但不管是如风的少年还是沉静的中年，或者是安详的长者，生命仪礼都会给人们的心底带来一份温和的滋养和温情的抚慰。

一、诞生礼

出生是人生历程的第一步。婴儿降生，脱离母体来到世间，这是一个具有特殊意义的时刻，它标志着一个新的成员加入到社会中来，其所表示的重要性被人类学家称为"人生关口"。沉浸在喜悦之中的人们为了表达对新生命的爱意和祝福，就以各种仪式来为孩子祈福。诞生礼是人生的开端礼，表示婴儿脱离母体进入社会，预示着血缘有所继承，因此父母和整个家族都十分重视。

新生婴儿生在什么地方，什么样的家庭和社会环境中，在很大程度上已经确定了他先赋性的社会角色，会直接影响他整个的人生选择。对于一个家庭来说，出生把一个新的生命奉献给了温暖的家庭，并按其出生的先后顺序自然确定了他的排行，即一个孩子在同胞兄弟和姐妹中，是老大还是老二，还是最小的，也由此开始与兄弟姐妹们构成了某种由血缘所决定的固定关系。对于由家庭所体现出的社会关系来说，新生婴儿的排行、性别等，在很大程度上决定了他将来在家庭、家族与亲戚关系中的世袭身份与地位。

鉴于出生所包含的意义如此重要，人们自然而然地就把来到这个世界的日子看得非常重要，因而会举行一系列的仪式，以得到家庭、邻里与社会的承认；并且大多数人每年都要庆贺自己的生日，无论是吃面条以示长寿，还是吃蛋糕、吹蜡烛以示幸福，这种生日庆贺已成为一种民俗。中国人还发明了十二生肖，把每个人的出生都归属于不同的属相，在天干地支、生辰八字中，每个人出生的具体月、日、时也都被赋予了不同的含义，由此可见，出生的时辰、日期对于人生有着特殊意义。

华夏民族是一个礼仪文化极其发达的民族，拥有从诞生礼、成年礼、婚礼、成长礼到丧葬礼的完整的人生仪礼体系。华夏人生仪礼包含了华夏人文特色，除了"冠"与"笄"的成年礼以外，还有优美的婚礼、庄重的葬礼、诞生礼等也别具特色。

汉民族传统的诞生礼,由几种仪礼组成:婴儿出生,有出生礼;三日后,有三朝礼;出生一月,为满月礼;出生百天,行百日礼;一周岁时,行周岁礼。这样,对一个新生命的迎接过程才算完成。

在西方国家,婴儿未出生时,人们就期待着他的降生,但除至亲外,一般不宜过多谈论有关婴儿出生的事。待婴儿出生后,亲朋好友可以给孩子的母亲或父母亲寄贺片或写贺信,也可以给产妇送鲜花或水果,还可以给婴儿送一件精巧的礼品。

婴儿出生时一般不设宴请客,婴儿在教堂受洗礼时则邀请近亲挚友参加,并在洗礼后由婴儿父母举行一次茶会或午餐,邀请施洗的牧师和参加洗礼的亲友一起聚会。

由于受基督教的影响,西方的出生仪式也就是庄重的洗礼仪式。婴儿洗礼是基督教一项普遍的仪式,由教士把水洒在孩子的额头上和孩子所穿的白色长袍上面,意味着受洗的孩子将接受一种基督徒的教养。洗礼时要给婴儿正式起名,所以洗礼也叫命名礼。传统的婴儿洗礼一般要经过以下程序。

第一,欢迎礼。欢迎受洗的儿童及其亲友。仪式宜在教堂门口举行,包括两部分礼节:一是主礼向婴儿父母及教父母的问候;二是在受洗婴儿的额头上画十字圣号,表达教会和参礼的教友欢迎婴儿加入教会的喜悦,同时受洗婴儿也是第一次接受了作为基督徒的标记。

第二,圣道礼。欢迎礼结束后,大家进入教堂举行圣道礼,也就是在举行洗礼之前,为激发父母、教父母和所有参礼者的信德而举行的共同的祈祷。圣道礼以教友祷词结束。然后颂护佑经(旧名驱魔经),这段经文主要在于使人了解人的真实处境。最后主礼祈求天主保佑儿童,给儿童覆手。

第三,圣洗礼。这是婴儿洗礼的核心部分。首先要祝圣施洗用水:施洗所用之水必须经过祝圣,或在授洗当时,或在复活节前夕。祝圣完毕,主礼则直接询问父母和教父母:信仰宣誓和弃绝魔鬼,希望他们的婴儿将来与他们一同分享所承认的信仰。

信德宣誓后,就是洗礼的最重要部分——付洗。付洗有浸水式洗礼和注水式洗礼。浸水礼将受洗者全身浸入水中;注水礼则仅要求受洗者靠近水池旁,由施洗者将水倒在他的头上。施洗者同时诵念:"×××(洗名),现在我奉圣父、圣子、圣灵之名为你授洗。"

婴儿受洗后，教友可唱欢呼词，或其他适宜的圣歌，表示整个教会的喜悦，因为有一个婴儿在教会内诞生了。

第四，补充仪式。

傅油：主礼念一段经文后，给新领洗的婴儿额上傅油。

授白衣：主礼将一件白衣授给新教友，白衣象征基督徒的荣誉和生活的圣洁，新受洗者应一生保持洁白无瑕。

授蜡烛：主礼手持复活圣蜡说："请接受基督之光"，婴儿父亲或其教父，从复活蜡烛取火点燃婴儿的蜡烛。复活蜡烛象征基督，父母或教父母要用接受的基督之光来帮助受洗的婴儿保持信德，善度一生。

第五，结束礼。新受洗的儿童手持燃着的蜡烛，与父母和教父母等列队走向祭台，此时应唱圣洗歌。到达祭台后，所有参礼者都应以儿童的名义，首次向天父祈祷，也让儿童首次参加教会的祈祷。最后，主礼在遣散所有参礼者以前，给予隆重的祝福。祝福礼后，全体可唱一首合适的圣歌。

婴儿出生后，应在数星期内领洗，为了表示受洗日是一个家庭庆祝日，可以选定婴儿满月时领洗。除紧急情形外，洗礼的地点应在教堂内。

洗礼后举行的命名宴会或茶会、酒会，是小规模的、不拘形式的，父母、教父母以及家庭近亲送给孩子的命名礼物，可以是有纪念意义的各种摆设或装饰品，如银器、瓷器、玻璃器、书籍、地图、印刷品以及女孩子的饰物等。在英国乡间，还有通过植树来纪念命名的。

二、成年礼

从少年期过渡到成年期是人生的一个转折点，标志着他们进入成人的行列，可以享受成人的权利，同时也应尽成人的义务和责任。成年礼是为承认年轻人具有进入社会的能力和资格而举行的人生仪礼，是一个人由个体走向社会的一道必不可少的程序。当一个人经过漫长的社会化过程，逐渐走向成熟，脱离了亲人的养育、监护，承当起了所在集团和社会所赋予的权利和义务的时候，人们要为他举行一系列的仪式，来纪念当事人由不成熟走向成熟的过渡，这种仪礼就是成年礼。成年礼是人生仪礼中最为重要、并且具有多重特性的仪礼，是一种普遍存在的文化现象。

对代表未来的青年，通过一定的仪式作为其长大成人的标志，便于社会予以承认又予以管理和约束，更为重要的是通过成年仪礼培养起受礼者的社会责任心和义务感，其重要意义不可抹杀。中国古代为青年跨入成年阶段时而举行的仪式叫作成丁礼或成年式，具体形式因民族不同而各具特点，汉族男子 20 岁行加冠礼，女子 15 岁行加笄礼。但伴随着中国传统文化所遭受的巨大冲击，成年礼在现代中国社会已几近消亡。

绝大多数西方国家并没有特定的成年礼仪式，人们往往通过举办生日聚会，来庆贺和铭记这一人生的重要转折。

生日乃人的出生之日，亦指每年满周岁的那一天。生日聚会的习俗产生于很久以前的欧洲。人们认为在人生日的那一天，魔鬼会闻讯而来。为了使过生日的人免受伤害，朋友和家人会来到寿星家里和他共度危难，并带来关切之情和良好的祝愿。赠送礼物能让气氛变得更加愉快，从而把魔鬼挡在门外，这就是生日聚会的来源。起初只有国王才被认为有足够的分量获得举行生日聚会的权利，渐渐地孩子们也能够在自己生日的当天举行生日聚会。

在多数西方国家，人们在生日聚会上唱《祝你生日快乐》歌，祝福过生日的人。一般在生日聚会上，当有人捧出点燃生日蜡烛的生日蛋糕时，大家齐声歌唱（一般要关灯，保持房间黑暗）。生日蛋糕一般是一种装饰得非常漂亮的蛋糕，而且上面要插上与寿星年龄一样多的蜡烛。寿星手捧许愿石默默地许个愿望，然后吹灭蜡烛，这是因为古时欧洲人相信烟雾是能升上天堂的，许愿后吹灭蜡烛，就代表愿望能随着蜡烛的烟雾传达到天空；如果能一口气就吹灭所有的蜡烛，那么愿望就可能实现。而许愿石据说是一种有记忆并能帮助人实现愿望的石头，因为有种迷信说法认为如果把愿望说出来就不灵了。分享蛋糕的时候，一般是由寿星来切第一刀，除非寿星年龄太小，不得不由其父母代劳。

孩子们的生日聚会一般比较有趣，还有许多有意思的游戏，如老鹰抓小鸡，抢座位游戏等。成年人的生日聚会比较正式，一般是在一家餐厅吃一顿丰盛的晚餐。但不管寿星是什么年龄，生日聚会的目的都是让过生日的人感到幸福、快乐。

还有一种传统的生日聚会叫惊喜聚会。有时人们故意显得把某个人的生日忘记了，让要过生日的人感到自己被忽视了，而实际上大家都在暗中准备惊喜聚会，只是对寿星本人守口如瓶，到聚会开始时才猛然给他一个惊喜。

多数西方国家认为 18 周岁或 21 周岁是人生步入成年的年龄，相应的 18 岁或 21

岁的生日聚会就要比此前的生日聚会隆重得多。这个年龄的青年一般都已离开家庭，在大学就读或已参加工作，他们喜欢在餐厅或自己的住所独立举办这一特殊聚会，招待自己的好友。即便如此，父母也往往需要通过不同的形式为子女的长大成人表示特别祝贺，比如为他们的聚会结账，或送一笔钱作为生日礼物。如果这个年龄的子女仍然与父母同住，他们也可能会选择在父母家中举办成年生日聚会，在这种情况下，其父母就需要参与聚会的准备、组织、招待等工作。也有的家庭会选择租借公共场所来举行正式的成年生日聚会。

生日实质上是一个纪念日，纪念着一个人来到这个世界的日子。生日伴随着一个生命的全过程，见证了生命最初来到世间时哇哇的啼哭声，也记载着岁月流逝中的道道痕迹。而18岁或21岁生日，作为从未成年人向成年人的转折点，更会给每个人留下一份特殊的情感。

三、婚礼

婚礼是一种法律公证仪式或宗教仪式，用来庆祝一段婚姻的开始，代表结婚。在大部分的文化里，通常都会发展出一些结婚上的传统与习俗，其中有许多在现代社会中已经失去了其原始所象征的意义。比如，在中国传统婚礼中，女方的家长要在迎娶新娘的礼车后方泼出一碗清水，象征嫁出去的女儿已经是属于另外一个家庭的成员，就像泼出去的水一样收不回来。在讲求性别平等的现代社会中，这层意义已经减小了许多。

世界各国各民族的婚礼千差万别，祝贺的方式亦各不相同，但人们都普遍把结婚看作人生的一件大事，一般都要在结婚时举行正式、隆重的婚礼。通过婚礼，一对新人向社会宣告婚姻关系的确立，一个新家庭就在欢乐、热烈的气氛中诞生。在婚礼上，人们向新婚夫妇表达婚后生活幸福、感情美满、家庭和睦、生儿育女、白头偕老的良好祝愿和美好期望，有些婚礼还带有浓厚的宗教色彩。

"三书六礼"是中国的传统婚姻习俗礼仪。"三书"指在"六礼"过程中所用的文书，包括聘书、礼书和迎书；"六礼"即六个礼法，是指由求婚至完婚的整个结婚过程，包括纳彩、问名、纳吉、纳征、请期和亲迎。现代中国的婚礼结合了中国传统以及西方婚礼的元素，公民结婚仪式实际上只是到地方政府进行结婚登记，并没有太多的程序。正因如此,中式婚宴往往会举办得非常盛大,其间许多礼俗和仪式,也大多是参照西式婚礼进行的。

1. 教堂婚礼

西方国家的婚礼,分宗教的和世俗的。在信奉基督教的国家,大多数婚礼都在教堂举行;不愿在教堂举行婚礼的,则可以在婚姻登记处登记,以世俗方式举行婚礼。

在教堂举行婚礼,由牧师主持,邀请亲友参加。婚礼通常在中午以后举行,历时约45分钟。应邀参加的亲友应提前到达,由招待人员引导入座。牧师走到神坛前,面对宾客站定;新郎穿着礼服,与伴郎走到牧师的左手边(宾客的右边),面对宾客站好。其他伴郎、伴娘、花童一对对并肩走入。来宾礼台两侧呈八字形向外依次站好,女傧相们站在左边,男傧相们站在右边。花童站在主伴娘的后面,戒童站在主伴郎的后面。

婚礼进行曲奏响,新娘穿着白色长裙婚服,戴白手套,手捧花束,由父亲(或哥哥、叔伯等男性亲属)陪同,从正门沿长廊走至神坛。在神坛前,新娘、新郎分左右站立,新娘在左,旁边是她的父亲;新郎在右,旁边是男傧相。

牧师先问:"是谁把这个女子嫁出?"新娘的父亲回答:"是她的母亲和我",并将新娘的右手授给牧师,然后父亲退到台阶下前排左边的座位,坐在自己妻子的旁边。如果新娘既没有父亲,近亲中又没有男性长辈,她可以独自走上圣坛。在这种情况下,当新娘走近圣坛时,新郎应上前迎接,并让新娘站在自己的左边。

牧师用右手举起新娘的手,再用左手举起新郎的手,非常庄重地将新娘的手放在新郎的手上,询问新郎、新娘"是否愿意接受对方成为你的丈夫/妻子",新人互相说完"我愿意"之后,新郎将结婚戒指戴在新娘左手的无名指上。结婚戒指通常由黄金或白金制成,呈圆圈形,一般是无缝的,象征着婚姻的圆满、永恒和幸福。接着进行祈祷、祝福、唱赞美诗的仪式。最后,新婚夫妇由至亲及主要宾客陪同,到圣坛后面的祈祷室,在登记簿上签名。随后退场,婚礼遂告结束。

世俗婚礼一般比较简单,仪式包括在主婚人面前新娘新郎交换誓言、新郎把结婚戒指送给新娘以及在婚姻登记簿上签名等。

2. 西式婚宴

在西方,婚宴通常是在结婚典礼结束之后举行。

婚宴开始前,新人还未入场之际通常有一段鸡尾酒时间。在全体来宾到达婚宴地点的时候，新郎、新娘、傧相和新人家长要站在会场入口迎宾。

当所有来宾入座后，主持人宣布新人及家长入场，并依次介绍入场者的姓名和身份。顺序为：新娘父母、新郎父母、伴娘、伴郎，最后是新婚夫妇入场，全场来宾起立鼓掌。

在有席位的婚宴上，人们一入座就应上第一道菜。宴会接近尾声时新娘请来宾中的未婚女士集中在楼梯下面或其他适合的地方，新娘在走下一半楼梯时，将手中的花束扔给她们，抢到花束的女孩被认为是下一个要结婚的姑娘。为了表示没有偏袒，新娘在扔花时要转过身从肩头往后扔。

如果是正餐，上甜品时新郎、新娘要一起切开婚礼蛋糕；如果是自助餐，要在宴会即将结束时切蛋糕。

在大部分的西方国家，婚宴之后（传统上是由新娘家来支付费用），出席婚礼的人会致祝福词。传统上致辞的人包括新娘的父亲、伴郎、最后是新郎。在现代美国婚宴中，致辞者通常是伴郎和伴娘。

致祝福词之后，新人会开始他们的第一支舞，通常称作"结婚华尔兹"（bridal waltz）。在大部分的现代婚礼上，播放的音乐是浪漫流行音乐，新人们跳的舞极少是真正的华尔兹，大家会依据播放的音乐来跳不同风格的舞蹈。在新娘新郎跳第一支舞时，所有的宾客都应观看、喝彩。

婚宴舞会可能会有一些特别的模式。比如说，在第一支舞之后，新郎会护送新娘到她父亲那边，让他们父女跳一支舞。

在这些特别的舞结束后，宾客们会被邀请一起下场跳舞。婚宴会在互相敬酒与庆祝中进行，直到新人们坐上一辆被他们的朋友"装饰"过的车子离去为止。

舞会进行过程中，新娘在母亲和伴娘的陪同下回房间换旅行装；新郎也在伴郎的陪同下来到预先安排好的房间换装。双方的家人聚集在门口欢送新婚夫妇启程，新人在众人的欢呼声中上车离去，踏上蜜月旅程。

3. 西方婚礼礼俗

西方人结婚时的很多习俗都是大家所熟悉的，婚庆场面既欢快热闹，又美丽浪漫，对东方婚俗也产生了不容忽视的影响，如穿婚纱、戴钻戒等，已经成为东方都市婚礼不可或缺的重要内容。然而究其渊源和象征意义，并不是所有人都很清楚的。下面就简要介绍一下一些西方婚礼礼俗的来历和含义。

（1）订婚戒指。根据西欧风俗，在很久以前，订婚戒指只是男方送给女方聘礼中的一部分。其实质有点像现在我们购买贵重物品时预先交付的定金一样，假若男方反悔，戒指将不再奉还。

（2）结婚戒指。结婚戒指要戴在左手的无名指上，据说这根手指上的神经与心脏直接相连。将爱人赠送的戒指戴在手上，就等于把爱人放在了心里。

（3）威尔士爱匙。过去威尔士男子的大部分时间都是在海上度过的，他们会挑选一块上好木料亲手雕刻一把"爱匙"。这把爱匙象征着爱情、财富、忠诚和奉献，是定情之物。爱匙的式样和所刻图案丰富多彩，形象各异，每把都有其独具匠心之处。小伙子从海上归来后，会将这把爱匙献给心仪已久的女孩。到如今它仍然是爱情的象征，只是不仅限于作定情之物，在生日、结婚纪念日或其他特殊场合都可以送爱匙。

（4）白色婚纱。白色婚纱在维多利亚时代最为盛行。当年，维多利亚女王就是身穿漂亮的白色婚纱嫁给心上人的。从此，白色婚纱风靡全世界，直到现在仍然是最受女孩们青睐的婚庆礼服，因为它象征着纯洁和忠贞。

（5）穿新戴旧，带金带蓝。新娘结婚时除了要穿崭新漂亮的婚纱外，还要穿一副已婚女士送的旧吊袜带，带上一枚借来的象征着太阳的金币以及一件象征着月亮的蓝色物品（因为月亮女神戴安娜被看作女人的保护神）。据说只有这样，才能有好运降临。

（6）吊袜带。其实吊袜带的作用不只是祈求好运，还可以帮新娘躲过闹新房这一关。过去，新娘新郎入洞房的时候，所有的客人都会跟着送他们。现在风俗已经改了好多，只有几位关系非常密切的客人可以入洞房闹新娘。为了挡住闹洞房的客人，新郎会把新娘的吊袜带取下扔向他们，在一片笑声和混乱中趁机把卧室门关上。

（7）婚礼面纱。这是用来遮盖新娘的脸，以防她的旧情人看到后，起了嫉妒心而搅黄了婚礼。

（8）马蹄铁。在英国以及其他一些西方国家，新娘常用绸带将马蹄铁拴在自己的手腕上。传说圣师邓斯坦曾在马蹄铁上施加了魔力，并将其套在了魔鬼的脚上，魔鬼求饶，许诺今后再也不会踏入有马蹄铁的房子，因此马蹄铁就有了避邪的作用。现在，马蹄铁已经成为好运和多子多福的象征。

（9）过门槛。在婚礼中，新娘进门时必须由新郎抱着跨过门槛。据说这是由于男方家人把蜂蜜涂在了新房的门槛上，目的是希望他们婚姻甜如蜜。新郎将新娘抱起，是为了避免她的裙子粘上蜂蜜。另外还有一种说法是，男方家人将上好的油和香草一起涂在门槛上，为了防止新娘不小心滑倒，新郎就将新娘抱起来跨过去。

（10）婚礼宴会。伴娘和伴郎也要像新娘和新郎一样精心装扮一番，据说是为了欺骗新娘和新郎的旧情人，使他们无法辨认出新娘和新郎，从而使婚宴顺利进行。还有一种说法是为了欺骗邪恶的精灵，防止它降祸于新人。

（11）抛撒糖果。婚礼中还经常抛撒裹糖的杏仁，这预示着婚姻有苦也有甜。抛撒的糖果必须是奇数，人们认为这样可以给新人带来好运。

（12）抛花束。新娘背对着大家向后抛掷花束，谁有幸接到了，谁就是下一位要结婚的人。

（13）结婚蛋糕。以前，结婚蛋糕的最上层都要被特意留下来，藏在新房的床下，以祈求新娘多生几个健壮的孩子。一年后，新郎新娘将蛋糕取出，一同吃下，这将保佑他们身体健康，好运连连。不用说，这一习俗现在已经不流行了，但还是有一些新婚夫妇将蛋糕放在冰箱里储存起来，等到第一个结婚纪念日时再来分享。

（14）蜂蜜酒。结婚的当晚，新郎新娘要共饮蜂蜜酒。这是中世纪流传下来的习俗。据说喝了蜂蜜酒，就可以多子多福。倘若新娘在婚后 10 个月就生了小孩，这对酿造蜂蜜酒的人来说将是极大的荣耀，此酿酒师将名声大振，生意也将由此大大红火起来，而且他的名字还会被当作新生儿的名字。

4. 结婚纪念日

每一个民族都很重视结婚，认为结婚是人生极为重要的一幕。许多民族为了避免忘却这一幕，往往要举行名目繁多的结婚纪念活动，并逐渐形成了按每次结婚纪念活动赠送传统规定的礼物的习俗，进而又演化成为以各种礼物名称来命名每个婚龄的习惯。

结婚周年	纪念名称	夫妻互送礼物
1 周年	纸婚	可兑换现金的票证，如债券、货币；书籍、餐巾、文具、毛巾亦可
2 周年	布婚	床罩、窗帘、衣料、枕头、褥单、衬衣、袜子、内衣等
3 周年	皮婚	皮带、手提包、行李箱、皮鞋等
4 周年	绢丝婚	床单、餐巾、刺绣品、围巾、衬衣、台布
5 周年	木婚	家具、木船、平房

结婚周年	纪念名称	夫妻互送礼物
6周年	铁婚	五金铁器，如铁锅、铁钉、锁头等；钢制家具，铁制装饰品
7周年	羊毛婚	毛毯、长袍、地毯、袜子、套衣、毛衣、内衣
8周年	铜婚	小铜铃、铜制品、铜锣、铜雕
9周年	陶器婚	厨房用陶瓷品、陶瓷花盆、陶瓷饰品
10周年	锡婚(铝婚)	厨房用品和装饰品
11周年	钢婚	汽车、五金、交通娱乐工具
12周年	麻婚	便装、围巾
13周年	花边婚	床罩、窗帘、圆布垫儿、台布
14周年	象牙婚	象牙雕刻品、桌上摆放物
15周年	水晶婚	水晶雕塑品、玻璃制品
20周年	瓷器婚	瓷器、瓷雕塑像、餐具
25周年	银婚	银币和银制品
30周年	珍珠婚	珠宝、珍珠制品
35周年	珊瑚婚	珠宝和收藏珍品
40周年	红宝石婚	珠宝
45周年	蓝宝石婚	珠宝
50周年	金婚	金币、镀金物品、纯金装饰品
55周年	翠玉婚(绿宝石婚)	珠宝
60周年	钻石婚(金刚钻婚)	钻石及珠宝类物品
70周年	白金婚	白金及珠宝类

实际上，人们庆祝的最多和最隆重的是银婚和金婚。庆祝这两个纪念日时，一般要举行宴会和招待会，邀请亲友参加，被邀客人应尽量参加并携礼祝贺。

四、丧葬礼

丧葬礼，中国古代称为"凶礼"，是人生仪礼中的最后一件大事。由于各国的社会制度、宗教信仰及文化习俗存在差异，丧葬礼俗也有许多不同之处。

中国传统葬礼的主色调为白色和黄色，故亦有白事之称，与红事（喜事）相对。其主要过程有小殓、报丧、奔丧、停灵、大殓、出殡和下葬、烧七、守孝、扫墓等环节，并随死者的信仰和经济情况，整个过程中经常伴有佛教、道教或风水仪式。现在，中国城市里的葬礼一般是召开规模大小不等的追悼会，主要程序有向遗体或遗像致哀、有关人员致悼词、奏哀乐、向死者家属表示慰问等。

西方丧葬礼俗主要受基督教文化的影响。基督教将每一个人的灵魂直接与上帝发生关系，不允许偶像崇拜，崇尚灵魂升华而轻视肉体，因此西方的丧葬风俗是简丧薄葬。基督教的丧礼更多的是为死者祈祷，愿其灵魂早日升入天堂，解脱生前痛苦。基督教认为人死后灵魂需要安静，因此丧礼非常肃穆。在基督教文化影响下，上至王公贵族，下至平民百姓，丧葬基本从简，体现所谓的在上帝面前"灵魂平等"的原则。

西方国家的丧葬礼仪基本上属宗教式的丧葬礼仪。人死后，首先在死亡地或尸体发现地的登记处进行登记，由医生或验尸人员签发书面证明，并在死亡者生前居住地的基层组织办理登记，而后对亲友发出通知或在报刊上公开宣布。

有人去世，其家属或治丧机构应尽快发布讣告，将逝世的消息尽早通知到死者的亲友、同事和商业上的合作者，并说明葬礼将于何时何地举行。讣告可用信函的方式发出，也可用电话、电报传递；如需要广泛通知社会上的相识者，也可登报。讣告所用的信笺、信封，往往带有黑色的边框。接到讣告的亲友熟人，可以写唁函、发唁电给死者的家属，以示哀悼。在许多国家都有为殡葬服务的殡仪馆、丧葬服务社等根据死者亲属的要求，承办丧葬的有关事宜，协助安排后事。

西方殡葬礼俗有洗尸、更衣、停尸整容、送葬哭丧、宴谢、祭奠等程序，基督教仪式几乎贯穿其中。人死之前要在神父面前忏悔，之后神父要为其祈祷。这也是临终关怀，使死者正确看待死亡，摆脱死之恐惧。死后要在神父主持下给死者洗尸，宗教含义是洗去生前罪过，干干净净去见上帝。在西方传统丧俗中，尸体一般停在教堂，由神父主持追悼会。神父介绍死者生平并为之祈祷，下边亲友则一同祷告。完毕以后，由四人、一角一人抬着棺材走向墓地，神父、亲友跟在后边送葬。下葬时，神父还要再为亡者祈祷。无论是在家中还是在教堂，也无论是在送葬路上或下葬时，亲友都不能大声号哭，只能默默流泪或嘤嘤啜泣，是为不打扰死者灵魂的安静。下葬时，随土撒入一些花瓣，葬毕在墓前立上十字架，放上一束鲜花，亲友就可以默默离开坟墓。

非宗教性的葬礼，常常就在公墓的礼堂或墓地举行。葬礼应始终保持庄严肃穆的气氛，人们深思默祷，向死者沉痛志哀。

祭奠亡者不是中国人的专利，西方人在居丧的第九天、第二十天、第四十天和一周年都会举行祭亡灵仪式。届时，亲友可单独去，送上一束鲜花、默默立上一会即可。

葬礼一般遵循死者生前遗嘱或遗言确定是土葬或者火葬。无论是火葬还是土葬，均葬于公墓。城镇公墓一般建在郊外僻静幽雅之处，农村公墓建在村外较远的地方。西方公墓园林化程度很高，规划也很长远、详细，有公路通达，且有供纪念、休息、住宿、购物的场所。公墓管理很严谨，死者不论何种葬式，都要深埋，墓面平整，而后种上草皮，碑石不能太高，周围要种四季花卉。一年四季墓前几乎都是鲜花盛开。西方公墓一般是有偿使用，使用期长短不一，但有最长期限规定。

现代西方，社会工作兴起，对西方丧葬礼俗改革又推进了一步。丧事不再是家人亲自操办，而是由殡仪馆"一条龙"服务。宗教仪式、纪念仪式均在殡仪馆进行。送葬也由殡仪馆灵车送。西方社会对死者相当敬重，殡仪馆接送尸体时，其他车辆主动让道，并鸣笛以示哀悼，路人也注目肃立。

参加葬礼时，不要穿色彩鲜艳的服装，应穿深色或颜色暗淡的衣服。男子系无花黑领带，左臂可戴黑纱（也可不戴）；女子的饰物也应当简朴。参加葬礼的人胸前可戴一朵白花。

参加葬礼当然是一件很悲伤的事，但人们倾向于不过分流露悲伤，因为那会增加死者亲属的悲痛，当然也不应强作笑容或谈笑。同死者家属握手时，可以不说话，也可以低声说一两句表示悼唁和慰问的话，如"请接受我深切的哀悼""请节哀""多保重"等。在葬礼进行时，不要目不转睛地注视着哀伤的死者亲属。

可在葬礼举行前通过葬礼承办人或花店送花。如讣告上写明"敬辞鲜花"，则应当遵从，不必送花。送花时，应附上写有悼唁字句或"献给×××"字样的飘带，并附上赠花者的姓名。外国习惯上不用纸花。也有人写挽联、诗或文章纪念死者。至亲好友可登门吊唁，并帮助家属治丧；但若死者亲属哀伤不已，不愿接见亲友时，则应为他们着想，不去登门打扰。

8 | 第八章
世界各国礼俗

由于受国别、地域、宗教信仰、文化背景、民族特性、社会风俗以及社会道德等方面的影响，世界各国的礼仪和习俗千差万别。在国际交往活动中，我们不仅要遵从通行的国际礼仪，而且要了解并尊重有关国家和地区的礼俗和禁忌，做到入国问禁、入乡随俗。如果说现代国际礼仪是在国际交往活动中的国际惯例和共性的东西，那么世界各国的礼俗和禁忌则是具有特殊性或个性的东西。

礼俗和禁忌受宗教信仰的影响，即使国家、民族不同，但如果有着相同的宗教信仰，其礼俗和禁忌往往就会有着许多相同或相近之处。另外，礼俗和禁忌与民族、种族有关，虽然它们与国界有着相当的关系，但与民族、种族的关系更加密切，同一民族、种族的人虽然生活在不同的国家，但其礼俗和禁忌却往往是相同或相似的。同时，礼俗和禁忌也受到语言的影响，因为语言是传播礼仪的工具，使用同一种语言的人，其礼俗和禁忌也往往是相似或一致的。

第一节　亚洲国家礼俗

亚洲是亚细亚洲的简称。"亚细亚"的意思是指"东方日出的地方"。亚洲面积4400万平方千米，占全球陆地总面积的29.4%，是世界最大的洲。亚洲现有48个国家，人口35.13亿，占世界人口的60%。亚洲是世界文明古国中国、印度、巴比伦的所在地，又是佛教、伊斯兰教和基督教的发祥地，对世界文化的发展有着重大的影响。

由于国家众多，民族林立，亚洲文化的多元化特色非常鲜明。但在总体上，亚洲人普遍都注重人际关系，良好的人际关系是生活和事业成功的重要标志。

(一)中国

中国全称中华人民共和国，面积约为960万平方千米，人口超过13亿，以汉族为主体，汉语为官方语言。首都北京，国庆日是10月1日。

1. 社会与文化

儒家思想对中国文化的影响很深，传统的责任感思想、节制思想和忠孝思想，都是它和皇权统治结合的结果，因此，儒家思想至今仍是社会的主流思想。根据现代学者的解释，儒学实际上就是人际关系学，三纲五常(纲常)是其伦理文化的基本架构，是用以调整、规范君臣、父子、兄弟、夫妇、朋友等人伦关系的行为准则。儒家思想在东亚各国也有着广泛的影响。

在中国，个人对集体的依附关系十分紧密。为保持和谐，中国人尽力避免在公开场合令他人难堪，并且愿意为集体利益而克制个人感情，所以，在一些较为正式的会议中，沉默不语往往是一种常态。若不同意别人的观点，中国人会沉默以对，而很少公开表示异议，因为公然反对别人会使双方都丢面子。

中国人的无声语言具有丰富的内涵，表情、姿态等无声语言往往比有声语言更能表达其真实的思想和感情，比如皱眉表示不同意对方的观点。所以，多数中国人讲话缺乏热情，主要是为了避免无声语言暴露自己潜意识中的真实感受，或避免对方对自己无声语言的过度解读。

2. 社交礼仪

中国人见面问候的形式比较正规，应先问候年长者。见面或辞别礼节通行握手礼；亲朋好友久别重逢，亦可拥抱为礼。正式称呼宜用"头衔＋姓氏"的尊称，只有亲朋好友和熟人之间方可直呼其名。

中国人通常会在春节、结婚纪念日、生日等节日赠送礼物，食品类礼物颇受欢迎。赠、受礼品宜用双手。收礼方通常会再三婉拒，也不会当面打开礼品包装。

3. 餐饮礼仪

中国人喜欢在餐馆、酒店招待客人，若被邀请到其家中做客，应是一种莫大的荣幸。如果因日程安排冲突而不得不拒绝这样的邀请，必须礼貌地予以解释。登门做客必须准时，可为女主人带一份小礼物，进入房间之前通常要换鞋子。

入席时应按主人的安排就座，主宾一般面门而坐。菜肴上桌，主人会首先祝酒；主宾开始进餐，其他人方可随后动筷。主人通常会为客人布菜，以示热情，客人不妨各种菜肴都尝试一下，而且尽量多吃一些，以证明你对食物的喜爱，但不要把共用食盘里的食物全部吃光，否则，主人会认为食物不够。

吃中餐通常用筷子进食，以碗盛饭，以盘盛菜，这与西方的用餐方法截然不同。客人即使从未用过筷子，也不妨尝试一下，主人会对此大加赞赏。谈话和休息时，应把筷子放到专用的底座上。吃米饭时，可以端起碗来进食。吃剩的杂物应放到专用的盘子里。

饭后打嗝不为失礼，那只是酒足饭饱后对饭菜非常满意的一种表示。

4. 习俗禁忌

中国人普遍忌讳别人在自己面前吐痰、挖鼻孔、擤鼻涕，认为这是不讲公德的行为；忌讳别人盯视自己，认为这是不怀好意。忌讳以钟表作礼品，因"送钟"与"送终"同音；有些地区忌讳把雨伞送人，因"伞"与"散"同音，容易引起对方的误解；吃梨忌讳分着吃，因"分梨"与"分离"同音。忌讳听到乌鸦的叫声，认为这是不祥之兆；忌讳用筷子敲击碗碟，因为这会使人联想到乞丐要饭。送花忌讳双束，人们普遍视送双束不是好征兆。忌讳黑色，认为黑色是葬礼的颜色；忌讳用红笔写信及签字，因为这含有断交之意。江浙一带对"13"也有所忌讳，他们常把呆笨、愚蠢的人称为"13点"；有些地方不喜欢"14"，认为"14"和"失事"音似。

(二)印度

印度全称印度共和国，面积298万平方千米，人口约为13亿，主体民族是印度斯坦族，主要宗教有印度教、伊斯兰教等，英语和印地语同为官方语言，首都新德里，国庆日是1月26日。

1. 社会与文化

印度教徒中分为不同等级的社会集团，可以译为"种姓"，即把人分成四个不同等级：波罗门，刹帝利，吠舍，首陀罗。各种姓都有自己的道德规范和风俗习惯，职业世袭，互不通婚，以保持严格的界限。不同种姓的男女所生的子女被看作贱民，或叫作"不可接触者"，贱民不包括在四个种姓之内，最受鄙视。种姓制度涵盖印度社会绝大多数的群体，是传统印度最重要的社会制度与规范。

印度人不爱说"不"，在他不同意你的看法，不接受你的邀请时，他会用其他方式表示，而不是简单地说"不"，这可以看作印度绅士风度的一种表现。所以，即使印度人给你一个肯定的答案，但却会故意含糊有关的任何具体细节，你将不得不借助其非言语的线索，去探寻他隐藏在肯定答案背后的真实态度。

2. 社交礼仪

印度的传统见面礼节有合掌礼、举手礼、拥抱礼、摸脚礼、吻脚礼。两手空着时，一般要施合掌礼，并口颂敬语"纳马斯堆"，合掌之高低随对方年龄、身份、地位而异：对长者宜高，双手至少与前额相平；对晚辈宜低，可齐于胸口；对平辈宜平，双手位于胸口和下颌之间。若一手持物，则口念"纳马斯堆"，同时举右手施礼。对于长辈或向人恳求时，则施摸脚礼(即用手摸长者的脚，然后再用手摸一下自己的头，以示自己的头与长者的脚相接触)。摸脚跟和吻脚礼是印度的最高礼节。印度伊斯兰教徒的见面礼节是按其传统的宗教方式，用右手按胸，同时点头，口念"真主保佑"。现代的印度男士也开始运用握手礼，但印度妇女除在重大外交场合外，一般不与男人握手。

印度教徒迎接贵宾时，主人要向客人敬献花环，并亲手将花环套在客人的脖颈上。花环的大小视客人的身份而定：献给贵宾的花环一般很粗大，其长过膝；而给一般客人的花环仅及前胸。

印度人认为送礼能使轮回转世变得简单。若遇亲朋好友生日、结婚等喜事或遇到家人死亡事件，他们都送礼金。礼品的意义不在其价值高低，而在它所蕴含的真情实感。

3. 餐饮礼仪

印度人常根据招待性质而决定在自己家里或餐厅、私人俱乐部招待客人。尽管印度人自己并不守时，却希望外国人能够准时到达。应邀做客时，可带水果或糖果作为礼物，或给主人的孩子们送点礼品。做客时衣着要端庄、保守，进屋之前要脱掉鞋子。

到印度人家里时，主人会为你戴上花环，应马上把它取下来以示谦让。在主人第一次询问是否需要茶水、咖啡或点心时，要礼貌地拒绝，之后主人会再三劝让。婉拒第一次的劝让，是有修养、讲礼仪的表现。

许多印度食物是直接用手抓食的，所以在吃饭前主人会要求你先洗手。如果使用餐具进食，一般是一把汤匙和一把叉子。入席时要按主人的安排落座，就餐时往往按照特定的顺序提供食物：先给主宾，其次是男士，最后是孩子，妇女通常在侍奉完男士们之后才就餐。

主人通常会把食物分放到客人的食盘里，而在其他情况下，客人可以从公用的菜盘、饭碗中自行取食。吃饱后要在食盘中留下少量食物，因为如果把食盘里的食物全部吃光，表示自己还未吃饱。

4. 习俗禁忌

印度人大多信奉印度教，忌讳白色，认为白色代表内心的悲哀。忌讳弯月图案；视"1""3""7"为不吉利的数字。忌讳左手传递东西或食物；最忌讳众人在同一盘中取食，也不吃别人接触过的食物，甚至别人清洗过的茶杯自己也要再洗涤一遍后才使用。印度人敬牛如神，禁食牛肉。

印度人喜欢谈论其文化传统和业绩、其他民族和外国的情况。与印度人交谈，莫涉及个人私事、印度的贫困状况、军事开支及外援等话题。

(三)印度尼西亚

印度尼西亚，全称印度尼西亚共和国，面积为191万平方公里，人口2.45亿，主体民族是爪哇人，主要宗教是伊斯兰教，官方语言是印度尼西亚语，英语也是常用语言，首都雅加达，独立日为8月17日。

1. 社会与文化

印度尼西亚是一个多民族的国家，由100多个部族组成，各部族都有其独具特色的文化，其中爪哇文化、马来文化、巽他文化和巴厘文化最为发达。印度尼西亚文化是在各部族文化的基础上构成的，同时又千姿百态，异彩纷呈，体现了文化的多元性。印度尼西亚国徽上的字样，寓意印度尼西亚虽有着许多不同之处，是多元的，但印度尼西亚民族是团结的，国家是统一的，印度尼西亚是一个不可分割的整体，排斥任何族群的文化，都是违背"殊途同归"精神的。

爪哇人有强烈的等级观念，其一千多年的封建历史，使等级制度的尊卑、贵贱观念影响至今。即使在语言中，也有明显的等级之分，如雅语、中等语和平民语，长幼、上下、尊卑、贵贱分得很清楚。

为维持社会和谐，印度尼西亚人特别讲面子。印度尼西亚人的行为原则是，无论如何都不能"丢面子"，所以他们在交际和言谈中会始终保持谨慎。个人缺点和隐私会隐藏得很深，任何人不得嘲笑、呼喊、得罪他人，更不能公开责备、抱怨别人。印度尼西亚人的交流沟通方式是转弯抹角式的，为避免"丢面子"，他们绝对不肯说"不"，至于其真实意图和想法，则需要听者自己去揣摩。

2. 社交礼仪

为表敬意，印度尼西亚人见面问候的形式是相当正式的。握手礼最为常见，有时亦采用传统的见面礼——以右手抚按胸前，也有人会在握手之后再施抚胸礼，无论施哪种见面礼，都同时互问安好。头衔代表身份、地位，但称呼头衔时要与姓名并用。其姓名有长有短，姓名长度往往与本人的富裕程度成正比：穷人只有一个名字，中层人士多有两个名字，而富人则会有一长串名字。社交活动中重视互换名片，登门拜访时切记在见面之初主动奉上自己的名片，不然就有可能长时间被对方冷落。

馈赠礼仪在很大程度上取决于收礼者的种族背景。华裔印度尼西亚人基本上遵从中国的馈赠礼仪。给穆斯林送礼时务必注意：穆斯林禁酒，赠送食物应确保它是"清真"的东西，不能送猪肉及其衍生产品，如明胶。赠送印裔印度尼西亚人礼物时，要用红色、黄色、绿色或其他鲜艳的包装，因为这些颜色会带来好运；勿送皮革制品；勿送酒精饮料；一定要用右手呈送礼物，收礼者不应当面打开礼物。

3. 餐饮礼仪

印度尼西亚的餐饮礼仪规范比较宽松，正式与否完全根据不同的场合而定。印度尼西亚人一般不要求客人随带礼物，但表示感谢的恭维话和便笺总是受欢迎的。应邀赴宴时奉送鲜花是合乎礼貌的。主人若有馈赠，应愉快地接受，推却不受是不礼貌的。一般情况下，客人的坐次由主人安排，盛放食物的共用食盘放置在餐桌中央，由主人为客人布菜盛饭，但此后客人自己再从共用食盘里取菜盛饭，也不为失礼。若吃自助餐，主人往往请客人先取用食物；若客人谦让，让其他人先行取用，会被视为有教养、有礼貌的表现，当然，其他人是绝不会僭越的。在正式场合，分派饭菜时要先给男士，再给女士；客人要等主人劝让之后再开始进餐。餐具往往只有一叉一匙，在有些场合则可以直接用手抓食，但只能用右手进食或传递食物。

4. 习俗禁忌

印度尼西亚人大多信奉伊斯兰教，还有一些人信奉基督教和天主教。印度尼西亚人忌用左手传递东西或食物，视左手为肮脏、下贱之手，认为使用左手是极不礼貌的。忌讳有人摸他们孩子的头部，认为这是缺乏教养和污辱人的举止。印度尼西亚巴杜伊人的衣着色彩除了他们崇尚的白色、蓝色和黑色之外，忌穿其他色彩的衣服，甚至连谈论都不允许。爪哇岛上的人最忌讳有人吹口哨，认为这是一种下流举止，会招来幽灵。印度尼西亚人对乌龟特别忌讳，认为乌龟是一种令人厌恶的低级动物；忌讳老鼠，认为老鼠是一种害人的动物。

与印度尼西亚人交谈，不要涉及当地的政治、社会及其他敏感话题。

(四)日本

日本全称日本国，大和民族是主体民族，主要宗教有神道教和佛教，官方语言是日语，首都东京，国庆日为现在位天皇的诞辰之日——9 月 29 日。

1. 社会与文化

和谐是日本最重要的社会价值观，是家庭、事业和整个社会的指导思想。从学龄前开始，儿童就要学会与他人和睦相处、合作共事。日本教育体系注重培养人们的相互依存关系而非特立独行的品行。日本人高度重视礼貌，强调个人对集体的责任，崇尚团结合作而非独善其身。他们可能用温婉、间接的方式表达不愉快的事实，并视和谐关系为影响工作效率的关键因素。

日本人因为追求和谐并且依赖集体，所以他们习惯于借助面部表情、语音语调和身体姿态来表达其真实感受，比如，在别人讲话时皱眉头，是不赞同对方的一种表示。语境也是影响其话语含义的重要因素。盯视别人是不礼貌的，尤其不能盯视尊长。在比较拥挤的环境中，日本人会避免目光接触以保持隐私。

日本人的等级观念根深蒂固。这种等级制度是以不同辈分、性别、年龄形成的以上下关系为核心的人际关系，人们的日常交往，都必须按对方与自己的亲疏程度或对方的辈分而区别对待。日语里有许多敬语，对不同的人、在不同的场合要使用不同的词汇，而且在使用时还要伴有适当的鞠躬和跪拜。日本人必须自幼学习在哪种场合该行哪种礼，对不同的人使用何种不同的称呼。以性别、辈分以及年龄差别等为基础的等级制是家庭生活的核心。日本人的等级制度观念不仅体现在家庭和社会生活中，而且在国际交往中，这种观念也表现得特别强烈。

2. 社交礼仪

日本是一个注重礼仪的国家，见面问候的形式很正式，而且很程式化。日本人相互见面时多以鞠躬为礼，熟人见面互相鞠躬以二三秒钟为宜；如果遇见好友，腰弯的时间要稍长些；对尊长鞠躬，要等对方抬头以后自己才能抬头，有时候甚至要鞠躬数次。他们在社交场合也施握手礼。日本的乡村礼节也较多，女子在送别亲友时，多施跪礼（即屈膝下跪）；男子的告别礼是摇屐礼（即手持木屐在空中摇动）。在日本不可直呼他人的名字，只有亲朋好友之间才以名字相称。

日本人喜欢别人送给他们礼物。礼物要用色彩柔和的纸包装好，不用环状装饰结。馈赠礼品也讲究等级，一般不赠送过于昂贵的礼品，以免他们为此而误认为你的身份比他们高。在接受日本人赠送的礼物时，要表示感谢，但要等他再三坚持相赠后再接受。收受礼物时要用双手接取。收礼者不会当面打开礼物。

3. 餐饮礼仪

日本人很少在自己家里招待客人。去日本人家里做客，一定要准时到达；若出席大型社交聚会，则可稍晚一点，但准时出席永远是最得体的。登门做客，要给女主人带上一盒糕点或糖果，而不是鲜花。进门要脱下帽子、手套，换上拖鞋。客人应穿着正式，除非接待是非正式的。使用卫生间时要更换拖鞋。非请勿坐，遵照主人的安排就座，主宾或长者在距门最远处居中而坐，用餐也是由主宾或长者首先开始。若学习使用筷子，会受到激赏，但切勿用筷子指指画画；暂停用餐时要将筷子放到筷子座上，千万不能摆成十字图案。每次仅取少量食物入口；遇到陌生食物，可以询问。可以吃一口米饭再吃一口其他食物，但不能把米饭和其他食物搅拌在一起食用。若不再需要饮料，就不要喝干你的杯子，空着杯子是希望别人为你添加饮料的表示。把吃剩的杂物放到自己食盘的一侧，吃饱后要把筷子放到筷子座上，或直接放到餐桌上，但不要把筷子交叉放在饭碗之上。若在饭碗中留下少许米饭，主人会继续给你添饭；若不需要添饭，就把碗中的米饭全部吃净。

4. 习俗禁忌

日本人大多数信奉神道教和大乘佛教，有"过午不食"的教视。他们不喜欢紫色，认为紫色是悲伤的色调；最忌讳绿色，认为绿色是不祥之色；忌讳"4"，因"4"和"死"的发音相似；送礼时特别忌讳"9"，因为这代表着你把主人看作强盗；还忌讳 3人一起"合影"，认为中间一人被左右两个人夹着，是不幸的预兆。

日本人对送花有很多忌讳：忌赠送或摆设荷花；探望病人时忌用山茶花、仙客来及淡黄色和白颜色的花；对菊花或带菊花图案的东西有戒心，因为它是皇室的标志。

日本人对带狐狸和獾图案的东西很反感，认为狐狸"贪婪"和"狡猾"，獾"狡诈"；讨厌金、银眼的猫；忌讳触及别人的身体，认为这是失礼的举动；忌讳把盛过东西的容器再给他们重复使用；忌讳把洗脸水中再对热水；忌讳晚上剪指甲；忌讳洗过的东西晚上晾晒；忌讳睡觉或躺卧时头朝北。日本人对朋友买的东西，一般不愿问价钱多少，因为这是不礼貌的；同样你若评价对方买的东西便宜，也是失礼的，因为日本人不愿让对方认为自己经济力量低下，只会买便宜货。

日本人使用筷子有很多忌讳，通常称为"忌八筷"：忌舔筷、忌迷筷、忌移筷、忌扭筷、忌插筷、忌掏筷、忌跨筷、忌剔筷。

日本人的饮食禁忌也很多：招待客人忌讳将饭盛得过满过多，也不可一勺就盛好一碗；忌讳客人吃饭一碗就够，应象征性地再吃第二碗，因为只吃一碗，他们认为象征着无缘；忌讳用餐过程中整理自己的衣服或用手整理头发，因为这是不卫生和不礼貌的举止。

日本人一般不吃肥肉和猪内脏；也有人不吃羊肉和鸭子。

跟日本人交谈，忌讳谈及第二次世界大战。

(五)韩国

韩国，全称大韩民国，面积约为 9.96 万平方千米，人口约 5 000 万，主要宗教是佛教，韩语是官方语言，首都是首尔，国庆日是 8 月 15 日。

1. 社会与文化

家庭是韩国人日常生活的核心。受儒家传统思想的影响，父亲是一家之主，负责为家庭提供食物、衣服和住所，以及批准家庭成员的婚姻；长子对父母、兄弟、儿子、妻子、女儿有特殊的义务。家庭利益重于个人需要。家庭成员间关系紧密，个人行为会影响其他家庭成员。在许多情况下，一个家庭的户籍可以追踪到 500 多年前。

韩国家庭通过男性传宗接代，盛行祖先崇拜，每年都祭祀前三代(父母，祖父母，曾祖父母)数次。韩国素有"礼仪之国"的称号，十分重视礼仪道德的培养，尊老敬长是韩国民族恪守的传统礼仪。

韩国人特别讲面子，若伤了别人的面子，就会使他失去尊严，所以处理人际关系的原则，是时刻保持一个安宁、舒适的氛围，以维持人际关系的和谐。

2. 社交礼仪

韩国人在交际场合一般都以握手为礼，有时采用先鞠躬、后握手的方式。若施鞠躬礼，是由位卑者先向尊长施礼；若相互握手，则是由尊长先行伸手。妇女一般不与男子握手，只是鞠躬或者点头致意。

韩国人称呼他人爱用尊称和敬语，很少直呼其名，而多称呼对方的头衔。

在韩国，礼品是增进友情的桥梁，并且收礼方总要投桃报李。所以，若知道对方无力承受相应的回报，却要赠之以贵重礼物，那是强人所难的。应邀做客，携带水果、精美巧克力或鲜花为礼，定受欢迎。礼品要用红色或黄色包装纸包裹，因为红、黄为皇家的颜色；或用粉红色包装纸，它代表幸福。但不要用绿色、白色或黑色的包装纸；不要用红墨水在礼品卡上签名。呈送礼物时要用双手。收礼者不当面打开礼物。

3. 餐饮礼仪

到韩国人家里做客，迟到不被视为是失礼的。脱鞋入室；男主人为客人倒饮料，女主人不倒饮料。非请勿坐，按主人的安排入席。席间，先为年长者提供饭菜；尊长首先动筷；不大声说话，咀嚼声音要小，不谈公事；不要用筷子指指画画，也不要用它切割食物；说话、喝饮料或稍作休息时，应把筷子放到筷子座上，但不能交叉摆放。不要直接用手去抓食物，吃水果时也要用牙签；每种食物都尽量尝一下，遇到不认识的食物可以询问主人；吃光自己食盘里的食物，废弃物放到专用盘子里或直接放在桌上。在长辈面前喝酒时，要侧过身去。用餐完毕，把筷子放到筷子座或桌面上，但不能摆放在饭碗上。客人离开时，主人一般要送客至大门口或客人停车处，而在室内与客人道别是失礼的。客人应在次日给主人寄送道谢便函。

4. 习俗禁忌

韩国人忌讳数字"4"，因"4"与"死"同音；忌说"师""私""事"等字，它们的发音也与"死"相同。忌讳称他们为"朝鲜人"，而宜称为"韩国人"。忌讳别人在自己面前擤鼻涕、吐痰、掏耳朵或衣裳不整，认为这些都是不礼貌的举止。忌食羊肉、鸭肉和肥猪肉。禁止捕食喜鹊和虎，因为喜鹊为国鸟，老虎为国兽；禁止捕食熊、野猪等动物。

与韩国人交谈，避免谈及政治腐败、经济危机、意识形态、南北分裂、韩美关系、韩日关系等话题。

(六)泰国

泰国，全称是泰王国，面积约为51.4万平方千米，人口约6 500万，佛教为国教，官方语言是泰语，英语为通用语，首都是曼谷，国庆日是12月5日。

1. 社会与文化

佛教是泰国代代相承的传统宗教，也是泰国人的生活重心，全国95％左右的人口信奉佛教。由于泰国历代国王都护持佛教，所以佛教成为泰国国教，僧侣备受敬重，在社会各阶层有很大的发言权，甚至王室仪式、国民教育及生活种种，都以佛教作为规范；而且规定男子年满20岁时，至少需要出家三个月，每天清晨出外托钵、过午不食。

泰国有森严的等级制度，从国王到农民及小贩，层层等级，界限清晰。一个人的社会地位可以从其衣着、相貌、职业、姓氏、受教育程度以及社会关系等各方面体现出来。即使陌生人见面，他们也能很快弄清对方的层次，以及自己与之相较所处的尊卑地位，从而调整自己的言谈举止。

家庭是泰国社会的基石。泰国人的家庭关系紧密，但家庭关系也是等级制度的缩影，父母处于这种等级的顶端，而孩子自幼就接受孝敬父母的教育。

泰国的许多礼仪规范都衍生自佛教。泰国人高度重视礼貌、尊重、和蔼的气度和自我控制，以维持和谐的人际关系。泰国人往往会想方设法避免批评别人或引发争议，视公开批评为一种暴力，因为它不但伤害对方，而且也是对对方的公然冒犯。

2. 社交礼仪

泰国人见面时不握手，而是行合十礼。行合十礼时，双掌合起，放在前额至前胸之间；双手位置抬得越高，越表示对对方的尊重，但双手的高度不能超过双眼。年龄、身份、地位低的人要先向尊长行礼；平辈之间，受礼者亦应以合十礼还礼，但长辈可以不向晚辈还礼，而只可点头或微笑回应。

泰国人不用姓氏而用名字称呼。在与泰国人的交往中，可以送些小的纪念品，礼物应事先包装好，送鲜花也很合适。收礼者不当面打开礼物。

3. 餐饮礼仪

登门做客，应尽量准时到达，尽管迟到几分钟并不算失礼。进门前观察主人是否在家中穿鞋子，若主人不穿，客人也要脱掉鞋子。进门时要跨过门槛，而不要脚踏门槛，这是泰国的一个古老习俗。交谈时应对主人的家庭和住房表示感兴趣，但不要过分赞美某样东西，以免主人觉得非把它送给你不可。

泰国人通常用叉子和勺子进餐，右手持勺，左手持叉；吃面条时用筷子；但有些地方则直接用右手抓食。家庭招待一般采用自助餐的形式，但要在主人劝让之后，才第二次取用食物。进餐完毕，要在自己的食盘里留下少许食物；若把食盘里的食物全部吃净，表明自己还未吃饱。但不要在自己的盘子里剩下米饭，米饭具有"每日面包"之外的一些神秘意义，剩米饭被认为是种浪费。不要吃掉共用食盘里的最后一些食物，进餐时也不要舔自己的手指。

4. 礼俗禁忌

泰国有"重头轻脚"的礼仪习俗。忌讳别人触摸其头部，尤其是孩子的头部；也忌讳别人拿东西从头顶上经过。忌讳"头朝西、脚朝东"睡觉，因为只有停放尸体才那样做。忌讳就座时翘起"二郎腿"，把鞋底对着别人寓意把别人踩在脚下，是一种侮辱性的举止；在别人面前席地而坐时，忌盘足或双腿叉开。

忌讳面无表情、愁眉不振，或高声喧哗、大喊大叫；忌用手拍打对方和用手指点对方，这种行为被视为挑衅；忌讳向僧人赠送现金，这种行为被视为一种侮辱；忌讳用左手取用食物，左手被认为不洁。

忌讳黑色、褐色，因为它们是不祥之色；忌用红笔签名，按泰国习俗，人死后要用红笔将死者的姓名写在棺材上；忌讳有狗的图案，狗被认为是不洁不祥之物；忌讳茉莉花，因为它寓意不祥；忌讳鹤和龟及印有其形象的物品，泰国人认为鹤是"色情鸟"，龟是不雅之物。

交谈话题忌非议佛教和军人，因佛教乃其国教，而军人地位很高，深受尊重；忌评论王室及其成员。

第二节　非洲国家礼俗

非洲是阿非利加洲的简称。希腊文"阿非利加"是阳光灼热的意思。赤道横贯非洲的中部，非洲3/4的土地受到太阳的垂直照射，年平均气温在20摄氏度以上的热带占全洲的95%，其中有一半以上地区终年炎热，故称为"阿非利加"。非洲现有53个国家，面积约3 020万平方千米(包括附近岛屿)，约占世界陆地总面积的20.2%，仅次于亚洲，为世界第二大洲。人口9.24亿，占世界总人口的15%，仅次于亚洲，居世界第二位。非洲居民多信奉原始宗教和伊斯兰教，少数人信奉天主教和基督教。非洲地域辽阔，民族众多，文化、礼俗千姿百态。

(一)埃及

埃及，全称阿拉伯埃及共和国，面积约100万平方千米，人口约7 900万，主要民族是阿拉伯民族。埃及的国教是伊斯兰教，官方语言为阿拉伯语，通用英语和法语，首都是开罗，国庆日是7月23日。

1. 社会与文化

埃及人大多信奉伊斯兰教，伊斯兰教教义触及其社会和生活的各个层面。伊斯兰教信奉安拉是唯一的主宰，穆罕默德是安拉的使者，《古兰经》是安拉"启示"给穆罕默德的经典；相信"死后复活"和"末日审判"。伊斯兰教的宗教习俗主要有"五功"——"念、礼、斋、课、朝"，是穆斯林需要奉行的五个义务。

家庭是埃及最重要的社会单位，亲属关系对一切社会关系都有重要的影响。个人从属于家庭或部族，埃及人认为裙带关系能为个人家庭提供庇护，具有正面价值。

人际关系中特别注重荣誉问题，个人荣誉与每个家庭成员的声望和荣誉错综复杂地交织在一起。在人际交往中，尊重和自尊既是个人的权利，也是一种义务，因而每一个人在力所能及的情况下，都要从言谈举止、服饰穿戴等方面，表现出对交往对象特别是尊长的尊重。

埃及的社会分层非常明显，分上、中、下三层，不同层次的人具有不同的权利和地位。个人地位往往是由家庭背景决定的，而不是财富。阶层间的社会流动并不大。

2. 社交礼仪

埃及人惯以握手为礼，或施拥抱礼，还流兴贴面礼；但异性之间通常是握手，只有亲朋好友之间行贴面礼。男女之间可不握手，即使握手也不宜男士主动伸手；握手时不应交叉，即四人呈"十"字形面对面握手；男士必须站立握手，女士则可以坐着握手，不必起立。亲朋好友之间行贴面礼，男士之间为先左后右，女士之间则先右后左，各贴一次或多次。埃及人见面时会多次、重复问候，不厌其烦。

埃及人说"是"，可能意味着"或许、大概"；说"或许"时，可能意味着"不行"。你很难从埃及人口中听到一个直截了当的"不"字，因为他们觉得这样做不礼貌。和埃及人见面前最好准备一份礼物，对方如有馈赠也应当场笑纳；但一定不要单独为其夫人准备任何礼品，也不要在谈话中主动提及对方妻室，以免引起不快。呈送礼物只用右手，若礼物太重，则可用双手。收礼方不当面打开礼物。

3. 餐饮礼仪

登门做客，可为女主人准备巧克力、糖果、糕点等礼物；给孩子带些礼物也深受欢迎。但不要以鲜花为礼，鲜花仅用于婚礼或探视病人。埃及人注重仪表，客人要衣着得体，进门前先脱掉鞋子，交谈时要夸赞主人的房子，但莫称道其家中物品，该行为会被理解为索要此物。

就餐时要按主人的安排入座，始终只用右手进食。客人吃得越多，主人就越高兴，同时别忘了对食物表示赞赏。千万不要自己动手往食物中加盐，那是一种冒犯行为。用餐完毕，要在自己的食盘里留下少许食物；否则，主人会认为你还没吃饱而不断地为你添加。

埃及人吃饭时一般不与人随意交谈，认为边谈边吃会浪费粮食，是对安拉的不敬。不吃海参、蟹等怪状海味品；不吃除肝以外的动物内脏；不吃红烩带汁和没熟透的菜；不喜欢吃整条鱼和带骨刺的鱼。

4. 习俗禁忌

埃及的伊斯兰教禁食自死物、动物血液和猪肉，以及非诵真主之名而宰杀的动物，也禁止使用猪制品。基督教徒和犹太教徒忌讳"13"，认为它是不祥之数。

埃及人喜爱"吉祥之色"的绿色与"快乐之色"的白色，但忌讳黑色与蓝色，他们视其为不祥之色；也忌黄色，认为它代表叛逆、嫉妒、怀疑、不信任、色情、忧郁、缺乏理智等；不喜欢大熊猫，因为它长得像猪；忌用左手，认为左手不洁；忌谈"针"字和借针使用。忌讳称赞女人窈窕，认为体态丰腴才算美；忌讳当众吐唾沫，认为吐唾沫是对仇人的诅咒举动。

埃及人喜欢谈论埃及的进步与成就、埃及的古老文明等话题，但要避免谈论中东政治问题及男女关系。

(二)南非

南非，全称南非共和国，面积约 122 万平方千米，人口约 4 910 万，黑人是主体，主要宗教是基督教，官方语言有 11 种，英语和阿非利卡语为通用语言，行政首都比勒陀利亚，立法首都开普敦，司法首都布隆方丹，国庆日是 5 月 31 日。

1. 社会与文化

南非是世界上文化最为多元化的国家之一。家庭是南非的基本社会单位，但在传统上，部落是其最重要的社会单元，因为每一个部落都相当于一个民族，部落能为其人民带来情感和经济上的安全。传统的南非文化认为，大家庭和核心家庭同样重要，但讲英语的白人对核心家庭更加重视。然而随着社会经济的发展，部落和核心家庭的社会结构模式已越来越多地受到国家经济重组的冲击。

城乡居民间的价值观念差距巨大。农村白人多是新教徒，其眼界可能略显狭窄，但比唯物主义者更崇尚人的尊严。约翰内斯堡地区的居民多持唯物主义价值观，他们轻人重物，更看重财富，以城市人自居，轻视乡下人。开普敦的居民以自己的城市为豪，有鲜明的优越感，重视友谊、家庭关系和社会地位。农村的许多黑人社区仍然根植于本民族的文化遗产和传统，但正在承受着日益加快的城市化的冲击。

2. 社交礼仪

南非人的社交礼仪表现为"黑白分明""英式为主"两大特点。见面礼节主要是握手礼，并伴以目光交流和微笑。有些女士一般不握手，所以最好在女士伸手之后再与之相握；熟人之间，男士可以亲吻女士的面颊，以此代替握手。黑人在日常交往中依然保留着自己的传统习惯，见面时通常施行拥抱礼或亲吻礼，甚至施行一种形式独特的握手礼：即先用左手握住自己的右手手腕，然后再用右手去与人握手。称呼交往对象时普遍用"先生""小姐"或"夫人"等泛尊称。

南非流行赠送生日礼物和圣诞礼物。21岁和40岁的生日庆祝会非常隆重，亲朋好友要赠送贵重礼物。收礼者不当面打开礼物。

3. 餐饮礼仪

应邀做客，可为女主人带鲜花、巧克力或南非产的上好葡萄酒，并加以精美包装。赴宴要准时，并在此之前联系女主人，看是否需要你带去食品菜肴。客人要衣着得体，约翰内斯堡地区可能对穿着的要求更为正式一些，除非主人允许，不能穿短裤或牛仔裤。客人来访，主人一般以新鲜牛奶、羊奶或自制啤酒待客，客人应尽量多喝，最好一饮而尽；若百般推辞或坚决不喝，主人会很不高兴。印度教徒、伊斯兰教徒的饮食习俗都有着各自的宗教禁忌。餐后要主动帮助女主人清理卫生。

4. 习俗禁忌

南非的宗教信仰繁多复杂，各有禁忌。基督徒最忌"13"，若13日同为星期五，更是讳言忌提，且尽量避免外出。黑人多信仰各自部族的原始宗教，许多地方视羊为宠物，尤爱羚羊；大都敬仰祖先，特别忌讳外人对其祖先的失敬之举。许多黑人部族的妇女地位低下，因而被视为神圣宝地的一些地方，诸如火堆、牲口棚等处，绝对禁止妇女接近。

南非人为人处世大胆直爽，不喜欢讲话过分委婉或兜圈子。交谈话题有四个忌讳：其一，莫为白人评功摆好；其二，莫评论黑人部族或派别之间的关系及矛盾；其三，莫非议黑人的古老习俗；其四，莫为对方生了男孩而表祝贺，此事在许多部族中并不令人欣喜。

第三节 美洲国家礼俗

美洲是南美洲和北美洲的合称，也是"亚美利加洲"的简称，又称"新大陆"。美洲现有 35 个国家，面积约为 4 206.8 万平方千米，约占世界陆地总面积的 28.4%；人口约 9 亿，多数居民信奉基督教。

(一)阿根廷

阿根廷全称阿根廷共和国，面积约为 278 万平方千米(不含马尔维纳斯群岛和阿主张的南极领土)，人口约为 4 000 万，多为欧洲人后裔，天主教是其国教，官方语言是西班牙语，首都是布宜诺斯艾利斯，国庆日是 5 月 25 日。

1. 社会与文化

多数阿根廷人有着欧洲血统，其文化有别于欧洲、印第安文化混杂的其他拉美国家，所以，在文化和情感上，阿根廷人往往显得更像欧洲人，而不像拉丁美洲人。

家庭是阿根廷人社会生活的中心，大家庭观念仍有强大的生命力。家长备受尊重，但也要负起关心、照顾家庭成员安全、就业等问题的责任，并负责维护个人和家庭的荣誉。荣誉是家庭的生命，它影响着家庭的日常生活和事业发展。

阿根廷宪法保障宗教自由，除国教天主教之外，其他世界性宗教特别是伊斯兰教，也纷纷在该国立足扎根。

阿根廷人生性热情、直爽、开放，同时又能在交际中表现得圆滑和委婉。此外，他们的交际距离比较小，并喜欢在交谈时相互触碰。

2. 社交礼仪

阿根廷人见面问候的形式很正式，通行握手礼，并伴以目光交流和微笑；年龄、身份、地位低的人先问候尊长；交际过程中一要直保持目光交流以显示自己的兴趣。通常阿根廷人喜欢通过第三者介绍来相互认识，所以，在一些小型的聚会上，应当等主人把你介绍给大家，而不必急于自我介绍。

在阿根廷，赠送礼物颇为流行。但不要送刀具、剪子等，因为那暗含着"绝交"之意。收礼者会当面打开礼物。

3. 餐饮礼仪

应邀到阿根廷人家里做客，应为女主人带点礼物。因为进口酒的税额很高，所以，能为主人送上一瓶进口美酒，必能大受欢迎。

客人要衣着得体。男士一般穿正装、打领带；女士可穿长裙、套裙或套衫。客人应比约定的时间晚到 30 分钟至 45 分钟，准时到达反而显得不合时宜。

主人可能对餐会有座次安排计划，所以客人应按主人的安排就座入席。刀叉的使用遵从欧洲传统，始终左手持叉、右手持刀；用餐过程中，要始终把双手放在别人看得见的地方，但不能把双肘支在桌子上；要在主人祝酒之后再开始饮酒。阿根廷人可能有许多有关添酒方面的讲究或禁忌，所以，除非万不得已，不要亲自动手为自己或他人添加酒水。用餐完毕，应在自己的食盘里留下少许食物，表示自己吃饱了。此时，应把刀叉并拢、叉齿向下横放在食盘上，刀叉手柄朝向右方。

餐会次日，应打电话向主人致谢。

4. 习俗禁忌

阿根廷人重视着装，男子出门时都要穿好西装；在公共场合脱掉上衣会被视为行为不雅。不喜欢灰颜色，一般人都看不惯这种色彩；送礼忌送手帕，因为手帕会招致悲伤；忌送衬衫、领带之类的贴身物品；忌讳菊花，因为菊花为丧葬所用，是令人悲伤的"妖花"；禁止市场在星期五出售牛肉；也禁止餐馆供应牛肉，因为阿根廷政府规定：每个星期五为"禁肉日"。

与阿根廷人交谈，避讳军人干政、马岛战争、白人与土著人的关系等话题。

(二)巴西

巴西，全称巴西联邦共和国，面积约 851 万平方千米，人口约 1.9 亿，多数人信奉天主教，官方语言是葡萄牙语，首都巴西利亚，国庆日是 9 月 7 日。

1. 社会与文化

巴西民族众多，文化多样。居民大致分为白人、混血种人、黑人、印第安人和亚洲裔人。其中白人占多数，是欧洲移民的后裔。1888 年，巴西废除奴隶制，加快了各民族之间的融合。

家庭是巴西人生活的中心，以家庭为中心也是其社会的核心价值观。虽然现在的家庭结构正在改变，但以家庭为核心的价值观仍起着很重要的作用。巴西家庭一般规模比较大，家庭成员关系密切。巴西人认为裙带关系具有积极作用。

虽然各民族相互融合，但巴西仍然存在阶层制度，有些人是种族主义者，社会歧视也仍然存在。在巴西，肤色决定阶层。通常棕色人种在经济上和社会上处于不利的地位，他们处于社会底层，多从事女佣、司机等工作；而中、上层人士很少与底层人民来往。不同层次人士的工资相差悬殊，他们生活方式和生活目标也因此而大不相同。虽然其宪法规定男女平等，但现实生活中歧视妇女的现象普遍存在。

巴西人的民族性格有两大特点：一是坦率豪放，喜欢直来直去；二是活泼好动，幽默风趣，爱开玩笑。巴西人能歌善舞，桑巴舞举世闻名。

巴西印第安人有自己独特的风俗习惯。印第安人在重要场合上会头戴羽冠，显得格外威严、雄壮；他们有在身上涂色的习惯，每种颜色都有特定的象征意义：红色象征勇猛和似火的爱情，白色代表年轻，黑色则象征不幸。

2. 社交礼仪

巴西男士在见面时行握手礼，同时保持目光的接触；女士之间一般行亲吻礼，由左侧开始交替亲吻面颊；异性之间，只有在女士伸手之后，男士才能与之相握。拥抱并拍打背部，是朋友之间常见的问候方式。

赠送礼物时，兰花是一个很不错的选择，但要避免紫色的。手帕因与悲伤有关，故不宜作为礼物相赠。收礼者会当面打开礼品。

3. 餐饮礼仪

应邀做客，可给女主人送一束鲜花或一份小礼物。

出席餐会，应比约定时间晚半个小时到达；出席其他聚会，可以迟到 1 个小时。巴西人注重穿着，有"以衣帽取人"的传统，故登门做客时要着装正式一些。巴西有"咖啡王国"之称，主人待客，会接二连三地劝让咖啡。巴西人惯用欧式西餐，烤肉是巴西人最喜欢吃的风味菜之一，不仅是一品国菜，还是一种大众菜。

4. 习俗禁忌

巴西人忌讳紫色、黄色和深咖啡色，认为紫色表示悲伤，黄色表示绝望，深咖啡色会招来不幸；忌讳绛紫色花，认为是丧葬用花；忌讳数字"13"；忌用"OK"的手势语，那被认为是种极不文明的举止；忌讳别人说蝴蝶是害虫，因为在巴西人心目中，蝴蝶不仅美丽，而且还是吉祥之物。

与巴西人交谈，应避讳政治形势、经济状况、民族矛盾等话题。

(三)加拿大

加拿大的正式名称即为加拿大，面积约 997 万平方千米，人口约 3 361 万，主要人口是英裔和法裔，主要宗教是天主教和基督教，官方语言则并用英语和法语，首都渥太华，国庆日是 7 月 1 日。

1. 社会与文化

加拿大民族众多，除原居民外，所有人都是外来移民，所以又被称为"移民的国家"。加拿大是个多元文化的社会，政府鼓励多元文化的并存和发展，移民可以保持其原有的语言、文化、传统。加拿大人为其多元文化而骄傲，各种不同文化和种族背景的人和谐相处，共同生活。

加拿大是一个民主且充满活力的国家，奉行所有种族一律平等的政策。人们努力工作以改善他们的生活和社会，对未来充满信心和希望。大多数加拿大人十分理解谦让的价值，能接纳和尊重所有愿意接纳和尊重别人的人，也能公正对待他人，并不论其种族和文化背景。他们相信每个人都得为自己的成功和失败负责，允许每个人按其希望的方式生活，只要不影响他人。虽然加拿大人崇尚个人主义，但也十分强调个人对于集体的责任。加拿大人有很强的地域观念，很多人对自己的省或地区的忠诚，甚至超过了对国家的忠诚。

加拿大幅员辽阔，各地区文化传统和风俗习惯差异很大，大致可归纳如下：大西洋沿岸地区，比较传统、保守；安大略省是商业中心，讲究公事公办，比较保守；西部地区的人开放、友好、随和；不列颠哥伦比亚省，比较开放，通常被看作加拿大未来的代表；魁北克法语地区具有鲜明的文化特色，地域观念极强；北部地区的人民具有强烈的拓荒精神。

2. 社交礼仪

加拿大人通行握手礼，并伴以目光交流和微笑；在法语地区，朋友之间行亲吻礼，先亲左脸颊，再亲右边。称呼对方一般要尊称姓氏，但相识不久后就可以直呼姓名。

加拿大流行赠送生日礼物和圣诞礼物，但不要赠送金钱。收礼者一般会当面打开礼物。

3. 餐饮礼仪

应邀做客，可带巧克力、鲜花或葡萄酒作为礼物。在魁北克省，在餐会之前把鲜花送到才合乎礼仪；若送葡萄酒，一定保证所送的是最高品质的葡萄酒。

加拿大的餐饮礼仪是相当宽松和非正式的，但魁北克地区要相对正式一些。客人要按照主人的安排入座，并且只有当女主人开始用餐时，其他人才可以开始。餐桌礼仪基本遵从欧洲大陆的风格，进餐时左手持叉、右手持刀。用餐过程中，可以拒绝某些食品和饮料而不必解释；不要将双肘支在桌面上。用餐结束时，在自己食盘里留下少许食物是一种普遍的做法。在正式宴会上，主人要第一个祝酒，主宾会在宴会进行期间予以回敬；女主人也可以祝酒。

加拿大人忌食肥肉、动物内脏、腐乳、虾酱、鱼露以及其他一切带有腥味、怪味的食物；忌就餐时吸烟、吐痰、剔牙。

4. 习俗禁忌

忌讳黑色和紫色，认为它们不吉利；忌送白色百合花，因为它为丧葬专用；忌讳"13"和"星期五"，认为"13"是厄运之数，"星期五"是灾难的象征；忌讳打破盐罐把盐撒掉；忌打碎玻璃，认为这都是不祥之兆；忌铲除积雪，因为白雪在加拿大人的心目中有着崇高的地位，并被视为吉祥的象征和避邪之物。

与加拿大人交谈，忌讳插嘴打断对方或与对方争执；忌谈论宗教问题、种族矛盾、魁北克独立等话题，也忌讳谈及死亡、灾难、性方面的话题。

（四）墨西哥

墨西哥，全称墨西哥合众国，面积约 197 万平方千米，人口约 1.12 亿，绝大多数为白人与当地土著居民通婚所生的后裔，主要宗教是天主教，官方语言是西班牙语，首都墨西哥城，国庆日是 9 月 16 日。

1. 社会与文化

家庭是墨西哥社会结构的核心，大家庭的结构模式普遍存在，它有助于维护社会的安定。多数墨西哥家庭是非常传统的：父亲是绝对的权威，是家庭事务的决策者；母亲受到极大的尊敬，但其角色地位和作用要低于丈夫。墨西哥人认为，帮助家庭成员是一种责任和义务。

墨西哥的社会分层明显。墨西哥人强调等级关系，人民尊重权威，并期待上层能够提供指导、做出决策。重视次序，对排名在你之前的人必须毕恭毕敬，因而无论是在家庭、事业中，还是在朋友圈子中，墨西哥人都非常清楚自己所处的等级位置，而一旦有人破坏了这种等级关系，都会遭到鄙视。

墨西哥人崇尚"男子气概"，并会通过不同方式加以表现。比如，对女士品头论足，是男子气概的典型标志，而不会被视为浅薄或轻浮。墨西哥男性普遍认为，无论如何也必须保证自己作为男人的形象不受损害。

2. 社交礼仪

墨西哥妇女不习惯行握手礼，代之以轻拍对方右前臂或肩膀。初次见面，男士通常施握手礼；而熟人之间则常施拥抱礼，并轻拍背部。

使用称呼方面比较保守，惯用的称呼方式与欧洲人的正统做法相仿，一般要尊称姓氏，熟人之间才直呼名字。墨西哥人时间观念较差，不习惯准时赴约，通常会迟到一刻钟至半个小时。

在墨西哥，礼品交往无处不在，这也是增进友谊和事业合作的一种重要方式。鲜花、美酒、书籍、工艺品等礼物，都很受欢迎，但赠送鲜花时有许多禁忌，须特别留意。女士一般不赠送男士礼物，以免引起误会。登门做客，不要轻易称赞主人家的某件物品，否则，主人会坚持把你所称赞的东西送给你；如果拒绝，主人会很不高兴。收礼者会当面打开礼物。

3. 餐饮礼仪

应邀做客，一定要给女主人送上礼物，鲜花和糖果都很受欢迎；若能给孩子送点礼物，则会备受称赞。在墨西哥的大部分地区，客人可比约定时间迟到 30 分钟，准时到达反而是不合时宜的。客人要按主人的安排就座。

在女主人开始用餐后，其他人才可以开始用餐。席间，只有男士可以祝酒。用餐过程中，要始终把手放在别人能够看到的地方，可以把手腕搭放在桌沿上。用餐完毕，要把刀叉并拢、叉齿向下放在自己的食盘上，刀叉手柄朝右。在自己的食盘里留下少许食物，表示自己吃饱了，这种行为也被看作一种礼貌之举。

4. 习俗禁忌

墨西哥人忌讳黄色花和红色花，认为黄色花是死亡的象征，红色花会给人带来晦气；也忌讳菊花，认为它是"妖花"，只有在人死之后，才拿它放在灵前祭奠；忌讳送手帕和刀剪，因为手帕与眼泪联系在一起，刀剪是友谊破裂的象征。

与墨西哥人交谈，忌谈美国的影响、社会不公和社会贫困等话题。

(五)美国

美国，全称美利坚合众国，面积约 963 万平方千米，人口约为 3.1 亿，主要宗教是基督教和天主教，官方语言是英语，首都华盛顿，国庆日是 7 月 4 日。

1. 社会与文化

美国是一个移民国家，是世界各种文化的"大熔炉"。

美国人随和友善，不拘小节，容易接近；为人诚挚，乐观大方，好交朋友；城府不深，喜欢幽默，朴实直率；讲究实效，不搞形式主义；自尊心强，好胜心重。

美国人创造了"时间就是金钱"的名言，视时间为非常重要的商品，无论"省"时间还是"花"时间，对待时间就如同对待银行里的金钱。美国人把时间观念视为个人品格的重要组成部分，一个人只有遵守时间，才可能值得信赖。

美国的家庭通常都是核心家庭，大家庭的亲属都有各自的居所，即使父母与子女，也往往异地分居，相隔甚远。美国人崇尚个人主义，这在其家庭关系中也有所体现。人们以个人成就为荣，但不一定会与他们的长辈分享这种荣耀。

2. 社交礼仪

美国人在社交场合一般以握手为礼，握手的力度较大，而且目光要正视对方，微微躬身、微笑。若是异性之间握手，则讲究"女士优先"；若双方有尊卑之别，则是尊长先行。他们的另一种礼节是亲吻礼，适用于关系密切的人之间。

美国人在称呼方面比较随意，平常都喜欢彼此以名字相称，不带姓，不带"先生""小姐"或"太太"之类的泛尊称，不但邻居、朋友、同学、亲戚之间如此，在办公室的同事之间，即使是上司与部属之间，亦均以名字相称。不过，若是上司称其部下为"先生""小姐""太太"时，那么这些部属就应该称呼上司的行政职务或使用泛尊称。

美国人通常会在生日、纪念日、重大节日赠送礼物，但不流行送厚礼。礼物往往都非常简单，有时仅仅就是一张卡片，但真正体现了"礼轻情义重"的内涵。收礼者通常会当面打开礼物。

3. 餐饮礼仪

应邀做客，可给女主人送上一束鲜花，巧克力、葡萄酒也都是不错的选择。做客吃饭，要准时到达；参加小型聚会，可迟到10分钟左右；若是参加大型聚会，迟到30分钟也是可以接受的。客人要注意衣着，应按请柬上的要求或主人的建议着装。

美国人通常在自己家中或花园、酒店里待客，其餐饮礼仪是相当宽松的。非请勿坐，主人可能有座次安排计划，就座后就应马上把餐巾铺放到腿上。餐会往往是家庭式的，把食物放到一个公用菜盘里，依次传递，各自取用；你可以拒绝任何一种食品或饮料，而不需要过多地解释；但只有在女主人示意后，大家才可开始进餐。美国人右手持叉进餐，这一点与欧洲人截然不同。他们通常的做法是：先左手持叉按住食物，右手持刀把食物切割成大小适合于入口食用的小块，然后放下餐刀，左手叉交到右手，由右手持叉进餐。但如果客人习惯于欧洲式的刀叉使用方式，敬请自便，也不会有人介意。就餐过程中不要把双肘支在桌面上，用餐完毕，应在自己的食盘里留下少量食物。

餐会次日，客人应给主人寄送感谢卡或感谢信。

4. 习俗禁忌

美国人忌讳黑色，因为它主要用于丧葬；忌讳"3""13"和"星期五"；忌讳蝙蝠和黑猫，认为蝙蝠是凶神恶煞的象征，黑色的猫会给人带来厄运；忌讳随意训斥或打骂孩子；忌讳盯视他人和冲着别人伸舌头；忌讳用食指指点他人。忌讳穿着睡衣出门或会客，认为穿睡衣会客等于没有穿衣服，是一种没有礼貌的行为；忌讳同性共舞，认为这是一种不正常行为；忌讳给妇女送香水、化妆品或衣物；忌赠送带有公司标识的便宜礼物，因其有利用他人做广告的嫌疑。

美国是一个高度重视个人隐私的国家，交谈中忌谈收入、年龄、婚恋、健康、籍贯、学历、住址等涉及个人隐私的问题；有关政治、宗教信仰等方面的话题，也应避讳；与黑人打交道，忌提"黑"字。

第四节　欧洲国家礼俗

欧洲是欧罗巴洲的简称。"欧罗巴"意思是"日落的地方"或"西方的土地"。欧洲现有 44 个国家，面积约 1 016 万平方千米，人口约 7.28 亿，约占世界总人口的 12.5%，是人口密度最大的一个洲。欧洲居民中的 99% 属欧罗巴人种，欧洲居民多信奉基督教。欧洲是一个人文荟萃的大陆，灿烂的古代希腊文明孕育了现代欧洲文明，对人类历史做出了巨大贡献。

(一)法国

法国，全称为法兰西共和国，面积约 55 万平方千米，人口约 6 400 万，主体民族是法兰西人，主要宗教是天主教，官方语言是法语，首都是巴黎，国庆日是 7 月

14 日。

1. 社会与文化

法国是世界三大烹饪王国之一。法国烹饪是在西方世界最具影响和最具特色的烹饪系统，重视烹饪方法和就餐礼仪，是欧美西餐的代表。在某种意义上，对法国饮食文化的了解就是对法国自身的了解。

家庭是法国社会的黏合剂，大家庭为其成员提供情感和经济上的保障，每个家庭成员都对家庭和其他成员负有一定的责任和义务。尽管法国人以浪漫闻名于世，但他们对婚姻却抱有比较现实的态度，家长也非常重视监护孩子的责任。

法国人比较高傲，会对社交圈内、外不同的人士采用不同的行为规则。他们在所有的交往活动中都能表现得温柔、礼貌，而只有在自己家里或亲密朋友之间，才会表现出自我的本来面貌。法国人不易亲近，但一旦相熟，关系就比较稳固。在他们看来，友谊意味着对朋友的责任。

2. 社交礼仪

法国人在社交场合惯用握手礼，但亲朋好友之间也流行吻面礼。在法国一定的社会阶层中，吻手礼也颇为流行，不过施吻手礼时，嘴唇不应接触到女士的手，也不能吻戴手套的手，不能在公共场合吻手，更不得吻少女的手。

法国人的姓名结构为名前姓后，通常宜称其姓而不道其名，或姓、名兼称，只有亲朋好友之间才直呼名字。

法国流行互赠礼物，圣诞节、新年是送礼的最佳时机。法国人注重礼物所体现出的礼貌和友情，而不是礼物本身的价值，故不宜送过于贵重的礼物，并且初次见面就送礼物也显得不合时宜。法国人高雅、浪漫，喜欢知识性、艺术性礼品，但不宜送刀、剪之类的锐器，鲜花只宜送单数，且有品种方面的禁忌。收礼者会当面打开礼物。

3. 餐饮礼仪

法国人极少在自己家里待客，若受到登门做客的邀请，应是一种莫大的荣幸。法国人极其重视衣着，客人一定要着装正式。应给女主人带上礼物，鲜花、巧克力都受欢迎，但不能赠送玫瑰花、菊花。客人一定要准时到达，如果没有提前通过电话等向主人解释而迟到超过 10 分钟，会被视为严重失礼，而南部地区的人对时间的要求没这么严格。

法国人就餐非常讲究礼仪，其餐饮礼仪已经成为西方宴会的经典模式。客人应按主人排定的座次就座；在女主人发出"请用餐"的劝让之后，才可开始进餐。使用刀叉，要一直保持左手持叉、右手持刀的方式；若暂停进餐，则要把刀叉交叉放在自己的食盘上。不要用刀叉切割色拉，要把生菜卷折之后用叉子进食；吃水果要去皮，切成小块再入口。要把手放到别人看得见的地方，但不能把两肘支在桌上。如果不想喝酒水、饮料，可让自己的杯子保持满杯的状态。用餐完毕，应吃光自己食盘里的所有食物。

4. 习俗禁忌

法国人忌讳黄色，对墨绿色也极为反感；他们视孔雀为祸鸟，认为仙鹤是蠢汉和淫妇的象征；视菊花为丧花，认为核桃、杜鹃花、纸花都是不吉利的；忌讳"13""星期五"；认为称呼老年妇女为"老太太"是一种污辱性语言；忌讳男人向女人赠送香水，那会显得过分亲热，或有不轨企图之嫌。

交谈时喜欢选择历史、艺术等话题，以显示身份、品位；但忌谈个人隐私，对政治、金钱方面的话题也要回避，尤其忌讳谈论科西嘉独立的问题。

(二)德国

德国，全称德意志联邦共和国，面积约 35.7 万平方千米，人口约 8 211 万，主要是德意志人，主要宗教是基督教，德语为官方语言，首都柏林，国庆日是 10 月 3 日。

1. 社会与文化

德国人的计划性可谓举世无双，这是一种独特的文化，他们崇尚前瞻性思维，对具体哪一天的哪一具体时间具体做什么事情，都有着明确的计划。这种精心计划，不但为事业的发展，也为个人生活，提供了一种安全感。明晰的规则和条例，使人们对任何事务都有明确的预期，并据此规划自己的人生。他们认为，一旦找到解决某个问题的有效方法，就没有必要再去尝试其他方法。德国人把工作和个人生活严格地区分开来，下班就应该回家；如果加班，只能说明你的工作缺乏计划性。

德国人非常注重规则和纪律，做事十分认真。凡是有明文规定的，德国人都会自觉遵守；凡是明确禁止的，德国人绝不会去碰它。德国人的时间观念很强，无论公务还是私人交往，都十分注重遵时守约。

德国人以家为豪，认为家是一个使人身心放松、个性充分释放的地方，他们会把家里整理得一尘不染、井井有条，只邀请亲属和密友上门做客。

和西方许多国家相似，德国人比较注意礼仪。当德国人出现在公开场合以及与人交往时，讲究举止端庄、态度友好。他们富有责任心，对人敬重适度，事事循规蹈矩。总之，德国人给人的整体印象就是严谨、可靠、严肃、勤恳，但也有点慢条斯理、刻板和固执。

2. 社交礼仪

德国人比较注重礼节，见面问候的形式比较正式。通常采用握手礼，握手时用力较大；亲朋好友见面，往往行拥抱礼。重视头衔，正式场合宜采用“头衔＋姓氏”的尊称方式；一般场合可姓、名兼称，或仅称其姓，但不宜直呼其名。

德国人注重送礼，逢重大传统节日、亲朋好友生日或者应邀做客，大都会互赠礼品表达心意。赠送礼品，贵在真情实意，而不是礼品价格的高低，但会非常重视礼品的包装。鲜花、美酒、糖果、工艺品等皆可作为礼物，但德国人不随便接受不熟悉的人的礼品。收礼者会当面打开礼物。

3. 餐饮礼仪

应邀做客，一定要准时到达。准时赴约，代表你的计划性强，所以也不能提前到达。如果没有事先给主人打电话解释而迟到超过 15 分钟，将被视为严重的失礼行为。衣着不需要特别正式，但要十分整洁。客人应给女主人带些礼物，鲜花、巧克力皆可。

非请勿坐，主人可能有座次安排；在女主人示意大家可以用餐之后，才可动手进餐。若是正式宴会，只有在女主人把餐巾铺放在腿上之后，其他人才可开始铺放餐巾。主人会首先祝酒，用餐过程中，主宾会择机回敬主人。刀叉的使用遵从欧洲风格；进餐过程中，不要将双肘支在桌子上；不要切割沙拉中的生菜，应用刀叉把它卷折起来入口；面包卷要直接用手撕着吃；可尽量使用叉子切割食物，这表明食物脆嫩，厨师厨艺精湛。用餐完毕时，应将自己食盘里的食物全部吃净，并把刀叉平行放置于食盘的右侧。

餐会次日，客人应给女主人寄送手写的感谢函，表达对女主人盛情款待的谢意。

4. 习俗禁忌

德国人忌讳“13”和“星期五”，若“13”日恰逢“星期五”，则有大难临头之感；认为核桃是不祥之物；忌讳四人交叉握手，认为这是不礼貌的做法；忌讳蔷薇、菊花，因为它们专用于丧葬仪式；忌讳随便赠送玫瑰花，因为玫瑰花在德国有浪漫的含义；对纳粹党徽图案十分忌讳；对红色以及掺有红色或红黑相间的颜色都不感兴趣。

德国人不喜欢听恭维话，更不爱听过分的恭维话，认为过分的恭维实际上是对人的污辱。忌讳在公共场合窃窃私语（夫妻和恋人间除外）；忌讳目光盯视他人；忌讳交叉式的谈话。交谈话题应避免触及个人隐私，同时对涉及纳粹、宗教、党派之争的话题，也要回避。

（三）希腊

希腊，全称希腊共和国，面积约 13.2 万平方千米，人口约 1 100 万，希腊人占绝大多数，希腊正教（东正教）为国教，希腊语为官方语言，首都雅典，国庆日是 3 月 25 日。

1. 社会与文化

希腊人为他们灿烂的文化遗产及其对世界文明的贡献而感到自豪。最近的一项研究成果表明，希腊人的民族自豪感超过其他欧洲国家的所有民族。

大多数希腊人信奉东正教，东正教是希腊的国教。宗教是希腊社会生活的重要组成部分，并作为一种独特的力量对希腊社会的各阶层乃至家庭，发挥着重要的影响力。希腊的大多数节假日都有宗教背景；婚丧嫁娶等重要仪式都在教堂举行；复活节是主要的宗教节日，希腊人认为它比圣诞节更重要；相较于其他世俗国家，教会在希腊的政治和政府事务中发挥着更大的作用。

家庭是希腊社会结构的基础。家庭为其成员提供情感和经济保障，人们在需要帮助的时候，都希望能够从家庭和亲属那里获得支持。家庭关系融进了业务关系，裙带关系是可以接受的。一旦某个家庭成员出现了不法行为，整个家庭都会为之蒙羞。

希腊人待客真诚，慷慨得惊人，若对他们的某件东西表示赞赏，他们就会诚恳地将这件东西送给你；若不接收，他们会很不高兴，认为是看不起他们。希腊人对老年人很尊重，处处谦让长者，和长者说话也要用尊称。

2. 社交礼仪

希腊人热情好客，初次见面通行握手礼，握手有力，并伴以目光交流和微笑。朋友之间则流行拥抱礼，并伴以相互亲吻面颊；男士之间常常相互拍打肩膀和手臂。对熟人可直呼其名；对长辈则宜用尊称；对官员可称"先生""阁下"，或将这两种称呼分别与其官衔相连，或将其姓名与官衔连在一起称呼。

希腊人通常会在"命名日"(和本人同名的圣徒纪念日)和圣诞节与亲朋好友交换礼物。有些希腊人也会庆祝生日，但在一般情况下，庆祝"命名日"的可能性更大。礼品不需要过于昂贵，因为希腊人讲究投桃报李，给别人送大礼，会给对方回礼带来负担。礼品需要包装，收礼者会当面打开礼品。

3. 餐饮礼仪

应邀到希腊人家里做客，只要迟到不超过 30 分钟，就算是准时。客人应当穿戴得正式一些，以表达对主人的尊重。应带些礼物给女主人，鲜花、蛋糕皆可。

希腊人待客十分周到、热情。客人可主动提出帮助女主人备餐，或在餐后帮助清理，此时女主人通常会谢绝客人的好意，但会非常感激你的细心和体贴。客人可以恭维主人的房子，但不宜夸赞起家中的某件物品。

主人一般会对座次有特意安排，所以要按主人的安排入席就座。在女主人劝让大家进餐之后，其他人才可以开始进餐。主人会首先祝酒，主宾会在此后择机回敬主人。餐饮礼仪遵从欧洲风格，进餐过程中始终以左手持叉、右手持刀的方式进食。大家从公用菜盘里分食饭菜，但分餐时一定要从最年长者开始；拿面包蘸肉汁或汤菜吃，不为失礼；客人要尽量多吃，再次添加食物表明对饭菜很满意，也是对主人的恭维。就餐过程中，不要将双肘支在桌子上；就餐完毕，应吃净自己食盘里的所有食物，并把餐巾放到食盘旁边；把刀叉平行放在食盘上、手柄朝右，表示已经吃饱了。

4. 习俗禁忌

希腊人忌讳"13""星期五"，若"13"日恰逢"星期五"，更是个灾难的日子；忌讳黑色，认为黑色象征死亡；忌讳猫，认为猫会把人引至地狱。盯视别人，是不怀好意；手心向外招手，是表达"下地狱"之意，是一种侮辱别人的手势；英美国家的"OK"手势，在希腊则表示与"性"有关。希腊有不准随意拍照的规定，尤其对使用三脚架的拍照人员控制更严。他们不允许随便拍摄古迹，否则是要受到惩处的。

希腊人喜欢谈论其悠久的传统、灿烂的文明、杰出的贡献；但有关塞浦路斯以及国际政治中对希腊有争议的问题，则应避免涉及。

(四)意大利

意大利，全称意大利共和国，面积约 30 万平方千米，人口约 6 000 万，民族以意大利人占主体，主要宗教是天主教，意大利语为官方语言，首都罗马，国庆日是6月2日。

1. 社会与文化

家庭是意大利社会结构的中心，家庭对其成员的影响很大。在北方，一般只是小家庭的成员居住在一起；而在南方，大家庭的成员往往也集中在一所房子里居住。

意大利人非常注重仪表，保持良好的个人形象至关重要。意大利人会在相见最初的几秒钟时间里，而且经常是在尚未进行实质性的交际之前，就对交往对象的身份、社会地位等做出评价，形成第一印象。这种第一印象根深蒂固，往往会成为永久印象。意大利人十分注重着装，是"以衣帽取人"的典型代表，他们以衣着穿戴来断定对方的社会地位、家庭背景和教育水平。当然，个人形象问题还涉及信心、风度等因素。

意大利的主要宗教是罗马天主教，天主教教徒所占的人口比重比其他任何国家都要高，教会的影响力很大。各行各业都有自己的保护神，许多办公大楼前竖有十字架，或在大厅里矗立着宗教造像。一年之中似乎每一天都与圣徒有关，儿童以圣徒的名字命名，而该圣徒的纪念日俨然就成了孩子的"第二生日"。天主教等级分明的教阶体制，对意大利社会关系的方方面面都有深刻的影响。

意大利人普遍尊重并服从年长者、事业成功者和有良好家庭背景者。

2. 社交礼仪

意大利人见面问候的形式，热情而正式。初次见面，通行握手礼，并伴以目光交流和微笑。相熟之后，往往要行自左至右的拥抱礼，同时空吻面颊，男士之间还会在背上拍拍打打。意大利人重视第一印象，因而初次见面的礼节和尊重至关重要。

意大利人的姓名为名前姓后，初次见面或正式场合下，应用全称，或称其姓氏，或将其姓氏与"先生""小姐""夫人"等泛尊称连用。熟人之间才可直呼其名。

许多意大利人在社交场合中以电话卡代替名片。这种电话卡比传统的名片略大，其中包含着姓名、地址、头衔或学术荣誉、电话号码等信息。

意大利人通常会在新年、圣诞节、命名日等节日互赠礼物，礼物以鲜花、美酒、糖果最为常见。赠送鲜花要注意品种和颜色方面的禁忌；选择葡萄酒则要保证其品质；礼品包装忌用黑色，因其代表厄运。收礼者通常会当面打开礼物。

3. 餐饮礼仪

到意大利人家里做客，即使请柬上注明对着装的要求是非正式的，也要穿着正式一些，通常男士应着正装、打领带，女士穿长裙。

意大利人的时间观念不强，赴约常常迟到，并认为这是一种风度。所以，出席餐会迟到 15 分钟，参加聚会迟到 30 分钟，都不为失礼。给女主人送礼物，可以直接带葡萄酒或巧克力；若送鲜花，则应在当天请专人送达。

客人要按主人的安排入席就座；刀叉的使用遵从欧洲风格。在整个就餐过程中，要仿效女主人的行动：她第一个就座，第一个开始进餐，第一个结束就餐。男主人第一个祝酒，其后主宾择机回敬，女主人也可以祝酒。第一次取用食物时，仅取少量，这样可以再次取用食物，多次取用食物是对主人厨艺的恭维。就餐过程中，不要把手放在自己的腿上，但也不能把胳膊肘支在桌子上。吃奶酪时应使用餐刀，而不能直接用手。若不想继续饮酒，可让酒杯保持满杯状态。就餐完毕，在自己的餐盘里留下少量食物，是可以接受的。

4. 习俗禁忌

意大利人忌讳"13"和"星期五"；忌讳菊花，因为它专用于丧葬，被视为"丧花""妖花"；忌以手帕为礼送人，认为它是一种令人悲伤的东西；忌讳目光盯视他人，因为那样做极不礼貌，也显得心怀不轨。

意大利人很健谈，但对政治、宗教、纳税、美式橄榄球等话题不感兴趣，尤其是对黑手党、政府腐败、意大利小偷等问题，更应避讳。

(五)俄罗斯

俄罗斯，全称俄罗斯联邦，面积约 1 700 万平方千米，人口约 1.4 亿，俄罗斯人占主体，主要宗教为东正教，俄语是官方语言，首都莫斯科，国庆日是 6 月 12 日。

1. 社会与文化

俄罗斯的家庭模式正处于一个转型时期。传统的大家庭以男人为主，家庭的重要事务由父母决定，家长具有对家庭成员的权威和支配作用，通常是两代人或三代人共享空间不大的公寓。现在，越来越多的家庭正转向核心家庭模式，家中往往只有一个孩子，妇女也要外出工作，并承担家庭和抚育孩子的责任。

俄罗斯人为自己的国家和民族感到骄傲。他们用爱国歌曲和诗歌来赞美他们的国家；他们接受生活困难的现实，但相信国家和民族繁荣昌盛的未来；他们为自己灿烂的民族文化遗产感到自豪，并希望受到全世界的尊重和赞美。

俄罗斯人有很强的集体观念。直到 20 世纪 30 年代，俄罗斯人一直生活在农村公社制度之下，森林、牧场、水源、荒地等土地为公有，由户主组成的村社大会对重大事务做出决策。这种集体主义精神和个人对集体的忠诚一直延续至今，并已渗透到俄罗斯人社会生活的各个方面。

2. 社交礼仪

俄罗斯人在社交场合惯用握手礼，握手力度很大，同时伴以热烈的目光交流和热情的问候。异性之间握手，力度要小一些；女性朋友之间常施吻面礼，自左至右再至左亲吻面颊三次；男性挚友之间会相互拥抱，并相互拍打背部。

俄罗斯人的姓名一般由三部分构成，通常是本人名字在前，父亲名字居中，姓氏则位居最后。女士婚前用父姓，婚后一般改用夫姓，本人名字和父名则不作更改。在正式场合，宜使用包含所有三个名字的全称；熟人之间，可称对方的"本名＋父名"；只有亲朋好友之间，才可以直呼其名。"同志"的称呼已不再流行；正式场合中，"先生""小姐""夫人"之类的泛尊称亦受欢迎。

赠送礼物是俄罗斯人际关系中的一个重要方面，但礼品的实际价值并不像挑选礼品本身那样重要。俄罗斯人喜欢在生日、新年和圣诞节赠送礼物；但遇到婴儿出生时，不要立刻就送礼物祝贺，他们认为送礼太早会招致厄运。俄罗斯人在收到礼物时，一开始会推辞不收，经送礼者一番坚持之后，才会收下。接受礼物后收礼者要当场打开礼物，赞许一番，并表示谢意。

3. 餐饮礼仪

应邀做客，应给女主人带点礼物。男性客人宜送鲜花，但忌讳黄色。客人应准时到达；即使迟到一点，也不要超过 15 分钟。进门前脱掉鞋子，主人可能会为你提供拖鞋。注意着装，以着正装为宜，衣着打扮体现着对主人的尊重。俄罗斯人待客十分热情周到，客人可主动提出帮助女主人备餐或餐后清理，此时主人可能会出于礼貌而谢绝客人的好意，但会十分欣赏你的细心和体贴。

俄罗斯的餐饮礼仪相对比较宽松。刀叉的使用采用欧洲风格，主人劝让之后开始进餐，会先分派食物给年长者或主宾，席间，主人会再三劝让客人取用食物，客人可以拿面包蘸肉汁或汤菜吃。就餐过程中，要始终把手放在别人能看见的地方，但不要把双肘支在桌子上。男士应为邻座的女士添加酒水、饮料。用餐完毕，不要急于起身离开，因为在正式宴会上，主宾是第一个起身离座的人。在自己的餐盘里留下少量食物，表示自己已经吃饱。

4. 习俗禁忌

俄罗斯人忌讳黑色，它仅能用于丧葬活动；忌讳"13""星期五"；忌讳兔子和黑猫，认为兔子胆小无能，黑猫是不祥的动物；忌讳打碎镜子和打翻盐罐，认为是极不吉利的预兆；忌讳吃海参、海蜇、乌贼和木耳；还有很多人忌讳吃鸡蛋和虾；鞑靼人忌讳吃猪肉、驴肉，而犹太人忌讳吃猪肉和无鳞鱼。

与俄罗斯人交谈，忌谈论政治矛盾、经济难题、宗教矛盾、民族纠纷、苏联解体、阿富汗战争以及大国地位等话题；忌讳在背后议论第三者；忌讳别人说他们小气；忌谈个人隐私。

(六)英国

英国，全称大不列颠及北爱尔兰联合王国，面积约 24 万平方千米，人口约 6 000万，主要宗教是基督教，英语为官方语言，国庆日为现任国王的生日 4 月 21 日。

1. 社会与文化

英国由英格兰、苏格兰、威尔士、北爱尔兰四个地区组成，分别有各自的历史和文化传统，所以不要把"英国人"简单地称作"英格兰人"。

虽然在过去几十年中，来自不同背景的人都有机会接受高等教育，社会财富的分配也发生了很大变化，社会流动也更加通畅，但英国的等级制度仍保存得相当完整，人们心中的等级观念仍然根深蒂固。当然，社会层次不再仅仅由财富决定，但英国人仍然能够从言谈举止等一系列外部特征上，判断出对方的社会阶层。

从前，英国是一个同质性社会，但第二次世界大战以来，由于来自印度、巴基斯坦和西印度群岛等前殖民地移民的大量涌入，英国社会已经日益多元化。多元民族、文化的融合，导致了界定英国国民性的困难和争议。

英国历来以他们咬紧牙关与困难做斗争和第二次世界大战德国轰炸期间表现出的"闪电战精神"而著称。这种在面对逆境和不幸时的坚忍精神一直延续至今。英国人推崇绅士风度，性格内敛，喜怒不形于色。他们很少使用最高级形容词，感情不外露，说话不夸张，但这并不意味着他们没有强烈的感情，只是他们没有公开展示出来而已。英国人注重隐私，绝不轻易谈及别人的私人问题，即使是亲朋好友之间，也小心翼翼地回避诸如个人经济状况、社会关系等敏感问题。英国人非常拘礼，其真情实感只能从其言谈举止的细节中加以揣摩。他们比欧美其他地区的人更加保守和不易接近，但一旦与他们建立起了友谊，这种友谊将会不断加深，且能经得起时间和距离的考验。

2. 社交礼仪

英国人的见面礼节主要是握手礼，他们待人十分客气，但不爱寒暄客套，初次见面时会显得古板、过于正式。不要与他们进行长时间的目光接触，他们会感到很不自在。在社交场合进行介绍时，"上流社会"的人士永远遵循以下规则：把年轻人介绍给年长者；把地位低的人介绍给地位高的人；若二人地位相当，就把与自己相熟的人介绍给对方。年长者喜欢别人称其世袭爵位或荣誉头衔；正式场合宜用"阁下""先生""小姐""夫人"等泛尊称。

英国人会在生日、圣诞之际与亲朋好友互赠礼物。礼物的价值不在其自身是否贵重，而在于它的纪念意义。收礼者会当面打开礼物。

3. 餐饮礼仪

英国人喜欢在自己家中待客，这一点与其他欧洲国家不同。应邀做客，应给女主人带些礼物，鲜花、巧克力、上好的葡萄酒皆可。虽然英国人很注重遵守时间，但迟到10分至15分钟不为失礼；如果去酒店、餐厅赴宴，则必须准时到达。客人要重视着装，以着正装为宜。

非请勿坐，一般主人会有座次安排计划。刀叉的使用遵从欧洲风格；暂停进餐时，将刀叉交叉放在自己的食盘上；就餐完毕，将刀叉平行放在食盘上。进餐过程中，不要将双肘支在桌子上。正式宴会要祝酒；在酒吧喝酒，通常要请同去的每个人都喝一杯（为他们每人付一杯酒的钱）；若在酒店、餐馆就餐，通常由召集人付账，此时不必为付款问题争执，自己准备下次回请就是。

4. 习俗禁忌

英国人忌讳墨绿色，认为它不吉利；忌讳"3""13"和"星期五"；忌讳黑猫、孔雀、大象等动物，认为黑猫是不祥之物，而孔雀是"淫鸟""祸鸟"，孔雀开屏为自我吹嘘；大象是蠢笨的象征；忌用人像作商品装潢，也忌用大象图案；忌送百合花和菊花，认为它们是死亡的象征；忌讳送贵重礼物、涉及生活的服饰、香水和带有广告标识的物品。

英国人在行为举止方面有五条禁忌：一忌讳当众打喷嚏；二忌用同一根火柴连

续点三支香烟；三忌把鞋子放在桌子上；四忌在屋子里撑伞；五忌讳从梯子下面走过。

与英国人交谈，忌谈个人隐私；避免涉及政治、宗教、英王、王室以及英国各地区之间的矛盾等话题。

第五节　大洋洲国家礼俗

大洋洲的全称即为大洋洲，洲名源于西班牙文，意为"南方大陆"。大洋洲现有15个国家，面积约897万平方千米，占世界陆地面积的6%，人口2 900万，约占世界人口的0.5%，是世界上面积最小的一洲。

(一)澳大利亚

澳大利亚，全称澳大利亚联邦，面积约769万平方千米，人口约2 170万，主要是欧洲各国的移民后裔，主要宗教是基督教，官方语言是英语，国庆日是1月26日。

1. 社会与文化

澳大利亚人非常脚踏实地，而且特别注意不给别人留下高人一等的印象。他们崇尚谦虚、真诚，富有自嘲精神和幽默感，鄙视狂妄自大。他们往往低估自己的成就，对别人的成功也不大在意。

澳大利亚人非常注重人际关系。因为人口较少，与每一个人处理好关系就显得至关重要。这种观念造就了他们争取双赢的谈判风格，积极主动的态度和热情真诚的情感，都有利于促进未来的业务往来。

澳大利亚是一个多元文化的国家，其人口主要由土著居民和英国人、爱尔兰人后裔组成。第二次世界大战后，澳大利亚积极的移民政策吸引了来自希腊、意大利、德国、荷兰等欧洲国家的移民，提高了人口和劳动力的数量。在过去的三十多年中，澳大利亚放宽其移民政策，大量吸收东南亚国家的移民，使这个传统上以盎格鲁-撒克逊白人为主的新教国家，真正成为一个文化、信仰多元化的国家。

2. 社交礼仪

澳大利亚社交礼仪深受英国的影响，近年美国的影响也日益渗透，因而其社交礼仪表现出"亦英亦美、以英为主"和兼收并蓄、多姿多彩两个方面的特点。

澳大利亚人见面问候的形式不是很正式，握手、微笑就足够了。问候语别具一格，通常都用"G'day"。他们不喜欢讲身份，所以即使是初次见面，也可以互称名字；男士之间，通常互称"伙计"。

澳大利亚人喜欢在生日、圣诞之际与亲朋好友和邻居互赠小礼物。他们有可能会向环卫工人之类的职业人士赠送少量现金，或一瓶葡萄酒，或半打装的一箱啤酒。收礼者会当面打开礼物。

3. 餐饮礼仪

应邀做客，客人要穿着整齐，并给女主人带上礼物，鲜花、巧克力、上好葡萄酒都受欢迎。许多家庭餐会是吃烧烤，客人通常自带葡萄酒或啤酒。在某些情况下，主人甚至建议客人自带鲜肉。

出席餐会，客人应准时到达；若参加烧烤餐会或出席大型聚会，可以迟到不超过 15 分钟。出席餐会前应联系女主人，看是否需要自己准备一样菜肴带过去。客人要主动提出帮助女主人备餐和进行餐后清理。

刀叉的使用采用欧洲风格；进餐过程中，可以把手放在桌面上，但不能把双肘支在桌子上；把刀叉平行放置在自己的食盘上、手柄朝右，表示用餐完毕。

4. 习俗禁忌

澳大利亚人忌讳"13""星期五"；忌讳兔子及其图案，认为碰到兔子可能会导致厄运；忌讳在公共场合中制造噪声；忌讳衣冠不整赴宴用餐；忌食油腻、辛辣食物，忌食味精。

与澳大利亚人交谈，忌谈种族、宗教、工会、个人私生活以及等级、地位等问题。澳大利亚人忌讳把本国和英国联系起来，忌讳称其国家为"外国"、称他们为"外国人"。

（二）新西兰

新西兰，面积约 26.8 万平方千米，人口约 439 万，绝大多数是欧洲移民的后裔，主要宗教是基督教和天主教，官方语言为英语，首都惠灵顿，国庆日是 2 月 6 日。

1. 社会与文化

新西兰人口主要有土著毛利人和欧洲后裔组成，二者在文化传统方面存在着巨大差异，风土人情和礼仪规范也大异其趣。

总体而言，新西兰人性格外向，友好、热情、好客，虽然在初次见面时略显保守和拘礼。他们平易近人，不讲客套；日常着装随意，讲究休闲、舒适。

毛利人十分友好、好客，助人为乐。酷爱演说和唱歌，常在演说中穿插歌曲或以歌曲结束演说。他们常常邀请客人一起歌唱，客人若能唱两三首他们的歌曲，就会备受欣赏。

新西兰人高度重视环保，对维护美丽的家园有着强烈的愿望。这种环保观念，在很大程度上是受毛利人的影响所致。毛利人相信，一切事物都有自己的生命力量，并把这种生命力称作"马利"。人类破坏甚至试图主宰事物生命力的活动，会导致"马利"丧失生机和活力，从而给人类生活和生态系统带来灾难。保护环境，保持"马利"的生机和活力，对人类社会的可持续发展至关重要。

新西兰没有明显的等级制度。财富和社会地位在新西兰人眼里并不重要，他们为个人成就感到自豪，并且相信机会面前人人平等。但毛利人在正式场合则有特别明显的等级层次。例如，集会时老人会坐在特定的区域，并决定集会何时开始、何时结束，而且，大多数情况下，这样的角色由男性担任。

2. 社交礼仪

新西兰主流社会的交际礼仪具有鲜明的欧洲特色，尤其是英国特色。通行握手礼，并伴以微笑。虽然与新西兰人相熟之后便可以直呼其名，但初次见面时还是称其头衔或姓氏为宜。

毛利人往往采用其传统礼节——碰鼻礼来欢迎来宾，主人要与客人彼此用鼻子尖互相触碰两三次，碰鼻子的时间越长，说明客人所受的礼遇越高。欢迎贵宾时通常还会列队举行仪式，载歌载舞。仪式过程中往往还会有意对客人吐舌头、瞪眼睛、扮鬼脸，据说这既为驱邪免灾，也为验证客人的诚意。

赠送新西兰人礼物，重在表情达意，不必在意其是否贵重。收礼者会当面打开礼物。

3. 餐饮礼仪

新西兰人的餐饮礼仪要求比较宽松。应邀做客，应给女主人带些礼物，比如鲜花、巧克力，或有关自己国家风土人情的书籍。客人要准时到达。餐会通常是家庭式的，客人要按主人的安排入席就座。刀叉的使用遵从欧洲风格，不过如果你采用美国式的使用方法，他们也不会见怪。进餐过程中，不要把双肘支在桌子上；刀叉平行放到食盘上、手柄朝右，表示自己用餐完毕。

毛利人在举行完迎宾仪式后，会把客人带到餐厅(毛利会堂)，坐在搁板桌前就餐。他们在就餐前必须祈祷，或在得到尊长的首肯后才可以开始进餐。通常情况下，年轻人负责备餐并服侍长者，他们并不同客人一起进餐，客人应在餐会结束前向他们表达谢意。餐会结束时，他们会要求客人唱歌，客人可以唱一首本国的歌曲，以表达对主人的尊重和感谢。

4. 习俗禁忌

新西兰人忌讳"13""星期五"；忌吃狗肉，认为狗是人类的朋友，他们尤其喜爱忠实勇敢的牧羊犬；忌讳用餐时频繁与人交谈；忌讳用"V"形手势去表示胜利；忌当众咀嚼口香糖、剔牙、抓头屑，认为这些都是不文明之举；忌讳异性之间交往过密；毛利人忌讳拍照、摄像，他们信仰原始宗教，认为拍照、摄像能摄人魂魄。

与新西兰人交谈，可以谈论气候、体育、旅游等话题，但应避免谈及个人私事、宗教、种族等问题。

参考文献

[1] DONALD W H, REBECCA A H, PAUL H. Cross-cultural business negotiations [M]. Santa Barbara: Praeger Publishers, 1996.

[2] HALL E T. The hidden dimension[M]. New York: Doubleday, 1966.

[3] JACQUELINE M N. Food culture in China [M]. New York: Greenwood Press, 2004.

[4] LOTHAR K. Principles of negotiating international business[M]. Seattle: Book-Surge Publishing, 2008.

[5] MARTIN J. Miss Manners'guide to excruciatingly correct behavior[M]. New York: Warner Books, 1983.

[6] POST E. Emily Post's etiquette[M]. New York and London: Funk & Wagnalls Company, 1922.

[7] POST P. Emily Post's etiquette(17th ed.)[M]. New York: HarperCollins Publishers, 2004.

[8] The Editors of Vogue. Vogue's book of etiquette: present-day customs of social intercourse with the rules for their correct observance[M]. New York: Conde Nast Publications, 1925.

[9] VANDERBILT A. Amy Vanderbilt's complete book of etiquette: 50th anniversary edition[M]. New York: Doubleday, 1995.

[10] WASHINGTON G. Rules of civility & decent behavior in company and conversation: a book of etiquette[M]. Williamsburg, VA: Beaver Press, 1971.

[11] WATKINS M, ROSEGRANT S. Breakthrough international negotiation: how great negotiators transformed the world's toughest post-cold war conflicts[M]. San Francisco: Jossey-Bass, 2001.

[12] YEYUN L. Foreign business etiquette training and development prospect[M]. Beijing: International Business Research, 2001.

[13] 韩红月. 每天学点礼仪学[M]. 北京: 新世界出版社, 2009.

[14] 金正昆. 国别礼仪金说[M]. 北京: 世界知识出版社, 2008.

[15] 朱立安. 国际礼仪[M]. 广州：南方日报出版社，2000.

[16] 李莉. 实用礼仪教程[M]. 北京：中国人民大学出版社，2002.

[17] 金正昆. 现代商务礼仪教程[M]. 北京：高等教育出版社，1996.

[18] 王振槐. 国际商务礼仪[M]. 北京：中国审计出版社，1997.

[19] 张桂荣. 现代礼仪[M]. 长沙：中南工业大学出版社，1997.

[20] 李天民. 现代国际礼仪知识：怎样进行对外活动[M]. 北京：世界知识出版社，1999.

[21] 黄菊良等. 国际礼仪与习俗[M]. 上海：百家出版社，1996.

[22] 何明宝等. 涉外公共关系概论[M]. 合肥：中国科技大学出版社，2000.

[23] 王水华. 公关与商务礼仪[M]. 南京：东南大学出版社，2001.

[24] 李鸿军. 交际礼仪学[M]. 武汉：华中理工大学出版社，1997.

[25] 门书春等. 现代社交礼仪[M]. 北京：经济管理出版社，1996.

[26] 田晓娜. 礼仪全书[M]. 西宁：青海人民出版社，2002.

[27] 林叶云等. 涉外商务礼仪[M]. 上海：上海科学普及出版社，1999.

[28] 金正昆. 涉外礼仪教程[M]. 北京：中国人民大学出版社，1999.

[29] 常建昆. 现代礼仪教程[M]. 天津：天津科学技术出版社，1998.

[30] 童一秋等. 最新外事工作管理百科全书[M]. 长春：吉林音像出版社，2003.

[31] 周国宝等. 外事管理实务[M]. 广州：华南理工大学出版社，2005.

[32] 周国宝等. 现代国际礼仪[M]. 广州：华南理工大学出版社，2006.

[33] Body odor[EB/OL]. http://www. hygieneexpert. co. uk/BodyOdour. html，2009-09-13.

[34] Make-up etiquette[EB/OL]. http://www. carefair. com/makeup/Make _ up _ Etiquette _ 1418. html，2009-09-13.

[35] Clothing etiquette[EB/OL]. http://www. elegantwoman. org/clothing-etiquette. html，2009-09-13.

[36] Elegant jewelry & elegant accessories[EB/OL]. http://www. elegantwoman. org/elegant-jewelry. html，2009-09-16.

[37] REGINA M. R. Telephone manners[EB/OL]. http://www. salary. com/advice/layouthtmls/advl _ display _ nocat _ Ser83 _ Par178. html，2009-09-18.

[38] JANANI R. Cell phone etiquette[EB/OL]. http://www. buzzle. com/articles/cell-

phone-etiquette. html，2008-01-27/2009-09-18.

［39］LYDIA R. Body language[EB/OL]. http：//articles. directorym. com/Body _ Language-a964198. html，2009-09-18.

［40］Standing etiquette[EB/OL]. http：//tips. maxabout. com/etiquette/standing-etiquette/tip-9018，2008-10-07/2009-09-19.

［41］KENNETH B. Greetings-social language[EB/OL]. http：//esl. about. com/od/beginnerpronunciation/a/greetings. htm，2009-09-20.

［42］GAYATHRI M. Handshake etiquette[EB/OL]. http：//ezinearticles. com/? Handshake-Etiquette&id＝2250694，2009-09-20.

［43］LAHLE W. Etiquette tips for introducing business men and women[EB/OL]. http：//womeninbusiness. about. com/od/businessintroductionrules/a/savvyskills. htm，2009-09-20.

［44］BILL W. How to be a good host and a good guest[EB/OL]. http：//seattletimes. nwsource. com/html/homegarden/2010245473 _ partytips11. html，2009-11-11.

［45］CAMPBELL M. Proper Dating Etiquette[EB/OL]. http：//www. ehow. com/about _ 6309917 _ proper-dating-etiquette. html，2010-04-15.

［46］Your personal space[EB/OL]. http：//www. worsleyschool. net/socialarts/personal/space. html，2009-09-25.

［47］Social distance[EB/OL]. http：//changingminds. org/techniques/body/social _ distance. htm，2009-09-25.

［48］How to practice airline etiquette[EB/OL]. http：//www. wikihow. com/Practice-Airplane-Etiquette，2009-12-08/2009-12-16.

［49］The etiquette of dining[EB/OL]. http：//eee. tsinghua. edu. cn/show. aspx? id＝193&cid＝43，2005-05-02/2009-10-05.

［50］Formal dinner etiquette[EB/OL]. http：//www. oldandsold. com/articles05/business-6. shtml，2009-10-06.

［51］DRWI. Chinese table manners[EB/OL]. http：//www. chinatravel. com/facts/chinese-food/chinese-table-manners. htm，2009-08-29/2009-10-08.

［52］Seating arrangement[EB/OL]. http：//www. chinahighlights. com/travelguide/chinese-food/seating-arrangement. htm，2009-08-27/2009-10-08.

［53］Different types of alcoholic beverage［EB/OL］. http：//www. iloveindia. com/nutri-tion/alcoholic-beverage-facts/types-of-alcoholic-beverages. html，2009-10-12.

［54］Chinese tea culture［EB/OL］. http：//www. china-fun. net/LearnCHS/Article/200703311/2125421. shtml，2007-03-31/2009-10-16.

［55］Coffee etiquette［EB/OL］. http：//www. fjycoffee. com/english/etiquette. asp，2009-10-18.

［56］Table setting made easy［EB/OL］. http：//www. ehow. com/way _ 5758391 _ table-setting-made-easy. html，2009-10-21.

［57］DBVIRAGO. How to behave at a formal dinner［EB/OL］. http：//www. ehow. com/how _ 4808512 _ behave-formal-dinner. html，2009-10-24.

［58］Basic table manners［EB/OL］. http：//www. holidaycook. com/table-manners/bas-ic-rules. shtml，2009-10-24.

［59］Flag etiquette［EB/OL］. http：//www. a-to-z-of-manners-and-etiquette. com/flag-etiquette. html，2009-11-01.

［60］Business card etiquette［EB/OL］. http：//sevencastles. spaces. live. com/blog/cns!7C5A2F3DB6C97D9A! 22140. entry，2008-10-07/2009-11-03.

［61］Letter writing etiquette［EB/OL］. http：//www. how-to-write-better. com/articles/business-communication/letter-writing-etiquette，2009-11-28.

［62］DAVID T. Email etiquette［EB/OL］. http：//hobbit. ict. griffith. edu. au/~davidt/email _ etiquette. htm，2009-06-23/2009-11-30.

［63］Wedding etiquette［EB/OL］. http：//www. countybride. co. uk/gloucestershire/wedding _ etiquette/roles _ duties/，2009-12-12.

［64］Funeral etiquette［EB/OL］. http：//www. rochesterfuneralhomes. com/Resource _ Guides/Funeral _ Etiquette. html，2009-12-14.

［65］如何保持良好的走姿［EB/OL］. http：//www. lady916. com/xy/zb/200804/8239. shtml，2008-04-18/2010-09-26.

［66］什么是正确的礼仪坐姿？［EB/OL］. http：//www. lady916. com/xy/zb/200804/8193. shtml，2008-04-17/2010-09-26.

［67］优雅的蹲姿礼仪［EB/OL］. http：//www. lady916. com/xy/zb/200804/8195. shtml，2010-09-11.

［68］吴建民．交际活动中的言谈礼仪［EB/OL］．http：//www. gzjdb. cn/Article/lyzs/200804/1123. html，2008-04-07/2010-09-11.

［69］演讲时怯场的心理因素和防治［EB/OL］．http：//www. xuexi. la/speech/nervous/7833. html，2010-09-11.

［70］演讲礼仪七步曲［EB/OL］．http：//www. koucai. cn/kc/speech/yjly/20091112/19577. html，2010-09-11.

［71］曹雪晨．打造一次完美约会绅士与淑女的约会礼仪［EB/OL］．http：//www. relaychina. org/index. php？c＝mien&a＝view&id＝357&sort _ id＝10，2010-05-25/2010-09-18.

［72］个人空间（PERSONAL　SPACE）［EB/OL］．http：//www. xinlixuewang. cn/BaikeInfo. asp？id＝2532，2010-09-19.

［73］人际交往的空间距离［EB/OL］．http：//psy. mz16. cn/renjiwanglai/20071119/55294. html，2007-11-19/2010-09-19.

［74］空中礼仪——飞机上做个优雅乘客．http：//www. tujian. org/html/guojialiyi/2009/0413/5039. html，2009-04-13/2010-09-20.

［75］外事接待之外事文书［EB/OL］．http：//www. gzjdb. cn/Article/lyzs/200611/348. html，2006-11-22/2010-09-26.

［76］中华人民共和国和日本国和平友好条约［EB/OL］．http：//www. mfa. gov. cn/chn/gxh/zlb/tyfg/t5799. htm，2010-09-26.

［77］中国和印尼复交备忘录［EB/OL］．http：//www. mfa. gov. cn/chn/gxh/zlb/tyfg/t6120. htm，2010-09-26.

［78］外交文书［EB/OL］．http：//www. hudong. com/wiki/%E5%A4%96%E4%BA%A4%E6%96%87%E4%B9%A6，2010-09-27.

［79］英文书信的书写格式［EB/OL］．http：//www. 1zhibi. net/4-xuezuo/view- 507. html，2010-09-27.

［80］通讯的礼仪［EB/OL］．http：//www. oabar. com/newscenter/new/article/2005080712223010. html，2005-08-07/2010-09-27.